**Bürger bilden**

# Bürger bilden

2. Geisteswissenschaftliches Colloquium
im Mai 2010 auf Schloss Genshagen

Herausgegeben von
Otfried Höffe und Oliver Primavesi

**DE GRUYTER**

ISBN 978-3-11-035086-9
e-ISBN (PDF) 978-3-11-035274-0
e-ISBN (EPUB) 978-3-11-038778-0

**Library of Congress Control Number:** 2018944104

**Bibliografische Information der Deutschen Nationalbibliothek**
Die Deutsche Nationalbibliothek verzeichnet diese Publikation in der Deutschen
Nationalbibliografie; detaillierte bibliografische Daten sind im Internet über
http://dnb.dnb.de abrufbar.

© 2019 Walter de Gruyter GmbH, Berlin/Boston
Druck und Bindung: CPI books GmbH, Leck

www.degruyter.com

# Inhalt

# Einführung in das Thema

Das Thema „Bürger bilden" vereint zwei Begriffe, das Bürgersein und die Bildung, deren Verbindung tief im abendländischen Denken verwurzelt ist. Ob wir an die Auseinandersetzung Platons mit den Sophisten denken, ob an die Stellung des Staates in Ciceros Bearbeitung der stoischen Pflichtenlehre oder bei Augustinus, ob später zum Beispiel an Locke, Pestalozzi und Rousseau, an Kant, Fichte und Hegel, aber auch an J. S. Mill, und schließlich an die seit dem 18. Jahrhundert vielstimmig geführte Debatte um die Gestaltung und die Kontrolle von Bildung und Erziehung durch den Staat – die Aufgabe, die jungen Mitglieder eines Gemeinwesens zu Bürgern zu bilden, nimmt in der abendländischen Geistesgeschichte einen prominenten Platz ein.

Zu leugnen ist freilich nicht, dass unser Thema in neueren Debatten an Prominenz verloren hat. In den gegenwärtigen Entwürfen einer schulischen „Werteerziehung" scheint die Frage, ob der Erfolg von Erziehung und Bildung auch am Beitrag der Erzogenen und Gebildeten zum Staatswohl, zum Staatshaushalt oder zur Landesverteidigung zu bemessen sei, keine große Rolle zu spielen. Und was die „Universitätsphilosophie" betrifft, so ist auch von solchen Professoren, die die Auffassung des Staates als einer allmächtigen Versorgungsinstanz zu überwinden suchen und vielmehr die Mitverantwortung aller für ihre Gemeinschaft betonen, wenig Substanzielles über die damit verbundenen Bildungsfragen zu hören. Der Marginalisierung unseres Themas will der vorliegende Band in Form eines – notwendig selektiven – Blickes in die Geschichte entgegenwirken.

Ein solcher Rückblick auf bestimmte geschichtliche Konstellationen empfiehlt sich aus zwei Gründen. Zum einen lassen sich die Vorurteile, auf denen die gegenwärtigen Meinungen über das wünschenswerte Bildungssystem beruhen, am einfachsten durch das Studium historischer Alternativen *als* Vorurteile erkennen und diskutieren. Zum andern lassen sich bestimmte Grundfragen zum Verhältnis von Staat und Erziehung überhaupt nur im Hinblick auf bestimmte *politische* bzw. *kulturelle* Bezugssysteme stellen und beantworten: Welcher Personenkreis wird gebildet? Wer ist dafür verantwortlich? Wird die Bildung reguliert, und wenn ja, von welcher Instanz? Welches Ziel wird damit verfolgt? Insbesondere bei den proklamierten Bildungszielen liegt die Systemabhängigkeit auf der Hand: So sollen in westlichen Demokratien dem Vernehmen nach mündige Bürger herangebildet werden, während ein solcher Bürger in einem autoritären Regime unerwünscht ist.

Als ein erstes historisches Beispiel für diesen Zusammenhang bietet sich das Griechenland der archaisch-klassischen Zeit an, weil in diesem Fall das politische

https://doi.org/9783110352740-001

Bezugssystem ebenso wohl definiert und gut überschaubar ist wie ein davon verschiedenes, übergreifendes kulturelles Bezugssystem. Das politische Bezugssystem ist der Stadtstaat, die Polis. Es gab damals nämlich kein gesamtgriechisches Bürgerrecht; Bürger war man vielmehr entweder von Athen oder von Sparta oder von Theben und so weiter, und Bürger sein hieß: „An der Polis teilhaben", wie Uwe Walter seine grundlegende Studie zum Thema (1993) betitelt hat. Deshalb verfolgte man mit Bildung und Erziehung das *Ziel*, Jugendliche zu guten Bürgern ihrer jeweiligen Polis zu machen. Demgegenüber war der kulturelle *Gehalt* der Jugendbildung in wesentlichen Hinsichten allen griechischen Poleis gemeinsam. Dabei ist nicht nur an die trotz allen Dialektunterschieden gemeinsame und als gemeinsam empfundene Sprache zu denken, sondern auch an die gemeinsamen Götter- und Heroenmythen, wie sie in den epischen Dichtungen Homers und Hesiods für alle Griechen kodifiziert worden waren, sowie an gemeinsame religiöse Institutionen wie das Delphische Orakel oder die panhellenischen, dem Zeus geweihten Olympischen Spiele. Ohne diese kulturellen Gemeinsamkeiten wäre es schwer verständlich, warum die wichtigsten griechischen Stadtstaaten – all ihren oft blutig ausgetragenen Binnenkonflikten zum Trotz – im Jahre 481 v. Chr. dazu in der Lage waren, ein erfolgreiches Militärbündnis zu schließen, um eine persische Invasion abzuwehren.

Blickt man vor diesem Hintergrund auf die politischen und kulturellen Bezugssysteme der europäischen Bildung seit dem zweiten Weltkrieg, so ergibt sich ein zwiespältiger Befund: Einerseits geben die *politischen* Bezugssysteme, d. h. die Nationalstaaten, immer mehr Kompetenzen an die Zentralbürokratie der Europäischen Union ab. Andererseits ist die ernsthafte Beschäftigung mit allem, was in der *kulturellen* Tradition Europas als grundständige Gemeinsamkeit gelten darf, insofern es vor die Spaltung Europas durch deutsche Reformation und französische Revolution zurückreicht, in der Jugendbildung aus vielfältigen politischen Gründen unter dem nicht als Kompliment gemeinten Titel „alteuropäisch" immer weiter marginalisiert worden: Hier ist an das in Spätantike und Hochmittelalter ausgeformte Christentum zu denken, an die mittelalterliche Rezeption des Römischen Rechts und der Aristotelischen Philosophie sowie deren Deutung durch scharfsinnige Araber, und schließlich an die Renaissance mit ihrer universalen und folgenreichen Hinwendung zu Sprache, Literatur, Wissenschaft, Philosophie und Kunst des Altertums, wobei nunmehr neben der römischen auch die griechische Kultur in den Blick geriet. Die zunehmende administrative Vereinheitlichung Europas geht also mit zunehmender Unkenntnis der gemeinsamen kulturellen Basis Hand in Hand.

Doch zurück zum politischen Bezugssystem des Bürgers bzw. seiner Bildung im antiken Griechenland: der Polis. Hier fällt sogleich eine Eigentümlichkeit ins Auge, durch die sich das Bürgerrecht – welches für Athen besonders gut dokumentiert ist – von den Verhältnissen in modernen Demokratien radikal unterscheidet: Damals lag eine notwendige Bedingung für die Wahrnehmung von Bürgerrechten in der Erfüllung der *Wehrpflicht* in den recht häufigen kriegerischen Auseinandersetzungen. Dementsprechend kulminierte in Athen die Bildung zum Bürger (*politēs*) in einem zweijährigen Wehrdienst (*Ephebie*), an dem Frauen ebenso wenig teilnahmen wie Unfreie und Fremde. Das besagt nun nicht, dass Frauen und Unfreie von allem ausgeschlossen waren, was man irgendwie zur Bildung und Erziehung rechnen könnte. Aber zu *Bürgern* Athens wurden eben nur junge freie Männer gebildet, die in väterlicher wie in mütterliche Linie von Bürgern Athens abstammten.

Abgesehen von der selbstverständlichen Koppelung des Bürgerrechts an die Wehrpflicht war in Griechenland und insbesondere in Athen der Weg zur Heranbildung von Bürgern spätestens seit dem 5. Jahrhundert v.Chr. ebenso umstritten wie die nähere Bestimmung des Zieles selbst. Diese Debatten sind hier nicht im Einzelnen nachzuzeichnen. Werfen wir stattdessen einen Blick auf denjenigen griechischen Denker, der in seiner politischen Theorie das Fazit gezogen hat: auf Aristoteles (384–322 v.Chr.). Er hat bezeichnenderweise mehr als die Hälfte seiner Überlegungen zur wünschenswerten Staatsform, nämlich *Politik* VII 14 bis VIII 7, der Erziehung und Bildung (*paideia*) gewidmet und dabei die von uns einleitend genannten Grundfragen wie folgt beantwortet:

1) Zu Bürgern der Polis sollen freie männliche Jugendliche gebildet werden, die Nachfahren von Bürgern der Polis sind.

2) Die Verantwortung für Durchführung der Erziehung soll zwischen den Familien und dem Staat aufgeteilt werden. Die Aufsicht und Pflege (*trophē*) der Kinder bis zum siebenten Lebensjahr soll den Familien überantwortet bleiben. Hingegen soll für die politisch-moralische Erziehung (*paideia*) der männlichen Jugendlichen vom siebenten bis zum 21. Lebensjahr der Staat zuständig sein.

3) Die Aufstellung verbindlicher Regeln für die *paideia* soll Sache des Gesetzgebers sein.

4) Unter dem als Erziehungsziel vorschwebenden guten Bürger versteht Aristoteles einen solchen, der willens und in der Lage ist, die Verfassung seines Staates zu stabilisieren. Deshalb hängt die nähere Ausgestaltung des Erziehungsziels vom jeweiligen Verfassungstypus ab: In einer Herrschaft der Besten (Aristokratie) wird der gute Bürger naturgemäß ein anderer sein als in einer Herrschaft der Meisten (Demokratie).

Für die von ihm für wünschenswert gehaltene Staatsform hat Aristoteles vorgeschlagen, den zu politischer Teilhabe berechtigten Personenkreis anhand eines Hinderungsgrundes abzugrenzen, der – in dieser Funktion – aus der Sicht einer modernen repräsentativen Demokratie zunächst besonders befremdlich wirkt: Dieser Hinderungsgrund ist die Erwerbsarbeit. Der Philosoph weiß durchaus, dass die Polis eine gewisse Zahl von Ackerbauern benötigt, ferner Handwerker, Polizei und Militär, weiterhin wohlhabende Leute, Priester und endlich Männer, die die Entscheidung darüber fällen, was rechtens und was heilsam sei. Aber nach seiner Meinung gehören im wünschenswerten Staat keineswegs all diese Menschen zum politisch berechtigten Teil der Einwohnerschaft. Vielmehr bleiben die erwerbs-tätigen Einwohner – also Bauern, Handwerker und Kaufleute – davon ausge-schlossen, weil sie nicht über das Maß an Muße verfügen, dessen es zur Mitwir-kung an einer direkten Demokratie bedarf. Heute würde wohl niemand ausgerechnet die Erwerbsarbeit als einen solchen Hinderungsgrund betrachten.

Dagegen ist in der Neuzeit sehr wohl diskutiert worden, ob und gegebenen-falls in welchem Umfang die Fähigkeit, für seinen eigenen Unterhalt zu sorgen und auf dieser Grundlage durch Steuern und Abgaben zum Staatshaushalt beizutra-gen, als eine notwendige Bedingung für die Wahrnehmung von Bürgerrechten betrachtet werden sollte. Eine der logisch möglichen Antworten auf diese Frage gab das u.a. im Königreich Preußen von der Revolution von 1848 bis zu derjenigen von 1918 geltende Dreiklassenwahlrecht, das bei seiner Einführung durchaus als fortschrittlich betrachtet wurde: Erstmals durften alle unbescholtenen männli-chen Preußen, soweit sie nicht öffentliche Armenfürsorge bezogen, an den Wahlen zur zweiten Kammer teilnehmen, aber ihre Stimmen wurden je nach re-lativer Steuerkraft unterschiedlich gewichtet. Bei der dieser Regelung zugrunde-liegenden Auffassung von Bürgerrechten würden die beiden Bildungsziele *Citoyen* („politisch mündiger Bürger") und *Bourgeois* („ökonomisch mündiger Wirt-schaftsbürger, der für sein Auskommen selbst sorgen kann") konvergieren. In der Gegenwart aber sind Einschränkungen des aktiven Wahlrechts auf drei ver-gleichsweise marginale Fälle beschränkt: Nicht wählen dürfen Personen, für die eine Betreuung zur Besorgung sämtlicher Angelegenheiten eingerichtet wurde, Straftäter, die aufgrund einer krankhaften seelischen Störung schuldunfähig sind und deshalb in eine psychiatrische Klinik eingewiesen wurden, und schließlich Straftäter, die wegen eines politischen Verbrechens verurteilt sind. Ansonsten aber gilt, dass das (aktive) Wahlrecht volljähriger Staatsbürger an keine weitere Be-dingung wie Kriegsdienst, Steuerkraft, Bildungsstand geknüpft ist. Daraus ergibt sich die nicht-triviale Aufgabe, Jugendliche auf anderem Wege, ohne Junktim, dazu zu motivieren, als Resultat ihrer Bildung zum einen *employability* anzu-streben, zum andern die darauf aufbauende Fähigkeit, ihren Beitrag als Staats-bürger zu leisten.

Der wohl schärfste und daher lehrreichste Kontrast zwischen dem antiken Bürgerrecht und den politischen Bestrebungen der bundesdeutschen Gegenwart zeigt sich an der Behandlung der Einbürgerung. Hier geht es um die Frage, ob das

Bürgerrecht, wie im alten Griechenland, daran gebunden sein soll, dass auch die Vorfahren schon das Bürgerrecht hatten, oder ob bereits die wie auch immer herbeigeführte physische Präsenz auf dem Territorium eines Staates zumindest eine Anwartschaft auf das Bürgerrecht dieses Staates begründen soll. Mehr noch: Nach dem Modell der doppelten Staatsbürgerschaft, das in Deutschland gegenwärtig als progressiv gilt, sollen Zuwanderer *sowohl* das Bürgerrecht ihres Herkunftsstaates *als auch* das Bürgerrecht ihres gegenwärtigen Aufenthaltsortes genießen dürfen. Wie plausibel ist dieses Modell vor dem Hintergrund des Aristotelischen Axioms, demzufolge Bürger bereits in ihrer Jugend dazu befähigt worden sein müssen, die Verfassung *ihres* Staates zu stabilisieren? Ist eine doppelte Staatsbürgerschaft z. B. auch dort sinnvoll, wo sich die neuerworbene Staatsbürgerschaft eines demokratischen Rechtsstaates mit einer bisherigen Staatsbürgerschaft verbindet, die einem bloß formal demokratischen, de facto aber zunehmend autoritären Staat gilt? Von Neubürgern, die in ein rechtsstaatlich regiertes Land vornehmlich aufgrund ihrer Sehnsucht nach wahrer Demokratie übersiedelt wären, könnte man wohl erwarten, dass sie in verfassungspolitischer Hinsicht auf Distanz zu ihrem autoritärer werdenden Heimatland gehen. In Wahrheit aber hat sich herausgestellt, dass die nach Deutschland übersiedelten Zuwanderer und ihre Nachfahren mehrheitlich einem autoritären Herrscher in der alten Heimat in noch höherem Ausmaß zustimmen als die dort verbliebenen. So wird man der Frage nicht mehr lange ausweichen können, ob die Einbürgerung im Allgemeinen und die Tolerierung einer doppelten Staatsbürgerschaft im Besonderen nicht an die unzweideutige Anerkennung der rechtsstaatlichen Demokratie gebunden werden muss.

Auf den ersten Blick mag es naheliegen, den Deutungsrahmen für die Diskussion solcher Probleme in Anlehnung an Hegel in der *religiösen Fundierung* des Rechtsstaates zu sehen. Für Hegel ist das (protestantische) Christentum die Religion der Freiheit, was ihm – im Rahmen seiner *Philosophie des Staates* – erlaubt zu sagen, die Religion sei für das Selbstbewusstsein, d. h. für das Selbstverständnis des Bürgers eines freien Rechtsstaates, „die Basis der Sittlichkeit und des Staates" (*Enzyklopädie der philosophischen Wissenschaften*, § 552). Angesichts eines in religiöser und weltanschaulicher Hinsicht pluralistischen, daher nicht mehr aus dem Geist eines protestantischen Christentums lebenden Gemeinwesens lässt sich daraus eine Schwierigkeit ableiten, die im deutschen Sprachraum von dem Verfassungsrechtler Wolfgang Böckenförde auf den Punkt gebracht wurde und in der anglophonen Welt von den Kommunitaristen diskutiert wird: Wie kann der in seiner Staatlichkeit von seinen christlichen Wurzeln abgekoppelte liberale Rechtsstaat die für ihn notwendigen Homogenisierungskräfte verbürgen, die der Pluralismus aus sich selbst heraus nicht aufbieten kann? Zwar ist der Pluralismus ohne Zweifel ein unabdingbares Element der freiheitlich-rechtsstaatlichen

Demokratie. Doch besteht eine solche Demokratie klarerweise nicht bloß aus dem Neben- und Gegeneinander des Vielfältigen, sondern auch aus einer Regelung dieses Neben- und Gegeneinander. Erst eine solche Regelung stiftet das notwendige Miteinander, d. h. die Wahrnehmung von Problemen als gemeinsame Probleme und den Konsens über die Verfassung, die den normativen Rahmen des Pluralismus definiert.

Nach Böckenfördes vielzitierter Formulierung (1976) würde der liberale Staat nun vor einem fundamentalen Dilemma stehen: „Der freiheitliche, säkularisierte Staat lebt von Voraussetzungen, die er selbst nicht garantieren kann. Das ist das große Wagnis, das er, um der Freiheit willen, eingegangen ist. Als freiheitlicher Staat kann er einerseits nur bestehen, wenn sich die Freiheit, die er seinen Bürgern gewährt, von innen her, aus der moralischen Substanz des einzelnen und der Homogenität der Gesellschaft, reguliert. Andererseits kann er diese inneren Regulierungskräfte nicht von sich aus, das heißt mit den Mitteln des Rechtszwanges und autoritativen Gebots zu garantieren versuchen, ohne seine Freiheitlichkeit aufzugeben und – auf säkularisierter Ebene – in jenen Totalitätsanspruch zurückzufallen, aus dem er in den konfessionellen Bürgerkriegen herausgeführt hat." Obwohl diese Diagnose vielerorts zustimmend zitiert wird, scheint uns hier eine gewisse Skepsis geboten.

Böckenfördes Hinweise auf die konfessionellen Bürgerkriege und die Säkularisierung geben zu erkennen, dass er sein Dilemma auf die religiöse und weltanschauliche Neutralität des in der Moderne „säkularisierten" Staates zurückführt. Doch kann dies wirklich überzeugen? Schon Aristoteles und vollends Kant haben doch die Notwendigkeit eines zwangsbewehrten Gemeinwesens und die normative Forderung, dass die Menschen gute Bürger und tugendhaft sein sollen, ohne Rückgriff auf Religion und Theologie begründet. Warum also soll einem säkularisierten Staat auch schon der bloße Versuch verwehrt sein, bei aller Freiheitlichkeit die moralische Substanz der Bürger und ihre wechselseitige Verständigung auf gemeinsame Verhaltensnormen („geteilte Werte") so weit zu befördern, dass dem Gemeinwesen die eigenen Wurzeln nicht absterben?

Vor allem aber gehört die Förderung der moralischen Substanz und die Gewöhnung an einheitliche, als nützlich bewährte Normen des Sozialverhaltens fraglos zum Kernbereich dessen, was man einmal unter Bildung verstanden hat. Deshalb läuft Böckenfördes Theorem im Grunde auf die Feststellung hinaus, der freiheitliche Staat müsse sich konsequenterweise in zentralen Hinsichten der Einwirkung auf die Erziehung und Bildung seiner Bürger enthalten. Diese Explikation aber macht vollends deutlich, dass das Theorem an der Wirklichkeit vorbeigeht, wie ein Blick auf die Grundsätze zeigt, nach denen Bildung und Erziehung in der freiheitlichen Demokratie unserer Gegenwart staatlich gesteuert werden:

1) Zu Staatsbürgern sollen alle Kinder und Jugendlichen im Geltungsbereich des Grundgesetzes gebildet werden.

2) Die Verantwortung für die Durchführung der Erziehung ist zwischen den Familien und dem Staat (hier: den Bundesländern) aufgeteilt. Für die Aufsicht und Pflege der Kinder bis zum schulpflichtigen Alter macht der Staat lediglich Angebote. Hingegen besteht vom 6. Lebensjahr an eine neun- bis zehnjährige Vollzeitschulpflicht, an die sich noch ein bis zwei Jahre Berufsschulpflicht anschließen.

3) Organisationsformen und Lehrinhalte des Schulunterrichts werden weitestgehend durch den (Landes-)Gesetzgeber geregelt.

4) Als Leitbild für die schulische Werteerziehung ist die im Grundgesetz festgelegte freiheitlich-demokratische Grundordnung verbindlich.

Auch in vielen anderen Mitgliedsstaaten der Europäischen Union ist die staatliche Regelung im Bereich von Erziehung und Bildung so stark ausgeprägt wie auf wenigen anderen Feldern. Es gibt nicht nur eine Schulpflicht, sondern auch eine Pflichtschule. Die öffentliche Verantwortung erfasst sogar mehr und mehr die Frühphase der Kindergärten und Kindertagesstätten, die laut Aristoteles noch zur Kinderaufzucht (*trophē*), nicht zur „Jugendbildung" (*paideia*) gehört. Auch „Pisa" und „Bologna", also einerseits die staatenübergreifende Evaluation der Schulsysteme und andererseits die besonders in Deutschland mit vorauseilendem Rigorismus, ohne jeden *esprit de finesse* vollzogene Vereinheitlichung des europäischen Hochschulraums, wären ohne das althergebrachte Monopol der Staaten auf die Regulierung ihrer Bildungssysteme gar nicht möglich gewesen. Das gilt für die Ausbildung von Lehrern und Hochschullehrern ebenso wie für die Anerkennung von Lehrplänen, Studienordnungen und Schul- sowie Hochschulabschlüssen.

Angesichts dieser machtvollen Omnipräsenz des regulierenden, hier und da überregulierenden Staates im Bildungswesen trifft Böckenfördes Hypothese, dass der demokratische Rechtsstaat es sich ausgerechnet *um der Freiheit willen* versage, die moralische Substanz seiner Bürger und die Homogenität der Gesellschaft zu stärken, schwerlich das Richtige. Zwar haben auch wir den Eindruck, dass bei allem Reden über Bildung, selbst bei dem über politische Bildung, jene im emphatischen Sinne politische Dimension des Begriffs ausgeblendet bleibt, auf die es für den Bestand des demokratischen Gemeinwesens ankommt. Doch ist dafür nach unserer Meinung nicht die säkularisierte Verfasstheit moderner Demokratien verantwortlich, sondern eine von den Funktionären des „Bildungssystems" betriebene, verteilungspolitisch motivierte Verkürzung des Begriffs der Bildung selbst: Unter Bildung wird heute tautologisch der Inbegriff aller Veranstaltungen verstanden, die in der Institution Bildungssystem stattfinden; und diesem Bildungssystem wiederum wird die Aufgabe gestellt, einer möglich großen Zahl an Individuen formal möglichst hochstufige „Bildungsabschlüsse" zukommen zu lassen. Über empirische Untersuchungen, die die Qualität dieser Abschlüsse und damit die Wünschbarkeit ihrer noch weitergehenden Vermehrung regelmäßig als fraglich erscheinen lassen, geht man ungerührt hinweg. Als vielleicht deutlichster Beleg für den gnadenlosen Primat der Quantität sei stellvertretend nur das höchstrichterliche Verbot „unzulässiger Niveaupflege" durch die deutschen Universitäten in Erinnerung gerufen, durch welches diesen in den Siebzigerjahren das Recht abgesprochen worden ist, sich angesichts der Verzehnfachung (inzwischen: Verzwanzigfachung) der Abiturientenzahlen ihre Studenten selbst auszusuchen – ein Verbot, das auch unsere besten Universitäten im weltweiten Wettbewerb bekanntlich zur Zweitrangigkeit verurteilt hat: Schon ein Platz unter den besten Hundert muss seither als Anlass für Jubelmeldungen herhalten.

Will man gleichwohl einmal von der Qualität der Bildung reden, so sind vor allem zwei fundamentale Kriterien in den Blick zu nehmen: Das *Wissen* und das *Können*. Beide sind dadurch nachhaltig beschädigt worden, dass man das Können heute in einer Art von Pawlowschem Reflex gegen das Wissen ausspielt. Es liegt ja ein Paradox darin, dass einerseits die gegenwärtige Gesellschaft gern als eine „Wissens-" bzw. „Informationsgesellschaft" beschrieben wird, während andererseits das lernende Aneignen von positivem Wissen von tonangebenden Funktionären des Bildungssystems abgewertet („totes Faktenwissen") und geradezu als technisch überholt betrachtet wird, da ja die Individuen dank dem elektronischen Weltnetz zu fast jeder Zeit und an fast jedem Ort auf einen unermesslichen Vorrat an Informationen zugreifen könnten. Verkannt wird hierbei, dass der Wert des Wissens einer einzelnen Tatsache damit steht und fällt, mit wie vielen anderen, bereits gewussten Tatsachen man sie spontan verknüpfen kann. Welche Fragen einer sich überhaupt stellen und sodann (z. B. durch elektronische Recherche) weiter verfolgen kann, hängt bereits davon ab, wie viel er schon weiß.

Nur scheinbar besser steht es um das Können. Gewiss: die Akteure der permanenten, niemals rastenden „Reform" des Bildungssystems halten es subjektiv für ihr größtes Verdienst, den Wissenserwerb immer weiter zugunsten von „Kompetenzen" zurückgedrängt zu haben, was, wenn es denn zuträfe, für das Können goldene Zeiten heraufgeführt haben würde. Doch der praktische Nutzen der hier gemeinten „Kompetenzen" erscheint als äußerst dubios: Jedenfalls lassen sich die regelmäßigen, stets lauter werdenden Klagen von Wirtschaftsverbänden nicht länger überhören, denen zufolge eine wachsende Zahl von Schulabgängern nicht mehr über das elementare Lesen-, Schreiben- und Rechnen-Können verfügt, das für eine erfolgreiche Berufsausbildung im Rahmen des im globalen Maßstab doch als vorbildlich geltenden dualen Systems benötigt wird. Und was aus diesem Können werden soll, wenn erst die sogenannte Digital-Kompetenz als das zentrale

Lernziel aller Schulformen etabliert sein wird, mag man sich nur ungern vorstellen. Als Fluchtpunkt der gegenwärtig propagierten Entwicklung von Wissen und Können lässt sich nämlich ein Zustand extrapolieren, in dem die Funktion der Wissensspeicherung vollständig an das elektronische Weltnetz delegiert wäre, und in dem die der großen Mehrzahl der Individuen verbleibende Kompetenz darin bestehen würde, die von diesem Weltnetz gebotenen Informationen findig zu konsumieren.

Vor allem aber scheinen die unbeirrbar fortschrittlichen Politiker, deren Steckenpferd eben diese „Digital-Kompetenz" ist, gegenwärtig so weit wie noch nie von der Einsicht entfernt, dass nur das staatliche Bildungssystem dazu in der Lage ist, *Bürger zu bilden*, und dass der Staat, vertreten durch seine gewählten Politiker, diese Aufgabe auch annehmen und aktiv betreiben muss. Staatsbürger aber, d. h. *Citoyens* und *Bourgeois*, werden dringend gebraucht; denn unbeschadet der bereits erwähnten Übertragung bestimmter einzelstaatlicher Funktionen auf die Europäische Union, unbeschadet der partiellen Europäisierung, ja Globalisierung nicht nur der wissenschaftlichen Forschung, sondern auch von Wirtschafts-, Finanz- und Arbeitsmärkten, bleibt es doch auf absehbare Zeit dabei, dass das *Bildungssystem* und der *Sozialstaat*, d. h. die umfassende Subventionierung der Schulen und Hochschulen, des Gesundheitswesens, der Arbeitslosenversicherung und der Altersrenten durch die relativ besser Verdienenden, im nationalen Rahmen organisiert sind und damit an die Leistungskraft und die Leistungsbereitschaft steuer- und beitragszahlender Staatsbürger gebunden sind.

Nun wird es aber in unseren Tagen von maßgeblichen politischen und industriellen Kreisen aus teils ideologischen, teils makroökonomischen Erwägungen für wünschenswert gehalten, unsere Gesellschaft durch die Aufnahme von jährlich Hunderttausenden an Wirtschaftsimmigranten rein demographisch zu stabilisieren und kulturell noch weiter zu diversifizieren. Doch die hierfür bei realistischer Betrachtung in Frage kommenden Zuwanderer stammen größtenteils aus Gesellschaften, in denen die spezifischen soziokulturellen Prägungen, die die Herausbildung eines freiheitlichen Rechtsstaates ermöglicht haben, ebenso wenig vorhanden sind wie die Fähigkeit, in einer entwickelten Industriegesellschaft als Wirtschaftsbürger ökonomische Verantwortung für sich selbst zu übernehmen. Importiert werden vielmehr Bevölkerungsteile, deren Bildungsstand vielfach unter dem deutschen Hauptschulabschluss liegt, deren Auffassung vom Verhältnis zwischen Männern und Frauen dem Grundgesetz für die Bundesrepublik Deutschland geradewegs zuwiderläuft, und denen insbesondere nichts ferner liegen könnte als die Achtung vor jüdischen Mitbürgern und die Behutsamkeit gegenüber dem Staat Israel, die – unbeschadet aller Vorbehalte gegenüber Aspekten der gegenwärtigen israelischen Politik – angesichts des vom nationalsozialistischen Deutschland verübten millionenfachen Genozids unabdingbar zur deutschen Staatsräson gehört.

Wenn sich der deutsche Staat gleichwohl weiterhin, im Sinne von Böcken-förde, nicht dafür zuständig hielte, auf die moralische Substanz seiner Bürger wie auf ihre wirtschaftliche Leistungsbereitschaft fordernd und fördernd einzuwirken, dann würde er durch den fortgesetzten Vollzug einer de facto ungesteuerten Zu-wanderungspolitik seiner eigenen liberalen Verfasstheit wie der Finanzierbarkeit des Sozialstaates auf dem bisher gewohnten Niveau über kurz oder lang den Garaus machen. Angesichts dieser wenig erfreulichen Perspektive kommt dem anthropologischen Realismus, den einst Platon in seinem *Staat* als Grundlage aller staatlicher Bildungsmaßnahmen eingeschärft hat, eine unerwartete Aktua-lität zu: Dass ein menschliches Subjekt diejenige Art von Einheit aufweise, die es zum verantwortlichen Bürger einer Polis, eines Gemeinwesens befähigt – dieser Zustand ist keineswegs naturgegeben (*physei*), wie die Sophisten aller Zeiten naiv annehmen bzw. anzunehmen vorgeben; vielmehr muss er allererst herbeigeführt werden, nämlich durch einen Bildungsprozess, der hauptsächlich im konse-quenten Einüben der Fähigkeit besteht, die in jedem Menschen vorhandenen, potentiell destruktiven Strebungskonflikte selbst zu regulieren.

Vor diesem Hintergrund wollen die Beiträge des vorliegenden Bandes an et-was erinnern, was für den klassischen Bildungsbegriff zentral war: die Einbettung der Kategorie des „Wissens" in einen *umfassenden*, in sich vielfach ausdifferen-zierten Begriff des „Könnens". Dieser Begriff umfasst zum Beispiel ästhetische, politische und moralische Urteilskraft, ferner die Einübung eines individual- und sozialethisch begründbaren Verhaltens und nicht zuletzt diejenige Charak-terformung, die am besten durch anspruchsvolles sportliches und musisch-künstlerisches Training gelingt. Der Zusammenhang zwischen diesen Regulie-rungskräften und früheren Ausformungen des Bildungsbegriffes soll, in gebotener Auswahl, mit Hilfe der Erkenntnismöglichkeiten der historisch arbeitenden Geisteswissenschaften konkret vor Augen geführt werden.

Die hier versammelten Texte sind aus einem geisteswissenschaftlichen Kol-loquium der Fritz Thyssen Stiftung und der Gerda-Henkel-Stiftung entstanden. Beiden Stiftungen sei für ihre großzügige Unterstützung ebenso herzlich gedankt wie Mareike Jas, Michael Neidhart und Ute Primavesi für ihre Unterstützung bei der Redaktion dieses Bandes.

Tübingen und München, im Sommer 2018

Otfried Höffe und Oliver Primavesi

# Hans-Joachim Gehrke
# Polis und Paideia

## Zur Funktion des Gymnastischen in der Sozialisierung griechischer Polisbürger

> Wer aber wäre ein Wohltäter, wenn nicht die Eltern im Verhältnis zu ihren Kindern? Sie haben
> sie aus der Nichtexistenz heraus geschaffen, und dann wiederum haben sie ihnen Nahrung
> gewährt und später körperliche und geistige Erziehung (*paideia kata sōma kai psychēn*),
> damit sie nicht nur das Leben, sondern auch das gute Leben (*eu zēn*) ihr eigen nennen. Dem
> Körper haben sie durch Sport- und Ringunterricht (*gymnastikē kai aleiptikē*) zu Stärken
> (*eutonia*) und guter Verfassung (*euexia*) verholfen, zur Gewandtheit in Haltung und Bewe-
> gung (*scheseis kai kinēseis eumareis*) unter Wahrung von harmonischem Gleichmaß (*rhyth-
> mos*) und Angemessenheit (*prepon*); den Geist (*psychē*) aber haben sie gefördert durch Un-
> terricht in Lesen und Schreiben (*grammata*), Arithmetik (*arithmoi*) und Geometrie (*geometria*)
> sowie Musik (*mousikē*) und durch die Philosophie in ihrer Gesamtheit (*sympasē philosophia*),
> die den in einem sterblichen Körper wohnenden Geist (*nous*) emporhebt und bis zum Himmel
> geleitet und ihm dort die glücklichen (*makariai*), seligen (*eudaimones*) Wesen (*physeis*) zeigt,
> indem sie in ihm die Bewunderung und die Sehnsucht nach der unwandelbaren, harmo-
> nischen Ordnung (*atreptos kai enarmonios taxis*) weckt, die diese Wesen, ihrem Lenker und
> Ordner (*taxiarchos*) gehorsam, niemals verlassen (*leipein*).

Die Klimax, die Philon von Alexandreia in seiner Schrift über die besonderen
Gesetze[1] mit dem Blick auf das Vierte Gebot aufstellt, kulminiert letztlich und
schlüssig in der Bindung an Gott. Dabei ist es charakteristisch, wie hier ein
griechisch philosophierender jüdischer Denker diese letzte Erfüllung in die
Sprache der Militärdisziplin kleidet: Das Verratsdelikt der *leipotaxia* klingt deutlich an. Noch auffälliger ist, dass er ihr ein zutiefst griechisches Bildungscurri-
culum voranstellt, und dies in sehr plastischen Formulierungen. Sie verraten nicht
nur eine sehr spezifische Kenntnis von Wesen und Form der griechischen *paideia*,
sondern sind zugleich auch eine der besten Quellen für deren Spezifikum. Dieses
besteht in einer, sagen wir, psychosomatischen Ganzheitlichkeit, denn der Zusammenhang von körperlicher und geistiger Formung ist wesentlich. Auch Polybios etwa hat ihn in der edukativen Einleitung seines Geschichtswerkes als
Verbindung von *paideia* und *gymnasia* ganz zwanglos hergestellt – wobei *gym-*

---

1 Ph., *de spec. leg.* 2, 229–230, zitiert nach Klaus Bringmann, „Judentum und Hellenismus," in
*Kulturgeschichte des Hellenismus. Von Alexander bis Kleopatra*, Hg. Gregor Weber (Stuttgart:
Klett-Cotta, 2007): 250.

https://doi.org/9783110352740-002

*nasia*, wie spätestens seit Platon bezeugt ist, gerade auch die körperliche Übung bezeichnet (wir würden heute von Training sprechen).[2]

Das ist alles hinreichend geläufig, und mit dem Spruch *mens sana in corpore sano* ist es fast trivial geworden. Wenn man von griechischer Bildung handelt, wird aber das Geistig-Psychische in der Regel gegenüber dem Somatischen privilegiert. Auch wenn man sich dabei auf bedeutende antike Denker beziehen kann, scheint mir diese Sicht etwas einseitig zu sein, gerade wenn es um Bildung und Formung als soziales Phänomen geht. Ich möchte deshalb (wenigstens im Sinne eines gedanklichen Experiments) bewusst von dem Körperlichen ausgehen, also gleichsam vom Gymnasion statt vom Gymnasium; denn ich denke, dass wir den Spezifika griechischer Bildung als Bildung von Bürgern, als Sozialisation mithin, auf diesem Wege am nächsten kommen.

# 1

Dass wir mit den körperlich-gymnastischen Übungen zu etwas vorstoßen, dass schon die Zeitgenossen selbst als Proprium des *Greek way of life* ansahen, wird uns schlagartig klar, wenn wir einen „Ausländer" begleiten, den weisen Skythen Anacharsis. Dieser war freilich ein fiktiver Ausländer, genauer gesagt, eine Projektionsfläche für griechische Diskurse im Spannungsfeld von Identität und Exotismus, eine Figur, in der man mit dem Barbarischen spielen und auch einmal – analog der Gestalt des Edlen Wilden – eine fremde Weisheit imaginieren konnte. Diese Tradition nutzt Lukian, um uns eine Debatte über den Sinn und Nutzen des Sports, eben der *gymnasia*, vorzuführen. Sie ergibt sich zwischen dem griechischen Weisen Solon und dem Skythen, als dieser sich als Besucher im Gymnasion wegen all der Merkwürdigkeiten, die er sieht, höchlichst erstaunt zeigt, als habe er es mit Irren zu tun – er spricht wörtlich von *mania*.

Der Blick von außen, der hier konstruiert wird, ist in doppelter Ironie gebrochen: Der Ausländer ist nur eine vorgestellte und in mancher Hinsicht auch – im Sinne der erwähnten Tradition – idealisierte Figur (wie übrigens auch der Solon des Dialogs), die sich über die Absonderlichkeiten des ihm völlig fremden griechischen Sports wundert und gerade dessen Nutzen für das Militärische in Frage stellt. Er wird aber andererseits auch selber, als Fremder, ironisiert (Lucianus, *Anach.* 30). Gerade damit aber ist auch klar, dass das Gymnastische – so wollen wir die Summe der Aktivitäten im Gymnasion bezeichnen – hier als eine spezifische

---

**2** In ähnlichem Sinne bezieht Aristoteles (*Pol.* 8, 3, 1338b4 – 8) die *gymnastikē* auf die „Haltung" (*hexis*) des Körpers (*sōma*). Darauf wird noch zurückzukommen sein.

Eigenheit der griechischen Kultur präsentiert wird, und zwar eine solche, die tief in der griechischen Tradition verwurzelt und deutlich normativ besetzt ist (wie schon die Figur Solons zum Ausdruck bringt). Wie alles Wesentliche bei den Griechen wird der Sport als Spezifikum Gegenstand eines literarisch-intellektuellen Diskurses, in den die elegante Schrift des geistreichen Sophisten hineingehört. Dieser Diskurs geht über den Nutzen des Gymnastischen für die Polis, also genau um die auch uns interessierende Frage nach der sozialen Rolle der körperlichen Formung. Im *Anacharsis* Lukians entfaltet er sich in einem bestimmten Sinne, so dass sich aus dem Dialog eine eindeutige Position und Konzeption, eine Leitidee oder Norm, sozusagen eine Sollbestimmung, erschließen lässt. Man kann sie auf folgende Weise zusammenfassen.

Die Polis – nach wie vor gesehen und gedacht als *die* Form der politischen und sozialen Organisation – ruht wesentlich auf, ja sie besteht gleichsam in ihren Bürgern. Sie machen die Polis aus (20) und ihre Qualität ist ausschlaggebend für das Wohlergehen des Gemeinwesens. Insbesondere die „besten Bürger" (*aristoi politai*) sind maßgeblich für die bestmögliche Governance (14, vgl. 15. 20. 30). Für die erwähnte Qualität ist gerade die „Gymnastik", mithin das Gymnastische, Training und Wettkampf im Gymnasion, wesentlich. Das gilt schon ganz generell, und zwar sowohl im körperlichen als – auch im seelischen Sinne. Beides steht – auch das ist von vornherein selbstverständlich wie die Existenz der Polis – in einer inneren und innigen Verbindung.

In physischer Hinsicht fördert das Gymnastische die Gesundheit und die Ästhetik des Körpers, und zwar sowohl in der Substanz wie in der Konstitution und im Auftreten.[3] Damit ist generell auch eine bessere Gesundheit gewährleistet (26). Gerade die starken Erfahrungen des körperlichen Trainings und des Wettkampfs (*empeiriai deinai*, 12) und die daraus resultierende Kraft (*ischys amachos*, 12) haben positiven Einfluss auf die Seele. Sie fördern Selbstvertrauen, Wagemut und vor allem Ehrgeiz und nachhaltigen Siegeswillen.[4]

Die hiermit erworbenen Qualitäten wirken sich gerade politisch, also im Sinne der Polis, positiv aus. Im Frieden verhindern sie falsche Orientierungen und problematische Zielsetzungen, nämlich anmaßendes und rücksichtsloses Verhalten (*hybris*) infolge von Untätigkeit und Bemühungen um das, was sich nicht gehört (30), sie wirken also, mit unseren Worten gesagt, im Sinne der gesellschaftlichen Normen gegen unsoziale Einstellungen und Verhaltensweisen. Im positiven Sinne fördern diese ‚gymnastisch' erworbenen Qualitäten den Gemeinschaftsgeist (*sympoliteue-*

---

3 Es geht um die „Blüte" (*akmē*, 6) bzw. die Schönheit und die Wohlgestalt im Körperlichen (*kallē somatōn, euexiai thaumastai*, 12) sowie Abhärtung und Training (*diaponein to sōma, askēseis*, 15).
4 *tolma, philotimia, gnōmai aēttētoi, spudē alēktos hyper tēs nikēs* (12).

*sthai,* 20), gerade weil sich die Beteiligten in einem „gemeinsamen Agon" verbunden fühlen, der Freiheit und Wohlstand verbürgt (15).

Besonders wichtig ist das Gymnastische nach außen hin, also im Extremfall in Kriegskonstellationen. Zunächst wirkt es auf Nachbarn abschreckend wegen des extern wahrnehmbaren Eindrucks der Überlegenheit,[5] und überhaupt bietet es Gewähr für Integrität, Freiheit und damit Wohlstand der Polis auch gegenüber – potentiellen und realen – Feinden.[6] Dafür – und das heißt, konkret gesagt, gerade im Gefecht – sind die durch den Sport vermittelten Eigenschaften der Abhärtung[7] und Geschicklichkeit[8] ausschlaggebend. Die Zusammenhänge von Härte und Eleganz,[9] von Substanz und Form, von Körper und Seele kommen nicht zuletzt in einer bestimmten Ästhetik zum Ausdruck. Für diese steht, nicht nur im *Anacharsis,* der Begriff *euexia* – übersetzen wir ihn zunächst nur künstlich mit „Wohlhaltung".

Hier bezeichnet er generell die körperliche Wohlgestalt: Die Trainierten sind gebräunt und sehen männlich aus (*arrenōpoi,* 25). Sie sind weder zu dick noch zu dünn, sondern haben eine ausgewogene Figur (*symmetron,* 25). Wenn sie nackt auftreten, müssen sie sich nicht schämen (39). *Euexia* bringt also die gute Konstitution als gutes Aussehen zum Ausdruck. Und diese Konstitution wird eben nicht nur als körperliche verstanden. Die *euexia* in diesem Sinne macht den entscheidenden psychosomatischen Zusammenhang von körperlichem Training und psychischem Einsatz in der Außenwirkung sinnlich erfahrbar: Wer eine solche „Wohlhaltung" genießt, „der demonstriert deutlich das Lebendige, Feurige, Männliche" (*empsychon, thermon, andrōdes,* 25).

Ähnlich wie im klassischen Ideal der *kalokagathia* gehen hier Äußerlich-Körperliches und Innerlich-Geistiges zusammen, eine markante Melange des Physischen und des Mentalen. Dass gerade angesichts der psychosomatisch ausgerichteten Erziehung diese gymnastische Prägung darüber hinaus durch eine musisch-intellektuelle Bildung zu flankieren, ja überhaupt erst zu vollenden war und dass dabei die *mimēsis* eine große Rolle spielte (21 f.), darf nicht vergessen werden.[10] Aber die Basis bildete der körperlich-seelische Zusammenhang und Zusammenhalt, und am Anfang stand konsequenterweise das körperliche Training mit seinen psychischen Begleitumständen und Wirkungen, derer man sich nur zu gut bewusst war.

---

5 Die Bürger wirken furchteinflößend auf die Nachbarn (*phoberoi tois perioikois,* 30).
6 Man kann die Stadt im Kriege retten und ihr Freiheit und Wohlstand bewahren (*ek polemou sōsein tēn polin kai eleutheran kai eudaimona diaphylaxein,* 20).
7 *karterōtera ta sōmata* (24–25).
8 Man kann *eumarōs* agieren (4–25.28) – man beachte das auch bei Philon vorkommende Wort.
9 Vgl. auch Philostr., *Gym.* 6.
10 Zur Rolle der *mimēsis* im Musisch-Kinetischen vgl. auch u. S. 23 mit Anm. 38.

Wenn man die Verbindung des Gymnastischen mit dem Politischen hinzu-
nimmt, lässt sich Folgendes konstatieren: Bei Lukian – und dort schon mit dem
sicheren Wissen darum, dass es sich um ein Proprium der griechischen Kultur bzw.
des Griechischen handelte – herrscht ein klar entwickeltes und ordentlich re-
flektiertes Bewusstsein für die Verbindung von körperlichem Training im Gymnasion und politisch-sozialer Organisation, für die Verknüpfung von Gymnasion
und Polis, von Gymnastik und Gemeinsinn. Bürger bilden durch gymnastische
Praktiken: Für Lukian war das ein klares Programm; mindestens belegt er die
Existenz eines solchen der Idee nach. Die sehr enge Übereinstimmung mit Thesen
zur Bedeutung der körperlichen Erziehung auch für das soziale Leben und damit
für die Polis, die beispielsweise Xenophon in den „Memorabilien" dem Sokrates in
den Mund legt,[11] verweist auf deren lange Tradition (wir werden noch darauf
zurückkommen).

Aber war das im 2. nachchristlichen Jahrhundert, in der Zeit der unange-
fochtenen römischen Herrschaft und im Schutz des *Imperium Romanum*, nicht
anachronistisch, zumal wenn man das Militärische miteinbezieht, auf das im
*Anacharsis* ja so großer Wert gelegt wird? Ist das hier mehr als der nostalgische
Rückblick der Zweiten Sophistik auf die einstige Größe der als klassisch gesetzten
Vergangenheit? Wird hier nicht lediglich – und die Figur Solons könnte das si-
gnalisieren – in romantischer Weise die Polis der guten alten Zeit evoziert?

So skeptisch sollte man m. E. nicht sein. Abgesehen davon, dass man die
Zweite Sophistik (wie sich gerade im Fortgang ihrer weiteren Erforschung[12] zeigt)
nicht so leicht unter dem Stichwort „Romantik" abbuchen kann, zeigt gerade die
fortbestehende Beschäftigung mit der Thematik des Gymnastischen, dass es sich
hier um einen lebendigen Diskurs innerhalb der griechischen Welt handelte.
Neben dem *Anacharsis* ist in diesem Umfeld auch Philostrats Werk über die
Gymnastik („Gymnastikos") angesiedelt, das zugleich die Brücke zur Medizin bzw.
den medizinischen Aspekten des Gymnastischen schlägt.

Vor allem können wir diesen Diskurs mit Leichtigkeit über die Jahrhunderte
hinweg zurückverfolgen, bis zu den frühen Debatten über den Sinn und Unsinn
der Gymnastik und des Sports in der Archaik – also in die Zeit Solons.[13] Wir können
aber auch zeigen – und das ist mein nächster Schritt – dass der Diskurs einen Sitz
im Leben hatte, dass er aufs engste und ganz konkret an die politisch-soziale

---

**11** X., *Mem.* 3, 12, 4 – 8.
**12** Vgl. etwa die Überblicke bei Martin Hose, *Kleine griechische Literaturgeschichte* (München:
C.H. Beck, 1999), 169 – 184; Ewen Bowie, „Zweite Sophistik," in *Der Neue Pauly*, Hg. Hubert Cancik
und Helmuth Schneider (Stuttgart / Weimar: J.B. Metzler, 2002): 851– 857.
**13** Hierzu s. etwa Christian Mann, *Athlet und Polis im archaischen und frühklassischen Griechenland* (Göttingen: Vandenhoeck & Ruprecht, 2001), 11–12 und 30 – 39.

Situation rückgekoppelt war. Das Ideal, von dem der lukianische Solon kündigt, war eine Richtschnur im realen Handeln der Polis und im Verhalten ihrer Bürger.

# 2

Die an der nördlichen Seite des Hellespont gelegene griechische Polis Sestos war nach dem Ende der Attalidendynastie (133 v. Chr.), während des darauf folgenden Aristonikos-Aufstandes und angesichts der erst allmählich erfolgenden Etablierung der römischen Herrschaft in jener Region in eine schwierige Lage geraten. Dank häufiger Überfälle durch benachbarte, nicht wirklich befriedete thrakische Stämme war sie zunehmend sogar existentiell gefährdet. Nicht anders als der Athener Lykurg nach der Katastrophe von Chaironeia (338 v. Chr.) richtete in jener dramatischen Zeit Menas, ein dominierender Mann aus der Honoratiorenschicht von Sestos und einer der angesehensten Politiker der Stadt, sein Augenmerk auf die Stärkung und Reorganisation des Gymnasion. In zwei Amtszeiten als Gymnasiarch sorgte er für kultische Veranstaltungen und Opfer, besonders für Hermes und Herakles, zwei besonders mit dem Gymnasion verbundene Gottheiten,[14] für die Verbesserung der baulichen Infrastruktur, u. a. durch die Errichtung eines Bades, und für den Betrieb selbst, nämlich die Versorgung mit Öl sowie vor allem die Intensivierung und Erweiterung von Wettbewerben mittels Aussetzen von Preisen als Anreiz, vor allem im Laufen, Speerwerfen und Bogenschießen, und zwar für die Knaben und die Jugend (*paides*), besonders aber die Junioren (*ephēboi*) und die Herren (*neoi*). Dass dies aus Anlass des königlichen Geburtstages geschieht, unterstreicht die politische Bedeutung des Vorgangs zusätzlich. Darüber hinaus wurde auch das Bildungsangebot (*paideia*), u. a. durch großzügige Unterstützung der Referenten von Vorträgen (*akroaseis*, 73 – 84) ausgebaut.

Im Vordergrund stand dabei die Förderung von Disziplin, Übung, Einsatz und Mannhaftigkeit schlechthin.[15] Charakteristischerweise gab es nun sogar regelmäßige Wettbewerbe (mit Preisen und ehrenvollen Inschriften) in drei Bereichen: in *eutaxia*, das ist Disziplin in militärischem Sinne,[16] also ursprünglich im Sinne

---

**14** IvSestos 1, 62; zu Hermes und dem Gymnasion vgl. etwa Pi., *O.* VI 79; *P.* II 10; *I.* I 60; zu Herakles Pi., *O.* X 28 – 43.51 – 75; generell s. jetzt Sophia Aneziri und Dimitris Damaskos, „Städtische Kulte im hellenistischen Gymnasion," in *Das hellenistische Gymnasion*, Hg. Daniel Kah und Peter Scholz (Berlin: Akademie Verlag, 2004): 248 – 251.

**15** *eutaxia, askēsis, philoponia, euandria* (31.38 – 39.41).

**16** Vgl. Louis Robert und Jeanne Robert, *La Carie. Histoire et Géographie historique avec le recueil des inscriptions antiques*, Bd. 2, *Le plateau de Tabai et ses environs* (Paris: Adrien-Maisonneuve,

der Einordnung in die Schlachtreihe (*taxis*) – wir erinnern uns daran, dass Philon aus dieser Vorstellungswelt sogar eine Metapher für Gott gewählt hat –, in *philoponia* – so viel wie Einsatz, Engagement, Eifer, in dem Sinne, dass man die Bemühungen und Schwierigkeiten gerne auf sich nimmt – und in *euexia*, der „Wohlhaltung", deren Relevanz wir schon im *Anacharsis* beobachten konnten, ein Begriff, der mit „Auftreten", „Konstitution", „Kondition", „Stattlichkeit"[17] übersetzt wird. Es handelt sich, präzise gesagt, um eine nach außen sichtbare, aber auch im Inneren spürbare gute körperliche Verfassung. Für sie passt wohl unser Wort „Haltung", traditionell verstanden, im Sinne von „Haltung bewahren" bzw. von *contenance*, am besten.[18] In einem Atemzug[19] mit diesen drei zentralen Begriffen ist dann von *euandria* die Rede, die eben dadurch gefördert worden sei (84).

Worum es letztlich ging und welches die wesentliche Zielsetzung war, geht aus dem Text der langen Ehreninschrift für Menas, der wir alle diese wichtigen Informationen verdanken, ebenfalls klar und eindeutig hervor. Und damit wird zugleich sichtbar, dass hinter der körperlichen Ertüchtigung im Gymnasion eine psychisch-moralische Orientierung steckte, im Sinne der sozialen Normen, die gerade in der aktuellen Lage besonderes Engagement verlangten. Wörtlich heißt es nach dem Hinweis auf die externen Bedrohungen und den von Menas als Gymnasiarch betriebenen Einsatz: „Mit einer solchen Ruhmliebe (*philodoxia*) wandte er (sc. Menas) die jungen Leute (*neoi*) der Übung und dem Einsatz (*askēsis, philoponia*) zu. Dadurch wetteiferten die Seelen der Jüngeren (*neōteroi*) um die Tapferkeit (*andreia*) und wurden in ihrem Charakter (*ēthē*[20]) gut zur Tüchtigkeit (*aretē*) geführt" (70 – 72).

Zugegebenermaßen herrschte in Sestos, zumal bei der zweiten Gymnasiarchie des Menas, eine Krisensituation. Aber der Duktus seiner Ehreninschrift zeigt an vielen Stellen, dass es nicht nur um außerordentliche Maßnahmen, sondern auch um übliche bzw. traditionelle Praktiken ging, die hier intensiviert, reorganisiert und revitalisiert wurden. Zudem ist *expressis verbis* gerade an einer wesentlichen Stelle, nämlich wo es um die erwähnten Wettbewerbe in Disziplin, Einsatz und Haltung geht, betont, dass die darin liegende Förderung der *euandria* „nach dem Gesetz" (*kata ton nomon*) erfolgt sei (84 – 85). Die entsprechenden Praktiken waren also sogar Be-

---

1954), 285 und 289. Eine in diesem Sinne sehr plastische Passage (auch unter ästhetischen Aspekten und im Vergleich mit dem Chor) liefert X., *Oec.* 8, 4 – 8.

**17** So GHI III, 486.

**18** Das *eueides* bei Philostr., *Gym.* 6 ist ein klares Äquivalent.

**19** In seinem Kommentar zu IvSestos 1, S. 60 sieht J. Krauss das als „Oberbegriff" zu den drei vorangehenden Qualitäten.

**20** Zur Bedeutung s. u.

standteil der städtisch-staatlichen Rechtsordnung – was noch einmal ihre generelle Bedeutung und damit die Relevanz unseres Beispiels unterstreicht.

Dieses ist nun auch keineswegs eine Ausnahme; denn wir haben zumindest eine ganz treffende Parallele, und zwar sogar in Gestalt eines Gesetzes. Dieses stammt aus dem makedonischen Beroia und ist etwas älter als die Ehreninschrift für Menas.[21] In ihm wird verfügt, dass der Gymnasiarch der Polis jeweils im letzten Monat eines Amtsjahres, also im Monat *Hyperberetaios*,[22] ein Hermesfest ausrichten solle (B 45–46). Aus diesem Anlass sollten für die Männer unter 30 (das sind die ansonsten *neoi* Genannten) Wettbewerbe in *euexia*, *eutaxia* und *philoponia* ausgelobt werden, also in denselben Bereichen, die auch in Sestos so wichtig waren.[23] Die drei Kampfrichter für *euexia* solle der Gymnasiarch aus einem Kreise von sieben Männern aus dem Ort auslosen und die Erlosten auf den Hermes schwören lassen, „dass sie gerecht richten würden danach, wer die beste körperliche Konstitution habe (*arista to sōma diakeisthai*)". Über *eutaxia* und *philoponia* solle der Gymnasiarch, nach Eid auf Hermes, selber entscheiden, wer seinem Urteil nach unter den bis zu Dreißigjährigen im jeweiligen Jahr „am diszipliniertesten" (*eutaktotatos*) gewesen sei bzw. „am eifrigsten gesalbt (also trainiert)" (*aleiphthai*) habe (47–57).

Die beiden Beispiele sind plastisch genug, sie stellen aber nur die Spitze eines Eisberges dar, dessen Dimensionen wir allerdings dank des fragmentarischen Zustandes unserer Überlieferung nur erahnen können. Sie erscheinen aber auch so eindrucksvoll genug. Neben *eutaxia* und *philoponia* (und nicht selten im Zusammenhang damit) kommt dabei der schon bei Lukian so markanten *euexia* besondere Bedeutung zu.[24] Wie wichtig diese Kategorien waren, erhellt auch daraus, dass in

---

21 Es stammt etwa aus der Mitte des 2. Jahrhunderts v.Chr., zur Diskussion s. Daniel Kah, „Militärische Ausbildung im hellenistischen Gymnasion," in *Das hellenistische Gymnasion*, 82; Miltiades B. Hatzopoulos, „La formation militaire dans les gymnases hellénistiques," in *Das hellenistische Gymnasion*, 95–96; der Text jetzt nach Philippe Gauthier und Miltiades B. Hatzopoulos, *La loi gymnarchiasique de Beroia* (Athen: Kentron Hellēnikēs kai Rōmaikēs Archaiotētos, 1993) = SEG 43, 381; EKM I 1; deutsche Übersetzung GHI III 486. Zur Interpretation vgl. auch Adalberto Giovannini, „L'éducation physique des citoyens macédoniens selon la loi gymnasiarchique de Béroia," in *Poleis e politeiai. Atti del Convegno Internazionale di Storia greca, Torino, 29 maggio – 31 maggio 2002*, Hg. Silvio Cataldi (Alessandria: Edizioni dell'Orso, 2004): 473–490.
22 Vor den Herbstäquinoktien, entspricht dem attischen *Boedromion*.
23 Zum Zusammenhang von Kult und gymnastischen Wettbewerben vgl. auch Pl., *lg*. 8, 828b–c.
24 Generell s. die Belege bei Nigel B. Crowther, „Euexia, Eutaxia, Philoponia: Three Contests of the Greek Gymnasium," *Zeitschrift für Papyrologie und Epigraphik* 85 (1991): 301–304; vgl. auch Philippe Gauthier und Miltiades B. Hatzopoulos, *La loi gymnarchiasique de Beroia*, 102–105; Hans-Joachim Gehrke, „Bürgerliches Selbstverständnis und Polisidentität im Hellenismus," in *Sinn (in) der Antike. Orientierungssysteme, Leitbilder und Wertkonzepte im Altertum*, Hg. Karl-Joachim

Pergamon die ‚Versetzung‘ aus dem Jugendlichen- (*paides*) in das Ephebengymnasion nach den Kategorien des *eutaktos, philoponos* und *euektēs* erfolgte.[25]

Kennzeichnend ist darüber hinaus besonders, dass die Institutionalisierung des Gymnasion, die sich vor allem in der hellenistischen Epoche vollendete, gerade in der Schaffung und Ausgestaltung des Amtes des Gymnasiarchen besteht, und dass die Inhaber dieses Amtes – die Beispiele aus Sestos und Beroia sind insofern besonders instruktiv – gerade für die erwähnten Bereiche bzw. Wettbewerbe und damit Qualitäten verantwortlich waren, bis in die ganz konkreten Prüfungen hinein.[26] Gerade hierin manifestiert sich die Bedeutung solcher Eigenschaften für die Polis und die Sozialisation der männlichen Jugend. Und man darf hierin und vor allem in der Existenz von einschlägigen Gesetzen auch einen Reflex auf das Postulat einer ‚Verstaatlichung' der körperlichen Erziehung sehen, das Xenophon an der bereits erwähnten, dem Konzept des lukianischen *Anacharsis* so nahestehenden Stelle in den *Memorabilien* (3, 12) aufstellt. Davon wird noch des näheren die Rede sein. Der Gymnasiarch jedenfalls war insofern auch „Vorbild für die Epheben und Neoi, denen er ihre künftige Rolle als Bürger der Polis vorlebt".[27] Dass diese Art von Übung und Training in der Regel auch von

---

Hölkeskamp, Jörn Rüsen, Elke Stein-Hölkeskamp (Mainz: Zabern, 2003): 243–244. – *eutaxia:* neben den o. angeführten Beispielen IvErythrai 81; IG XII 6, 179 (ergänzt) 180.181.183 (Samos, zwischen Ende 3. Jahrhundert und 150 v. Chr.), ferner Daniel Kah, „Militärische Ausbildung im hellenistischen Gymnasion," 79 mit Anm. 175 sowie Philippe Gauthier und Miltiades B. Hatzopoulos, *La loi gymnarchiasique de Beroia*, 104–105. – *philoponia:* IvErythrai 81; IG XII 6, 183 (Samos, vor 150 v. Chr.); IvPriene 113, 28, vgl. Philippe Gauthier und Miltiades B. Hatzopoulos, *La loi gymnarchiasique de Beroia*, 104–105. – *euexia:* IvErythrai 81; IG XII 6, 181.183 (Samos); IvTralles 106–107; CIRB 1137 = IOSPE IV 432 (Siegerliste aus Gorgippia, ergänzt, wohl frühes 3. Jahrhundert v. Chr.). Hinzu kommt der ähnliche Begriff der *eukosmia* im Ephebarchengesetz von Amphipolis (24/23 v. Chr.), s. Philippe Gauthier und Miltiades B. Hatzopoulos, *La loi gymnarchiasique de Beroia*, 161–162; Ingomar Weiler, „Gymnastik und Agonistik im hellenistischen Gymnasion," in *Das hellenistische Gymnasion*, 41–42; Daniel Kah, „Militärische Ausbildung im hellenistischen Gymnasion," 82. In Athen gab es einen *agon euandrias* (And. 4, 42; X., *Mem.* 3, 3, 12; Ath. 13, 565F), wohl als „Mannschaftswettbewerb der schönen und kräftigen Männer" (J. Krauss, IvSestos, S. 60). Generell wird man sich die Wettbewerbe nicht immer oder primär als konkrete Wettkämpfe, sondern als „Querschnitts-Konkurrenzen" vorstellen, die zum Teil auf langfristiger Beobachtung und spezieller Bewertung beruhten, vgl. das Gesetz aus Beroia, Z. 47–57, zitiert o.

**25** Paul Jacobsthal, „Die Arbeiten zu Pergamon 1906–1907 II. Die Inschriften," *Mitteilungen des Deutschen Archäologischen Instituts* (Athenische Abt.) 33 (1908): 387–389; Erich Ziebarth, *Aus dem griechischen Schulwesen. Eudemos von Milet und Verwandtes* (Leipzig / Berlin: Teubner, 1914), 142–143.

**26** Christof Schuler, „Die Gymnasiarchie in hellenistischer Zeit," in *Das hellenistische Gymnasion*, 168 und 181.

**27** Ebd., 190.

einem intellektuellen Bildungsangebot flankiert war (wir haben dies am Beispiel der *akroaseis* des Menas gesehen), sei allerdings nicht vergessen.[28]

Bereitschaft zu Einordnung und Disziplin, Freude an Übung, Training, Sich-Abmühen und Kämpfen, gute körperliche Verfassung als Basis für Haltung und anständiges Auftreten – diese drei Qualitäten wurden von der Polisgemeinschaft besonders gepflegt und von ihren Repräsentanten beaufsichtigt. Dass diese Qualitäten im Sinne von Wettbewerben ständig trainiert, präsentiert und evaluiert wurden bzw. sich quer durch alle anderen sportlich-athletischen Disziplinen hindurchzogen, stellte in der extrem kompetitiv orientierten Gesellschaft einen besonderen Anreiz dar und unterstreicht, wie ernst man es mit ihnen meinte. So prägte das Bemühen um diese und ähnliche Qualitäten wesentliche Stufen der männlichen Sozialisation, bezeichnenderweise noch über die Adoleszenz hinaus: von den *paides*, den in der Regel unter Achtzehnjährigen, über die Epheben, normalerweise die auf der Schwelle zum Erwachsenen befindlichen Junioren im Alter zwischen 18 und 20 Jahren, bis hin zu den sogenannten *neoi*, den jungen Männern zwischen 20 und 30 Jahren, wobei die einzelnen Jahrgänge auch untereinander verbunden waren, also gleichsam als Alterskohorten marschierten, immer verbunden durch gemeinsames Training und energische Konkurrenz, in einer spezifischen Verschränkung von individueller und kollektiver Formung.

Den in diesen Einrichtungen und Praktiken wirksamen Geist hat Philon von Alexandreia vor Augen gehabt. Er passt vor allem aber auch haargenau zu den in Lukians *Anacharsis* vertretenen Ideen. Es geht nämlich zum einen um den Zusammenhang von körperlicher Formung und mentaler Orientierung, zum anderen und letztendlich um das Engagement für und die Einordnung in die Gemeinschaft, die auf immer wieder eingeübter Haltung beruht. Sie äußert sich – buchstäblich und augenfällig – als *euexia*. Ihre Innenseite kann man aber ziemlich treffend mit dem Begriff *ēthos*, besser noch *ēthē* im Plural, wie in der Menas-Inschrift (72, s.o.), beschreiben, mithin als eine durch gewohnheitsmäßige Praxis erworbene und immer wieder gestärkte Gesinnung, die gerade auf diesem Zusammenhang von

**28** Vgl. hierzu die weiteren Beispiele im Kommentar von Johannes Krauss, IvSestos S. 58 sowie generell Peter Scholz, „Elementarunterricht und intellektuelle Bildung im hellenistischen Gymnasion," in *Das hellenistische Gymnasion*, 103–128. Besonders instruktiv ist in diesem Zusammenhang die sogenannte Schulstiftung von Teos (Bernhard Laum, *Stiftungen in der griechischen und römischen Antike. Ein Beitrag zur antiken Kulturgeschichte* [Aalen: Scientia-Verlag, 1964], II Nr. 90, [3. Jahrhundert v.Chr.]), in der auch einschlägige Gesetze bezeugt sind (Z. 30.43). – Zur Gymnasiarchie wichtig sind jetzt auch die zu Ehren von Marcel Piérart zusammengestellten Beiträge von Olivier Curty, *L'huile et l'argent. Gymnasiarchie et évergétisme dans la Grèce hellénistique*. Actes du colloque tenu à Fribourg du 13 au 15 octobre 2005 (Paris: Séminaire d'Histoire ancienne de l'Université de Fribourg, 2009).

Training, Haltung und Einstellung beruht und insofern den Charakter eines Menschen prägt.[29]

Im Übrigen lässt sich hiermit die häufig diskutierte Frage, ob die Erziehung im Gymnasion eher geistiger oder körperlicher, eher sportlich-athletischer oder militärischer Natur war, deutlich relativieren. Es ging primär um eine innere, mentale und insofern geistig-psychische Einstellung und Bereitschaft, die aber auch und gerade körperlich antrainiert wurde, auf vielfältigste Art und Weise, und die sich in einer körperlichen Attitüde ausdrückte, also auch konkret prüfen ließ. Einzelne Übungen, wie etwa das Bogenschießen, mochte man auch konkret anwenden. Aber das war nicht ausschlaggebend, wie nicht zuletzt die Bedeutung der hier näher betrachteten drei Qualitäten zeigt. Das Training generell sollte die jungen Männer – so sei Jacob Burckhardts bekanntes Diktum einmal abgewandelt – nicht tüchtig für die einzelne (athletische oder militärische) Anwendung machen, sondern engagiert für immer: als gute Bürger.[30]

Es kann an dieser Stelle nicht im Einzelnen ausgeführt werden, wie spezifisch und verbreitet dieses Phänomen in der Hellenistischen Epoche bis tief in die Kaiserzeit hinein gewesen ist. Neben den bisherigen Hinweisen und Andeutungen sei nur daran erinnert, dass die Institutionalisierung und die „Architektonisierung" des Gymnasion ein Merkmal des Hellenismus darstellt.[31] Dazu gehört auch die Einrichtung der Ephebie, die besonders aus Athen gut bekannt ist[32] – und deren Reorganisation durch Lykurg gerade eine betonte Orientierung auf das Engagement für die Polis Athen demonstriert, besonders notwendig angesichts der katastrophalen Niederlage bei Chaironeia und der als Unterdrückung und Versklavung empfundenen makedonischen Herrschaft. Und nicht zuletzt sind die

---

**29** In diesem Sinne verdiente der Begriff eine nähere Untersuchung, fürs Erste vgl. Friedo Ricken, „êthos / Charakter, Sitte," in *Aristoteles-Lexikon*, Hg. Otfried Höffe (Stuttgart: Körner, 2005): 214–216.
**30** Mit den hier skizzierten Phänomenen, Praktiken und Intentionen dürfte auch zusammenhängen, dass in der hellenistischen Zeit in der Glyptik die Figur des Athleten hinter der des Bürgers (der aber oft mit aufs Athletische bzw. aufs Gymnasion weisenden Accessoires dargestellt ist) zurücktritt. Den Hinweis auf diesen wichtigen Sachverhalt, dem noch weiter nachgegangen werden könnte, verdanke ich Ralf von den Hoff.
**31** Dies ist jetzt in dem Sammelband Daniel Kah und Peter Scholz, Hg., *Das hellenistische Gymnasion* (Berlin: Akademie Verlag, 2004) manifestiert, vgl. die bisher zitierten Beiträge und zur baulichen Entwicklung Christian Wacker, „Die bauhistorische Entwicklung der Gymnasien," ebd., 349–362.
**32** Hierzu s. Hans-Joachim Gehrke, „Ephebeia," in *Der Neue Pauly*, Hg. Hubert Cancik und Helmuth Schneider, Bd. 3 (Stuttgart / Weimar: J.B. Metzler, 1997): 1071–1075.

vielen Hinweise auf die Gliederung und Formierung der Männer, besonders der jüngeren, nach Altersklassen zu beachten.[33]

Es ist klar, dass hier ein vitales Interesse der Polis lag, schon deshalb, weil sie ständig mit kriegerischen Auseinandersetzungen zu rechnen hatte,[34] aber auch weil die endemische Form der inneren Kriege, die Stasis, in Griechenland nicht abreißen wollte. So war die Einheit im Inneren, die *homonoia* – man denke an das *sympoliteuesthai* bei Lukian – als wesentliche Grundlage für die Behauptung nach außen existentiell. Vor diesem Hintergrund ist auch die Frage nach der sozialen Reichweite der Ausbildung im Gymnastischen zu sehen.[35] Da wir im Wesentlichen nur über normative Texte zur Thematik verfügen, lassen sich hier keine empirisch belastbaren Angaben machen. Es ergibt sich aber aus der Stoßrichtung der Texte auf die freie Bürgerschaft sowie aus den gerade hier angesprochenen Bedürfnissen, dass mindestens der Zielsetzung nach ein weiter Kreis im Blick war, dem man auch *realiter* (z. B. durch euergetistische Maßnahmen) die Möglichkeiten zur „gymnastischen" Betätigung einzuräumen suchte.[36] Es hat gewiss regionale Unterschiede gegeben und es mag eine Tendenz zur Aristokratisierung gegeben haben – Lukian hebt jedenfalls die *aristoi politai* hervor (s. o.) –, aber die hat sich womöglich erst *peu à peu* herausgestellt und dann in der Römischen Kaiserzeit ergeben.[37]

Selbst dann blieb der Grundgedanke der Sozialisation auf die Polis und ihre Bürger bezogen. Es hat sich nicht die Idee einer internen elitär-exklusiven und distinktiven Bildung ergeben. Elitär war und blieb immer die Bürgerschaft insgesamt. Im Vordergrund blieb die Frage nach der Formung der in sie hinein Wachsenden und die hier herausgearbeitete Bedeutung des Psycho-Somatischen oder vielleicht besser: Somato-Psychischen. Damit stellt sich die weiter gehende Frage, warum man denn den körperlichen Übungen eine solche Wirkung zuschrieb, gerade auch auf dem mental-psychischen Felde, auf welche Beobachtungen sich solche Zuschreibungen stützten und wie sie gedanklich erfasst wurden. Um darauf antworten zu können, muss auch berücksichtigt werden, welche Bewegungsabläufe und kinetischen Prinzipien es denn waren, die Kraft

---

**33** In diesem Zusammenhang s. detailliert zu den *neoi* Boris Dreyer, „Die Neoi im hellenistischen Gymnasion," in *Das hellenistische Gymnasion,* 211–236.

**34** Das ist besonders herausgearbeitet von Angelos Chaniotis, *War in the Hellenistic World. A Social and Cultural History* (Oxford: Blackwell, 2005).

**35** Zur Problematik vgl. Hans-Joachim Gehrke, „Eine Bilanz: Die Entwicklung des Gymnasions zur Institution der Sozialisierung in der Polis," in *Das hellenistische Gymnasion,* 417–419.

**36** Vgl. jetzt generell Olivier Curty, *L'huile et l'argent. Gymnasiarchie et évergétisme dans la Grèce hellénistique.*

**37** Zu einem Beispiel s. jetzt Hans-Ulrich Wiemer, „Von der Bürgerschule zum aristokratischen Klub? Die athenische Ephebie in der römischen Kaiserzeit," *Chiron* 41 (2011): 487–537.

und Eleganz, Ästhetik und Haltung versprachen bzw. welche die Griechen selber als solche einschätzten.

# 3

In einem dritten Schritt möchte ich deshalb darauf eingehen, wie dieses Körper und Geist verbindende Konzept überhaupt gedanklich zustande kam. Wie und wann gerieten die Zusammenhänge in den Blick? Wie ergab sich dabei die Verbindung von Kraft und Ästhetik, von Härte und Eleganz, die im *Anacharsis*, aber auch in Philostrats *Gymnastikos* (6) so betont wird und die uns auch lehrt, im Blick auf das physische Training nicht nur auf die Kraftentfaltung zu sehen, sondern auf Rhythmik und Bewegung, auf die Philon so viel Wert legt? Suchen wir also nach Beobachtungen und Konzeptionen des Kräftig-Eleganten im Körperlichen und achten wir in diesem Rahmen auf die damit verbundenen Auffassungen zu dessen mentalen und moralischen Wirkungen.

Schon der *locus classicus* für ein gängiges griechisches (oder mindestens athenisches) Curriculum, eine Partie in Platons *Protagoras* (325c–326e) hilft uns rasch weiter. Hier orientiert sich Bildung an moralischen Normen und nimmt insbesondere die Qualität des Bürgers in den Blick. Nach der frühkindlichen Erziehung durch die Eltern kommen Lehrer ins Spiel. Dabei wird besonderer Wert auf die *eukosmia* gelegt. Dichter werden auswendig gelernt, es geht um Nachahmung; und wichtig ist dabei die Musik.[38] Denn jedes Menschenleben braucht gute Schwingung und gute Stimmung, wie wir die Begriffe *eurythmia* und *euarmostia* versuchsweise einmal übersetzen wollen (326c) – man möchte an dieser Stelle fast das Wort Taktgefühl gebrauchen.

In diesem Zusammenhang kommt nun auch der Sporttrainer, der *paidotribēs*, ins Spiel. Zu ihm schickt man die Kinder, „damit sie, dem Körper nach besser ausgebildet, auch der richtigen Gesinnung (*dianoia*) dienen können und nicht nötig haben sich feigherzig zurückzuziehen (*apodeiliān*) wegen des Körpers Untüchtigkeit, es sei nun im Kriege oder bei anderen Geschäften" (Übers. Friedrich Schleiermacher). Richtiges Timing und Abstimmung sowie Körperbeherrschung stehen dicht nebeneinander. Danach erfolgt im Curriculum das Lernen der Gesetze, also die konkrete Einübung in das politisch-soziale Leben.

---

**38** Zum chorischen Tanz und zur Rolle der *mimēsis* dabei s. Barbara Kowalzig, „Changing Choral Worlds: Song-Dance and Society in Athens and Beyond," in *Music and the Muses. The Culture of Mousikē in the Classical Athenian City*, Hg. Penelope Murray und Peter Wilson (Oxford: Oxford University Press, 2004): 48.

Was bei Schleiermacher treffend mit „dem Körper nach besser ausgebildet"
übersetzt ist und auf Griechisch *ta sōmata beltiō echontes* lautet, ist nichts anderes
– die Sprache verrät es – als die *euexia*, die wir schon gut kennen. Bereits hier also
zeigt sich, dass man, zumindest in Platons Interpretation, innerhalb einer ver-
breiteten Erziehungspraxis mit den psychischen Konsequenzen des Gymnastischen rechnete und dass es dabei konkret um Selbstvertrauen, Selbstbeherrschung und Courage geht, nicht allein im Militärischen. Dass es sich hier, im Athen
des 5. Jahrhunderts, wenigstens der Idee nach um ein traditionelles Bildungskonzept handelt, legt darüber hinaus eine Passage in dem Plädoyer des *dikaios
logos* in den *Wolken* des Aristophanes nahe, in der es um die *archaia paideia* geht
(961–964). Hier wird beim Musiklehrer (*kitharistēs*), in jeder Gemeinde, an Hand
von Dichtungen noch anständig gesungen, in der *harmonia*, in der die Väter
sangen. Die Bewegungen auf der Straße erfolgten „wohlgeordnet" (*eutaktōs*), und
beim Paidotriben, dem Sportlehrer, benahm man sich schicklich, auch in den
körperlichen Haltungen. Wenn man hierzu noch rechnet, wie sehr die athenischen
Bürger, aber auch die Bürgerinnen, durch ihre aktive Mitwirkung bei den Festen
und Agonen in gemeinsamem Singen und Tanzen von Jugend an mit harmoni-
schen Klängen und rhythmischen Bewegungen vertraut waren, gewinnen diese
Aussagen noch erheblich an Bedeutung.

Eine kleine Umschau im Wortfeld von *euexia* zeigt aber sehr schnell, dass es
hier nicht nur um traditionelle athenische Vorstellungen geht, sondern dass
vergleichbare Ideen und Konzepte wenigstens seit der Klassischen Zeit auch sonst
geläufig waren. Zunächst geht es naturgemäß um die körperliche Konstitution,
nicht zuletzt auch die Gesundheit, so etwa ganz dezidiert in den „Aphorismen" des
*Corpus Hippocraticum*.[39] Deshalb erkennt man die Wohltrainierten (*gymnazome-
noi*) auch außerhalb des Gymnasion an ihrer *euexia*.[40] Freilich gibt es hier auch des
Guten zu viel, durch übermäßiges Training bzw., besser gesagt, durch einseitige
Pflege des Gymnastischen verursachtes Ungleichgewicht, mithin ein zu ausge-
prägtes Bodybuilding. Hier ist dann wiederum eine Reduzierung zum Zwecke des
Ausgleichs medizinisch angezeigt.[41] Bei Aristoteles[42] ist *euexia* deshalb als etwas
Ausgewogenes und Mittleres gedacht,[43] sie ist nicht *pros hen monon* wie das
Training der Athleten. Und bezeichnenderweise ist bei Aristoteles in diesem
Rahmen von einer dem Bürger angemessenen Konstitution (*politikē euexia*) die

---

**39** 1, 3; im Plural, vgl. auch Pl., *Prt.* 354b; *Grg.*, 450a; *R.* 8, 559a; Arist., *EN* 5, 1129a19–26.
**40** Aeschin., 1, 189.
**41** Hp., *Aph.* 1, 3.
**42** Arist., *Pol.* 7, 16, 1335b5–11.
**43** Man erinnere sich an das *symmetron* bei Lucianus, *Anach.* 25.

Rede, die eben nicht einseitig ist. Dies zeigt einmal mehr, wie fließend die Grenzen von der körperlichen hin zur sozialen Konnotation des Begriffes waren.

Das lässt sich an einer wichtigen Stelle bei Polybios konkretisieren, von der aus sich dann schnell eine Brücke zu den Beobachtungen in den beiden ersten Teilen herstellen lässt: Im 18. Jahr des Ersten Punischen Krieges (247 v. Chr.) besetzte der neue karthagische Stratege Hamilkar Barkas einen festen Stützpunkt im westsizilischen Heirkte, um von dort aus mit ständigen Attacken die Römer zu zermürben.[44] Polybios hebt gerade diese Strategie und damit die Qualitäten des Hamilkar Barkas in seiner an sich nur skizzenartigen Darstellung dieses Krieges besonders hervor, ja er nutzt sie exemplarisch, um sich generell zu den Eigenschaften der beteiligten Feldherren zu äußern (57, 1–8). Um das zu unterstreichen, greift er zum Vergleich und zieht hierzu – wieder muss man sagen, bezeichnenderweise – Sportler heran, und zwar Boxer (*pyktai*). Da es um besondere Leistungen geht, spricht er von solchen, die durch Haltung (*euexiai*) und durch Distinktion (*gennaiotētes*) hervorragen. Wichtig daran ist aber, dass sich die damit markierten Leistungen der Faustkämpfer gerade in ihrer psychischen Einstellung und im daraus resultierenden Planen und Handeln zeigen, in ihrer Agilität, Ehrliebe, Erfahrung, Kraft und Zuversicht.[45] So kämpfen sie unablässig, Schlag auf Schlag, vorbildlich im Vorauswissen (*pronoia*) um die Tricks des Gegners.[46]

Dass es sich dabei nicht um ein blindwütiges Prügeln handelt, lehrt schon die letzte Bemerkung, wird aber auch im Blick auf viele Darstellungen des Boxkampfes und des Boxtrainings sichtbar. Neben der Kraft und der Reaktionsschnelligkeit geht es auch um Rhythmik und Eleganz der Bewegungen.[47] Gerade auch ein entsprechender Zusammenhang prägt die geläufige Vorstellung von Schönheit gemäß der aristotelischen „Rhetorik" (1, 5, 1361b7–11), und zwar im Hinblick auf die Gruppe, um die es hier auch geht, auf die der jungen Männer (*neou kallos*). Deren Schönheit besteht darin, „einen Körper zu haben, der zum Ertragen von Belastungen (*ponoi*) geeignet ist, sowohl für die des Laufens als auch für die der Kampfdisziplinen (*dromos, bia*). Das bietet einen angenehmen Anblick, und deshalb sind die Fünfkämpfer am schönsten, denn sie sind zugleich zu Kraft und Schnelligkeit begabt." Bei den Erwachsenen (*akmazōn*) sei der Körper schön, der den Belastungen des Krieges gewachsen sei. Er bietet einen angenehmen Anblick,

---

**44** Plb., 1, 56, 1–11.

**45** *energeia, philotimia, empeiria, dynamis, eupsychia.*

**46** Man vergleiche hierzu auch den Hinweis auf *anchinoia* als physische Voraussetzung für den Athleten bei Philostr., *Gym.* 6.

**47** Entsprechend geht es beim Ringen nach Plat., *Lg.* 7, 796a auch um eine Kombination von Geschicklichkeit, Konstitution, Ausdauer und Kraft.

weil er Furcht einflößt. Die enge Verbindung von Kraft und Eleganz, aber auch die Orientierung auf den Krieg, und damit auf die Polis, wird auch hier greifbar.

In diesem Rahmen könnte man des Näheren auf die verschiedenen Bewegungsabläufe in den verschiedenen Sportdisziplinen eingehen. Dabei gibt es vor allem zum Ringen sehr instruktive Texte, zum einen einen Papyrus wohl für den Gebrauch eines Trainers mit Anweisungen über Bewegungen und Griffe,[48] zum anderen die Schilderungen geschlechtlicher Vereinigungen unterschiedlichen Typs in den *termini technici* der Ringersprache (wobei in dem heterosexuellen Beispiel die weibliche Teilnehmerin auch noch Palaistra heißt).[49] Hier wie auch sonst spielte die Geschmeidigkeit wie die Geschicklichkeit der Bewegungen eine wichtige Rolle, weshalb sie auch in der Regel musikalisch begleitet waren, vor allem durch einen Flötenspieler (*aulētēs*).[50] Aus Platzgründen kann ich auf diese Phänomene nicht im Detail eingehen.

Das gilt auch für die in diesem Zusammenhang mindestens ebenso wichtige Bedeutung des Tanzes und des Tanzens. Auch hier müssen einige Hinweise genügen. Den Schlüssel liefert wiederum eine Polybios-Stelle.[51] Es geht dort um die Rolle der Musik[52] und des Tanzes bei den Arkadern. Polybios, der als Megalopolite hier auf eigene Erfahrungen zurückgreifen konnte, hebt die Bedeutung der Musik, des Musikunterrichts und der musikalischen Kenntnisse hervor, insbesondere für die Jugendlichen (*paides*) und die jungen Männer (*neaniskoi*) bis 30. Sie praktizieren Musik auf unterschiedliche Weise und unterschiedlichen Niveaus, wobei der von der Flöte vorgegebene Takt (*aulos kai rhythmos*, 20,6) eine besondere Bedeutung hat. Dazu gehört auch, dass die jungen Leute nicht nur mit bedeutenden dithyrambischen Weisen vertraut sind, sondern auch in Form von Wett-

---

**48** *P. Oxy.* III 466 (2. Jh. n. Chr.), s. hierzu besonders Henri Irénée Marrou, *Geschichte der Erziehung im klassischen Altertum*, Übers. Richard Harder (München: dtv, 1977), 241 mit Anm. 67; er bietet eine versuchsweise Übersetzung und Hinweise auf ältere Literatur.
**49** [Lucianus] *Asin.* 8–10; *AP* 12, 206.
**50** Julius Jüthner, Philostratos, *Über Gymnastik*, Sammlung wissenschaftlicher Kommentare zu griechischen und römischen Schriftstellern (Leipzig / Berlin: Teubner, 1909), 301; Henri Irénée Marrou, *Geschichte der Erziehung im klassischen Altertum*, 242–243, vgl. auch Pl., *Lg.* 7, 796 a, zitiert o.
**51** Plb., 4, 20, 4–21, 4. Zur Rolle von Auleten bei Armee und Marine s. Henri Irénée Marrou, *Geschichte der Erziehung im klassischen Altertum*, 243 Anm. 78.
**52** Hier ließen sich die mannigfachen Erörterungen über die Musik und ihre soziale und politische Bedeutung anschließen. Dies wäre gewiss wichtig und für eine zusammenfassend-systematische Behandlung der Thematik auch unerlässlich. Hier jedoch muss es aus Zeit- bzw. Platzgründen fürs erste bei der Konzentration auf die wesentlichen Aspekte körperlicher Bewegung und Haltung bleiben. Zur Ästhetik des Tanzes vgl. aber etwa X., *Smp.* 2, 17–22; zum Chor vgl. ders. *Oec.* 8,3 und s. jetzt generell Barbara Kowalzig, „Changing Choral Worlds: Song-Dance and Society in Athens and Beyond," 39–65.

bewerben nach Altersgruppen im Theater Tänze aufführen, mit großem Ehrgeiz und professioneller Begleitung. Die jungen Männer (*neoi*) führen das Ergebnis ihres Trainingsfleißes in Marschmusik mit Flötenbegleitung und in Formation[53] sowie im Tanzen (*orchēseis*) jährlich ebenfalls im Theater vor (20, 9.12).[54] So bewunderten Xenophon und seine 10 000 auch die Mantineier und einige andere Arkader, die während eines Opferfestes in Paphlagonien „vollständig gerüstet, so schön es ging, im Takt daherschritten, im Rhythmus des Waffentanzes von der Flöte begleitet, den Paian sangen und wie auf den Götterprozessionen tanzten."[55]

Polybios sieht den Sinn dieser Bräuche darin, dass es darauf angekommen sei, den von Natur aus (auf Grund der geographischen Lage) rauhen Sinn der Arkader zu mildern und abzuschwächen, weshalb es auch gemeinsame Tänze von Mädchen und Jungen gebe. Wesentlich ist – und das zeigt sich nicht zuletzt in den auch militärisch bedeutsamen Bewegungs- und Tanzübungen – die soziale Komponente, nämlich dass die „hochfahrenden, harten und unbeugsamen"[56] Naturen gerade durch stetig wiederholte, rhythmisch eingeübte und damit einstimmende Weise mittels körperlicher Bewegungen in das gemeinschaftliche Handeln regelrecht hineingeformt wurden bzw. dass, andersherum gesehen, die Gemeinschaft dem Körper gleichsam eingeschrieben wurde – mit den schon angesprochenen Folgen für die psychisch-mentale Orientierung. Dass Polybios in diesem Zusammenhang den starken Begriff *authades* gebrauchte, ist besonders charakteristisch. Dieser Begriff steht nämlich für ein übermäßig entwickeltes individuelles Ehrgefühl,[57] also eine besonders gemeinschaftsfeindliche, gleichsam asoziale Komponente. Er bezeichnet markant, womit man es zu tun hatte, wenn man Gemeinschaft organisieren und bewahren wollte.

Auch der Tanz konnte also eine für die Gemeinschaft wesentliche Bedeutung annehmen und insofern in der Erziehung wichtig sein. Bei Platon heißt es *apaideutos achoreutos* (*Lg.* 2, 654a), wer nicht im Chor tanzen kann, ist unerzogen. Wettbewerbe in diesem Sinne sind konsequenterweise auch außerhalb Arkadiens geläufig. Bei den athenischen Panathenäen beispielsweise gab es im 4. Jahrhundert Wettbewerbe für Jugendliche, Junioren und Männer in kriegerischen und pyrrhichischen Tänzen.[58]

---

53 *embatēria met' aulou kai taxeos askountes*.
54 Mit Frank W. Walbank, *A Historical Commentary on Polybius*. Bd. 1 (Oxford: Clarendon Press, 1957), 467 ff.
55 X., *An.* 6, 1, 11.
56 *authades, sklēron, ateramnon tēs psychēs* (21, 3–4).
57 Hans-Joachim Gehrke, „Die Griechen und die Rache. Ein Versuch in historischer Psychologie," *Saeculum* 38 (1987): 128, mit weiteren Hinweisen.
58 IG II 2312, 72–74, s. generell Paola Ceccarelli, *La pirrica nell'antichità grecoromana. Studi sulla danza armata* (Pisa: Istituti Editoriali e Poligrafici Internazionali, 1998).

Halten wir fürs Erste fest: In den verschiedensten Formen des Trainings und der Präsentation, im Gymnasion, im Theater und überhaupt im öffentlichen Raum, und auch in verschiedenen Kontexten, nicht selten aber in Kult und Agon, beim Tanz, beim Sport und auch in den Einordnung, Engagement und Haltung fördernden Disziplinen ging es regelmäßig um die Verbindung von Kraft und Eleganz, Ausdauer und Geschicklichkeit. Den wiederholt und regelmäßig eingeübten, bestimmten kinetischen Vorgaben folgenden körperlichen Übungen wurde nicht nur eine erhebliche gesundheitlich-ästhetische Wirkung zugeschrieben, sondern auch ein beträchtliches Potential für eine mentale, psychische und damit auch moralische Orientierung, vor allem im Sinne der Gemeinschaft, der Polis.

Für die Einsicht in den Zusammenhang des Physischen und des Psychischen, auf die man hier immer wieder stößt und die in gewisser Weise den Schlüssel zu den wesentlichen Erziehungs- und Sozialisationsmethoden zu liefern scheint, gibt es auch jenseits der bisher behandelten Phänomene deutliche Belege. Sie häufen sich gerade dort, wo in den philosophisch-sophistischen Diskursen der 2. Hälfte des 5. Jahrhunderts auf sozusagen seiner-zeitgemäße Weise, mit der Antithese von *physis* und *nomos*,[59] die Debatte über Natur und Kultur, *nurture vs. nature* geführt wurde. Dabei herrschte generell eine besondere Hochschätzung der Möglichkeiten zur Erziehung, wie sie auch in den *Wolken* des Aristophanes oder in Platons *Protagoras* einen Widerhall fand. In diesem Zusammenhang tritt die Übung, die dauerhafte Gewöhnung in den Vordergrund.

Im selbstbewussten Ton des Intellektuellen stellte man sie über die Natur, also die natürliche Anlagen: „Durch Übung sind mehr gut als von Natur aus", triumphiert der Sophist Kritias.[60] Ähnliches schreibt Axiopistos, wohl im 4. Jahrhundert, dem Epicharm zu: „Die Übung, meine Freunde, schenkt mehr als gute Anlage".[61] Noch wichtiger für uns ist die Vorstellung, dass das Trainieren derart wirkmächtig ist, dass es sogar selber Natur bewirkt, dass also die erwähnte Kluft überbrückt wird. Dies ist auf klassische Weise von Demokrit formuliert worden: „Die Natur und die Erziehung (*didachē*) sind etwas Ähnliches. Denn die Erziehung formt zwar den Menschen um (*metarysmoi*), aber durch diese Umformung schafft sie Natur (*physiopoiei*)."[62] Aristoteles, der im Hinblick auf die Beherrschtheit (*enkrateia*) bei Leidenschaftlichen zwar davon ausgeht, es sei leichter, Gewohnheit (*ethos*) zu verändern als Natur, gibt ebenfalls zu, dass jene der Natur gleichkommt (*tēi physei eoiken*) – Franz Dirlmeier übersetzt „wie eine zweite Natur ist" – und zitiert in diesem Zusammenhang den sophistisch „angehauchten" Dichter Euenos (aus der 2. Hälfte des 5. Jahrhunderts),

---

**59** Vgl. hierzu den Beitrag von Oliver Primavesi in diesem Band.
**60** *ek meletēs pleious ē physeos agathoi* (Crit., B 9 D.–K.).
**61** *hā de meletā physios agathās pleona doreitai, philoi* (23 B 33 D.–K.).
**62** B 33 D.–K. (= Clem.Al., *Strom.* 4, 151; Stob., 2, 31, 65), Übersetzung Hermann Diels.

der ganz im Sinne des Demokrit-Zitats schreibt: „Dauerndes Üben (*polychronios meletē*), mein Freund, so sag ich dir, schafft die Gewöhnung; diese verfestigt sich (*teleutōsa*) schließlich im Menschen und wird zur Natur ihm."[63]

# 4

Dass und wie aus Gewöhnung, Übung und Formung – auch und gerade solche körperlicher Natur – schließlich wiederum Natur werden konnte, auch in einem geistig-mentalen Sinne, war also eine feste Einsicht, mit der wir spätestens für das Ende des 5. Jahrhunderts rechnen können. Da ist dieses Wissen jedenfalls explizit, welches vorher offenkundig (man erinnere sich an die bei Aristophanes und Platon reflektierte traditionelle attische Erziehung, könnte aber auch auf die spartanische *agōgē* zurückgreifen) implizit war und die Praktiken bestimmte. Indem man sich die Zusammenhänge aber stärker zu Bewusstsein brachte, konnte man sie auch entsprechend intensiver gestalten. Dies mag hinter den spätklassisch-hellenistischen Konzepten und Praktiken stecken, die wir oben analysiert haben und die den zuletzt vorgestellten Überlegungen im Kern so genau entsprechen. Jedenfalls hat man seit dem 4. Jahrhundert hier offenkundig einen speziellen politischen Handlungsbedarf gesehen und die verschiedenen Praktiken, wie wir sahen, systematisch organisiert.

Versuchen wir deshalb in einem vierten und letzten Teil eine wenigstens denkbare Didaktik hinter den psychosomatischen Praktiken zu finden. Wir sahen, dass es darum ging, den Nachwuchs in die Polis hineinzubringen, ihn adäquat zu sozialisieren, Bürger zu bilden. Womit man es zu tun hatte, wie die Jugend beschaffen war, lehrt sehr plastisch die *Rhetorik* des Aristoteles (2, 12, 1389a3–1389b12). Der Autor spitzt hier sehr scharf zu (Junge *vs.* Alte), doch geht es, dem Genre des Werks entsprechend, um empirisch fundierte Aussagen. Zum Charakter (*ēthos*) der jungen Männer (*neoi*) gibt er im Wesentlichen eine Aufzählung, in der vor allem auf die Begierden, insbesondere die sexuellen, auf Leidenschaft und Impulsivität (*thymikoi, oxythymoi*), auf Ehrgeiz und Siegeswillen, auf Vertrauen und Optimismus, Mut und Hochherzigkeit, Freundesliebe und Kameradschaft verwiesen wird. Vor allem neigten die jungen Männer zur Übersteigerung und zum Exzess, im Gegensatz zu dem *mēden agan* des Chilon, und wenn sie Unrecht handeln, dann nicht aus Schlechtigkeit, sondern aus übersteigertem Selbstwertgefühl und Anmaßung (*hybris*). Polybios' Arkader sind hier ganz nahe.

---

**63** Arist., *EN* 7, 11, 1152a30–36, Übersetzung Franz Dirlmeier.

Das Urteil ist erkennbar nicht komplett negativ, sondern durchaus differenziert. Im Hinblick auf die soziale Integration und Kohärenz allerdings stellen sich gravierende Probleme, vor allem angesichts der Dominanz der kurzfristigen Aufwallung und Leidenschaft, des Ehrgeizig-Ehrbewussten und deshalb leicht zu Kränkenden, angesichts von Menschen, die hohe Ziele haben, aber über wenig Augenmaß verfügen. Wie soll man diese Leute, die „zu sehr lieben und zu sehr hassen" (1289b3–4), in die Gemeinschaft der Polis hineinbringen? Wegen des Hervortretens körperlich fundierter Symptome in Leidenschaftlichkeit und Erregbarkeit lag es nahe, auch somatisch anzusetzen und von hier aus die Disziplin, als buchstäbliche Einordnung sozusagen, auch körperlich zu fundieren.

Gerade angesichts der natürlichen Voraussetzungen, nicht zuletzt der Leidenschaftlichkeit, konnte auf Zwang und Druck (*bia*) gar nicht verzichtet werden,[64] weswegen Aristoteles auch sehr dezidiert die Autorität des Gesetzes ins Spiel bringt (*EN*, 1180a21–23).[65] Gerade bei den jungen Männern, denen das besonnene (*sōphronōs*) und beherrschte (*karterikōs*) Leben schwerfällt, muss man sich etwas einfallen lassen (ebd., 1179b32–35). Nun sind in der Erziehung von Menschen natürliche Anlage (*physis*) und Belehrung (*didachē*) allein zwar notwendig, aber nicht ausreichend. Man braucht auch die Gewöhnung (*ethos*), also Training, Übung, *meletē*. Diese bereitet die Seele auf die Unterweisung vor, so wie auch ein Acker vor der Aussaat präpariert werden muss (ebd., 1179b23–26). Genau in diesem Kontext kommen bestimmte – am besten durch Gesetze zu fixierende – Aktivitäten und Beschäftigungen (*epitēdeumata*) ins Spiel, und zu diesen wiederum gehören *musikē* und *gymnastikē*, das Musische und das Gymnastische (ebd., 1180b2–3). So führt Gewöhnung in Form von gymnastischem Üben zu einer bestimmten Haltung (*hexis*) des Körpers.[66]

Übereinstimmung (*homologoumenon*) herrscht nach Aristoteles darüber, dass man bei den sportlichen Übungen auf die Altersklassen zu achten hat.[67] Für Kinder und Jugendliche[68] bis zur Adoleszenz (*hēbē*) sind leichtere Übungen vorzusehen.[69] Erst nach dem Übergang zum Erwachsensein und auf drei Jahre hin, wenn auch anderweitiger Unterricht (*mathēmata*) erfolgt, geht es um das harte Training (*ponoi*) und die strikte Diät (*anankophagia*). Dies ist ganz analog zu den

---

64 Arist., *EN* 10, 10, 1179b29.
65 Wie das bei Platon demgegenüber ins Innere der Seele verlagert wird (*R.* 9, 588b–590a), zeigt Oliver Primavesi in seinem Beitrag; vgl. daneben auch unten, S. 32–34.
66 Arist., *Pol.* 8, 3, 1338b4–9.
67 Arist., *Pol.* 8, 4, 1338b39–42.
68 Wohl ab ca. sieben Jahren, so Henri Irénée Marrou, *Geschichte der Erziehung im klassischen Altertum*, 229 Anm. 25.
69 Beispiele hierzu ebd., 228–234, mit zahlreichen Belegen.

zentralen Altersklassen, die uns schon öfter begegnet sind. Es geht um die Epheben sowie die Gruppen der Jüngeren (*paides*) und der Älteren (*neoi*). Dabei können die jeweils konkreten Jahresschnitte und Verlaufszeiten in den jeweiligen Poleis durchaus unterschiedlich fixiert werden. Entscheidend ist, dass man generell die Schwelle des „am Erwachsensein" (*eph' hēbēn*) mit einer besonderen Sensibilität wahrnahm und dass man mit den hier geschilderten Erziehungsgrundsätzen gerade an dieser Stelle ansetzte.

Ein *locus classicus* dafür ist eine Partie in Xenophons *Memorabilien*. Sie ist gerade in dem intellektuellen Milieu angesiedelt, in dem man die Bildungskonzepte bewusst diskutierte, und operiert mit einer religiösen Gestalt, die im Gymnasion besondere Verehrung genoss und der Heros der Sportler war. Es geht um die berühmte, vom Sophisten Prodikos von Keos maßgeblich ausgestaltete Geschichte von Herakles am Scheidewege (*Mem.* 2, 1, 21–35). Der springende Punkt ist genau der Übergang von Kindheit und Jugend zum Erwachsensein (*ek paidōn eis hēbēn*, 21). Er ist deshalb so wichtig, weil jetzt die jungen Leute (*neoi*) mündig geworden sind (*autokratores*). Sie können selbständig entscheiden, wohin es gehen soll, und müssen sich diese ihre Entscheidung damit auch zurechnen lassen. Eben das ist der Punkt, wo sich vor Herakles zwei Wege auftun, für die zwei Frauen stehen, Personifikationen der Tugend (*arete*) und der Schlechtigkeit (*kakia*). Gerade hier aber ist angesichts der Jugend des Betroffenen – man denke an die einschlägigen Bemerkungen in der *Rhetorik* des Aristoteles – besondere Sorgfalt notwendig, weil die jungen Männer eben körperlich unbeherrscht sind (*tois sōmasin adynatoi*, 31).

Die Physis, also die natürliche Anlage, reicht allein nicht aus. Herakles ist von seinen Eltern her durchaus sehr positiv begabt (27, vgl. 33). Letztlich aber geht es um die eigene Entscheidung, und wenn sie zum Glück führen soll – also einer gelungenen Erziehung und damit einer gelingenden Lebensweise – dann ist man auf die Leistung verwiesen, für sich selbst, nicht zuletzt aber auch für die anderen, die Freunde, die Polis, das Griechentum. Angesichts der Ausgangsposition des jungen Mannes ist die Beherrschung des Körpers für einen Erfolg in dieser Hinsicht ausschlaggebend. Sie ist die Basis der Selbstbeherrschung. Die Rede der Arete, die Herakles zum Guten ruft, endet gerade mit dem Hinweis darauf: Man müsse den Körper daran gewöhnen (*ethisteon*), der Überlegung (*gnōmē*) dienstbar zu sein, und deshalb gelte es, „mit Mühen und Schweiß gymnastisch zu üben" (*gymnasteon syn ponois kai hidrōti*, 28). Dafür allerdings gibt es auch Anreize, nämlich die später erfolgende dankbare Belohnung und vor allem das Gedenken (*mnēmē*, 33). Darin steckt ein klarer Appell an den kompetitiven Ehrgeiz und die agonale Befriedigung.

Die in dieser wirkungsmächtigen Geschichte verdichteten didaktisch-edukativen Konzepte sind nun keineswegs als Blaupausen für die spätklassisch-hellenistischen Praktiken zu verstehen, aber eben auch nicht allein als ein bloßer intellektueller Diskurs. Sie machten implizites Wissen um psychosomatische Zusammenhänge im Wachsen und in der Formung der Jugend, gerade im Blick auf die Schwelle vom Kind zum Erwachsenen, explizit und konzeptualisierten es damit, durchaus mit praktisch-philosophischer Zielsetzung und demgemäß auf eine Wirkung im Politisch-Sozialen ausgerichtet. Insofern war die oben hervorgehobene Institutionalisierung, ja Verrechtlichung des Gymnasion – immerhin gab es ja, wie wir sahen, auch einschlägige Gesetze – durchaus im Sinne und auf der Linie der hier skizzierten Theoreme.

Notwendig waren solche Bemühungen seitens der Polis allemal, wollte sie die Wildheit, die Zügellosigkeit und den unbändigen Ehrgeiz der jungen Machos, mit denen sie zu tun hatte, im Sinne der Gemeinschaft zügeln, ja das Wasser dieser Energien auf ihre Mühlen leiten; denn diese brauchte sie durchaus, wenn sie es im Krieg mit monarchischen Söldnern oder barbarischen Killern zu tun hatte. Und um ihre innere Konsistenz als Grundlage ihres Ranges und ihrer Freiheit nach außen bemühte sich die Polis aus guten Gründen auf vielfältige Weise. Dazu brauchte man auch den Löwen im Inneren der Bürgerseele, wie Platon in der *Politeia* eindringlich gezeigt hat.[70]

Nach ihm erreicht das Vernünftige – in seiner „Stasis" mit dem Begehrenden – die Herrschaft in der Seele nur im Bündnis mit dem so genannten „Muthaften", dem *thymoeides*, das durchaus primär als eine physische Qualität verstanden wurde.[71] Diese Energie, dieser Eifer, diese Leidenschaft, dieser *spirit* – so könnte man das *thymoeides* umschreiben – ist etwas „Unbekämpfbares" und „Unbesiegbares" (*amachon, anikēton*), und wenn es vorhanden ist, „ist die Seele in jeder Hinsicht furchtlos (*aphobos*) und unbezwingbar (*aēttētos*)" (ebd. 375a–b). Dieser Eifer aber ist zugleich sozial gefährlich, sowohl innerhalb der Wächter selbst als auch gegenüber den Mitbürgern. Die mit derartigem *thymos* ausgestatteten Personen sind nämlich wild (*agrioi*) – man erinnere sich an Aristoteles' Jugendliche und an Polybios' Arkader.

Deshalb ist das *thymoeides* ein alles andere als bequemer Alliierter. Eine seiner Leidenschaften ist zum Beispiel die Wut, etwa über erlittenes Unrecht (ebd. 440a–c), die es nicht ruhen und auf Rache sinnen lässt. Darüber hinaus sind in dem späteren Abschnitt über die timokratische Verfassung und den timokratischen Charakter, die erste Abweichung von der besten Verfassung der platoni-

---

**70** Pl., *R.* 588b–590a, vgl. o. sowie vor allem den Beitrag von Oliver Primavesi, dem ich zu Dank verpflichtet bin, weil mir sein Vortrag diese auch für mein Thema wichtige Stelle in Erinnerung rief. **71** *R.* 4, 441 e; zum *thymoeides* als physische Voraussetzung vgl. auch Philostr., *Gym.* 6. Man denke auch an die vom Wort *thymos* abgeleiteten Begriffe in der o. a. Stelle aus Aristoteles' *Rhetorik* (2, 12, 1389a3 – 1389b12).

schen *Politeia*, der Aristokratie, die Siegessucht (*philonikia*) und der Ehrgeiz (*philotimia*) als Charakteristika des „Mutartigen" hervorgehoben. Sie zeigen sich auch in seinem Hochmut (8, 545a.550b) sowie seiner Liebe zu Krieg, Sport und Jagd (547d.548b – c.549a). Das *thymoeides* als Faktor in der Stasiskonstellation ist also durch und durch ambivalent. Man braucht es zur Stabilisierung der guten Ordnung, aber etliche seiner Triebkräfte sind gerade solche, die zum Bürgerkrieg führen.

Das spitzt Platon sogar noch in einem gewaltigen Bild zu, das er im 9. Buch liefert (nach der Präsentation des Tiefpunktes der politisch-psychischen Entwicklung, der des tyrannischen Menschen), indem er gleichsam resümierend auf die Ausgangsposition zurückkommt. Hier wird die Seele als ein Wesen imaginiert, das aus einem vielköpfigen Monster, einem Löwen und einem Menschen zusammengesetzt ist (9, 588c – d): Durch ungerechtes Verhalten werde dieser innere Mensch (also das oben genannte Vernünftige) schwächer und schwächer zugunsten der beiden ohnehin schon größeren anderen. So werden dann diese nicht „aneinander gewöhnt und zum Freund gemacht" (*synethizein, philon poiein*), sondern dazu gebracht, „einander zu beißen und im Kampf zu verzehren" (*daknesthai te kai machomena esthien allēla*, 589a).

Das ist Stasis pur – und markiert zugleich ein gigantisches Dilemma. Gegen die Stasis braucht man ja eine Verbindung von Vernunft und Eifer, Weisheit und Leidenschaft, innerem Menschen und Löwen. Man muss also mit dem Feuer spielen. Und wenn man das nicht unter Kontrolle hält oder nicht in den Griff bekommt, ist eine vollkommene Katastrophe, die Selbstzerfleischung, das Resultat. Der größte Teil der *Politeia* gilt im Grunde der Frage, wie man das durch Erziehung, insbesondere auch intellektuell, auffangen kann. Dabei geht es aber keineswegs allein um das Philosophische.

Gerade im Hinblick auf das von der Natur her so wichtige *thymoeides* spielen Musisches und Gymnastisches eine wichtige Rolle. Gerade dieses trägt dazu bei, die oben erwähnte Ambivalenz in der Balance zu halten, die negative Seite der Leidenschaft nicht auszumerzen (man braucht sie ja bzw. muss sie in Kauf nehmen), aber auch nicht zu stark werden zu lassen. Das Musische und das Gymnastische fördern eine solche Balance, eine Mischung, die die Spannung in und durch Harmonie und Rhythmus ausgleicht[72] und entsprechend in der Gesamtseele *philia* und *harmonia* erzeugt (443d–e). Um die Metapher leicht zu verschieben: Ein gefährlicher Ritt auf dem Raubtier war angezeigt. Und der bei Platon besonders radikal formulierte Grundgedanke, es mochte ohne einen solchen Ritt bzw. ohne

---

72 *R.* 4, 441e–442a; dazu ist ein ganzes Curriculum entfaltet in *R.* 3, 398c–412b.

den Löwen gar nicht gehen, konnte leicht auch anderen kommen oder einleuchten.

Jedenfalls hatten die Bürger der Polis und die für sie Verantwortlichen alle Gründe, ihre innere Konsistenz gegen Stasiskräfte zu bewahren, deren Energie aber auch in ihrem Sinne zu nutzen. Erhebliche Anstrengungen zur Sozialisierung waren gefragt. Die Bürger mussten in diesem Sinne recht gebildet werden. Die formierte Erziehung gehörte dazu. Wie wir sahen, war sie nicht plumpe Disziplinierung und Abhärtung. Immer hatte neben dem Kräftigen das Elegante, neben dem Marsch der Tanz, neben dem Sport die Musik ihren Platz. Gerade daran lag es ja, dass man diese Erziehungsformen nicht als bloßen Zwang wahrnahm – sie wären dann nicht langfristig erfolgreich gewesen. In ihnen selbst lag Attraktivität genug, und hinzu kamen weitere Motivationen und Anreize (*incentives* würden wir heute sagen): die Wettbewerbe mit ihren Belohnungen und Preisen, die Anerkennung, kurzum, das soziale Kapital, das man gerade mit *philoponia, eutaxia* und *euexia* sammeln konnte. Es war also immer auch genügend Begeisterung im Spiel, die ja nach aktuellem Stand der neurobiologischen Forschung für die Formung des Gehirns und damit das Lernen maßgeblich ist, also, mit den Worten Demokrits, zum *physiopoiein* wesentlich beiträgt. Hier liegt ziemlich genau das vor, was Pierre Bourdieu als Habitualisierung bezeichnet. Auch in der griechischen Polis war der die Gesellschaft leitende und zugleich von ihr immer wieder hergestellte und bekräftigte „praktische Sinn" (*sens pratique*) dem Körper eingeschrieben.[73] Wir konnten sehen, dass dies auf eine sehr spezifische Weise geschah und dass die Griechen sich der Zusammenhänge auf ihre Weise durchaus bewusst waren. Sie waren hier besonders engagiert.

Dass sie für die Gewährleistung der formierten Erziehung – man denke an die Ehrungen der Gymnasiarchen – immer wieder so viel unternahmen, dass sie ihre Vorzüge immer wieder priesen und offenbar auch preisen mussten, zeigt zugleich, dass es der Polis nicht definitiv gelingen wollte, ihren „inwendigen Explosivstoff", wie Nietzsche ihn genannt hat, zu entschärfen. Es wird aber auch sichtbar, dass man es immer wieder versuchen konnte, über Jahrhunderte hinweg, dass die Polis letztendlich trotz aller Probleme sehr lange stabil blieb, viel länger als andere Ordnungen. Die Lebendigkeit der Diskurse und Praktiken demonstriert die Präsenz dieser Thematik, und alles das manifestiert die Virulenz und die Kraft dieser Ordnung. Man wollte (sehr) und konnte (durchaus) Bürger bilden. Dank tradierter

---

**73** Pierre Bourdieu selber spricht einmal (*Die feinen Unterschiede. Kritik der gesellschaftlichen Urteilskraft* [Frankfurt am Main: Suhrkamp, 1993, 552–553]) von Akten der *gymnastique corporelle* als „fundamentalsten Metaphern". – Zu diesem Aspekt vgl. die knappe Orientierung bei Gunther Gebauer und Christian Wulf, *Spiel – Ritual – Geste. Mimetisches Handeln in der sozialen Welt* (Reinbek: Rowohlt, 1998), 46–54 sowie 262–263.

Erfahrung, präziser Beobachtung und eingehender Reflexion hatte man ein Verständnis für leib-seelische, physisch-mentale und psychosomatische Verbindungen, das wir heute angesichts beachtlicher Erkenntnisse vor allem der Neurowissenschaften zur „erfahrungsabhängigen Neuroplastizität"[74] und vor allem über die Zusammenhänge von Bewegung, Fühlen und Denken besonders gut nachvollziehen und weiterführen können – in gewiss allseits fruchtbaren transdisziplinären Analysen. Deshalb sei am Schluss eine These gewagt. Wenn die langen Bemühungen der Griechen um die Paideia der Politen letztendlich erfolgreich waren, dann nicht zuletzt deshalb, weil sie auf den ganzen Menschen (wenn auch primär nur die männliche Hälfte) zielten. Darüber kann und muss man immer wieder nachdenken, gerade heute.

# Bibliographie

Aneziri, Sophia, und Dimitris Damaskos. „Städtische Kulte im hellenistischen Gymnasion." In *Das hellenistische Gymnasion*, hg. v. Daniel Kah und Peter Scholz, 247–271. Berlin: Akademie Verlag, 2004.

Bourdieu, Pierre. *Die feinen Unterschiede. Kritik der gesellschaftlichen Urteilskraft.* Frankfurt am Main: Suhrkamp, ⁶1993 (orig. 1979).

Bowie, Ewen. „Zweite Sophistik." In *Der Neue Pauly*, hg. v. Hubert Cancik und Helmuth Schneider, Bd. 12/2, 851–857. Stuttgart / Weimar: J.B. Metzler, 2002.

Bringmann, Klaus. „Judentum und Hellenismus." In *Kulturgeschichte des Hellenismus. Von Alexander bis Kleopatra*, hg. v. Gregor Weber, 242–259. Stuttgart: Klett-Cotta, 2007.

Ceccarelli, Paola. *La pirrica nell'antichità grecoromana. Studi sulla danza armata.* Pisa: Istituti Editoriali e Poligrafici Internazionali, 1998.

Chaniotis, Angelos. *War in the Hellenistic World. A Social and Cultural History.* Oxford: Blackwell, 2005.

Crowther, Nigel B. „Euexia, Eutaxia, Philoponia: Three Contests of the Greek Gymnasium." *Zeitschrift für Papyrologie und Epigraphik* 85 (1991): 301–304.

Curty, Olivier. *L'huile et l'argent. Gymnasiarchie et évergétisme dans la Grèce hellénistique. Actes du colloque tenu à Fribourg du 13 au 15 octobre 2005.* Paris: Séminaire d'Histoire ancienne de l'Université de Fribourg, 2009.

Dreyer, Boris. „Die Neoi im hellenistischen Gymnasion." In *Das hellenistische Gymnasion*, hg. v. Daniel Kah und Peter Scholz, 211–236. Berlin: Akademie Verlag, 2004.

Gauthier, Philippe, und Miltiades B. Hatzopoulos. *La loi gymnarchiasique de Beroia.* Athen: Kentron Hellēnikēs kai Rōmaikēs Archaiotētos, 1993.

Gebauer, Gunther, und Christian Wulf. *Spiel – Ritual – Geste. Mimetisches Handeln in der sozialen Welt.* Reinbek: Rowohlt, 1998.

---

74 Gerald Hüther, „Potenziale entfalten," in *Forschung & Lehre* 4/11 (2011): 296–297; zur Förderung pro-sozialen Verhaltens durch Synchronisierung auf musikalischer Basis s. jetzt etwa Aniruddh D. Patel, *Music, Language, and the Brain* (Oxford: Oxford University Press, 2008), 324.

Gehrke, Hans-Joachim, „Die Griechen und die Rache. Ein Versuch in historischer Psychologie."
Saeculum 38 (1987): 121–149.
Gehrke, Hans-Joachim. „Ephebeia." In Der Neue Pauly, hg. v. Hubert Cancik und Helmuth
Schneider, Bd. 3, 1071–1075. Stuttgart / Weimar: J.B. Metzler, 1997.
Gehrke, Hans-Joachim. „Bürgerliches Selbstverständnis und Polisidentität im Hellenismus." In
Sinn (in) der Antike. Orientierungssysteme, Leitbilder und Wertkonzepte im Altertum, hg. v.
Karl-Joachim Hölkeskamp, Jörn Rüsen, Elke Stein-Hölkeskamp, 225–254. Mainz: Zabern,
2003.
Gehrke, Hans-Joachim. „Eine Bilanz: Die Entwicklung des Gymnasions zur Institution der
Sozialisierung in der Polis." In Das hellenistische Gymnasion, hg. v. Daniel Kah und Peter
Scholz, 413–419. Berlin: Akademie Verlag, 2004.
Giovannini, Adalberto. „L'éducation physique des citoyens macédoniens selon la loi
gymnasiarchique de Béroia." In Poleis e politeiai. Atti del Convegno Internazionale di
Storia greca, Torino, 29 maggio – 31 maggio 2002, hg. v. Silvio Cataldi, 473–490.
Alessandria: Edizioni dell'Orso, 2004.
Hatzopoulos, Miltiades B. „La formation militaire dans les gymnases hellénistiques." In Das
hellenistische Gymnasion, hg. v. Daniel Kah und Peter Scholz, 91–96. Berlin: Akademie
Verlag, 2004.
Hose, Martin. Kleine griechische Literaturgeschichte. Von Homer bis zum Ende der Antike.
München: C.H. Beck, 1999.
Hüther, Gerald. „Potenziale entfalten." Forschung & Lehre, 4/11 (2011): 296–297.
Jacobsthal, Paul. „Die Arbeiten zu Pergamon 1906–1907 II. Die Inschriften." Mitteilungen des
Deutschen Archäologischen Instituts (Athenische Abt.) 33 (1908): 375–420; Tf. XXIII–XXVI.
Jüthner, Julius. Philostratos, Über Gymnastik. Sammlung wissenschaftlicher Kommentare zu
griechischen und römischen Schriftstellern. Leipzig / Berlin: Teubner, 1909.
Kah, Daniel. „Militärische Ausbildung im hellenistischen Gymnasion." In Das hellenistische
Gymnasion, hg. v. Daniel Kah und Peter Scholz, 47–90. Berlin: Akademie Verlag, 2004.
Kah, Daniel, und Peter Scholz, Hg. Das hellenistische Gymnasion. Berlin: Akademie Verlag,
2004.
Kowalzig, Barbara. „Changing Choral Worlds: Song-Dance and Society in Athens and Beyond."
In Music and the Muses. The Culture of Mousikē in the Classical Athenian City, hg. v.
Penelope Murray und Peter Wilson, 39–65. Oxford: Oxford University Press, 2004.
Laum, Bernhard. Stiftungen in der griechischen und römischen Antike. Ein Beitrag zur antiken
Kulturgeschichte. Aalen: Scientia-Verlag, 1964 (Neudruck der Ausgabe Leipzig 1914).
Mann, Christian. Athlet und Polis im archaischen und frühklassischen Griechenland.
Göttingen: Vandenhoeck & Ruprecht, 2001.
Marrou, Henri Irénée. Geschichte der Erziehung im klassischen Altertum, übers. von Richard
Harder. München: dtv, 1977.
Patel, Aniruddh D. Music, Language, and the Brain. Oxford: Oxford University Press, 2008.
Ricken, Friedo. „êthos / Charakter, Sitte." In Aristoteles-Lexikon, hg. v. Otfried Höffe, 214–216.
Stuttgart: Körner, 2005.
Robert, Louis, und Jeanne Robert. La Carie. Histoire et Géographie historique avec le recueil
des inscriptions antiques. Bd. 2, Le plateau de Tabai et ses environs. Paris:
Adrien-Maisonneuve, 1954.

Scholz, Peter. „Elementarunterricht und intellektuelle Bildung im hellenistischen Gymnasion." In *Das hellenistische Gymnasion,* hg. v. Daniel Kah und Peter Scholz, 103 – 128. Berlin: Akademie Verlag, 2004.

Schuler, Christof. „Die Gymnasiarchie in hellenistischer Zeit." In *Das hellenistische Gymnasion,* hg. v. Daniel Kah und Peter Scholz, 163 – 192. Berlin: Akademie Verlag, 2004.

Wacker, Christian. „Die bauhistorische Entwicklung der Gymnasien. Von der Parkanlage zum ‚Idealgymnasium' des Vitruv." In *Das hellenistische Gymnasion,* hg. v. Daniel Kah und Peter Scholz, 349 – 362. Berlin: Akademie Verlag, 2004.

Walbank, Frank W. *A Historical Commentary on Polybius.* Bd. 1. Oxford: Clarendon Press, 1957.

Weiler, Ingomar. „Gymnastik und Agonistik im hellenistischen Gymnasion." In *Das hellenistische Gymnasion,* hg. v. Daniel Kah und Peter Scholz, 25 – 46. Berlin: Akademie Verlag, 2004.

Wiemer, Hans-Ulrich. „Von der Bürgerschule zum aristokratischen Klub? Die athenische Ephebie in der römischen Kaiserzeit." *Chiron* 41 (2011): 487 – 537.

Ziebarth, Erich. *Aus dem griechischen Schulwesen. Eudemos von Milet und Verwandtes.* Leipzig / Berlin: Teubner, 1914.

Oliver Primavesi

# Die menschliche Natur und die Gesetze des Staates

## Platons Auseinandersetzung mit dem Sophisten Antiphon

In Platons *Politeia*[1] unternimmt Sokrates bekanntlich vom II. Buch an den Versuch, sich den Aufbau der menschlichen Seele am Aufbau eines ungleich größeren und deshalb deutlicher zu sehenden Vergleichsobjekts klarzumachen, nämlich am Aufbau des Stadtstaates (*Polis*). Zu diesem Zweck entwirft er die nach seiner Meinung ideale Verfassung einer Polis, indem er sich, sekundiert von seinen Gesprächspartnern Glaukon und Adeimantos, als imaginärer *Gesetzgeber* (*Nomothetēs*) betätigt.[2] Das wichtigste der dabei von ihm erlassenen Gesetze (*Nomoi*) schreibt für die ideale Polis eine Gliederung in drei Stände vor: (I) Arbeiter und Bauern, (II) Krieger und (III) Philosophenherrscher. Diesen imaginären Ständestaat will Sokrates nun aber als *natürlich* legitimiert wissen, und zwar mittels eines Gründungsmythos, den er ganz unverblümt als Fiktion qualifiziert. Durch eine „notwendige Fiktion" (*pseudos en tōi deonti gignomenon*), wenn auch nur durch eine einzige und noch dazu edle, sollen wenn irgend möglich auch die Herrscher, jedenfalls aber die übrigen Bürger getäuscht werden,[3] so dass sie, die offenbar der Gründungsgeneration des Idealstaates angehören, Folgendes glauben:[4] Ihre vermeintlichen Erinnerungen an ihre Erziehung und Ausbildung während der Jugendzeit – und an die damit verbundene Auslese – seien nur ein Traum- und

Eine erweiterte Fassung dieses Beitrags erscheint unter dem Titel: „Seelenantagonismus und menschliche *Physis*. Antiphon als anonymer Adressat im IX. Buch von Platons Politeia", in *Platon und die Physis*. Antike-Studien 5, Hg. D. Koch, I. Männlein-Robert, N. Weidtmann (Tübingen: Attempto, in Vorbereitung).

**1** Der Text der *Politeia* wird im Folgenden zitiert nach: Platonis *Rempublicam recognovit brevique adnotatione critica instruxit* S. R. Slings (Oxford: University Press, 2003).
**2** Aus der Überfülle von Belegen für νόμος und Verwandtes, die von *Politeia* II (B), 369b5 an den Gesetzgebungscharakter von Sokrates' Imagination unterstreichen, seien hier nur diejenigen angeführt, die sich *vor* dem gleich zu besprechenden Abschnitt III (Γ), 414d–415c finden, da es für unsere Interpretation dieses Abschnitts darauf ankommt, dass jener Gesetzgebungscharakter dort bereits vorausgesetzt wird. II (B) 380c5 (νόμου); 383c7 (νόμοις); III (Γ) 398b3 (ἐνομοθετησάμεθα); 403b4 (νομοθετήσεις); 409e5 (νομοθετήσεις).
**3** Platon *Politeia* III (Γ), 414b7–c2: τῶν ψευδῶν τῶν ἐν δέοντι γιγνομέων ... γενναῖόν τι ἓν ψευδομένους πεῖσαι μάλιστα μὲν καὶ αὐτοὺς τοὺς ἄρχοντας, εἰ δὲ μή, τὴν ἄλλην πόλιν.
**4** Das Folgende nach Platon *Politeia* III (Γ) 414d–415c.

https://doi.org/9783110352740-003

Trugbild, während sie in Wahrheit von der Heimaterde selbst im Erdinneren großgezogen, ausgebildet und erst als fertige Erwachsene aus der Erde hervorgewachsen seien – als Kinder ein und derselben Heimaterde und deshalb einander zu geschwisterlicher Liebe verpflichtet. Insbesondere ihre künftige Standeszugehörigkeit sei zum Zeitpunkt ihrer späten Geburt aus der Erde längst vorherbestimmt gewesen, je nachdem, ob der sie unterirdisch formende Gott sie durch eine Beimischung von *Gold* zum Herrscher, durch eine von *Silber* zum Krieger oder durch eine von *Eisen* (bzw. *Erz*) zum Arbeiter oder Bauern bestimmt habe. Die Aufgabe der oberirdischen Obrigkeit habe sich demnach darauf beschränkt, das in einem jedem Menschen bzw. in seiner Seele vorhandene Metall zu identifizieren und die dazu stimmende Standeszugehörigkeit festzulegen.

Durch diese „notwendige Fiktion" soll die Verteilung der Bürger auf die drei Stände offenbar mit der angeblich *natürlichen*, weil schon bei ihrem Hervorsprießen aus der Heimaterde vorhandenen Beschaffenheit legitimiert werden, während sie in Wahrheit das Resultat einer durch die *Gesetze* des Idealstaats geregelten pädagogischen Auslese darstellt.[5] Auch die Individuen der Folgegenerationen sollen zwar in Wahrheit nach der Beurteilung ihrer Leistungen und ihres Charakters durch die Obrigkeit auf die drei Stände verteilt werden, doch *glauben* sollen sie, dass ihre Standeszugehörigkeit allein nach Maßgabe ihres angeborenen Metallanteils bestimmt werde. Deshalb soll für Einstufungen, die gemessen an der Standeszugehörigkeit der Eltern einen sozialen Abstieg darstellen, die Sprachregelung gelten, dass die Herrscher auch ihre eigenen Nachkommen, wenn diese denn „eisen- oder erzhaltig" sind, ohne falsches Mitleid in den ihrer *Natur* gemäßen Arbeiter- und Bauernstand abzuschieben haben.[6] Sozialer Aufstieg hingegen soll offiziell damit begründet werden, dass die Herrscher einen Arbeiter- und Bauernsprössling, wenn er denn *von Natur* gold- bzw. silberhaltig ist, unbedenklich durch Aufnahme in den Herrscher- bzw. Kriegerstand ehren.[7]

Wenn der Platonische Sokrates den von ihm durch *Gesetzgebung* eingeführten Ständestaat als *Naturgegebenheit* maskieren zu müssen glaubt und wenn er dieses Vorgehen noch dazu als „notwendige Fiktion" rechtfertigt, dann rechnet er of-

---

5 In Bezug auf die Auswahl der künftigen Philosophenherrscher aus dem Kreis der Krieger hat Platon diese Auslese in *Politeia* III (Γ), 412d9–e2 näher beschrieben; vgl. auch *Politeia* VII (Z), 535a–536d.

6 Platon *Politeia* III (Γ), 415b7–c3: καὶ ἐάν τε σφέτερος ἔκγονος ὑπόχαλκος ἢ ὑποσίδηρος γένηται, μηδενὶ τρόπωι κατελεήσουσιν, ἀλλὰ τὴν τῆι φύσει προσήκουσαν τιμὴν ἀποδόντες ὤσουσιν εἰς δημιουργοὺς ἢ εἰς γεωργούς.

7 Platon *Politeia* III (Γ), 415c3–5: καὶ ἂν αὖ ἐκ τούτων τις ὑπόχρυσος ἢ ὑπάργυρος φύῃ, τιμήσαντες ἀνάξουσι τοὺς μὲν εἰς φυλακήν, τοὺς δὲ εἰς ἐπικουρίαν.

fenbar damit, dass die von ihm imaginierte neue Verfassung, angesichts ihres emphatisch antidemokratischen Charakters, zur Vermeidung von Widerständen als etwas Naturgegebenes präsentiert werden muss. Diese Einschätzung aber setzt ein intellektuelles Klima voraus, in der man der Natur (*physis*) allgemein den Vorrang vor dem Gesetz (*nomos*) zuerkennt. So erscheint Sokrates' Griff zur Fiktion als ein deutliches erstes Indiz dafür, dass Platon seinen großangelegten Versuch über den Staat und die Seele auch als Stellungnahme zu der Diskussion über das Verhältnis zwischen menschlicher Natur (*physis*) und Gesetz (*nomos*) verstanden wissen will, wie sie im späten 5. Jahrhundert v. Chr. vor allem von den Sophisten geführt worden war.[8] Hat Platon dabei einen bestimmten sophistischen Autor im Blick? Zwar setzt sich Platon in seinen frühen und mittleren Dialogen mit nahezu allen bedeutenden Sophisten explizit auseinander[9] – aber für den Hauptteil der *Politeia*, d. h. die Bücher II – IX, gilt dies allem Anschein nach nicht, nachdem der Sophist Thrasymachos im I. Buch aus dem Feld geschlagen wurde.

Doch glauben wir zeigen zu können, dass dieser Schein trügt. Im IX. Buch der *Politeia* hat Platon sein zentrales Lehrstück von der Dreigeteiltheit der menschlichen Seele in ein Bild gekleidet, mit dem er die These der Zuträglichkeit heimlichen Unrechttuns widerlegt, die zu Beginn des II. Buches von Glaukon eingeführt und mittels der Gyges-Geschichte illustriert worden war. Die Einführung dieser „Gyges-These" im II. Buch wie ihre Widerlegung durch das Seelenbild des IX. Buches dient, wie wir zeigen wollen, der Auseinandersetzung mit der Schrift *Aletheia* („Wahrheit") des Athener Sophisten Antiphon, die auf das späte 5. Jahrhundert v. Chr. zu datieren ist und von der große Teile durch einen Papyrusfund

---

**8** Vgl. hierzu die klassische Studie von Felix Heinimann, *Nomos und Physis. Herkunft und Bedeutung einer Antithese im griechischen Denken des 5. Jahrhunderts* (Basel: F. Reinhardt, 1945), sowie jüngere Résumés bei E. R. Dodds, *Plato: Gorgias. A Revised Text with Introduction and Commentary* (Oxford: Clarendon Press 1959), 263 – 264, Albrecht Dihle, „Die Verschiedenheit der Sitten als Argument ethischer Theorie," in *The Sophists and their Legacy*. Proceedings of the Fourth International Colloquium on Ancient Philosophy, Hg. G. B. Kerferd (Wiesbaden: F. Steiner, 1981): 54 – 63; Luc Deitz, „Physis/Nomos, Physis/Thesis," in *Historisches Wörterbuch der Philosophie*, Hg. Joachim Ritter, Karlfried Gründer und Gottfried Gabriel, Bd. 7, *P–Q* (Basel: Schwabe, 1989): 967– 971; George B. Kerferd und Hellmut Flashar, „Erstes Kapitel: Die Sophistik," in *Grundriss der Geschichte der Philosophie. Begründet von Friedrich Ueberweg, völlig neubearbeitete Ausgabe*, Bd. 2/1, *Sophistik. Sokrates. Sokratik. Mathematik. Medizin*, Hg. H. Flashar (Basel: Schwabe, 1998): 3 –137, hier: 13 – 19.
**9** Sämtliche bei Kerferd und Flashar, „Erstes Kapitel: Die Sophistik," 28 – 86 eines eigenen Paragraphen gewürdigten Sophisten treten in Platons Dialogen als namentlich genannte Gesprächspartner auf: Protagoras (§ 3), Gorgias (§ 4), Thrasymachos (§ 5), Prodikos (§ 6), Hippias (§ 7), Kritias (§ 9) und Kallikles (§ 10) – mit der auffälligen Ausnahme Antiphons von Athen (§ 8).

des Jahres 1905 wieder ans Licht gekommen sind.[10] Unter dem Inkognito des anonymen Vertreters der „Gyges-These", der im IX. Buch als imaginärer Gesprächspartner eingeführt wird, verbirgt sich nach unserer Auffassung kein anderer als der Autor der *Aletheia*. Zum Nachweis dieser intertextuellen Beziehung sei das Seelenbild des IX. Buches der *Politeia* zunächst interpretiert und sodann mit den einschlägigen Partien aus dem *Aletheia*-Papyrus konfrontiert.

# 1 Platon, *Politeia* IX (Θ), 588b1–589d4

Gegen Ende des IX. Buches der *Politeia*, im Rahmen eines Vergleichs des gerechten Menschen mit dem ungerechten hinsichtlich ihres jeweiligen Glücks, lässt Platon seinen Sokrates im Gespräch mit Glaukon[11] auf eine These zurückkommen, auf deren Prüfung Glaukon bereits zu Beginn des II. Buches gedrungen hatte[12] und die wir im Folgenden die Gyges-These nennen wollen. Mit der provokanten Erzählung von Gyges und seinem unsichtbar machenden Ring[13] hatte Glaukon damals die Behauptung illustriert, dass die bei weitem zuträglichste Lebensführung darin bestehe, nach Herzenslust ungerecht zu handeln, solange man dabei so unbe-

---

**10** Beziehungen zwischen dem Antiphon-Papyrus und Platons Dialogen sind naturgemäß schon in der *Editio princeps* des Papyrus erwogen worden, vgl. *P.Oxy.* XI, 1364 (S. 94). Fernanda Decleva Caizzi, „„Hysteron proteron' : la nature et la loi selon Antiphon et Platon," *Revue de Métaphysique et de Morale* 91/3 (1986): 291–310, hat den *Menexenos* und die *Nomoi* ins Spiel gebracht, allerdings in Verbindung mit ihrer Gleichsetzung des Sophisten Antiphon von Athen mit dem oligarchischen Politiker Antiphon aus Rhamnus. An die von uns herangezogene Stelle aus dem IX. Buch der *Politeia* scheint man hingegen bisher nicht gedacht zu haben; insbesondere gibt weder Michael Nill, *Morality and Self-Interest in Protagoras Antiphon and Democritus*, Philosophia antiqua XLIII (Leiden: Brill, 1985), noch der gründliche Kommentar von Gerard J. Pendrick, *Antiphon the Sophist: The Fragments. Edited with Introduction, Translation, and Commentary*, Cambridge Classical Texts and Commentaries 39 (Cambridge: University Press, 2002), einen Hinweis darauf.
**11** In Buch 9 (Θ) der *Politeia* fungiert von 576b an wieder Glaukon als Gesprächspartner des Sokrates.
**12** Platon *Politeia* II (B), 360e–362c.
**13** *Politeia* II (B), 359c7–360d7. Der verderbt überlieferte Einleitungssatz 359c7–d2 dürfte wie folgt herzustellen sein: εἴη δ ἂν ἡ ἐξουσία ἣν λέγω τοιάδε μάλιστα, εἰ αὐτοῖς γένοιτο οἵαν ποτέ φασιν δύναμιν τῷ Γύγου τοῦ Λυδοῦ δ α κ τ υ λ ί ῳ (προγόνῳ codd.) γενέσθαι. Dass es um die δύναμις des *Ringes* geht, zeigt 360a4–6. Zur der von Platon in ursprünglicher Form bewahrten Erzählung und zu ihrer Umformung durch Herodot vgl. neben der klassischen Behandlung durch Karl Reinhardt, *Vermächtnis der Antike. Gesammelte Essays zur Philosophie und Geschichtsschreibung*, Hg. Carl Becker (Göttingen: Vandenhoeck & Ruprecht 1960), 139–143 und 175–183, jetzt Carl Werner Müller, *Legende – Novelle – Roman. Dreizehn Kapitel zur erzählenden Prosaliteratur der Antike* (Göttingen: Vandenhoeck & Ruprecht 2006), 300–308 mit weiterer Literatur.

merkt bleibt wie der Hirt Gyges mittels seines Zauberrings: So genießt man einerseits – gleichsam als Mr Hyde – die eigenen Schandtaten vom Ehebruch mit der
Königin über die Ermordung des Königs bis zur eigenen Usurpation des Thrones,
und vermeidet andererseits – als Dr Jekill – die gesellschaftlichen Sanktionen
gegen den Ungerechten.[14] Bei der Wiederaufnahme dieser Gyges-These im
neunten Buch fasst Sokrates sie mit folgenden Worten zusammen:[15]

> „Nun denn:", sprach ich, „Da wir uns an diesem Punkt der Argumentation befinden, lass uns
> das zuerst Gesagte wieder aufnehmen, wodurch wir an den gegenwärtigen Punkt gekommen
> sind. Es war doch wohl behauptet worden, dass ungerechtes Handeln sich für denjenigen
> lohne, der zwar einerseits vollständig ungerecht ist, andererseits aber als gerecht gilt. Oder ist
> nicht so gesagt worden?"
> „Doch, genau so."

Im Folgenden wird Sokrates mit dem gedachten Vertreter der Gyges-These – denn
mit ihrem *Politeia*-internen Referenten Glaukon hat er sich inzwischen geeinigt –
einen imaginären Dialog beginnen und ihm die Tragweite seiner These mittels
eines Bildes der menschlichen Seele vor Augen führen. Doch vor der Hinzuziehung
dieses Gesprächspartners soll das zu seiner Bekehrung bestimmte Bild der Seele
zunächst einmal entworfen werden:[16]

> „Nun lass uns also mit ihm eine Unterredung führen", sprach ich, „da *wir* uns über die
> Tragweite des ungerechten und des gerecht Handelns ja geeinigt haben!"
> „Wie sollen wir das machen?" sagte Glaukon.
> „Indem wir mit Worten ein Bild der Seele formen, damit derjenige, der jene Position vertritt,
> überhaupt weiß, was er gemeint hat."

In diesem Bilde soll die menschliche Seele durch eines jener Fabelwesen verkörpert sein, in denen der griechische Mythos Teile mehrerer und nicht selten auch
verschiedenartiger Lebewesen zu einem einzigen Organismus – wörtlich
„Wuchsform" (*physis*) – zusammengewachsen (*sympephykyiai*) sein lässt.[17] Als

---

**14** Vgl. Robert Louis Stevenson, *Strange Case of Dr Jekyll and Mr Hyde* (London: Longmans, Green,
and Co., 1886).
**15** *Politeia* IX (Θ), 588b1– 5: Εἶεν δή, εἶπον· ἐπειδὴ ἐνταῦθα λόγου γεγόναμεν, ἀναλάβωμεν τὰ
πρῶτα λεχθέντα, δι' ἃ δεῦρ' ἥκομεν. ἦν δέ που [3] λεγόμενον λυσιτελεῖν ἀδικεῖν τῷ τελέως μὲν
ἀδίκῳ, δοξαζομένῳ δὲ δικαίῳ· ἢ οὐχ οὕτως ἐλέχθη; – Οὕτω μὲν οὖν.
**16** *Politeia* IX (Θ), 588b6– 11: Νῦν δή, ἔφην, αὐτῷ διαλεγώμεθα, ἐπειδὴ διωμολογησάμεθα τό τε
ἀδικεῖν καὶ τὸ δίκαια πράττειν ἣν ἑκάτερον ἔχει δύναμιν. – Πῶς; ἔφη. – Εἰκόνα πλάσαντες τῆς
ψυχῆς λόγῳ, ἵνα εἰδῇ ὁ ἐκεῖνα λέγων οἷα ἔλεγεν.
**17** Zur Einordnung des Bildes in den Zusammenhang von *Politeia* IX vgl. Julia Annas, *An Introduction to Plato's Republic* (Oxford: University Press, 1981), 318– 320.

Beispiele nennt Sokrates drei berühmte epische Monstren: die *Chimaira*,[18] die vorn Löwe, hinten Schlange, in der Mitte aber Ziege ist, die *Skylla*,[19] die unten zwölf unförmige Füße, oben aber sechs überlange Hälse hat, deren jeder wiederum in ein grausiges, mit drei Reihen von Zähnen ausgerüstetes Haupt mündet, und den *Kerberos*,[20] den Hund des Hades mit den fünfzig Häuptern, der rohes Fleisch verschlingt und dessen Stimme so laut erschallt wie eine eherne Trompete:[21]

> „Was für ein Bild?" sagte Glaukon.
> „Einen jener Organismen (*physeis*)," sagte ich, „wie es sie dem Mythos zufolge vor Alters gegeben hat, den der Chimaira und den der Skylla und den des Kerberos; und genügend viele andere Formen lässt man miteinander verwachsen (*sympephykyiai*) und aus vielen zu Einem geworden sein."
> „Das wird freilich erzählt."

Als *ersten Bestandteil* des imaginären Organismus, der dem imaginären Gesprächspartner vor Augen gestellt werden soll, soll sich Glaukon eine Bestie denken, die selbst schon eine Vielzahl verschiedener Köpfe zahmer wie wilder Tierarten aufweist und die dazu imstande ist, ihre Köpfe umzuformen und neue aus sich hervorzutreiben (*phyein*):[22]

> „So forme denn, als eine erste Gestalt, eine vielfarbige und vielköpfige Bestie, welche kreisförmig angeordnete Köpfe zahmer und wilder Tiere aufweist und imstande ist, all dies sowohl umzuformen als auch neu aus sich hervorzutreiben (*phyein*)."
> „Dazu bräuchte man in der plastischen Kunst ein Genie", sagte Glaukon, „doch da die Sprache sich leichter formen lässt als Wachs und vergleichbare Materialien, – so sei es meinetwegen geformt!"

Als *zweiten* und *dritten Bestandteil* des imaginären Organismus soll Glaukon sich in Gedanken einen Löwen und einen Menschen ausmalen. Dabei soll die viel-

---

18 Homer *Ilias* 6 (Z), 181.
19 Homer *Odyssee* 12 (Λ), 89–91.
20 Hesiod *Theogonie* 311–312.
21 Platon *Politeia* IX (Θ), 588c1–6: Ποίαν τινά; ἦ δ᾽ ὅς. – Τῶν τοιούτων τινά, ἦν δ᾽ ἐγώ, οἷαι μυθολογοῦνται παλαιαὶ γενέσθαι φ ύ σ ε ι ς, ἥ τε Χιμαίρας καὶ ἡ Σκύλλης καὶ Κερβέρου, καὶ ἄλλαι τινὲς συχναὶ λέγονται σ υ μ π ε φ υ κ υ ῖ α ι ἰδέαι πολλαὶ εἰς ἓν γενέσθαι. – Λέγονται γάρ, ἔφη.
22 *Politeia* IX (Θ), 588c7–d1: Πλάττε τοίνυν μίαν μὲν ἰδέαν θηρίου ποικίλου καὶ πολυκεφάλου, ἡμέρων δὲ θηρίων ἔχοντος κεφαλὰς κύκλῳ καὶ ἀγρίων, καὶ δυνατοῦ μεταβάλλειν καὶ φ ύ ε ι ν ἐξ αὐτοῦ πάντα ταῦτα. – Δεινοῦ πλάστου, ἔφη, τὸ ἔργον· ὅμως δέ, ἐπειδὴ εὐπλαστότερον κηροῦ καὶ τῶν τοιούτων λόγος, πεπλάσθω.

köpfige Bestie das größte, der Löwe das nächstkleinere und der Mensch das kleinste Wesen sein:[23]

> „Als eine weitere Gestalt forme nun die eines Löwen, und als eine letzte die eines Menschen. Doch das erste Wesen sei mit Abstand das größte, und das zweite das zweitgrößte."
> „Diese beiden Wesen", sagte Glaukon, „fallen mir schon leichter, und schon sind sie geformt."

Sodann soll Glaukon die drei Wesen auf natürliche Weise zu Einem zusammengewachsen sein (*sympephykenai*) lassen:[24]

> „Weiter verknüpfe sie, die ja drei sind, zu einem, so dass sie irgendwie *miteinander verwachsen* sind."
> „Schon sind sie verknüpft", sagte er.

Schließlich soll Glaukon dieses dreieinige Wesen in Gedanken noch mit einer menschengestaltigen Außenhülle (*elytron*) umgeben, so dass es von außen betrachtet wirkt wie ein Mensch:[25]

> „Und nun forme außen um sie herum das Bild eines einzigen, nämlich das des Menschen, so dass es dem, der das Innere nicht sehen kann, sondern nur die äußere Hülle (*elytron*) sieht, als ein einziges Lebewesen erscheint, nämlich als ein Mensch."
> „Schon ist es herumgeformt", sagte er.

Damit ist das Bild vollendet: ein Organismus (*physis*), der zwar in Wahrheit der *Chimaira* als dem epischen *monstrum triforme* darin entspricht, dass er drei Wesen umfasst (hier: vielköpfige Bestie, Löwe und Mensch), der nach außen aber wie eine einheitliche, rein menschliche Physis aussieht, weil die drei Einzel-Wesen in seinem Inneren bzw. ihr Verhalten zueinander von außen nicht sichtbar sind.

Auf dieser Grundlage kann Sokrates den Glaukon nunmehr dazu auffordern, sich ein Gespräch über das soeben entworfene Bild der menschlichen Seele auszumalen: Dieses Gespräch würden sie beide mit einem imaginären Vertreter der von Glaukon im II. Buch exponierten Gyges-These führen, der zufolge getarnte Ungerechtigkeit sich für den Täter bezahlt macht, wohingegen konsequent ge-

---

**23** *Politeia* IX (Θ), 588d2–4: Μίαν δὴ τοίνυν ἄλλην ἰδέαν λέοντος, μίαν δὲ ἀνθρώπου· πολὺ δὲ μέγιστον ἔστω τὸ πρῶτον καὶ δεύτερον τὸ δεύτερον. – Ταῦτα, ἔφη, ῥᾷω, καὶ πέπλασται.
**24** *Politeia* IX (Θ), 588d5–7: Σύναπτε τοίνυν αὐτὰ εἰς ἓν τρία ὄντα, ὥστε πῃ συμπεφυκέναι ἀλλήλοις. – Συνῆπται, ἔφη.
**25** *Politeia* IX (Θ), 588d8–e3: Περίπλασον δὴ αὐτοῖς ἔξωθεν ἑνὸς εἰκόνα, τὴν τοῦ ἀνθρώπου, ὥστε τῷ μὴ δυναμένῳ τὰ ἐντὸς ὁρᾶν, ἀλλὰ τὸ ἔξω μόνον ἔλυτρον ὁρῶντι, ἓν ζῷον φαίνεσθαι, ἄνθρωπον. – Περιπέπλασται, ἔφη.

rechtes Handeln ihm *nicht zuträglich ist* (588e5 οὐ συμφέρει). Dabei, so Sokrates, müssten sie sich mit dem imaginären Gesprächspartner darauf einigen, dass die von ihm empfohlene getarnte Ungerechtigkeit einer bestimmten Behandlung entspricht, die der „äußere Mensch" des Bildes, wie ein Tierwärter, jedem der drei Wesen in seinem Inneren angedeihen lässt: Diese Behandlung besteht darin, (i) die vielköpfige Bestie und den Löwen gleichermaßen zu päppeln und kräftigen, (ii) den „inneren Menschen"[26] hingegen auszuhungern und zu schwächen und ihn dadurch der Unterdrückung durch die vielköpfige Bestie und den Löwen preiszugeben, und (iii) den Löwen und die vielköpfige Bestie gegeneinander aufzuhetzen und es schließlich zu einem Vernichtungskampf zwischen ihnen kommen zu lassen. Eben von dieser offenkundig ruinösen Art des Umgangs mit sich selbst müsste nämlich der Vertreter der Gyges-These dann konsequenterweise behaupten, dass sie sich für den (äußeren) Menschen auszahle:[27]

> „So wollen wir uns nun an den Vertreter der Ansicht wenden, dass sich das ungerechte Handeln für den Menschen auszahlt, wohingegen das gerechte Handeln ihm nicht zuträglich ist (*ū sympherei*), und wir wollen ihm sagen, dass er nichts anderes behauptet, als dass es sich für den Menschen auszahlt, (i) jene vielköpfige Bestie und den Löwen nebst dem, was ihm anhaftet, durch Wohlleben zu stärken, (ii) den Menschen aber auszuhungern und zu schwächen, so dass er sich stets dorthin verschleppen lassen muss, wohin eines von jenen beiden Wesen ihn gerade zieht, (iii) und jene beiden nicht etwa aneinander zu gewöhnen und untereinander zu befreunden, sondern sie sich untereinander beißen und im Kampfe verschlingen zu lassen!"
>
> „Ganz genau das ist es", sagte Glaukon, „was der Vertreter des ungerechten Handelns meinen dürfte."

Mit der förmlichen Widerlegung dieser Behauptung hält sich Sokrates nicht lange auf: Dass der äußere Mensch keinen Nutzen davon hat, die drei Einzel-Wesen in seinem Innern sich gegenseitig vernichten zu lassen, liegt offen zutage. Vielmehr ersetzt Sokrates den ersten imaginären Gesprächspartner nunmehr vorübergehend durch einen zweiten, der die entgegengesetzte These vertritt, d.h. die These, dass vielmehr die Gerechtigkeit dem Menschen zuträglich ist. Dieser zweite Ge-

---

**26** Unten 589a7–b1 ὁ ἐντὸς ἄνθρωπος; vgl. Plotin, *Enn.* I 1.10 lin. 15 & V 1.10 lin. 10 Henry-Schwyzer, sowie Dorotheos von Gaza, *Doctrinae diversae* I 6.3, und weiter die neutestamentliche Wendung ὁ ἔσω ἄνθρωπος 2 Kor 4.16; Röm 7.22.2; Eph 3.16.

**27** *Politeia* IX (Θ), 588e4–589a5: Λέγωμεν δὴ τῷ λέγοντι ὡς λυσιτελεῖ τούτῳ ἀδικεῖν τῷ ἀνθρώπῳ, δίκαια δὲ πράττειν οὐ σ υ μ φ έ ρ ε ι, ὅτι οὐδὲν ἄλλο φησὶν ἢ λυσιτελεῖν αὐτῷ (i) τὸ παντοδαπὸν θηρίον εὐωχοῦντι ποιεῖν ἰσχυρὸν καὶ τὸν λέοντα καὶ τὰ περὶ τὸν λέοντα, (ii) τὸν δὲ ἄνθρωπον λιμοκτονεῖν καὶ ποιεῖν ἀσθενῆ, ὥστε ἕλκεσθαι ὅπῃ ἂν ἐκείνων πότερον ἄγῃ, (iii) καὶ μηδὲν ἕτερον ἑτέρῳ συνεθίζειν μηδὲ φίλον ποιεῖν, ἀλλ᾽ ἐὰν αὐτὰ ἐν αὑτοῖς δάκνεσθαί τε καὶ μαχόμενα ἐσθίειν ἄλληλα. – Παντάπασι γάρ, ἔφη, ταῦτ᾽ ἂν λέγοι ὁ τὸ ἀδικεῖν ἐπαινῶν.

sprächspartner wird es für notwendig halten, dass der äußere Mensch durch sein Reden und Handeln (i) den inneren Menschen so stark macht wie möglich, dass er (ii) den so gekräftigten inneren Menschen die vielköpfige Bestie landwirtschaftlich kultivieren lässt, indem er das Wachstum der zahmen unter seinen verschiedenen Köpfen[28] fördert, das Wachstum der wilden Köpfe hingegen in Kampfgemeinschaft mit den Löwen unterbindet, und dass er schließlich (iii) eine Harmonie der drei Einzel-Wesen untereinander und mit dem Ganzen, d. h. mit sich selbst herstellt, die eine gedeihliche gemeinsame Aufzucht aller drei Wesen ermöglicht:[29]

> „Demnach dürfte wohl umgekehrt der Vertreter der Ansicht, dass sich gerechte Handlungen auszahlen, die Ansicht vertreten, man müsse dasjenige tun und dasjenige sagen, wodurch (i) der innere Mensch im Menschen die größte Macht haben wird, und wodurch er (ii) insbesondere für die vielköpfige Kreatur zuständig sein wird, indem er wie ein Ackermann die zahmen Köpfe nährt und großzieht, die wilden Köpfe aber daran hindert, hervorzusprießen (*phyesthai*), und zwar in Kampfgemeinschaft mit der Gestalt (*physis*) des Löwen, und wodurch er (iii) schließlich alle Teile in der Weise großzieht, dass er sie zunächst untereinander und mit sich selbst befreundet und dann für alle gemeinsam Sorge trägt."
> „Genau dies ist es, was der Verfechter der Gerechtigkeit meint."

Bei einer vergleichenden Evaluation der beiden Thesen kommt Sokrates zu dem Schluss, dass die These des zweiten fiktiven Gesprächspartners, d. h. des Lobredners der Gerechtigkeit, zutrifft, wohingegen die vom Lobredner der Ungerechtigkeit verfochtene Gyges-These falsch ist: Gerade am utilitaristischen Kalkül gemessen, d. h. ausschließlich im Hinblick auf Lustgewinn, gesellschaftliche Anerkennung und materiellen Nutzen, sei das konsequent gerechte Verhalten den Interessen des Menschen durchweg zuträglich, während das ungerechte Verhalten diesen Interessen auch dann abträglich sei, wenn es vor anderen Menschen vollkommen geheim gehalten werden könne: Unbeschadet ihrer menschlichen Außenhülle – die offensichtlich durch Tarnung des in der Seele herrschenden Chaos die Wahrung des äußeren Anscheins von Humanität ermöglicht – gehe die dreileibige Seelen-Physis an sich selbst zugrunde. Mithin müsse die vom Lob-

---

**28** Vgl. oben *Politeia* IX (Θ), 588c7–10.
**29** *Politeia* IX (Θ), 589a6–b7: Οὐκοῦν αὖ ὁ τὰ δίκαια λέγων λυσιτελεῖν φαίη ἂν δεῖν ταῦτα πράττειν καὶ ταῦτα λέγειν, (i) ὅθεν τοῦ ἀνθρώπου ὁ ἐντὸς ἄνθρωπος ἔσται ἐγκρατέστατος· (ii) καὶ τοῦ πολυκεφάλου θρέμματος ἐπιμελήσεται, ὥσπερ γεωργὸς τὰ μὲν ἥμερα τρέφων καὶ τιθασεύων, τὰ δὲ ἄγρια ἀποκωλύων φ ύ ε σ θ α ι σύμμαχον ποιησάμενος τὴν τοῦ λέοντος φ ύ σ ι ν· (iii) καὶ κοινῇ πάντων κηδόμενος φίλα ποιησάμενος ἀλλήλοις τε καὶ αὑτῷ, οὕτω θρέψει; – Κομιδῇ γὰρ αὖ λέγει ταῦτα ὁ τὸ δίκαιον ἐπαινῶν.

redner der Ungerechtigkeit gegen das konsequent gerechte Handeln gerichtete Kritik als haltlos gewertet werden:[30]

> „Dann aber dürfte der Lobredner der gerechten Handlungen in jeder Hinsicht die Wahrheit sagen, während der Lobredner der ungerechten die Unwahrheit sagen dürfte. Denn sowohl hinsichtlich des Lustgewinns als auch der Reputation als auch des Nutzens behält der Verfechter der Gerechtigkeit recht, während der Kritiker der Gerechtigkeit nichts Gesundes sagt, und kritisiert ohne zu wissen was."
> „Es scheint mir", sagte Glaukon, „dass er es ganz und gar nicht weiß."

Damit hat der Vergleich des jeweiligen Nutzens von *Gerechtigkeit* und *Ungerechtigkeit*, auf den die Behandlung des Seelenbildes von Anfang bis Ende konsequent gerichtet war,[31] sein sachliches Ziel erreicht.

Zum Abschluss schlägt Sokrates dem Glaukon vor, sich in Gedanken noch einmal an den ersten imaginären Gesprächspartner zu wenden, d. h. an den Vertreter der „Gyges-These". Dieser verdiene Wohlwollen, da er ja „nicht freiwillig fehlgeht";[32] so dass sein Fehler auf Unwissenheit beruhen muss. Für ihn wird Sokrates das Ergebnis der Betrachtung noch einmal auf den Punkt bringen. Dabei wird er auf die These von der Zuträglichkeit der *Ungerechtigkeit* und der Unzuträglichkeit der *Gerechtigkeit* nicht mehr explizit zurückkommen. Vielmehr wird er aus dem bisher Festgestellten eine speziell auf den Gesprächspartner gemünzte Folgerung ziehen:[33]

---

**30** *Politeia* IX (Θ), 589b8–c5: Κατὰ πάντα τρόπον δὴ ὁ μὲν τὰ δίκαια ἐγκωμιάζων ἀληθῆ ἂν λέγοι, ὁ δὲ τὰ ἄδικα ψεύδοιτο. πρός τε γὰρ ἡδονὴν καὶ πρὸς εὐδοξίαν καὶ ὠφελίαν σκοπουμένῳ ὁ μὲν ἐπαινέτης τοῦ δικαίου ἀληθεύει, ὁ δὲ ψέκτης οὐδὲν ὑγιὲς οὐδ' εἰδὼς ψέγει ὅτι ψέγει. – Οὔ μοι δοκεῖ, ἦ δ' ὅς, οὐδαμῇ γε.
**31** Vgl. *Politeia* IX (Θ), 588b3–4: λυσιτελεῖν ἀδικεῖν τῷ τελέως μὲν ἀδίκῳ, δοξαζομένῳ δὲ δικαίῳ. 588b7–8: τό τε ἀδικεῖν καὶ τὸ δίκαια πράττειν ἦν ἑκάτερον ἔχει δύναμιν. 588e4–5: λυσιτελεῖ τούτῳ ἀδικεῖν τῷ ἀνθρώπῳ, δίκαια δὲ πράττειν οὐ συμφέρει. 589a5: ὁ τὸ ἀδικεῖν ἐπαινῶν. 589a6: ὁ τὰ δίκαια λέγων λυσιτελεῖν. 589b7: ὁ τὸ δίκαιον ἐπαινῶν. 589b8–c1: ὁ μὲν τὰ δίκαια ἐγκωμιάζων ἀληθῆ ἂν λέγοι, ὁ δὲ τὰ ἄδικα ψεύδοιτο. 589c2–4: ὁ μὲν ἐπαινέτης τοῦ δικαίου ἀληθεύει, ὁ δὲ ψέκτης οὐδὲν ὑγιὲς οὐδ' εἰδὼς ψέγει ὅτι ψέγει.
**32** *Politeia* IX (Θ), 589c6: οὐ γὰρ ἑκὼν ἁμαρτάνει. Diese Formulierung kommt der dem platonischen Sokrates in der Forschung oft, aber nicht ganz zu Recht, in den Mund gelegten Formulierung „Keiner geht freiwillig fehl" (οὐδεὶς ἑκὼν ἁμαρτάνει) auf ihre Weise ebenso nahe wie die *Gorgias*-Stelle 509e (μηδένα βουλόμενον ἀδικεῖν, ἀλλ' ἄκοντας τοὺς ἀδικοῦντας πάντας ἀδικεῖν), welche Gregory Vlastos, *Studies in Greek Philosophy*, Vol. II, *Socrates, Plato, and their Tradition*, Hg. Daniel W. Graham (Princeton: University Press, 1995), 52 n. 32, als „approximation" daran aufführt; zur Sache vgl. Heda Segvic, „No one errs willingly: The Meaning of Socratic Intellectualism," *Oxford Studies in Ancient Philosophy* 19 (Winter 2000): 1–45.
**33** *Politeia* IX (Θ), 589c6–d4: Πείθωμεν τοίνυν αὐτὸν πρᾴως – οὐ γὰρ ἑκὼν ἁμαρτάνει – ἐρωτῶντες· Ὦ μακάριε, οὐ καὶ τὰ καλὰ καὶ αἰσχρὰ νόμιμα διὰ τὰ τοιαῦτ' ἂν φαῖμεν γεγονέναι, τὰ

„So lass uns ihm, der ja nicht ‚aus freien Stücken fehlgeht‘, freundlich zureden, indem wir ihn fragen:
‚Könnten wir nicht sagen, mein Lieber, dass auch das „Edle“ und das „Schändliche“ aus eben solchen Gründen zu *nomima* (Rechtsnormen) geworden sind, nämlich das Edle, das dem (inneren) Menschen – genauer wohl: dem Göttlichen – das Bestialische der menschlichen Natur (*physis*) unterwirft, und das Schändliche, welches dem Wilden das Zahme dienstbar macht?‘ Da wird er zustimmen, oder was meinst Du?“
„Wenn er mich fragt, ja“, sagte Glaukon.

Von dem zuvor durchgeführten Vergleich von Gerechtigkeit und Ungerechtigkeit schließt Sokrates auf die Förderlichkeit der *Nomima*, d. h. der etablierten Rechtsnormen,[34] durch die festgelegt ist, was als „Edel“ und was als „Schändlich“ zu gelten hat. Diese *Nomima* lieferten nämlich, bei Lichte besehen, das unentbehrliche Korrektiv zum innerseelischen Antagonismus: Nur mit ihrer Hilfe sei es möglich, die „schändlichen“ Handlungen zu verhindern, die das Edle im Menschen unweigerlich unter die Herrschaft der Bestie in ihm bringen. So scheint es, dass in der vom imaginären Gesprächspartner vertretenen Fassung der „Gyges-These“ die Kritik bzw. Relativierung der *Nomima* eine wichtige Rolle spielte.

Die Konstruktion des Seelenbildes wie die Gedankenführung des Gespräches schließt eng an die im IV. Buch getroffenen Bestimmungen über die menschliche Seele an. Dort hat Sokrates von der Gliederung der Polis in drei Stände vermutungsweise auf eine entsprechende Dreiteilung der Seele geschlossen;[35] von den drei hiernach zu erwartenden Seelenteilen hat er zunächst zwei, das „Rationale“ (*logistikon*) und das „Begehrende“ (*epithymētikon*), voneinander abgegrenzt;[36] sodann hat er, gegen Glaukons anfängliche Zweifel,[37] als eigenständigen dritten Seelenteil das „Zornartige“ (*thymoeidēs*) bestimmt;[38] schließlich hat Sokrates „Gerechtigkeit“ (*dikaiosynē*) in der Tat als diejenige Verfassung des Staates wie der Seele definiert, in der jeder der Teile sich strikte an die Erfüllung der ihm von Natur aus (*kata physin*) zukommenden Aufgabe hält, wohingegen die „Ungerechtigkeit“ in der Kompetenz-Überschreitung eines einzelnen Seelenteiles und in seinem

μὲν καλὰ τὰ ὑπὸ τῷ ἀνθρώπῳ – μᾶλλον δὲ ἴσως τὰ ὑπὸ τῷ θείῳ – τὰ θηριώδη ποιοῦντα τῆς φύσεως, αἰσχρὰ δὲ τὰ ὑπὸ τῷ ἀγρίῳ τὸ ἥμερον δουλούμενα; συμφήσει ἢ πῶς; – Ἐάν μοι, ἔφη, πείθηται.
**34** *Kriton* 53c, *Gorgias* 488d–e; *Politeia* VI (F), 484d2; *Nomoi* 1 (A), 626a7; *Nomoi* 7 (Z), 793a10 und d4; *Nomoi* IX (Θ), 871a3; dazu Klaus Schöpsdau, *Platon: Nomoi (Gesetze) Buch VIII–XII. Übersetzung und Kommentar*, Platon Werke. Übersetzung und Kommentar IX, 2 (Göttingen: Vandenhoeck & Ruprecht, 2011), 328–329.
**35** *Politeia* IV (Δ), 434d–435c.
**36** *Politeia* IV (Δ), 439d.
**37** *Politeia* IV (Δ), 439e.
**38** *Politeia* IV (Δ), 440e–441a.

naturwidrigen (*para physin*) Aufstand gegen das Ganze der Seele bestehe;[39] hierbei ist z. B. an eine Unterjochung des rationalen und des zornartigen Seelenteiles durch den begehrenden zu denken.[40]

Hieraus ergeben sich folgende Entsprechungen mit dem im IX. Buch eingeführten Seelenbild und den beiden Weisen, die drei inneren Wesen zu behandeln: Das größte und von Hause aus mächtigste der drei Wesen, die vielköpfige Bestie, korrespondiert dem begehrenden Seelenteil (*epithymetikon*); das zweitgrößte Wesen, der Löwe, steht für den zornartigen Seelenteil (*thymoeides*); das kleinste Wesen, der innere Mensch, verkörpert den rationalen Seelenteil (*logistikon*). Die Selbstzerstörung aber, die sich bei ungerechter Behandlung der drei Wesen aus der Unterjochung des kleinen inneren Menschen durch die vielköpfige Bestie und den Löwen ergibt, steht offenbar für die ungerechte Lebensweise, bei der dem rationalen Seelenteil seine natürliche Lenkungsfunktion versagt wird, so dass der Mensch zum Sklaven seines Geltungsdrangs und vor allem seiner körperlichen Begierden wird. Demgegenüber kommen bei gerechter Behandlung alle drei Seelenteile ihren naturgegebenen Aufgaben nach, was nur möglich ist, wenn die körperlichen Begierden vom rationalen Seelenteil im Verbund mit dem zornartigen Seelenteil reguliert werden.

Aufs Ganze gesehen verbindet der Platonische Sokrates im IX. Buch also das in der Gyges-Erzählung des II. Buches exponierte Problem der Zuträglichkeit ungerechten Handelns sowohl mit dem Spannungsverhältnis zwischen Physis und Nomos, das im III. Buch an Sokrates' Griff zur Fiktion verdeutlicht wurde, als auch mit der im IV. Buch eingeführten Seelenteilungslehre in der Weise, dass er die Seelenteilungslehre in ein abschreckendes Bild kleidet, welches an der Schädlichkeit jeglichen Unrechttuns für den Täter keinen Zweifel lässt und welches die Funktion der *Nomima* als eines unentbehrlichen Korrektivs der Physis vor Augen führt.

Die Gegenüberstellung des IV. und des IX. Buches hat nun aber auch eine auffällige terminologische Differenz ans Licht gebracht: In der bildlichen Veranschaulichung der Seelenteilungslehre in Buch IX bezeichnet Physis etwas ganz anderes als in der begrifflichen Exposition derselben Lehre in Buch IV.[41] Um einer möglichst präzisen Diagnose dieser terminologischen Differenz willen sei zu-

---

**39** *Politeia* IV (Δ), 444d: Οὐκοῦν αὖ, ἔφην, τὸ δικαιοσύνην ἐμποιεῖν (*scil.* ἐστι) τὰ ἐν τῇ ψυχῇ κατὰ φύσιν καθιστάναι κρατεῖν τε καὶ κρατεῖσθαι ὑπ' ἀλλήλων, τὸ δὲ ἀδικίαν παρὰ φύσιν ἄρχειν τε καὶ ἄρχεσθαι ἄλλο ὑπ' ἄλλου.
**40** Dies wurde bereits in *Politeia* IV (Δ), 442a–b beschrieben.
**41** Dietrich Mannsperger, *Physis bei Platon* (Berlin: Walter de Gruyter, 1969) geht auf den Unterschied zwischen dem im IV. Buch und dem im Seelenbild des IX. Buches verwendeten Physis-Begriff nicht ein.

nächst kurz an die verschiedenen Verwendungsmöglichkeiten des Verbs *phyein* und des davon abgeleiteten Verbalsubstantivs Physis erinnert.[42]

Das durative Präsens *phyein* bezeichnet von Hause aus die Ausbildung der Gestalt von Pflanzen, Tieren und Menschen, wie in dem Satz „der Wald *treibt* Blätter" (*hylē phylla phyei*, mit aktivischem *phyei*),[43] oder in dem Satz „auch jungen Männern wachsen graue Haare" (*phyontai de kai neois en andrasin poliai*, mit medialem *phyontai*).[44] Demgegenüber steht das resultative Perfekt *pe-phy-ka* und das Verbalsubstantiv *Phy-sis* („Natur") für das *Ergebnis* jener Entwicklung, d. h. für das Erreicht-Haben der Gestalt bzw. für diese Gestalt selbst. So bezeichnet Physis im Kirke-Abenteuer der *Odyssee*[45] die einmalige Wuchsform des „edlen *pharmakon*", d. h. der magischen Lauchpflanze, mittels derer Odysseus die Zauberkraft der Kirke neutralisiert. Deren botanische Singularität bringt der Dichter übrigens dadurch zum Ausdruck, dass dieser Zauberlauch in der Sprache der Menschen gar keinen Namen hat, sondern nur in der Sprache der Götter: *Mōly*.

Indessen kann die Beobachtung, dass die einzelnen Individuen ein und derselben *Species* innerhalb überschaubarer Zeiträume konstant eine im Wesentlichen gleiche Gestalt aufweisen, durchaus den Schluss nahelegen, dass diese Physis als „konstante Form" von einem Individuum der *Species* zur nächsten unverändert weitervererbt werde. Diese Auffassung schlägt sich im Griechischen darin nieder, dass Physis typischerweise eben die vorgegebene und bei ungestörtem Wachstum gesetzmäßig stets wieder von neuem verwirklichte Artform des Lebewesens bezeichnet; daraus ergibt sich dann die abstrakt-normative Bedeutung „fester Wesenskern", aufgrund derer auch Unkörperliches als Physis bezeichnet oder der Physis zugerechnet werden kann, wie der Charakter oder die Seele. Andererseits kann im klassischen Griechisch dank der durchsichtigen Wortbildung von Phy-sis auch dessen ursprüngliche Beziehung auf das Verb *phyein* und damit auf das individuelle körperliche Wachstum (bzw. auf sein individuelles Resultat) stets wieder aktualisiert werden.[46]

In der begrifflichen Exposition der Seelenteilungslehre im IV. Buch der *Politeia* wird die Bezeichnung Physis nun in ihrer abstrakt-normativen Bedeutung verwendet und zwar in Bezug auf das Verhältnis der unkörperlichen drei See-

---

**42** Die folgenden Bemerkungen zur Bedeutungsentfaltung der Wurzel *phy-* im archaisch-klassischen Griechisch sind aus der grundlegenden Studie von Harald Patzer, *Physis. Grundlegung zu einer Geschichte des Wortes* (Stuttgart: F. Steiner, 1993) geschöpft.
**43** Nach *Ilias* 6 (Z) 147–148.
**44** Pindar, *Olympien* IV, 25–26.
**45** *Odyssee* 10 (κ), 303.
**46** Dies zeigt noch der von Aristoteles für sein „philosophisches Wörterbuch" verfasste Artikel „Physis", *Metaph.* Δ 4, 1014b16–1015a19.

lenteile zueinander und zur Gesamtseele. Dies zeigt die oben erwähnte Definition der Gerechtigkeit als das *naturgemäße* (*kata physin*) und die der Ungerechtigkeit als das *naturwidrige* (*para physin*) Binnenverhältnis der drei Seelenteile: Hier bezeichnet Physis eindeutig den überindividuell normierten Bestzustand der unkörperlichen *Seele* des Menschen. Zwar wird speziell der begehrende Seelenteil (*epithymetikon*) schon gleich im IV. Buch als der „von Natur aus (*physei*) unersättlichste“ bezeichnet[47] – doch auch diese naturgegebene Unersättlichkeit ist dort fest in eine normative Auffassung der Physis der Seele integriert: Der begehrende Seelenteil sei eben „von Natur aus“ (*physei*) zur Knechtschaft bestimmt.[48]

In der bildlichen Veranschaulichung derselben Seelenteilungslehre in Buch IX ist von der Seele selbst nicht explizit die Rede: Auf der allegorischen Ebene wird das Allegorisierte naturgemäß nicht erwähnt. Daraus erklärt sich, dass Physis dort durchweg an das körperliche Wachstum bzw. an dessen Resultat gebunden ist, während die Übertragung auf *Unkörperliches* keine Rolle spielt. Dazu stimmt, dass sich dort neben Physis als nominaler Ableitung von der Wurzel *phy-* auch verbale, insbesondere durative Ableitungen von dieser Wurzel in auffälliger Häufung verwendet finden.[49] Darüber hinaus aber ist der Physis-Begriff in Platons Seelenbild durchweg auch seiner *zoologisch-normativen* Komponente beraubt, was unter Berücksichtigung auch der verbalen *phy*-Formen kurz nachgewiesen sei.

In 588c3 werden zunächst die schauderhaften mythischen Mischwesen wie *Chimaira*, *Skylla* und *Kerberos* als *Physeis* („Wuchsformen“) bezeichnet, deren einzelne, oft gänzlich heterogene Teile die Dichter „miteinander verwachsen“ (588c4 *sym-pe-phy-kyiai*) und „aus vielen zu Einem geworden“ sein lassen. Von einer normierten Artform kann bei diesen widernatürlichen Kombinationen schwerlich die Rede sein. Dies gilt erst recht für die Verwendung desselben intransitiven Perfekts *sympephykenai* in 588d5 – 6, wo Glaukon die zunächst für sich vorgestellten drei Teilgestalten des Seelenbildes in Gedanken „miteinander verwachsen sein“ lassen soll: Hier erscheint das *sympephykenai* als *mesalliance* dreier nicht nur völlig heterogener, sondern auch miteinander verfeindeter Teile.

Mittels des durativen Aktivs *phyein* wird in 588c9 die Fähigkeit der vielköpfigen Bestie bezeichnet, immer neue Köpfe aus sich hervorzutreiben. Nun wird *phyein* üblicherweise für natürliche Wachstumsvorgänge mit regelhaftem Resultat

---

47 *Politeia* IV (Δ), 442a6 – 7: χρημάτων φύσει ἀπληστότατον (scil. τὸ ἐπιθυμητικόν).
48 *Politeia* IV (Δ), 444b4: τοιούτου ὄντος φύσει (scil. τοῦ ἐπιθυμητικοῦ) οἵου πρέπειν αὐτῷ δουλεύειν.
49 *Politeia* IX (Θ), 588c3 φύσεις, c4 συμπεφυκυῖαι, c9 φύειν, d5 – 6 συμπεφυκέναι, 589b3 φύεσθαι, b4 φύσις, d2 φύσεως.

verwendet, wie z. B. dass ein Kind zahnt.[50] Im Fall der vielköpfigen Bestie aber, die nicht nur dazu imstande ist, ihre zahmen zu wilden Köpfen umzuformen, sondern auch dazu, regellos immer neue Köpfe aus sich hervorzutreiben (*phyein*), ist jeder Bezug auf eine vorgeprägte Artform selbstverständlich ausgeschlossen. Das Gleiche gilt offensichtlich auch in 589b3, wo den wilden Köpfen der vielköpfigen Bestie medial-intransitives *phyesthai* zugeschrieben wird, d. h. ein anarchisches „Ins-Kraut-Schießen", welches dann der innere Mensch, bei gerechter Lebensweise, zu beschneiden hat.

Auch dem Löwen wird in 589b4 eine Physis zugeschrieben. Er erscheint nun in der Tat konstant als ein Löwe. Doch zugleich ist er einerseits mit der vielköpfigen Bestie, andererseits mit dem inneren Menschen zu einem surrealen Gesamtleib verwachsen, und aufgrund der damit gegebenen doppelten Koalitionsmöglichkeit auch auf der Handlungsebene ambivalent. Noch bedenklicher steht es um den äußeren Menschen: Die Physis, die ihm in 589d2 zugeschrieben wird, sieht zwar von außen betrachtet so aus wie ein Mensch, aber diese menschliche Gestalt ist in Wahrheit nicht mehr als eine täuschende Hülle, die das dreileibige Innere nach außen verdeckt. Diese Ambivalenz spiegelt sich auf der Handlungsebene: Zwar kann der äußere Mensch das bestialische Teilwesen seiner naturwüchsigen Gestalt (*ta thēriōdē tēs physeōs*) durch edle Handlungen (unter Mitwirkung des Löwen) dem inneren Menschen, d. h. dem rationalen Seelenteil, unterwerfen, aber durch schändliche Handlungen kann er es umgekehrt zum Tyrannen über den inneren Menschen machen.

Der damit aufgewiesene defiziente Charakter des im Seelenbild verwendeten Physis-Begriffs steht nun ersichtlich im Dienst von dessen naturkritischer Pointe: Die Schädlichkeit ungerechten Handelns beruht darauf, dass es sich den *natürlichen Machtverhältnissen* in der Seele anpasst und sie fördert, wohingegen das gerechte bzw. gesetzestreue Handeln seine heilsame Wirkung gerade durch *Korrektur* dieser natürlichen Machtverhältnisse in der Seele erzielt. Dies ergibt sich unmittelbar aus der Gegenüberstellung der ungerechten und der gerechten Behandlung des dreileibigen Organismus in 588e4–589b6: Die ungerechte Behandlung stärkt nach 588e6–589a4 die schon von ihrer *Natur* aus bestehende Überlegenheit der vielköpfigen Bestie und des Löwen, während sie den bereits von seiner *Natur* aus kleinen inneren Menschen vollends ausschaltet; dies hat wiederum die gegenseitige Vernichtung von vielköpfiger Bestie und Löwe und damit den Untergang des gesamten dreileibigen Organismus zur Folge. Hingegen sichert die gerechte Behandlung (589a7–b6) dem inneren Menschen – gegen seine *natürliche* Unterlegenheit – die Vorherrschaft und befähigt ihn dazu, das *natürliche*

---

**50** Solon Fr. 27 West.

Ins-Kraut-Schießen der wilden Bestienköpfe zu unterbinden und die zahmen Köpfe zu fördern; erst diese Intervention ermöglicht „wechselseitige Freundschaft" zwischen den drei Wesen (589b5 *phila poiēsamenos allēlois*), die wiederum zur Folge hat, dass der gesamte dreileibige Organismus lebensfähig bleibt und sich positiv entwickelt. Und nach 589c7– d3 korrigiert die gerechte Behandlungsart die natürlichen Machtverhältnisse in der Seele am Leitfaden der *gesetzlichen Normierung* des Unterschieds von Gerechtigkeit und Ungerechtigkeit.

Kurz: Die ungerechte Behandlung bewirkt den Untergang des dreileibigen Gesamtorganismus dadurch, dass sie die in ihm schon von seiner Natur aus angelegten Hierarchien und Entwicklungstendenzen stärkt, während die gerechte Behandlung die Harmonie und Stabilität dieses Organismus dadurch herbeiführt, dass sie die in ihm von seiner Natur aus angelegten Hierarchien und Entwicklungstendenzen gemäß den Rechtsnormen (*Nomima*) durchkreuzt. Daraus folgt freilich nicht, dass die Physis für die Gestaltung des eigenen Verhaltens einfach irrelevant wäre. Im Gegenteil: Der äußere Mensch kann nur überleben, wenn er die natürlichen Machtverhältnisse in seinem Inneren genau kennt und sie in bestimmter Weise korrigiert. Doch ist er dafür auf die Richtschnur der *Nomima* angewiesen, d. h. der gesellschaftlich festgelegten Normen von Gut und Böse.

Der terminologische Gegensatz zwischen dieser bildlichen Veranschaulichung der Seelenteilungslehre im IX. Buch und der begrifflichen Exposition derselben Lehre im IV. Buch könnte nicht schärfer sein: Im IV. Buch diente Physis als Bezeichnung für die Norm, aufgrund derer der gerechte Zustand der Seele als naturgemäß (*kata physin*) und ihr ungerechter Zustand als widernatürlich (*para physin*) bestimmt wurde; an unserer Stelle des IX. Buches hingegen erscheint die Physis der menschlichen Seele als ein mit sich selbst verfeindetes polymorphes Gewächs, das schon zu seinem blanken Überleben auf seine Betreuung durch den Nomos angewiesen ist. Mehr noch: Platon hebt den Kontrast zwischen diesen beiden Physis-Begriffen selbst hervor, indem er den Sokrates im unmittelbaren Anschluss an unsere Stelle denjenigen Zustand der Seele, in dem das Verhältnis zwischen den Seelenteilen in Ordnung gebracht ist, als ihre *bestmögliche Physis* (*beltistē physis*) bezeichnen lässt.[51] Denn damit greift er zwar einerseits auf den normativen Physis-Begriff des IV. Buches zurück, zeigt aber andererseits durch den Superlativ an, dass es neben dem bestmöglichen Zustand der Physis eben auch noch einen anderen gibt, nämlich den defizienten.[52]

---

**51** *Politeia* IX (Θ), 591b3–4: καὶ ὅλη ἡ ψυχὴ εἰς τὴν βελτίστην φύσιν καθισταμένη τιμιωτέραν ἕξιν λαμβάνει.

**52** Ganz ähnlich *Politeia* X (I), 611a10–b7: Ἀλλ', ἦν δ' ἐγώ, μήτε τοῦτο οἰώμεθα, ὁ γὰρ λόγος οὐκ ἐάσει, μήτε γε αὖ τῇ ἀληθεστάτῃ φύσει τοιοῦτον εἶναι ψυχήν, ὥστε πολλῆς ποικιλίας καὶ ἀνομοιότητός τε καὶ διαφορᾶς γέμειν αὐτὸ πρὸς αὑτό. Πῶς λέγεις; ἔφη. Οὐ ῥάδιον, ἦν δ' ἐγώ,

Nun wird der Platonische Sokrates im X. Buch der *Politeia* keinen Zweifel daran lassen, dass das Nebeneinander dieser beiden Verwendungsweisen von Physis eine systematische Entsprechung hat:[53] Die aus Platonischer Sicht defiziente Verwendung von Physis im Seelenbild steht für die Natur der menschlichen Seele in ihrem durch Einkörperung verunstalteten Zustand, in dem sie in der Tat der Regulierung bedarf; bei der normativen Verwendung hingegen, die in den Büchern IX–X durch Attribute wie „die beste" (*beltistē*),[54] „die wahrste" (*alēthestatē*),[55] „die ursprüngliche" (*archaia*)[56] angezeigt wird, bezieht sich die Bezeichnung Physis auf die Natur der unsterblichen Seele in ihren ursprünglichen, vom Makel der Einkörperung freien Zustand.[57] In unmittelbarem Anschluss an diese Stelle des X. Buches wird Sokrates übrigens auch die Gyges-These noch einmal ausdrücklich als abgetan erklären.[58]

Gleichwohl fragt es sich, warum Platon das IX. Buch überhaupt mit zwei diametral verschiedenen Verwendungen des Wortes Physis belastet hat, statt sich auch dort einfach auf den normativen Physis-Begriff des IV. Buches zu beschränken. Diese Frage wollen wir im Folgenden mit der These beantworten, dass der defiziente Physis-Begriff des Seelenbildes in polemischer Zuspitzung den Physis-Begriff des *Bezugstextes* aufnimmt, der schon hinter der im II. Buch referierten Gyges-These von der Zuträglichkeit heimlichen Unrechttuns steht und mit dem sich Platon im Seelenbild des IX. Buches auf Schritt und Tritt auseinandersetzt. Als Bezugstext lässt sich, wie bereits einleitend angekündigt wurde und nun zu zeigen sein wird, die Schrift *Aletheia* des Sophisten Antiphon von Athen bestimmen.[59]

# 2 Antiphon, *Aletheia*, *P.Oxy.* 1364 (+ 3647)

Die englischen Papyrusgrabungen im ägyptischen Oxyrrhynchos brachten im Jahre 1905 zwei umfangreiche, offensichtlich ein und derselben Papyrus-Rolle

---

ἀίδιον εἶναι σύνθετόν τε ἐκ πολλῶν καὶ μὴ τῇ καλλίστῃ κεχρημένον συνθέσει, ὡς νῦν ἡμῖν ἐφάνη ἡ ψυχή.

**53** *Politeia* X (I), 611b9 – 612a6.
**54** *Politeia* IX (Θ), 591b4.
**55** *Politeia* X (I), 611b1.
**56** *Politeia* X (I), 611c7–d1.
**57** Hierfür steht in *Politeia* X (I), 611c7–d1 die noch nicht von Muscheln, Tang und Geröll verunstaltete *archaia physis* des Meergottes Glaukos.
**58** *Politeia* X (I), 612b.
**59** Dietrich Mannsperger, *Physis bei Platon* geht auf den durch den *Aletheia*-Papyrus bezeugten Physis-Begriff und auf dessen Beziehung zu *Politeia* IX nicht ein.

entstammende Textfragmente zum Verhältnis von menschlicher Natur (*physis*) und dem positiven Recht der Gesetze (*nomima*) zutage. Diese beiden Papyrusfragmente, wurden im Jahre 1915 durch Bernard Grenfell und Arthur Hunt als *P.Oxy.* 1364 Fr. 1–2 veröffentlicht; der von ihnen bewahrte Text gilt mit Recht als das früheste Zeugnis für die These, der zufolge die förderlichen oder schädlichen Folgen, die menschliches Handeln für den Handelnden hat, primär von der Artnatur (*physis*) des Menschen abhängen, und nur sekundär von den *Nomoi* der jeweiligen Gesellschaft.[60] Dank der Hilfsbereitschaft Ulrichs von Wilamowitz-Moellendorff konnten die Herausgeber den neuen Text unter den Titel „ANTIPHON SOPHISTES, Περὶ ἀληθείας i" stellen.[61] Sie waren nämlich von v. Wilamowitz brieflich darauf aufmerksam gemacht worden, dass drei Zeilen in Fr. 1 des ihm zuvor abschriftlich übermittelten Papyrustextes wortwörtlich mit einer von Harpokration aus der Schrift *Aletheia* (‚Wahrheit') des Antiphon[62] zitierten Stelle übereinstimmen,[63] und dass demnach *P.Oxy.* 1364 zweifelsfrei jener Schrift des Antiphon entstammt[64] (auch wenn die Buchzahl unsicher bleibt).[65] Die Bezeichnung des Autors der *Aletheia* als „Sophist" aber, mit der v. Wilamowitz bzw. die Erstherausgeber über das Zeugnis des Harpokration hinausgingen, kann sich auf

---

**60** Vgl. David J. Furley, „Antiphon's Case against Justice," in *The Sophists and their Legacy.* Proceedings of the Fourth International Colloquium on Ancient Philosophy, hg.v. G. B. Kerferd (Wiesbaden: F. Steiner, 1981), 81–91, hier: 90: „Antiphon stands, I think, at the very beginning of the tendency to seek for guidance for human behaviour in nature ...".

**61** *P.Oxy.* XI, 1364 (S. 92–104); Hermann Diels, „Ein neues Fragment aus Antiphons Buch Über die Wahrheit (Oxyrh.-Pap. XI n. 1364.)," in *Sitzungsberichte der Königlich Preussischen Akademie der Wissenschafte*n, Jahrgang 1916, Zweiter Halbband (Berlin: Georg Reimer, 1916): 931–936; Nachtrag zu VS 80 B 44 bei Hermann Diels, *Die Fragmente der Vorsokratiker. Griechisch und Deutsch*, Bd. 2 (Berlin: Weidmann, ⁴1922), XXXI–XXXVI; VS 87 B 44 bei Hermann Diels und Walther Kranz, *Die Fragmente der Vorsokratiker. Griechisch und Deutsch*, Bd. 2 (Berlin: Weidmann, ⁵1935), 346–353, wo erstmals eine deutsche Übersetzung beigegeben ist.

**62** Die bereits vor dem Papyrusfund bekannten Zitatfragmente aus dieser Schrift hatte zuletzt Hermann Diels, *Die Fragmente der Vorsokratiker. Griechisch und Deutsch*, Bd. 2 (Berlin: Weidmann, ³1912), 292–298 (Vorsokratiker Nr. 80 – Antiphon der Sophist – B 1–44) zusammengestellt.

**63** Der Satz *P.Oxy.* XI, 1364 Fr. 1, Col. i, Zeilen 18–20 (S. 96) (το[υ]ς νο|μους μεγα[λο]υς | αγοι) entspricht genau – sogar einschließlich der Optativform ἄγοι – dem Antiphonzitat bei Valerius Harpokration s.v. ἄγοι; vgl. Harpocrationis *lexicon in decem oratores Atticos* ex recensione Guilelmi Dindorfii, Tomus I (Oxonii: E typographeo academico, 1853), 4 bzw. John J. Keaney, *Harpocration. Lexeis of the Ten Orators* (Amsterdam: Hakkert, 1991), 2 (α7): Ἀντιφῶν δ' ἐν τῷ περὶ ἀληθείας φησὶ „τοὺς νόμους μεγάλους ἄγοι" ἀντὶ τοῦ „ἡγοῖτο". τούτου πολλὴ χρῆσις.

**64** *P.Oxy.* XI, 1364 (S. 92): „The authorship of the fragment is fortunately established by the coincidence, p o i n t e d   o u t   t o   u s   b y   W i l a m o w i t z, of ll. 18–20 with a citation in Harpocration from the treatise of Anthiphon 'On Truth' (Diels, *Die Fragmente der Vorsokratiker*, ii [³1912], p. 298, Fr. 44)".

**65** Gerard J. Pendrick, *Antiphon the Sophist: The Fragments*, 316.

das gewichtige Zeugnis des Xenophon stützen: In seinen „Erinnerungen an Sokrates" beschreibt Xenophon einen Antiphon als hedonistischen, in Athen auf Schülerfang ausgehenden Opponenten des Sokrates, und charakterisiert ihn *expressis verbis* als „Sophisten";[66] die Gleichsetzung dieses Sophisten Antiphon mit dem gleichnamigen *Aletheia*-Autor, die Hermann Diels bereits vor der Publikation des Papyrus vorgenommen hatte,[67] sah v. Wilamowitz durch den Inhalt dieses Papyrus bestätigt.[68] Nun dürfte das Bild, das Xenophon von dem umtriebigen „Sophisten Antiphon" zeichnet, wohl dafür sprechen, ihn von dem überragenden Logographen und antidemokratischen Politiker Antiphon aus dem attischen Demos Rhamnus zu unterscheiden,[69] war letzterer doch ein stockkonservativer Vertreter der Oligarchie und, wie Thukydides in seinem achtungsvollen Nachruf berichtet,[70] Menschenansammlungen aller Art strikt abgeneigt. Doch das aus dieser Unterscheidung folgende, vieldiskutierte Problem, wie man die unter dem Namen „Antiphon" überlieferten Prosareden bzw. -fragmente unter den Sophisten Antiphon und den Politiker Antiphon aus Rhamnus aufzuteilen hat – der *Tragiker*

---

**66** Xenophon, *Memorabilia* I 6, 1–15 (= Antiphon T 1 Pendrick): Ἄξιον δ' αὐτοῦ (scil. τοῦ Σωκράτους) καὶ ἃ πρὸς Ἀντιφῶντα τὸν σοφιστὴν διελέχθη μὴ παραλιπεῖν. ὁ γὰρ Ἀντιφῶν ποτε βουλόμενος τοὺς συνουσιαστὰς αὐτοῦ παρελέσθαι προσελθὼν τῶι Σωκράτει ἔλεξε τάδε κτλ.

**67** Vgl. Hermann Diels, *Die Fragmente der Vorsokratiker. Griechisch und Deutsch*, Bd. 2 (Berlin: Weidmann, ³1912), 289.

**68** Vgl. das Referat bei Hermann Diels, „Ein neues Fragment aus Antiphons Buch Über die Wahrheit (Oxyrh.-Pap. XI n. 1364.)," 931, sowie Ulrich v. Wilamowitz-Moellendorff, *Platon*, Bd. 1, *Leben und Werke* (Berlin: Weidmann, ²1920), 84 und vor allem ders., *Der Glaube der Hellenen*, Bd. 2 (Berlin: Weidmann, 1932), 217, Anm. 1: „Xenophon führt ihn als den typischen Sophisten ein, der viel Geld macht und den Sokrates von oben herab behandelt. Er hat also zu der Zeit, da Xenophon mit Sokrates verkehrte, in Athen sein Handwerk betrieben. G e h ö r e n  m u ß  i h m  d i e Ἀλή-θεια, die in zwei Bücher geteilt werden mußte ..." (Hervorhebung von uns).

**69** So z. B. Julius Stenzel, „15) Antiphon," in *RE* Suppl. IV, *Abacus bis Ledon* (Stuttgart: Metzler, 1924), Sp. 33–43. Ebenso jetzt wieder Gerard J. Pendrick, *Antiphon the Sophist: The Fragments*, 1–26 in umsichtiger Widerlegung der z. B. von Fernada Decleva Caizzi, „‚Hysteron proteron': la nature et la loi selon Antiphon et Platon," 291–310 wiederbelebten unitarischen Position. Pendricks Urteil stützt sich auf ein detailliertes und ausgewogenes Résumé der gesamten Diskussion.

**70** Thukydides 8, 68; Text nach Thucydidis *Historiae*, ed. Iohannes Baptista Alberti, Vol. III, *Libri VI–VIII*, (Romae: Typis Officinae Polygraphicae, MM): 264–265: ὁ μέντοι ἅπαν τὸ πρᾶγμα (scil. τὴν δήμου κατάλυσιν) ξυνθεὶς ὅτῳ τρόπῳ κατέστη καὶ ἐκ πλείστου ἐπιμεληθεὶς Ἀντιφῶν ἦν, ἀνὴρ Ἀθηναίων τῶν καθ' ἑαυτὸν ἀρετῇ τε οὐδενὸς δεύτερος καὶ κράτιστος ἐνθυμηθῆναι γενόμενος καὶ ἃ γνοίη εἰπεῖν, καὶ ἐς μὲν δῆμον οὐ παριὼν οὐδ' ἐς ἄλλον ἀγῶνα ἑκούσιος οὐδένα, ἀλλ' ὑπόπτως τῷ πλήθει διὰ δόξαν δεινότητος διακείμενος, τοὺς μέντοι ἀγωνιζομένους καὶ ἐν δικαστηρίῳ καὶ ἐν δήμῳ πλεῖστα εἷς ἀνήρ, ὅστις ξυμβουλεύσαιτό τι, δυνάμενος ὠφελεῖν. καὶ αὐτός τε, ἐπειδὴ τὰ τῶν τετρακοσίων ἐν ὑστέρῳ μεταπεσόντα ὑπὸ τοῦ δήμου ἐκακοῦτο, ἄριστα φαίνεται τῶν μέχρι ἐμοῦ ὑπὲρ αὐτῶν τούτων αἰτιαθείς, ὡς ξυγκατέστησε, θανάτου δίκην ἀπολογησάμενος.

Antiphon[71] ist ohnehin fernzuhalten –, brauchen wir nicht erneut aufzurollen. Für unsere Zwecke genügt vielmehr, was bereits v. Wilamowitz festgestellt hat: Die Zuordnung des Papyrustextes *P.Oxy.* 1364 an Antiphons *Aletheia* ist ebenso plausibel wie die Gleichsetzung dieses Antiphon mit dem von Xenophon bezeugten hedonistischen Sophisten.[72]

Als Nachtrag zur Bestimmung von Werk und Autor[73] hat v. Wilamowitz im Sommer 1914 noch kurz vor Ausbruch des Weltkrieges Vorschläge zur Lesung bzw. Ergänzung des Textes an die Oxforder Herausgeber abgesandt, die zwar von der Post kriegshalber nicht mehr befördert wurden, aber von Hermann Diels 1916 bekannt gemacht wurden.[74] Im Jahre 1984 konnte Maria Serena Funghi den Text von *P.Oxy.* 1364 Fr. 2 durch ein gewichtiges, von Grenfell und Hunt seinerzeit aber übersehenes Bruchstück (*P.Oxy.* 3647) vervollständigen.[75] Schließlich erscheint es als sehr plausibel, der *Aletheia* des Antiphon neben dem *P.Oxy.* 1364 (+ 3647) auch

---

**71** TrGF I Nr. 55 bei Bruno Snell und Richard Kannicht, *Tragicorum Graecorum Fragmenta*, Vol. 1 (Göttingen: Vandenhoeck & Ruprecht 1986), 193 – 196.

**72** Das Antiphon-Portrait des Sokratikers Xenophon entspricht genau dem v. a. aus Platons Frühdialogen bekannten, herabsetzenden Bild der Sophisten, so dass man auch Xenophons Bezeichnung des Antiphon als „Sophist" – *pace* Heinrich Gomperz, *Sophistik und Rhetorik. Das Bildungsideal des εὖ λέγειν in seinem Verhältnis zur Philosophie des V. Jahrhunderts* (Leipzig / Berlin: B. G. Teubner, 1912), 58 – im pejorativen Sinne zu nehmen haben wird. Dies wird von dem Amoralismus, den der *Aletheia*-Papyrus ans Licht gebracht hat, eher noch überboten. So hat denn die Publikation von *P. Oxy.* 1364 (+ 3647) die Verbindung des von Harpokration als „Antiphon, *Über die Wahrheit*" zitierten Textes mit dem von Xenophon geschilderten Sophisten Antiphon gestützt, und es gibt gar keinen Anlass dazu, sich der von Ronald Bilik, „Stammen P.Oxy. XI 1364 + LII 3647 und XV 1797 aus der Ἀλήθεια des Antiphon?" in *Tyche. Beiträge zur Papyrologie und Epigraphik* 13 (1998): 29 – 49 gewagten hyperkritischen These anzuschließen, dass es sich bei Harpokrations Angabe des Werktitels *Aletheia* und des Autors Antiphon um zwei (noch dazu voneinander unabhängige!) Flüchtigkeitsfehler handele.

**73** Diese war ein schönes, doch zugleich auch das letzte Beispiel für die von Ulrich v. Wilamowitz-Moellendorff, *Erinnerungen 1848 – 1914*, Zweite ergänzte Auflage (Leipzig: K.F. Koehler, 1929), 257 erwähnte „Mitarbeit an einigen Bänden der Oxyrrhynchospapyri", die den beiden Oxforder Editoren zuvor schon bei der Vorbereitung von Part V (1908) – Part X (1914) der *Oxyrhynchus Papyri* zugutegekommen war und für die sie ihm bisher jeweils gleich im Vorwort den geziemenden und mit den Jahren zunehmend herzlicher werdenden Dank abgestattet hatten. Dagegen fällt ihr Hinweis auf seine glänzende Identifikation des Antiphon-Papyrus eher lakonisch aus, was wohl damit zusammenhängt, dass der betreffende Teil XI der *Oxyrynchus Papyri* erst 1915 herauskam und damit nach dem am 4. August 1914 erfolgten Kriegseintritt Großbritanniens.

**74** Vgl. den kritischen Apparat der von Hermann Diels, „Ein neues Fragment aus Antiphons Buch Über die Wahrheit (Oxyrh.-Pap. XI n. 1364.)", 931– 936 veröffentlichten vorläufigen Edition des Papyrus-Textes.

**75** *P.Oxy.* LII, 1364 + 3647 (S. 1– 5). Sie erkannte in dem Bruchstück *P.Oxy.* 3647 einige Zeilenenden zu *P.Oxy.* 1364 Fr. 2, Col. ii sowie die ersten Zeilen der beiden anschließenden Kolumnen; so konnte sie P.Oxy. 1364 Fr. 2 in vollkommen neuer und wesentlich erweiterter Gestalt edieren.

das dem gleichen Fund entstammende und von zeitgleicher, wenn auch nicht identischer Hand geschriebene Papyrusfragment *P.Oxy.* 1797 zuzuordnen, das im Jahre 1922 veröffentlicht wurde.[76] Doch als Textgrundlage für den Nachweis, dass das Seelenbild im IX. Buch von Platons *Politeia* auf Antiphons *Aletheia* gemünzt ist, reicht *P.Oxy.* 1364 Fr. 1–2 – in seiner durch die Anfügung von *P.Oxy.* 3647 an Fr. 2 erweiterten Gestalt – vollkommen hin.[77] Bei unserer Interpretation gehen wir von dem nunmehr vervollständigten Fr. 2 aus, das wir – abweichend von den Erst-herausgebern, aber mit Funghi 1984 – als Ausgangspunkt der Argumentation betrachten. Sodann werden wir uns Fr. 1 zuwenden, wobei wir uns auf Col. I, 6 – Col. IV, 8 beschränken können.[78]

Fr. 2 bietet von seiner zweiten Kolumne an einen verständlichen Text. Zu Beginn der Kolumne wird die Geringschätzung fremder Völker nach dem Maß der jeweiligen *geographischen Distanz*, die Herodot bei den Persern beobachtet hat-

---

**76** *P.Oxy.* XV, 1797 (S. 119–122) (> Nachtrag zu VS 80 B 44 bei Hermann Diels, *Die Fragmente der Vorsokratiker. Griechisch und Deutsch*, Bd. 2 [Berlin: Weidmann, ⁴1922]: XXXVI–XXXVII > VS 87 B 44 bei Hermann Diels und Walther Kranz, *Die Fragmente der Vorsokratiker. Griechisch und Deutsch*, Bd. 2 [Berlin: Weidmann, ⁵1935]: 353–355); vgl. die Neuedition bei Guido Bastianini und Fernanda Decleva Caizzi, „Antipho 1–2: De veritate," in *Corpus dei papiri filosofici greci e latini* (CPF). *Testi e lessico nei papiri di cultura greca e latina* (Firenze: L. S. Olschki, 1989): 176–222 (CPF I 1* 214–222) und die deutsche Übersetzung bei Thomas Schirren und Thomas Zinsmaier, *Die Sophisten. Ausgewählte Texte Griechisch/Deutsch* (Stuttgart: Reclam, 2003), 199–201 (Antiphon Text 18) und Gerard J. Pendrick, *Antiphon the Sophist: The Fragments*, 184–191 (F 44 c) sowie 318, ferner André Laks und Glenn W. Most, *Early Greek Philosophy*. Volume IX: *Sophists* Part 2 (Cambridge MA / London: Harvard University Press, 2016): 58–61 (D 38 c).
**77** In den Lesungen und Ergänzungen folgen wir, soweit nicht anders vermerkt, Guido Bastianini und Fernanda Decleva Caizzi, „Antipho 1–2: De veritate," 180–213; zur Interpretation ist vor allem der sorgfältige Kommentar von Gerard J. Pendrick, *Antiphon the Sophist: The Fragments*, 315–366 heranzuziehen.
**78** Unsere Disposition entspricht dem von Maria Serena Funghi, „3647. Antiphon, περὶ ἀληθείας (addendum to 1364)," unterbreiteten Vorschlag, die auf Bernard Grenfell und Arthur Hunt (*P.Oxy.* XI) zurückgehende Reihenfolge der beiden Fragmente (erst *P.Oxy.* 1364 Fr. 1 und dann *P.Oxy.* 1364 Fr. 2 [+ *P.Oxy* 3647]) umzukehren; dieser Vorschlag wurde sowohl in die Neuedition des integralen Textes durch Guido Bastianini und Fernanda Decleva Caizzi, „Antipho 1–2: De veritate," 176–222 (CPF I 1*, Nr. 17/1, 180–213) als auch in dessen deutsche Übersetzung durch Thomas Schirren und Thomas Zinsmaier, *Die Sophisten*, 195–199 (Antiphon Text 17) übernommen: Dort ist Fr. A = *P.Oxy.* 1364 Fr. 2 + *P.Oxy* 3647 und Fr. B = *P.Oxy.* 1364 Fr. 1. Hingegen ist Gerard J. Pendrick, *Antiphon the Sophist: The Fragments*, 158–184 zur Reihenfolge von Grenfell und Hunt zurückgekehrt (zur Begründung ebd., 316–317); bei ihm ist F 44 (a) = *P.Oxy.* 1364 Fr. 1 und Fr. 44 (b) = *P.Oxy.* 1364 Fr. 2 + *P.Oxy* 3647. André Laks und Glenn W. Most, *Early Greek Philosophy*, 50–59 (D [= Doctrine] 38 a–b) sind Pendrick hierin gefolgt.

te,[79] zu einer ethnologischen Konstante verallgemeinert und mit der Verschiedenheit der *Nomoi*[80] („Bräuche, Sitten, Gesetze") verknüpft: Dass verschiedene Völkerschaften einander als „Barbaren" betrachten, erkläre sich aus der mit wachsender geographischer Distanz zunehmenden Verschiedenheit der jeweiligen Nomoi. Die Eigenschaft „barbarisch" ist demnach nicht mit der Natur dessen gegeben, dem sie zugeschrieben wird, sondern beruht auf der kulturellen Differenz, die zwischen diesem und seinem Beurteiler besteht. Durch die natürliche Ausstattung der Menschen ist nicht festgelegt, ob sie jeweils als „Grieche", d. h. als zivilisierter Mensch, oder als Barbar wahrgenommen werden, insofern bei jedem prinzipiell die doppelte Möglichkeit besteht, sowohl von ihm kulturell nahestehenden als auch von ihm kulturell fernstehenden Menschen beurteilt zu werden:[81]

> [Die Gesetze der in der Nähe ansässigen Menschen] kennen und achten wir, während wir diejenigen der Menschen, die weit entfernt wohnen, nicht kennen und nicht achten. Insoweit sind wir Menschen *füreinander* zu Barbaren geworden, da wir ja, was unsere Natur (*physis*) betrifft, in jeder Hinsicht ebenso dazu veranlagt sind (*pephykamen*), Barbaren zu sein, wie dazu, Griechen zu sein.

Im Gegensatz dazu stehen sowohl die zwingenden Lebensnotwendigkeiten als auch die Fähigkeiten zu ihrer Erfüllung: Beides ist bereits mit der Menschennatur gegeben und demgemäß ist beides bei allen Menschen gleich. In Bezug auf diese

---

**79** Guido Bastianini und Fernanda Decleva Caizzi, „Antipho 1–2: De veritate," 188 verweisen hierzu auf Herodot 1, 134, 2, einen Abschnitt, den N. G. Wilson, *Herodoti Historiae. Recognovit brevique adnotatione critica instruxit N. G. Wilson*, Tomus Prior (Oxford: University Press, 2015), 82–83 in folgender Form ediert hat: τιμῶσι δὲ (scil. οἱ Πέρσαι) ἐκ πάντων τοὺς ἄγχιστα ἑωυτῶν οἰκέοντας μετά γε ἑωυτούς, δεύτερα δὲ τοὺς δευτέρους, μετὰ δὲ κατὰ λόγον προβαίνοντες τιμῶσι· ἥκιστα δὲ τοὺς ἑωυτῶν ἑκαστάτω οἰκημένους ἐν τιμῇ ἄγονται, νομίζοντες ἑωυτοὺς εἶναι ἀνθρώπων μακρῷ τὰ πάντα ἀρίστους, τοὺς δὲ ἄλλους κατὰ <τὸν αὐτὸν> λόγον τῆς ἀρετῆς ἀντέχεσθαι.
**80** Zu dem Interesse, das Herodot selbst an der Verschiedenheit der Nomoi bei verschiedenen Völkern nimmt, vgl. Albrecht Dihle, „Die Verschiedenheit der Sitten als Argument ethischer Theorie," 59–61.
**81** *P.Oxy.* LII, 1364, Fr. 2 ii + 3647 i, Z. 1–15 (S. 2 und 3): [τοὺς νόμους τοὺς μὲν τῶν ἐγγυτέρ-] [ii,1]ρων ἐπ[ιστάμε]θά τε κ[αὶ σέβομεν] τοὺς δὲ [τῶν τη]λοῦ οἰκ[ούν]των, [5] οὔτε ἐπι[στ]άμεθα οὔτε σέβομεν. ἐν τ[ο]ύτῳ οὖν πρὸς ἀλλήλους βεβαρβαρώμε-[10]θα, ἐπεὶ φ ύ σ ε ι γε πάντα πάντες ὁμοίως π ε φ ύ κ [α] μ ε ν καὶ βάρβαροι καὶ Ἕλλην[ες] [15] εἶναι. Vgl. Guido Bastianini und Fernanda Decleva Caizzi, „Antipho 1–2: De veritate," Fr. A, col. II,1–15, 184–185 (Text) und 187–189 (Kommentar), sowie Gerard J. Pendrick, *Antiphon the Sophist: The Fragments*, F44 (b) II,1–15, 180–181 (Text und Übersetzung) und 356–360 (Kommentar).

Notwendigkeiten und Fähigkeiten macht niemand einen Unterschied zwischen Griechen und Barbaren:[82]

> Doch das zwingend Notwendige, d. h. das schon mit der Menschennatur (*physis*) Gegebene,[83] lässt sich bei allen Menschen beobachten, und dass es von allen mittels der gleichen Fähigkeiten beschafft wird; und in diesen Dingen ist keiner von uns als Barbar oder Grieche abgegrenzt.

Dies betrifft in erster Linie die physischen Bedürfnisse und physiologischen Fähigkeiten – die Atmung mittels Mund und Nase, die Sinneswahrnehmung mittels Hör- und Sehvermögen, den Gebrauch der Hände als Werkzeuge zum Arbeiten und den der Füße als Werkzeuge zum Gehen –, aber auch emotionale Reaktionsmuster wie Lachen aus Freude und Weinen aus Schmerz, die nach der Ergänzung von Bastianini/Decleva Caizzi unseren *nūs* („Sinn") involvieren:[84]

> Denn wir alle atmen durch Mund und Nasenlöcher in die Luft aus, und wir lachen, wenn wir in unserem Sinn erfreut werden, oder weinen, wenn wir betrübt werden; und mit dem Gehör nehmen wir die Geräusche auf, und im Licht sehen wir mit dem Sehsinn, und mit den Händen arbeiten wir, und mit den Füßen gehen wir.

Hiermit endet der Text von Fr. 2, soweit der Papyrus ihn in verständlicher Gestalt bewahrt hat. Der gedankliche Zusammenhang kann dank Maria Serena Funghis Anfügung von *P.Oxy.* 3647 wie folgt resümiert werden: Der ethnologisch-vergleichende Blick auf fremde Völker führt auf die Einsicht, dass einerseits die Gesetze und Bräuche verschiedener und voneinander entfernt lebender Völker stark dif-

---

**82** *P.Oxy.* LII, 1364 Fr. 2 ii + 3647 i, Z. 15 – 27 (S. 2 und 3): σκοπεῖν δ[ὲ] παρέχει τὰ τῶν φ ύ σ ε ι [ὄντων] ἀναγκαῖ[α ἐν] πᾶσιν ἀν[θρώ-][20]ποις, π[οριζό-μενά] τε κατὰ τ[ὰς αὐτὰς] δυνά[μεις ἅπασι,] καὶ ἐν [αὐτοῖς τού]τοις οὔτε β[άρβα-][25]ρος ἀφώρι[σται] ἡμῶν ο[ὐδείς,] οὔτε Ἕλλην. Vgl. Guido Bastianini und Fernanda Decleva Caizzi, „Antipho 1– 2: De veritate 185," (Text) und 190 – 191 (Kommentar) zu Fr. A, col. II,15 – 27, sowie Gerard J. Pendrick, *Antiphon the Sophist: The Fragments*, 180 – 183 (Text und Übersetzung) und 360 – 362 (Kommentar) zu F44 (b) II, 15 – 27.
**83** Zu der hier vorliegenden *appositiven* (nicht etwa: partitiven!) Verwendung des Genetivs vgl. *Ausführliche Grammatik der Griechischen Sprache von Dr. Raphael Kühner*, Zweiter Teil, *Satzlehre. Dritte Auflage in zwei Bänden in neuer Bearbeitung besorgt von Dr. Bernhard Gerth*, Erster Band (Hannover / Leipzig: Hahnsche Buchhandlung, 1898), 264 – 265 (§ 402 d).
**84** *P.Oxy.* LII, 1364 Fr. 2 ii + 3647 i, Zeile 27 – 3647 ii, Zeile 12 (S. 2 und 3): ἀναπνέομέν τε γὰρ εἰς τὸν ἀ-[30]έρ[α] ἅπαντες κατὰ τὸ στόμ[α] [κ]αὶ κατ[ὰ] τὰς ῥῖγας· κ[αὶ γελῶμε]ν χ[αίροντες τῷ] [III,1] [νῷ ἢ] δακρύομε[ν] λυπούμενοι· καὶ τῇ ἀκοῇ τοὺς φθόγ-[5]γους εἰσδεχόμεθα· καὶ τῇ αὐγῇ μετὰ τῆς ὄψεως ὁρῶμεν· καὶ ταῖς χερσὶν ἐρ-[10]γαζόμεθα· καὶ τοῖς ποσὶν βαδ[ίζο]μεν. Vgl. Guido Bastianini und Fernanda Decleva Caizzi, „Antipho 1– 2: De veritate," 185 – 186 (Text) und 191 – 192 (Kommentar) zu Fr. A, col. II,27 – III,12, sowie Gerard J. Pendrick, *Antiphon the Sophist: The Fragments*, 182– 183 (Text und Übersetzung) und 362 – 365 (Kommentar) zu F44 (b) II,27 – III,12.

ferieren[85] – weshalb diese Völker einander für Barbaren halten –, und dass andererseits die Natur des Menschen, wie sie sich sowohl in den elementaren Bedürfnissen als auch in den Funktionen des menschlichen Organismus zeigt, überall die gleiche ist.

Anschließend, d. h. in dem von Fr. 1 bewahrten Text, wendet Antiphon sich dem Problem der *Zuträglichkeit* bzw. *Schädlichkeit* menschlicher Handlungen für den Handelnden zu. Dabei kommt er zu dem Schluss, dass die förderlichen bzw. schädlichen Tatfolgen ausnahmslos immer durch die bereits in Fr. 2 als allgemeingültig erwiesene Physis des Menschen reguliert werden, dass sie hingegen nur in bestimmten Situationen zusätzlich auch dem Einfluss der jeweils gültigen Nomoi unterliegen. Der Text von Fr. 1 ist von Zeile 6 der ersten Kolumne an verständlich; hier steht sogleich eine Definition der Gerechtigkeit (*dikaiosynē*), in der diese ohne weiteres mit Norm- bzw. Gesetzes-konformem Verhalten gleichgesetzt wird:[86]

> Gerechtigkeit besteht darin, die gesetzlichen Normen (*Nomima*) der Polis, in der man Bürger ist, nicht zu übertreten.

Es ist eine für das Verständnis von Fr. 1 grundlegende Einsicht David Furleys, dass diese konventionelle Definition der Gerechtigkeit im gesamten folgenden Gedankengang unangetastet bestehen bleibt.[87] Dem mit dem Namen „Gerechtigkeit" bezeichneten Verhalten wird zwar attestiert, dass es vielfach schädlich sein kann, aber darum wird diesem Verhalten der Name „Gerechtigkeit" nicht im geringsten streitig gemacht; insbesondere wird der Name „Gerechtigkeit" nicht für jenes andere, an der menschlichen Natur orientierte Verhalten in Anspruch genommen, welches nach dem Urteil Antiphons vielfach zuträglicher ist. Kurz: In dem folgenden Gedankengang wird Antiphon die Sache Gerechtigkeit partiell um-*werten*, nicht aber den Namen „Gerechtigkeit" im Sinne einer „wahren Gerechtigkeit" um-*deuten*.

---

**85** In seiner nunmehr vervollständigten Gestalt hat Fr. 2 des Antiphon-Papyrus einen sophistischen Originalbeleg für einen Gedanken geliefert, den schon Felix Heinimann als Ausgangspunkt der Nomos-Physis-Antithese betrachtet hatte. Vgl. ders., *Nomos und Physis*, 80 – 81 und dazu Albrecht Dihle, „Die Verschiedenheit der Sitten als Argument ethischer Theorie," 61.

**86** *P.Oxy.* XI, 1364, Fr. 1, 6 – 11 (S. 96): δικαιοσύνη [δ' οὖ]ν τὰ τῆς πόλεως νόμιμα [ἐν ᾗ] ἂν πολι-[10] [τεύ]ηταί τις μὴ [παρ]αβαίνειν. Vgl. Guido Bastianini und Fernanda Decleva Caizzi, „Antipho 1 – 2: De veritate," 192 (Text) und 203 (Kommentar) zu Fr. B, col. I,6 – 11, sowie Gerard J. Pendrick, *Antiphon the Sophist*, 158 – 159 (Text und Übersetzung) und 321 – 322 (Kommentar) zu F44(a) I, 6 – 11.

**87** Vgl. David J. Furley, „Antiphon's Case against Justice," 81 – 91.

Indessen hält Antiphon eine einheitliche, für alle Situationen gültige Einstellung des Polis-Bürgers zur Gerechtigkeit für unsinnig; vielmehr sei es für ihn am zuträglichsten, wenn er sein Verhältnis zur Gerechtigkeit *situationsabhängig* gestaltet. Vor Zeugen, d. h. in der Öffentlichkeit, mag er die Gesetze hochhalten, alleine und ohne Zeugen aber folgt er besser den Bestrebungen seiner eigenen Physis:[88]

> Der für den Menschen zuträglichste Umgang mit der Gerechtigkeit dürfte wohl darin bestehen, zwar unter Zeugen die Gesetze (*Nomoi*) hochzuhalten, doch allein und ohne Zeugen die Bedürfnisse der eigenen *Physis*.

Das hier als unter Umständen zuträglich gewertete heimliche Übertreten der Gesetze läuft in Verbindung mit der zuvor in Fr. 1, 6 – 11 gegebenen Definition der Gerechtigkeit auf die These hinaus, dass heimliche Ungerechtigkeit zuträglich sein kann, d. h. genau auf das, was wir bei Platon als Gyges-These bezeichnet haben. Dieser für die Beziehung zwischen Platon und Antiphon schlechthin grundlegende Zusammenhang war verdeckt, solange man annahm, dass Antiphon sich die in Fr. 1, 6 – 11 formulierte Definition der Gerechtigkeit gar nicht zu eigen mache, also bis zu der von uns bereits zitierten Widerlegung dieser Annahme durch David Furley.[89] Dass die Bedürfnisse der eigenen *Physis*[90] den gesetzlichen Normen vorzuziehen seien, wann immer dies gefahrlos möglich ist, begründet der Autor wie folgt: Die gesetzlichen Normen seien den Menschen sekundär auferlegt und

---

**88** *P.Oxy.* XI, 1364, Fr. 1, 12 – 23 (S. 96): χρῷτ' ἂν οὖν ἄνθρωπος μάλιστα ἑαυτῷ [15] ξυμφ[ε]ρόντως δικαιο[σ]ύνῃ, εἰ μετὰ μὲν μαρτύρων τ[ο]ὺς νόμους μεγά[λο]υς [20] ἄγοι, μονούμενος δὲ μαρτύρων τὰ τῆς φύσεως. Vgl. Guido Bastianini und Fernanda Decleva Caizzi, „Antipho 1 – 2: De veritate," 192 – 193 (Text) und 203 – 204 (Kommentar) zu Fr. B, col. I,12 – 23, sowie Gerard J. Pendrick, *Antiphon the Sophist: The Fragments*, 158 – 161 (Text und Übersetzung) und 322 – 324 (Kommentar) zu F44(a) I, 12 – 23.
**89** Insbesondere Hermann Diels, „Ein antikes System des Naturrechts," *Internationale Monatsschrift für Wissenschaft, Kunst und Technik* 11 (1917), Sp. 87 hat die Nähe unserer Stelle zur Gyges-These zwar gespürt, dann aber beiseitegeschoben, weil er die Gerechtigkeitsdefinition nicht als Antiphons eigene Meinung anerkennen mochte: „Man ist versucht, bei diesem offenen Bekenntnis der Heuchelei an die Machiavellisten der Platonischen *Politeia* zu denken, deren höchster Begriff von Ungerechtigkeit darin besteht, durch geschicktes Verstecken ihrer Schurkenstreiche vor dem Volke als die wahrhaft Gerechten zu erscheinen (p. 361 A). Allein unser Sophist will durch diese offenbar unmoralische Folgerung aus der vorausgeschickten Definition nur diese selbst als falsch und die Geltung des Nomos als unberechtigt erweisen."
**90** Wie schon im oben untersuchten Abschnitt aus *Politeia* IX wird auch bei Antiphon im sogleich zu zitierenden Abschnitt durch die Engführung des Verbalsubstantivs Physis und des Partizips *phynta* außer Zweifel gestellt, dass Physis als die mit dem Heranwachsen erreichte Artform des Menschen, bzw. die individuelle Form eines bestimmten Menschen aufgefasst ist.

beruhten auf bloßen Vereinbarungen der Bürger; d. h. sie seien ihnen *äußerlich*. Hingegen seien die Bedürfnisse der menschlichen *Physis* unabweislich und ein naturwüchsiger Teil (*phynta*) des eigenen Wesens:[91]

> Die Normen der Gesetze (*Nomoi*) sind nämlich von außen an ihn herangetragen, während die Gegebenheiten seiner Physis unabweislich sind, und die Normen der Gesetze (*Nomoi*) sind vereinbart, nicht gewachsen (*phynta*), während die Gegebenheiten seiner Physis gewachsen sind, nicht vereinbart.

Eben aufgrund dieser Äußerlichkeit der Gesetze sei der Bereich, innerhalb dessen ihnen durch Sanktionsandrohungen Geltung verschafft werden kann, streng auf das von Dritten beobachtbare oder in anderer Weise bemerkbare Handeln beschränkt. Eine Gesetzesübertretung könne nur dann schädliche Folgen in Form von Schande oder Strafe nach sich ziehen, wenn sie zur Kenntnis der Mitbürger gelangt, wohingegen eine unbemerkt bleibende Gesetzesübertretung ohne jedwede schädliche Folgen bleibe:[92]

> Wenn jemand also die gesetzlichen Regeln (*nomima*) übertritt, ohne dass die, die diese Regeln vereinbart haben, es bemerken, ist er sowohl vor Schande als auch vor Strafe sicher; wenn sie es aber bemerken, dann nicht.

Wenn man hingegen seinen eigenen natürlichen Anlagen und Bedürfnissen über das erträgliche Maß hinaus Gewalt antue, dann schädige man sich (*blaptetai*) dadurch in jedem Fall, völlig unabhängig davon, ob dies den Mitbürgern unbekannt bleibt, oder ob es ihnen bekannt wird. Was mit der Artnatur der Species Mensch bzw. mit der Individualnatur eines Menschen gegeben und infolgedessen mit ihm untrennbar verbunden ist, das nimmt er gleichsam auch in jeden noch so unbeobachteten Schlupfwinkel mit. Deshalb besteht nach Antiphon zwischen der Vergewaltigung der eigenen Naturanlagen und der dadurch bewirkten Schädigung (*kakon*) ein unmittelbarer, objektiver Zusammenhang (*alētheia* „Wahrheit"), der

---

**91** *P.Oxy.* XI, 1364, Fr. 1, 23–34 (S. 96 und 95): τὰ μὲν γὰρ τῶν νόμων [25] [ἐπίθ]ετα, τὰ δὲ [τῆς] φύσεως ἀ[ναγ]καῖα· καὶ τὰ [μὲν] τῶν νό[μω]ν ὁμολογη-[30][θέντ]α οὐ φύν[τα ἐστί]ν, τὰ δὲ [τῆς] φύσ]εως φύν[τα οὐχ] ὁμολογη-[II,1]θέ[έ]ντα. Vgl. Guido Bastianini und Fernanda Decleva Caizzi, „Antipho 1–2: De veritate," 193 (Text) und 204–205 (Kommentar) zu Fr. B, col. I,23 – col. II,1, sowie Gerard J. Pendrick, *Antiphon the Sophist: The Fragments*, 160–161 (Text und Übersetzung) und 322–324 (Kommentar) zu F44(a) I,23–II,1.

**92** *P.Oxy.* XI, 1364, Fr. 1, 36–43 (S. 96 und 95): τὰ οὖν νόμιμα παραβαίνων [5] εἰ ἂν λάθῃ τοὺς ὁμολογήσαντας καὶ αἰσχύνης καὶ ζημίας ἀπήλλακται, μὴ [10] λαθὼν δ' οὔ. Vgl. Guido Bastianini und Fernanda Decleva Caizzi, „Antipho 1–2: De veritate," 193 (Text) und 205 (Kommentar) zu Fr. B, col. II, 3–10, sowie Gerard J. Pendrick, *Antiphon the Sophist: The Fragments*, 160–163 (Text und Übersetzung) und 325–326 (Kommentar) zu F44(a) Col. II, 3–10.

von den konventionellen Wertsetzungen der Mitbürger vollkommen unabhängig ist:[93]

> Wenn jemand aber etwas von dem, was mit seiner Physis verwachsen ist (*xymphyta*), wider die Möglichkeit verletzt, dann wird das Übel weder irgend kleiner, wenn die Menschen es nicht merken, noch irgend größer, wenn es alle sehen. Denn die Schädigung beruht in diesem Fall nicht auf Meinung, sondern auf Wahrheit.

Hiermit ist die in Fr. 1, 12–23 getroffene Fallunterscheidung zwischen den beiden Geltungsbereichen Öffentlichkeit und private Unbeobachtetheit darauf zurückgeführt, dass die Gesetzesgebote einen anderen Ursprung haben (gesellschaftliche Konvention) als die angeborenen Bedürfnisse der menschlichen Natur (Wahrheit). Die Fallunterscheidung würde nun für die Praxis bedeutungslos sein, wenn die gesetzlichen Normen ihrem Inhalt nach mit den naturgegebenen menschlichen Bedürfnissen zusammenfielen. Doch gerade dies ist nicht der Fall. Vielmehr stellen sich die Gesetze nach Antiphon vielfach feindlich zur menschlichen Physis, indem sie das Tun und Lassen des Menschen auf Schritt und Tritt gängeln:[94]

> Die Untersuchung dieser Zusammenhänge ist deshalb wichtig, weil das von den Gesetzen (*Nomoi*) festgelegte Gerechte größtenteils feindlich zu unserer Physis steht. Es ist nämlich für die Augen gesetzlich festgelegt worden (*nenomothetetai*), was sie sehen sollen und was nicht; und für die Ohren, was sie hören sollen und was nicht, und für die Zunge, was sie sagen soll und was nicht; und für die Hände, was sie tun sollen und was nicht; und für die Füße, wohin sie gehen sollen und wohin nicht, und für den Sinn, was er begehren soll und was nicht.

---

93 *P.Oxy.* XI, 1364, Fr. 1, 43–56 (S. 96) : τῶν δὲ τῇ φύσει ξυμφύτων ἐάν τι παρὰ τὸ δυνατὸν βιάζηται, ἐάν [15] τε πάντας ἀνθρώπους λάθῃ, οὐδὲν ἔλαττον τὸ κακόν, ἐάν τε πάντες ἴδωσιν, [20] οὐδὲν μεῖζον· οὐ γὰρ διὰ δόξαν βλάπτεται, ἀλλὰ δι' ἀλήθειαν. Vgl. Guido Bastianini und Fernanda Decleva Caizzi, „Antipho 1–2: De veritate," 193–194 (Text) und 205–206 (Kommentar) zu Fr. B, Col. II, 10–23, sowie Gerard J. Pendrick, *Antiphon the Sophist: The Fragments*, 162–163 (Text und Übersetzung) und 326–327 (Kommentar) zu F44(a) Col. II, 10–23.
94 *P.Oxy.* XI, 1364, Fr. 1, 56–84 (S. 96 und 97): ἔστι δὲ τῶνδε ἕνε-[25]κα τούτων ἡ σκέψις, ὅτι τὰ πολλὰ τῶν κατὰ νόμον δικαίων πολεμίως τῇ [30] φύσ[ει] κεῖται· νενο[μο]θ[έ]τηται γὰρ [ἐ]πί τε τοῖς ὀφ[θ]αλμοῖς, ἃ δεῖ [III,1] αὐτο[ὺ]ς ὁρᾶν καὶ ἃ οὐ [δε]ῖ· καὶ ἐπὶ τοῖς ὠσίν, ἃ δεῖ αὐτὰ ἀκούειν καὶ [5] ἃ οὐ δεῖ· καὶ ἐπὶ τῇ γλώττῃ, ἅ τ[ε] δεῖ αὐτὴν λέγειν καὶ ἃ οὐ δεῖ· καὶ ἐπὶ ταῖς χερσίν, [10] ἅ τε δεῖ αὐτὰς δρᾶν καὶ ἃ οὐ δεῖ· καὶ ἐπὶ τοῖς ποσίν, ἐφ' ἅ τε δεῖ αὐτοὺς ἰέναι καὶ ἐφ' ἃ οὐ [15] δεῖ· καὶ ἐπὶ τῷ νῷ, ὧν τε δεῖ αὐτὸν ἐπιθυμεῖν καὶ ὧν μή. Vgl. Guido Bastianini und Fernanda Decleva Caizzi, „Antipho 1–2: De veritate" 194 (Text) und 206–207 (Kommentar) zu Fr. B, Col. II,23 – Col. III,18, sowie Gerard J. Pendrick, *Antiphon the Sophist: The Fragments*, 162–165 (Text und Übersetzung) und 327–331 (Kommentar) zu F44(a) Col. II,23 – Col. III,18.

Aus der Feindseligkeit der Gesetze gegenüber der menschlichen Natur ergibt sich unmittelbar, dass das von jenen geforderte gerechte Verhalten vielfach auf eben diejenige Missachtung der naturgegebenen menschlichen Bedürfnisse hinausläuft, die den betreffenden Menschen von einem gewissen Grade an unfehlbar schädigt, wie bereits in Col. II, 10–23 festgestellt wurde. Die hier involvierten natürlichen Attribute des Menschen bezeichnet Antiphon nun aber konsequent mit *zusammengesetzten* Ausdrücken wie „das Notwendige, d. h. schon durch die Physis Vorhandene" (*ta tōn physei ontōn anankaia*),[95] oder „die Gegebenheiten seiner Physis" (*ta tēs physeōs*),[96] oder schließlich „das, was mit seiner Physis verwachsen ist" (*ta tēi physei xymphyta*).[97] Eben deshalb sollte man sich davor hüten, die so bezeichneten natürlichen Attribute umstandslos schon mit der „menschlichen Natur" (*physis*) selbst gleichzusetzen. Vielmehr schließt letztere für Antiphon neben der natürlichen Ausstattung des Menschen auch und vor allem den naturgesetzlichen Kausalzusammenhang ein, der zwischen bestimmten Einwirkungen auf jene natürliche Ausstattung einerseits und dem Gedeihen bzw. dem Untergang eines Menschen andererseits besteht. Dies wird durch die nun folgende Bemerkung außer Zweifel gestellt, der zufolge das von den Gesetzen verbotene (= ungerechte) Verhalten der menschlichen Natur als solcher nicht lieber ist oder ihr näher steht als das von den Gesetzen gebotene (= gerechte) Verhalten:[98]

> Es ist nun unserer Physis in keiner Weise dasjenige, wovon die Gesetze die Menschen abwenden, lieber oder zugehöriger als dasjenige, wozu sie sie hinwenden.

Diese Feststellung wirkt bei flüchtiger Lektüre überraschend: Wie können der Natur die Gesetze gleichgültig sein, obwohl sie doch, wie unmittelbar zuvor festgestellt, feindselig gegen die Natur sind? Doch wird die Feststellung sogleich verständlich, wenn man den soeben aufgewiesenen terminologischen Unterschied beachtet, den Antiphon zwischen der menschlichen Natur selbst und den natürlichen Anlagen und Bedürfnissen des Menschen im Einzelnen macht:[99] Die

---

**95** τὰ τῶν φύσει ὄντων ἀναγκαῖα *P.Oxy.* LII, 1364 Fr. 2 Col. II + 3647 Col. I, Zeilen 16–18.
**96** τὰ τῆς φύσεως *P.Oxy.* XI, 1364, Fr. 1, Col. I, 22–23, 25–26 und 31–32.
**97** τὰ τῇ φύσει ξύμφυτα *P.Oxy.* XI, 1364, Fr. 1, Col. II, 10–12.
**98** *P.Oxy.* XI, 1364, Fr. 1, 84–91 (S. 97): [ἔστι]ν οὖν οὐδὲν τ[ῇ] φύσει [20] φιλιώτ[ερ]α οὐδ' οἰκειότε[ρα] ἀφ' ὧν οἱ νόμο[ι ἀ]ποτρέπουσι τ[οὺς] ἀν[θ]ρώπ[ους] ἢ ἐφ' ἃ [προτρέ]-[25]πουσ[ιν.] Vgl. Guido Bastianini und Fernanda Decleva Caizzi, „Antipho 1–2: De veritate," 194 (Text) und 207–208 (Kommentar) zu Fr. B, Col. III, 18–25, sowie Gerard J. Pendrick, *Antiphon the Sophist: The Fragments*, 164–165 (Text und Übersetzung) und 331–333 (Kommentar) zu F44(a) Col. III, 18–25.
**99** Die Verkennung dieser Differenz hat mannigfache Textänderungs- bzw. Textumdeutungsvorschläge auf den Plan gerufen: III,18 [εστι]ν Editio princeps : [οὐ μὲ]ν Diels : [ἥττο]ν Bastianini /

Anlagen mag man verkümmern lassen, die Bedürfnisse missachten; doch die menschliche Natur selbst wird darauf genauso unfehlbar reagieren wie umgekehrt auf die Förderung der Anlagen und auf die Erfüllung der Bedürfnisse. Der Artnatur des Menschen als solcher kann die erwähnte Feindseligkeit der Gesetze nämlich nichts anhaben, mag das Individuum darüber auch zugrunde gehen. Erst bei dieser Auffassung des Textes schließt auch die im Folgenden gegebene Begründung nahtlos an. Sie besagt nämlich, dass sowohl das Leben *als auch der Tod* zur menschlichen Physis gehören:[100]

> Denn sowohl das Leben liegt im Bereich der Physis wie das Sterben, wobei das Leben ihnen vom Zuträglichen her kommt, das Sterben hingegen vom nicht Zuträglichen.

Die menschliche Physis erscheint hier als die Instanz, die immer schon Normen des Zuträglichen (*xympheron*), und des Unzuträglichen vorgegeben hat, und damit zugleich die (günstigen) Folgen der Beachtung dieser Normen bzw. die (ungünstigen) Folgen ihrer Nichtbeachtung, welche beide gleichermaßen „natürlich" sind. In diesem Sinne ist ein durch ein hinreichendes Maß an Zuträglichem erlangtes langes Leben nicht mehr und nicht weniger natürlich als der durch ein Übermaß an Unzuträglichem bewirkte frühe Tod.[101]

Unter den zuträglichen Dingen ihrerseits unterscheidet Antiphon noch zwischen denjenigen, die die durch Gesetze oktroyierte Rechtsordnung nur um den

---

Decleva Caizzi ‖ III,21 – 25 ordinem verborum ἀφ' ὧν ἀποτρέπουσι et ἐφ' ἃ προτρέπουσι inversum esse suspicatus est Gernet 1923, 177 ‖ III,24 – 25 [προτρέ]πουσ[ιν] editio princeps : [ἐπιτρέ]πουσ[ιν] Bastianini / Decleva Caizzi. Vgl. auch Gerard J. Pendrick, *Antiphon the Sophist: The Fragments*, 331 – 332, der diese Änderungsversuche zusammenfassend behandelt. Pendrick stellt die Schwächen dieser Vorschläge jeweils gut heraus, aber die von uns im Text vorgeschlagene Lösung des Problems sieht auch er nicht.

**100** *P.Oxy.* XI, 1364, Fr. 1, 91 – 100 (S. 97): τ[ὸ γὰρ] ζῆν [ἔ]στι τῆς φύσεως κ[αὶ τ]ὸ ἀποθαν[εῖ]ν, καὶ τὸ μὲν [ζ]ῆν αὐτ[οῖς] [30] ἐστι[ν ἀ]πὸ τῶν ξυμ[φερό]ντω[ν,] τὸ δὲ ἀ[ποθανεῖν] ἀπὸ τ[ῶν μὴ ξυμ-] [IV,1]φερόντω[ν]. Vgl. Guido Bastianini und Fernanda Decleva Caizzi, „Antipho 1 – 2: De veritate," 194 – 195 (Text) und 208 – 209 (Kommentar) zu Fr. B, Col. III, 25 – Col. IV, 1, sowie Gerard J. Pendrick, *Antiphon the Sophist: The Fragments*, 164 – 167 (Text und Übersetzung) und 333 – 334 (Kommentar) zu F44(a) Col. III,25 – Col. IV,1.

**101** Auch wer heute vom Schutz der „Natur" vor ihrer Verschmutzung durch $CO_2$-Emissionen oder radioaktiven Fall-out spricht, muss anerkennen, dass die womöglich extrem schädlichen Folgen solcher Verschmutzungen ihrerseits den Naturgesetzen unterliegen und insoweit genauso natürlich sind, wie der – für die Bewohner der Erde zweifellos angenehmere – Zustand ohne diese Schädigungen.

Preis des Verzichts auf etwas anderes Zuträgliches gewährt, und denjenigen, auf die man ohne ein solches Opfer ungehindert zugreifen kann:[102]

> Von der Gesamtheit alles Zuträglichen ist der Teil, der von den Gesetzen als Prämie ausgesetzt ist, Fessel unserer *Physis*, der von unserer *Physis* ausgesetzte Teil hingegen ist frei.

Diese Unterscheidung ergibt sich unmittelbar aus Antiphons grundlegender Fallunterscheidung über den zuträglichsten Umgang mit der Gerechtigkeit (Col. I, 12–23): Vor Zeugen, d.h. in der Öffentlichkeit, ist es zuträglich, die Gesetze hochzuhalten, alleine und ohne Zeugen aber ist es zuträglich, ohne weiteres den Bestrebungen seiner eigenen *Physis* folgen. Die Gesetze wie die menschliche Natur gewähren ihre *xympheronta* jeweils dann, wenn man ihnen folgt. Aber im Falle der Gesetze bedeutet dieser Gehorsam Fesselung der Natur, Triebverzicht, während die Gebote der Natur mit dem zusammenfallen, was der Mensch von sich aus will, so dass Gehorsam gegenüber der eigenen Natur und Freiheit dasselbe sind.

# 3 Ergebnis

Unser Durchgang durch Fr. 2 und Fr. 1, Col. I,6–IV,8 des Antiphon-Papyrus hat gezeigt, dass der Autor die *menschliche Natur* als autonome Instanz ethischer Orientierung etabliert, und damit die Zuträglichkeit (*xympheron*) unbemerkt bleibender Gesetzesübertretungen begründet. Da er überdies die Gerechtigkeit streng positivistisch als Befolgung gesellschaftlich vorgegebener *Nomima* definiert und kritisiert, lässt sich sagen, dass er aus einer Theorie über das Verhältnis von Nomos und Physis, welches für sich betrachtet offenbar auch schon von dem Sophisten Hippias v. Elis diskutiert wurde,[103] die Zuträglichkeit heimlicher Ungerechtigkeit ableitet. Wenn nun Platon im IX. Buch der *Politeia*, d.h. wenige Jahrzehnte später, eine der Antiphontischen genau entgegengesetzte Theorie über das Verhältnis von Nomos und Physis entwickelt, um daraus die *Schädlichkeit* heimlicher Ungerechtigkeit zu deduzieren, – dann liegt es nach unserer Meinung auf der Hand, dass Platons Text als Kritik an Antiphon zu lesen ist, auch wenn

---

102 *P.Oxy.* XI, 1364, Fr. 1, 100–107 (S. 97): [τὰ] δὲ ξυμφέρ[οντα,] τὰ μὲν ὑπ[ὸ τῶν] νόμων κε[ί] [5]μενα δεσμ[οὶ] τῆς φύσεώς ἐ[στι,] τὰ δ' ὑπὸ τῆς φύσεως ἐλεύθερα. Vgl. Guido Bastianini und Fernanda Decleva Caizzi, „Antipho 1–2: De veritate," 195 (Text) und 209 (Kommentar) zu Fr. B, Col. IV, 1–8, sowie Gerard J. Pendrick, *Antiphon the Sophist: The Fragments*, 166–167 (Text und Übersetzung) und 335–336 (Kommentar) zu F44(a) Col. IV, 1–8.
103 Platon, *Protagoras*, 337c–338b; dazu Hermann Diels, „Ein antikes System des Naturrechts," Sp. 100.

Platon die Position Antiphons, statt ihn namentlich zu nennen, von einem imaginären, namenlosen Gesprächspartner vertreten werden lässt.

Als mögliche Alternative würden unter Platons großen Sophisten von der Gesamttendenz ihrer Argumentationen her allenfalls Hippias, Kallikles und Thrasymachos in Betracht kommen, die bei Platon sämtlich unter eigenem Namen auftreten. Doch sieht man näher zu, müssen alle drei sogleich wieder ausscheiden. Der Hippias des Platonischen *Protagoras* exponiert zwar an der soeben zitierten, eher humoristisch anmutenden Stelle 337c–338b den Gegensatz von Nomos und Physis, um sich auf die Seite der Physis zu stellen, aber damit will er nur für eine friedliche Beilegung des Streites zwischen Sokrates und Protagoras werben:[104] Von einschneidenden ethischen Konsequenzen wie einer Aufforderung zum Unrechttun ist bei ihm gar keine Rede.[105] Der Kallikles des Platonischen *Gorgias* argumentiert zwar mit dem Vorrang der Physis vor dem Nomos, leitet aber daraus eine Umdeutung des Begriffs der Gerechtigkeit zum „Recht des Stärkeren" ab,[106] durch die er als möglicher Vertreter der Gyges-These von der Zuträglichkeit heimlicher *Ungerechtigkeit* ausscheidet: Bei dieser These wird ja, wie wir sahen, Antiphons konventionelle Bindung des Begriffs der Gerechtigkeit an das positive Recht unabdingbar vorausgesetzt. Der Thrasymachos des I. Buches der Platonischen *Politeia* kommt für die Position des imaginären Gesprächspartners in *Politeia* IX vollends nicht in Frage;[107] denn bei ihm spielt die Berufung auf die Physis gar keine Rolle,[108] weder bei seinem – an Kallikles erinnernden – Versuch, die Gerechtigkeit als „Nutzen des Stärkeren" neu zu bestimmen,[109] noch bei seinem Plädoyer für den überragenden Nutzen der in großem Stil betriebenen Ungerechtigkeit.[110] Bei allen drei genannten Sophisten fehlt überdies das für die Gyges-These wie für Antiphon gleichermaßen zentrale Motiv der *Heimlichkeit* der Un-

---

**104** In diesem Sinne George B. Kerferd, und Hellmut Flashar, „Erstes Kapitel: Die Sophistik," 67–68.
**105** Dies gilt erst recht für das lange Gespräch zwischen Sokrates und Hippias über die Gerechtigkeit, von dem Xenophon, *Memorabilien* IV, 4, 5–25, berichtet.
**106** Platon, *Gorgias*, 482c–484c; dazu E. R. Dodds, *Plato: Gorgias*, 268 (zu 483 e3).
**107** Dies gilt ganz unabhängig von der Erwägung, dass eine anonyme Wiederkehr des im I. Buch abgefertigten Thrasymachos im IX. Buch auch in dramaturgischer Hinsicht als missglückt gewertet werden müsste.
**108** So richtig David J. Furley, „Antiphon's Case against Justice," 81: „... Antiphon in DK 87 B 44 (consisting of the famous papyrus fragments from Oxyrhynchus) criticizes and rejects justice on the ground that to be just is to damage or neglect one's own natural interest. Antiphon's position is thus similar to that of Thrasymachus in Plato, *Republic* I, although Thrasymachus differs in making no explicit appeal to nature".
**109** *Politeia* I (A), 338a–339d.
**110** *Politeia* I (A), 343a–344c.

gerechtigkeit. Wenn man also ernsthaft daran gehen will, die Rolle des namenlosen Sophisten zu besetzen, der nach *Politeia* IX die Gyges-These auf die Nomos-Physis-Antithese stützt, dann kann keiner von Platons großen Sophisten dem Antiphon ernsthaft Konkurrenz machen.

Der Grund aber, aus dem Platon die Theorie Antiphons über Nomos und Physis radikal ablehnt, liegt nicht etwa in einem grundsätzlichen, methodischen Vorbehalt dagegen, dass Antiphon sich auf die Physis beruft. Er liegt vielmehr darin, dass Antiphon nach Ansicht Platons von einer sachlich abwegigen Einschätzung der menschlichen Physis ausgeht, die dann eine ebenso abwegige Verkennung der heilsamen Wirkung des Nomos nach sich zieht. Der einzige Zwiespalt, den Antiphon sieht, ist der zwischen den natürlichen Anlagen und Bedürfnissen des Menschen einerseits und bestimmten, diese Anlagen und Bedürfnisse mindestens gängelnden, wo nicht gar schädigenden Normen der Gesellschaft; was er sieht, ist der Gegensatz zwischen dem Nomos der Polis und der Physis des Menschen. Demgegenüber kommt bei ihm die Möglichkeit, dass es *innerhalb* der menschlichen Physis einen Antagonismus geben könnte, gar nicht erst in den Blick. Seine Theorie ist aus Platonischer Sicht deshalb unzureichend, weil er daran vorbeigeht,

- dass der relevante Untersuchungsgegenstand nicht „der Mensch" ist, sondern die Seele des Menschen,
- dass diese Seele von Natur aus dreigeteilt ist,[111]
- dass die drei Seelenteile zueinander von Natur aus in einem antagonistischen Verhältnis stehen,
- dass der von Natur aus stärkste Seelenteil, das *epithymētikon*, die Gesamtseele ruiniert, wenn er nicht im Einklang mit den Gesetzen kontrolliert wird.

Aufgrund dieser Fehleinschätzung der empirischen menschlichen Natur hat Antiphon die heimliche Ungerechtigkeit als zuträglich bewertet, obwohl sie in Wahrheit, wie jede Ungerechtigkeit, auf eine Selbstbeschädigung des Täters hinausläuft.

Doch damit ist der Dissens, der zwischen Platon und Antiphon hinsichtlich des Begriffs der menschlichen Natur besteht, noch nicht ausgeschöpft. Zwar hat sich Platon zum Zweck einer immanenten Widerlegung Antiphons vorübergehend, nämlich im Seelenbild des IX. Buches, auf dessen Terminologie soweit

---

**111** Platons Seelenbild macht die Genese dieses Fehlers nachvollziehbar, insofern der innerseelische Antagonismus dort von einem *menschengestaltigen Futteral*, dem „äußeren Menschen", umhüllt und zugleich verhüllt wird. Das Sich-Täuschen-Lassen durch die menschliche Gestalt des „äußeren Menschen" steht für Antiphons ahnungslose, gleichsam voranalytische Glorifizierung der Natur des Menschen.

eingelassen, dass er die Natur des Menschen auf dessen Existenz als körperliches Wesen bezieht, d. h. – platonisch gesprochen – auf den Zustand der Einkörperung der Seele. Aber die skeptische Diagnose einer in sich antagonistischen, auf staatliche Bevormundung angewiesenen menschlichen Seele, mit der Platon Antiphons These widerlegt hat, ist nicht Platons letztes Wort. Nach Platons eigener Ansicht sollte der Mensch sein Verhalten nämlich nicht, wie Antiphon meinte, auf die Gegebenheiten seiner Existenz als körperliches Wesen ausrichten, sondern vielmehr auf die Natur seiner unsterblichen Seele. Diese tiefgreifende Differenz hinsichtlich des von beiden Denkern jeweils als handlungsrelevant betrachteten Begriffs der Natur ist es, die in dem Nebeneinander der (aus platonischer Sicht) voranalytisch-naiven und der analytisch-normativen Bedeutung von Physis im IX. Buch zum Ausdruck kommt. Nach Platon erscheint die Natur des Menschen, sobald man sie mit seiner unsterblichen Seele gleichsetzt, nicht mehr als eine Problemquelle, die mit externen Regulierungsmaßnahmen unter Kontrolle gehalten werden muss, sondern als die maßgebliche Quelle von Normen für das menschliche Verhalten. In diesem Sinne ist es berechtigt, den Gegensatz zwischen Antiphons *Aletheia* und Platons *Politeia* als Gegensatz zwischen einer naturalistischen Begründung der Gyges-These und einer naturalistischen Widerlegung der Gyges-These zu beschreiben.

Wenn die im Vorstehenden zur Diskussion gestellte These das Richtige trifft, dann stellt sich natürlich die Frage, warum Platon unter all den in seinen frühen und mittleren Dialogen auftretenden Sophisten gerade Antiphon von Athen ohne Namensnennung eingeführt hat. Doch die Antwort auf diese Frage dürfte auf der Hand liegen: Die für die Gyges-These wie für Antiphons Stellungnahme zum Nomos-Physis-Problem entscheidende *differentia specifica* liegt, wie wir sahen, in der *Heimlichkeit* des Unrechttuns. So ist es ein ebenso subtiler wie ironischer Kunstgriff Platonischer Ethopoiie, Antiphon als den Vertreter der Ungerechtigkeit auch nur heimlich, d. h. inkognito, auftreten zu lassen.

# Bibliographie

Alberti, Ioannes Baptista, Hg. *Thucydidis Historiae*. Bd. 3, *Libri VI–VIII*. Rom: Typis Officinae Polygraphicae, 2000.

Annas, Julia. *An Introduction to Plato's Republic*. Oxford: University Press, 1981.

Bastianini, Guido und Fernanda Decleva Caizzi, Hg. „Antipho 1–2: De veritate." In *Corpus dei papiri filosofici greci e latini* (CPF). *Testi e lessico nei papiri di cultura greca e latina*, hg. von Francesco Adorno u. a. Teil 1: *Autore noti*, Vol 1*, 176–222. Florenz: L. S. Olschki, 1989.

Bilik, Ronald. „Stammen P.Oxy. XI 1364 + LII 3647 und XV 1797 aus der Ἀλήθεια des Antiphon?" *Tyche. Beiträge zur Papyrologie und Epigraphik* 13 (1998): 29–49.

Classen, Carl Joachim. *Sophistik*. Wege der Forschung Bd. CLXXXVII. Darmstadt: Wissenschaftliche Buchgesellschaft, 1976.

Decleva Caizzi, Fernanda. „'Hysteron proteron': la nature et la loi selon Antiphon et Platon." *Revue de Métaphysique et de Morale* 91/3 (1986): 291–310.

Deitz, Luc. „Physis/Nomos, Physis/Thesis." In *Historisches Wörterbuch der Philosophie*, hg. v. Joachim Ritter, Karlfried Gründer und Gottfried Gabriel. Bd. 7, P–Q, 967–971. Basel: Schwabe Verlag, 1989.

Diels, Hermann. *Die Fragmente der Vorsokratiker. Griechisch und Deutsch*. Bd. 2. Berlin: Weidmann, ³1912.

Diels, Hermann. „Ein neues Fragment aus Antiphons Buch Über die Wahrheit (Oxyrh.-Pap. XI n. 1364.)." In *Sitzungsberichte der Königlich Preussischen Akademie der Wissenschaften*, Jahrgang 1916, Zweiter Halbband, 931–936. Berlin: Georg Reimer, 1916.

Diels, Hermann. „Ein antikes System des Naturrechts." In *Internationale Monatsschrift für Wissenschaft, Kunst und Technik* 11 (1917): Sp. 81–102.

Diels, Hermann. *Die Fragmente der Vorsokratiker. Griechisch und Deutsch*. Bd. 2. Berlin: Weidmann, ⁴1922.

Diels, Hermann und Walther Kranz. *Die Fragmente der Vorsokratiker. Griechisch und Deutsch*. Bd. 2. Berlin: Weidmann, ⁵1935.

Dihle, Albrecht. „Die Verschiedenheit der Sitten als Argument ethischer Theorie," In *The Sophists and their Legacy. Proceedings of the Fourth International Colloquium on Ancient Philosophy*, hg. v. G. B. Kerferd, 54–63. Wiesbaden: F. Steiner, 1981.

Dindorf, Wilhelm, Hg. *Harpocrationis lexicon in decem oratores Atticos*. Bd. 1. Oxford: E typographeo academico, 1853.

Dodds, Eric Robertson. *Plato: Gorgias. A Revised Text with Introduction and Commentary*. Oxford: Clarendon Press, 1959.

Funghi, Maria Serena. „3647. Antiphon, περὶ ἀληθείας (addendum to 1364)." In *The Oxyrhynchus Papyri*, Part LII, 1–5. London: Egypt Exploration Fund, 1984.

Furley, David J. „Antiphon's Case against Justice," in *The Sophists and their Legacy. Proceedings of the Fourth International Colloquium on Ancient Philosophy*. Hermes Einzelschriften 44, hg v. G. B. Kerferd, 81–91. Wiesbaden: F. Steiner, 1981.

Gomperz, Heinrich. *Sophistik und Rhetorik. Das Bildungsideal des εὖ λέγειν in seinem Verhältnis zur Philosophie des V. Jahrhunderts*. Leipzig / Berlin: B. G. Teubner, 1912.

Grenfell, Bernard Pyne und Arthur Surridge Hunt. *The Oxyrhynchus Papyri*. Part XI. London: Egypt Exploration Fund, 1915.

Grenfell, Bernard Pyne und Arthur Surridge Hunt. *The Oxyrhynchus Papyri*. Part XV. London: Egypt Exploration Fund, 1922.

Heinimann, Felix. *Nomos und Physis. Herkunft und Bedeutung einer Antithese im griechischen Denken des 5. Jahrhunderts*. Schweizerische Beiträge zur Altertumswissenschaft 1. Basel: F. Reinhardt, 1945.

Keaney, John J. *Harpocration. Lexeis of the Ten Orators*. Amsterdam: Hakkert, 1991.

Kerferd, George B. und Hellmut Flashar. „Erstes Kapitel: Die Sophistik." In *Grundriss der Geschichte der Philosophie. Begründet von Friedrich Ueberweg, Völlig neubearbeitete Ausgabe*. Band 2/1, *Sophistik. Sokrates. Sokratik. Mathematik. Medizin*, hg. v. H. Flashar, 3–137. Basel: Schwabe, 1998.

Kühner, Raphael und Bernhard Gerth. *Ausführliche Grammatik der Griechischen Sprache von Dr. Raphael Kühner. Zweiter Teil, Satzlehre. Dritte Auflage in zwei Bänden in neuer*

Bearbeitung besorgt von Dr. Bernhard Gerth. Erster Band. Hannover / Leipzig: Hahnsche Buchhandlung, 1898.

Laks, André und Glenn W. Most. *Early Greek Philosophy*. Bd. 9, *Sophists Part 2*. Cambridge MA / London: Harvard University Press, 2016.

Mannsperger, Dietrich. *Physis bei Platon*. Berlin: Walter de Gruyter, 1969.

Müller, Carl Werner. *Legende – Novelle – Roman. Dreizehn Kapitel zur erzählenden Prosaliteratur der Antike*. Göttingen: Vandenhoeck & Ruprecht, 2006.

Nill, Michael. *Morality and Self-Interest in Protagoras Antiphon and Democritus*, Philosophia antiqua XLIII. Leiden: Brill, 1985.

Patzer, Harald. *Physis. Grundlegung zu einer Geschichte des Wortes*. Stuttgart: F. Steiner, 1993.

Pendrick, Gerard. J. *Antiphon the Sophist: The Fragments. Edited with Introduction, Translation, and Commentary*, Cambridge Classical Texts and Commentaries 39. Cambridge: University Press, 2002.

Reinhardt, Karl, *Vermächtnis der Antike. Gesammelte Essays zur Philosophie und Geschichtsschreibung*, hg. v. Carl Becker. Göttingen: Vandenhoeck & Ruprecht 1960.

Schirren, Thomas und Thomas Zinsmaier. *Die Sophisten. Ausgewählte Texte. Griechisch/Deutsch*. Stuttgart: Reclam, 2003.

Schöpsdau, Klaus. *Platon: Nomoi (Gesetze) Buch VIII–XII. Übersetzung und Kommentar*, Platon Werke. Übersetzung und Kommentar IX 2. Göttingen: Vandenhoeck & Ruprecht, 2011.

Segvic, Heda. „No one errs willingly: The Meaning of Socratic Intellectualism." *Oxford Studies in Ancient Philosophy* 19 (Winter 2000): 1 – 45.

Slings, S. R. *Platonis Rempublicam recognovit brevique adnotatione critica instruxit S. R. Slings*. Oxford: University Press, 2003.

Snell, Bruno und Richard Kannicht. *Tragicorum Graecorum Fragmenta*. Bd. 1. Göttingen: Vandenhoeck & Ruprecht 1986.

Stenzel, Julius. „15) Antiphon." In *Paulys Realencyclopädie der classischen Altertumswissenschaft. Neue Bearbeitung, Begonnen von Georg Wissowa*, Supplementband IV: *Abacus bis Ledon*, Sp. 33 – 43. Stuttgart: Metzler, 1924.

Stevenson, Robert Louis. *Strange Case of Dr Jekyll and Mr Hyde*. London: Longmans, Green, and Co., 1886.

Vlastos, Gregory. *Studies in Greek Philosophy*. Bd. 2, *Socrates, Plato, and their Tradition*, hg. v. Daniel W. Graham. Princeton: University Press, 1995.

Wilamowitz-Moellendorff, Ulrich von. *Platon. Erster Band: Leben und Werke*. Berlin: Weidmann, ²1920.

Wilamowitz-Moellendorff, Ulrich von. *Erinnerungen 1848 – 1914. Zweite ergänzte Auflage*. Leipzig: K.F. Kochler, 1929.

Wilamowitz-Moellendorff, Ulrich von. *Der Glaube der Hellenen*. Bd. 2. Berlin: Weidmann, 1932.

Wilson, N. G. *Herodoti Historiae recognovit brevique adnotatione critica instruxit N. G. Wilson*. Bd. 1. Oxford: University Press, 2015.

Christoph Markschies
# „Bürger bilden" als Gottesprädikat?

## Erkundungsgänge im antiken Christentum

Wenn es auf diesem zweiten geisteswissenschaftlichen Kolloquium unserer beiden
Stiftungen um einen Bildungsbegriff gehen soll, der im Blick auf seine reiche Tradition
nicht reduktionistisch angelegt ist und gleichzeitig auf eine Gemeinschaft von
Staatsbürgern bezogen sein soll, kommen dem Theologiehistoriker der Antike Erkundungsgänge in die antik-christliche Vorgeschichte unseres Bildungs- wie Bür-
gerbegriffes zu – historische Erkundungsgänge in der Absicht, gegenwärtiger Ur-
teilsbildung dienen zu wollen. Sie sind nicht, wie ursprünglich geplant, ganz und gar
auf den nordafrikanischen Bischof Augustinus von Hippo konzentriert und seine
komplexe, jedenfalls nicht einfach duale Opposition von Himmels- und Erdenbürgern
(dazu gibt es vorzügliche neuere Literatur, die in unserem Rahmen zu wiederholen
müßig ist), sondern greifen etwas weiter aus, um Kontexte beider Begrifflichkeiten
bereitzustellen. Eine These dieses Beitrags ist schon in seiner Titelfrage enthalten: War
in der christlichen Antike das, was wir gemeinhin für die je spezifische Aufgabe des
Staates, der Eltern, von eigens dafür qualifiziertem Lehrpersonal an Bildungseinrichtungen halten – Bürger bilden –, nicht zunächst einmal die vornehmste Aufgabe
Gottes, „Bürger bilden" mithin ein Gottesprädikat und nur insofern auch Qualifikation
einer auf das eine große Vorbild hin orientierten Gesellschaft? Was diese an sich etwas
triviale Frage nach dem eigentlichen Agenten des bildenden Handelns in vormo-
dernen europäischen Gesellschaften erst interessant macht, ist ein Blick auf die
Nuancen und spezifischen Akzentsetzungen, mit denen sie in der Kaiserzeit und
Spätantike entwickelt wird, und ihre jeweils sehr eigene Relation zu dem, was aus
dem göttlichen Bildungshandeln als menschliches Bildungshandeln abgeleitet wird.
Erst wenn man sich diesen Hintergrund deutlich gemacht hat, kann man sich dem
Thema widmen, das eigentlich für mich vorgesehen war: „Erdenbürger und Him-
melsbürger (Augustin)".

Mein Beitrag wartet nicht nur mit einer vergleichsweise schlichten These auf,
er ist auch vergleichsweise schlicht gegliedert: Meine Ausführungen beginnen mit
einem ersten Abschnitt unter der Überschrift „Bilden", werden durch einen
zweiten unter der Überschrift „Bürger" fortgesetzt und schließen mit einem dritten
und letzten Abschnitt, der überschrieben ist wie die ganze Tagung: „Bürger bilden". Augustinus wird uns – getreu dem modifizierten Diktum des Philosophen
Whitehead, dass alle Theologiegeschichte als Fußnoten zum nordafrikanischen
Theologen interpretiert werden kann – in allen drei Abschnitten beschäftigen.

https://doi.org/9783110352740-004

# 1 Bilden

Gelegentlich hilft ja Begriffsgeschichte, wenn die Begriffe abhanden zu kommen drohen oder in der Beliebigkeit verloren gehen.[1] Das ist offenkundig beim Begriff „bilden" und seinem Substantiv „Bildung" zu befürchten; der Münchener Praktische Theologe Christian Albrecht, ein hochgelehrter Bildungshistoriker, schreibt:

> Bildung ist ein geschundenes und zerschlissenes Wort, der Begriff steht gegenwärtig, nach einer längeren Phase der Verdrängung, für alles und für nichts und fungiert als ein Passepartout, unter dessen Flagge für das Gelingen kultureller Wertsetzungs- und Sinnvermittlungspraxis ebenso wie für die Beherrschung von Rechtschreibregeln gesegelt wird.[2]

Treiben wir also ein wenig Begriffsgeschichte: Die Wurzeln unseres heutigen, ziemlich entleerten deutschen Begriffs „Bildung" liegen bekanntlich in der deutschen Mystik und im Besonderen bei Meister Eckhart.[3] Freilich zeigt ein solcher Blick in die Begriffsgeschichte, den wir hier natürlich nur äußerst ausschnitthaft vornehmen können, dass es schon im Mittelalter beim Begriff „Bildung" keine semantische Eindeutigkeit gegeben hat. So beginnt der höchst informative Artikel „Bildung" von Rudolf Vierhaus in den *Geschichtlichen Grundbegriffen* mit der Information, dass die früheste Bedeutung unseres Begriffs sowohl „‚Bild', ‚Abbild', ‚Ebenbild' (*imago*), als auch ‚Nachbildung', ‚Nachah-

---

1 Ich greife an dieser Stelle auf Passagen einer Veröffentlichung zurück, in der ich diese Thematik jüngst breiter ausgeführt habe: Christoph Markschies, *Zur Freiheit befreit. Bildung und Bildungsgerechtigkeit in evangelischer Perspektive* (Berlin: Hansisches Druck- und Verlagshaus, 2011), 72–86.

2 Christian Albrecht, *Bildung in der Praktischen Theologie* (Tübingen: Mohr Siebeck, 2003), 2; vgl. zum Thema auch: Friedrich Schweitzer, „Bildung als Dimension der Praktischen Theologie," in *Der Bildungsauftrag des Protestantismus*, Hg. Friedrich Schweitzer (Gütersloh: Kaiser, Gütersloher Verlagshaus, 2002): 265–277 und die Beiträge in *Bildung – Glaube – Aufklärung. Zur Wiedergewinnung des Bildungsbegriffs in Pädagogik und Theologie. Karl Ernst Nipkow zum 60. Geburtstag*, Hg. Reiner Preul u. a., Gütersloh ²1990, insbes. Reiner Preul, „Aspekte eines kulturprotestantischen Bildungsbegriffs," 101–115.

3 Wolfhart Pannenberg, „Gottebenbildlichkeit und Bildung des Menschen," *ThPr* 12 (1977): 262 = Wolfhart Pannenberg, „Gottebenbildlichkeit und Bildung des Menschen," in *Grundfragen systematischer Theologie*, Bd. 2, Gesammelte Aufsätze (Göttingen: Vandenhoeck & Ruprecht, 1980): 211–212; zustimmend aufgegriffen bei Reiner Preul, „Bildung IV. Religionsphilosophisch, dogmatisch, ethisch," in *RGG* I, Hg. Kurt Galling (Tübingen: Mohr Siebeck, ⁴1998): 1582–1584, hier 1583. Pannenberg verweist auf *Meister Eckharts deutsche Werke*, Bd. 5, *Traktat 1, Das Buch der göttlichen Tröstung*, Hg. u. Übers. Josef Quint (Stuttgart: Kohlhammer, 1963): 46, 18.

mung'" sei, dazu *forma* und *formatio*.[4] Und der Mediävist Alois M. Haas hat schön beschrieben, wie die außerordentlich häufig verwendete Vokabel „bilde" bei Meister Eckhart (um 1260 – 1328) als „,Kennwort' mit breiter semantischer Funktion" fungiert, und weitere lateinische Äquivalente beigebracht: *ratio*, *exemplar* sowie *phantasma* und *species*.[5] Wenn man sich dieses breite semantische Feld anschaut, wird deutlich, dass der Begriff „Bildung" im Deutschen immer schon eine gewisse Offenheit besaß (um nicht zu sagen: eine ererbte Undeutlichkeit) und eine begriffsgeschichtliche Untersuchung desselben keineswegs auf einen vorgeblich eindeutigen historischen Ursprung zurückführt. Eine sorgfältige Analyse der Texte der deutschen Mystiker und Eckharts insbesondere könnte zudem auch zeigen, dass schon hier der Bildungsbegriff mit unterschiedlichen Rahmentheorien (nämlich solchen, die aus biblischen Texten entnommen wurden, und solchen, die aus neuplatonischen Werken stammten) aufgefüllt wurde und auch hier Unklarheiten wie Spannungen bleiben.[6]

Dazu tritt das Problem, dass Subjekt und Objekt des Bildungsvorgangs wechseln, mal handelt der Mensch an sich selbst, mal Gott selbst am Menschen – natürlich ist nach Eckhart im strengen Sinne beides nicht voneinander zu trennen, wird aber eben doch unterschieden: „Wie könnte auch der getröstet sein und ohne Leid, der sich dem Schaden zukehrt und dem Leid und das in sich und sich in es einprägt, und es anblickt, und es schaut wiederum ihn an, und er plaudert mit ihm und spricht mit dem Schaden, und der Schaden hinwiederum plaudert mit ihm, und beide schauen sich an von Angesicht zu Angesicht" heißt es im *Buch der göttlichen Tröstung*[7] und Niklaus Largier übersetzt „bildet daz in sich" mit dem

---

**4** Rudolf Vierhaus, „Bildung," in *Geschichtliche Grundbegriffe. Historisches Lexikon zur politisch-sozialen Sprache in Deutschland*, Bd. 1, Hg. Otto Brunner u. a. (Stuttgart: Klett-Cotta 1972): 508 – 551, hier 509; vgl. auch Emmy Constantin, „Die Begriffe ,Bild' und ,bilden' in der deutschen Philosophie von Eckehart zu Herder, Blumenbach und Pestalozzi," Diss. phil. masch. (Heidelberg, 1944); Hans Schilling, *Bildung als Gottesbildlichkeit. Eine motivgeschichtliche Studie zum Bildungsbegriff* (Freiburg im Breisgau: Lambertus-Verlag, 1961), 19 – 41; Petra Hoeninghaus-Schornsheim, „Studien zur Entstehung des Bildungsbegriffs in der deutschen Mystik. Die Entstehung des Bildungsgedankens in der deutschen Mystik," Diss. phil. masch. (Duisburg: Univ.-GH, 1994), passim. Weitere Literatur bei Christian Albrecht, *Bildung in der Praktischen Theologie* (Tübingen: Mohr Siebeck, 2003), 20 – 21 in den Anmerkungen 1 – 8 sowie bei Rudolf Lennert, „Bildung I. Zur Begriffs- und Geistesgeschichte," in *TRE* VI, Hg. Horst Robert Balz u. a. (Berlin/New York: Walter de Gruyter 1980): 569 – 582.
**5** Alois Maria Haas, *Sermo mysticus. Studien zu Theologie und Sprache der deutschen Mystik*, Dokimion 4 (Fribourg: Universitätsverlag, ²1989), 209 – 210 bzw. 211 (lateinische Äquivalente).
**6** Ebd., 209 Anm. 1 und Hans Schilling, *Bildung als Gottesbildlichkeit*, 24.
**7** *Meister Eckharts deutsche Werke*, Bd. 5, Traktat 1, *Das Buch der göttlichen Tröstung*, 16, 1 – 9.

neuhochdeutschen „in sich einprägt"⁸. Aber zugleich kann Eckhart formulieren: „Sicherlich alles Leid kommt nur daher, dass du dich nicht allein in Gott und zu Gott kehrst. Stündest Du ausschließlich in die Gerechtigkeit gebildet und geboren da, fürwahr, so könnte dich ebenso wenig irgendetwas in Leid bringen wie die Gerechtigkeit Gottes selbst"⁹. Angesichts solcher Mehrdeutigkeiten müssen wir wenigstens kurz auf die maßgeblichen biblischen Texte zurückgehen, in denen die christliche Vorstellung von der Gottebenbildlichkeit erstmals formuliert wird.

Ich setze dazu allerdings genauer bei denjenigen Texten der jüdischen und christlichen Bibel ein, die nicht einfach wie der schlechterdings grundlegende Text Genesis 1, 26 – 27 *den Menschen* als geschaffenes Ebenbild Gottes bestimmen, sondern formulieren, dass der Mensch *nach* dem Bilde und Gleichnis Gottes geschaffen ist und also zwischen Schöpfer und Geschöpf ein Bild oder ein Modell annehmen, nach dessen Urbild Gott den Menschen als Abbild schafft. Diese Vorstellung von der Schöpfung *nach* dem Bild Gottes begegnet erstmals in der griechischen Übersetzung der hebräischen Genesis, aber auch bei Jesus Sirach (Sirach 17,3 f.). Entsprechend heißt es in der Septuaginta an der magistralen Genesis-Stelle: καὶ εἶπεν ὁ θεός· ποιήσωμεν ἄνθρωπον κατ᾽ εἰκόνα ἡμετέραν καὶ καθ᾽ ὁμοίωσιν —„und Gott sprach: ,Wir wollen einen Menschen machen nach unserem Bild und nach (der) Ähnlichkeit" (Genesis 1,26). Vorausgesetzt ist die gemeinantike Vorstellung, dass zu einem körperlichen Gegenstand ein geistiges Modell existieren muss, wohl am eindrücklichsten philosophisch gefasst in der Ideenlehre Platons. Das hellenistische Judentum, das wahrscheinlich in kritischer Auseinandersetzung mit der zeitgenössischen Philosophie die Vorstellung von der Schöpfung des Menschen nach einem Modell formte, und vor allem der Religionsphilosoph Philo von Alexandrien (ein Zeitgenosse des Paulus) haben natürlich sofort weitergefragt, mit welcher ihnen bekannten Größe dieses von Gott verwendete Modell identifiziert werden kann.¹⁰ Denn der irdische Mensch ist nach

---

**8** Meister Eckhart, *Werke. Texte und Übersetzungen*, Bd. 2, *Deutsche Werke II. Lateinische Werke. Predigten. Traktate*, Hg. Niklaus Largier, Bibliothek des Mittelalters 21 = Bibliothek deutscher Klassiker 92 (Frankfurt am Main: Deutscher Klassiker-Verlag, 1993), 245, 2–7.
**9** *Meister Eckharts deutsche Werke*, Bd. 5, *Traktat 1, Das Buch der göttlichen Tröstung*, 12, 5–7 = Meister Eckhart Werke. Texte und Übersetzungen, Bd. 2, 239, 15–19.
**10** Walter Groß, „Gen 1,26.27; 9,6: Statue oder Ebenbild Gottes? Aufgabe und Würde des Menschen nach dem hebräischen und dem griechischen Wortlaut," *JBTh* 15 (2000): 35–37 und zur altorientalischen Vorgeschichte Boyo Ockinga, *Die Gottebenbildlichkeit im alten Ägypten und im Alten Testament*, Ägypten und Altes Testament 7 (Wiesbaden: Harrassowitz, 1984); zur christlichen Nachgeschichte der biblischen Vorstellungen vgl. Christoph Markschies, „Gottebenbildlichkeit. II. Christentum," in *RGG III*, Hg. Hans Dieter Betz (Tübingen: Mohr Siebeck, ⁴2001): 1160–1163. – Für Philo vgl. z. B. op. 24 f. (Philonis Alexandrini *opera quae supersunt*, Bd. 1, Hg. Leopold Cohn [Berlin: Reimer, 1896], 7, 11–8, 4 bzw. Philo von Alexandria. *Die Werke in deutscher Übersetzung*,

Philo nur ein „Bild des Bildes" (εἰκὼν εἰκόνος); der Logos, die ursprünglich stoische, apersonale Weltvernunft dagegen das Bild, *nach* dessen Bild der Mensch zum „Bild des Bildes" geschaffen wurde:

> Wenn aber schon der Teil (sc. der Welt, der der Mensch ist) Abbild eines Bildes ist, also auch die ganze Gattung, diese ganze sinnlich wahrnehmbare Welt, da sie ja größer ist als das menschliche Abbild, eine Nachahmung des göttlichen Bildes, so ist klar, dass das ursprüngliche Siegel (sc. das Urbild), wie wir die gedachte Welt nennen, die Vernunft Gottes selbst ist.[11]

Das frühe Christentum hat jene jüdisch-hellenistische Antwort, nämlich die Identifikation jenes Modells mit dem Logos, der Weltvernunft Gottes, übernommen und diesen Logos wiederum mit Jesus Christus identifiziert. Von Christus heißt es im Hymnus des Kolosserbriefes: „Er, der das Bild des unsichtbaren Gottes ist" (Kolosser 1,15a).[12] Es verwundert natürlich nur wenig, dass nach Ansicht der frühen Christen die Einbeziehung der Verbindung zu Christus in eine christlich verantwortete Rede von der Gottebenbildlichkeit des Menschen notwendig war, selbst wenn diese Redeweise im kanonisch gewordenen Neuen Testament nicht eben sehr häufig belegt ist.[13] Eher ist schon überraschend, dass im Neuen Testament diese schlichte Identifikation des Modells, das Gott bei der Schöpfung des Menschen verwendete, mit Jesus Christus noch einmal ergänzt wird und so der ganze Gedankengang des hellenistischen Judentums noch einmal massiv aufgeladen wird: Jesus Christus ist nicht nur das Modell, nach dem die Menschen geschaffen wurden, sondern der Anfangs- und Zielpunkt aller Schöpfung, der, auf den alles hin geschaffen wurde (Kolosser 1,16) und der durch die Auferstehung von den Toten zugleich auch Anfangs- und Zielpunkt der heilenden Neuschöpfung aller Dinge ist.[14] Ich verzichte darauf, an dieser Stelle einen mehr oder weniger

---

Bd. 1, Hg. Leopold Cohn u. a. [Berlin: Walter de Gruyter, ²1962], 34 – 35), 69 (ebd. 23, 2 – 14 griech. bzw. 50 – 51 dt.) und 146 (ebd. 51, 5 – 12 griech. bzw. 79 dt.) sowie Hubert Merki, „Ebenbildlichkeit," in *RAC IV* (Stuttgart: Hiersemann, 1959): 459 – 479, hier 463.

**11** Philo, op. 25 (Philonis Alexandrini *opera quae supersunt*, Bd. 1, 7,17 – 8,4 bzw. Philo von Alexandria. *Die Werke in deutscher Übersetzung* Bd. 1, 35).

**12** ὅς ἐστιν εἰκὼν τοῦ θεοῦ τοῦ ἀοράτου; eine schöne Auslegung dieses Verses bei Helmut Merklein, „Christus als Bild Gottes im Neuen Testament," *JBTh* 13 (1999): 53 – 75.

**13** Jost Eckert, „Christus als ‚Bild Gottes' und die Gottebenbildlichkeit des Menschen in der paulinischen Theologie," in *Vom Urchristentum zu Jesus. Für Joachim Gnilka [zum 60. Geburtstag am 8. Dezember 1988]*, Hg. Hubert Frankemölle u. Karl Kertelge (Freiburg u. a.: Herder, 1989): 337 – 338.

**14** Helmut Merklein, „Christus als Bild Gottes im Neuen Testament," 61 – 62; ausführlicher Christian Stettler, *Der Kolosserhymnus. Untersuchungen zu Form, traditionsgeschichtlichem Hintergrund und Aussage von Kol 1,15 – 20*, WUNT 2, 131 (Tübingen: Mohr Siebeck, 2000), 104 – 132.

vollständigen Durchgang durch exegetische Literatur und Auslegung der Verse im antiken Christentum zu bieten, und konzentriere mich im Folgenden immer wieder auf Augustinus.

Wenn aber die Person Jesus Christus und nicht eine abstrakte Weltvernunft Gottes *das* modellgebende Bild Gottes für die ganze Schöpfung ist (2. Korinther 4,4; Kolosser 1,15; vgl. auch Hebräer 1,3), dann ist gerade auch der Mensch nach dem Bild und Gleichnis Jesu Christi geschaffen. Diese auf den ersten Blick schlichte Aussage hatte in der Antike provokatorischen Charakter und hat ihn bis in die Neuzeit, ja bis in unsere Gegenwart hinein nicht verloren: Jesus Christus und nicht ein unpersönliches Prinzip ist das „Abbild des unsichtbaren Gottes" (Kolosser 1,15); „Bild" wird also durch diese Identifikation zu einem Ausdruck, der die einzigartig enge Beziehung zwischen Vater und Sohn wiedergeben soll.[15] Oder noch einmal anders: Bild zu sein bedeutet nach dem Zeugnis der oben zitierten neutestamentlichen Texte Sohn beziehungsweise Tochter zu sein, in der Gotteskindschaft realisiert sich die wahre Ebenbildlichkeit der Menschen. Wenn Paulus über den Auferstehungsleib der Christen spricht (1. Korinther 15, 49 und Philipper 3, 20 – 21), dann wird zugleich deutlich, dass diese Kategorie der Christus ebenbildlichen Gottebenbildlichkeit nichts Statisches an sich hat: Die Umgestaltung, die Metamorphose des vergänglichen Menschen hat durch die Gabe des Geistes (Römer 8, 23) begonnen und wird dereinst in der Auferstehung von den Toten vollendet werden (Römer 8, 21). Und noch einmal anders formuliert: „Bildung" im Sinne dieser Texte ist erst dann vollendet, wenn der Christ zum Gotteskind neu gebildet und neu geschaffen wurde von Gott in der Auferstehung von den Toten. Sie ist präzise aber dann auch vollendet und kein ewiger, stets unabgeschlossener Prozess wie im klassischen deutschen Bildungsideal Humboldts.

Es kann hier nun nicht darum gehen, die Geschichte dieser neutestamentlichen Vorstellungen in der christlichen Theologiegeschichte nachzuzeichnen und zu beschreiben, wie beispielsweise in der Geschichte der Kirche über die Identifikation der doppelten Ebenbildlichkeit von Mensch, Modell und Urbild nachgedacht und gestritten wurde – obwohl natürlich die unterschiedlichen Antworten auf die Frage, woran an einem konkret vorfindlichen Menschen seine Ebenbildlichkeit ablesbar ist, spannend zu verfolgen sind und für unsere Frage nach der theologischen Vorgeschichte des heutigen Bildungsbegriffs durchaus Bedeutung haben. Geht es, wenn von Ebenbildlichkeit die Rede ist, nur um die Seele bzw. bestimmte geistige Kräfte des Menschen oder auch um seinen Körper und dessen Emotionen? Bezieht sich die Gottesebenbildlichkeit im Menschen auf den νοῦς, die ψυχή, oder auch auf den Leib?

---

**15** So Dietrich Schlüter, „Gottebenbildlichkeit," in *HWPh* III, Hg. Joachim Ritter u. a. (Darmstadt: Schwabe, 1974): 814 – 818, hier 815.

Betrifft Bildung nur die intellektuellen Kräfte des Menschen, besteht sie aus be-
stimmten Kenntnissen oder soll durch Bildung ein ganzer Mensch umgeformt und
gestaltet werden? Die reduktionistische Tradition des Verstandes als Gottes Abbild im
Menschen ist bereits vorchristlich; schon der erwähnte jüdische Religionsphilosoph
Philo von Alexandrien wandte sich dagegen, dass man die Ähnlichkeit von Gott und
Mensch in einer Eigentümlichkeit des menschlichen *Körpers* suchen dürfe: „Denn
weder hat Gott menschliche Gestalt noch ist der menschliche Körper gottähnlich".[16]
Wie zentral diese Debatte für die Auslegung der Gottesebenbildlichkeit des Menschen
auch in der christlichen (Spät-)Antike ist, kann man sich beispielsweise am nord-
afrikanischen Bischof Augustinus von Hippo (354–430 n.Chr.) klarmachen, genauer
an seiner wörtlichen – das heißt: der spätesten seiner drei eigenständigen[17] – Genesis-
Kommentierungen, *De Genesi ad litteram*, aus den Bischofsjahren 401–416 n.Chr.
Hier formuliert er die nicht sehr häufig verbreitete exegetische Ansicht, die herrscherliche Stellung des Menschen über die Schöpfung sei seine Gottebenbildlichkeit:

> Hier darf auch nicht übergangen werden, dass der heilige Verfasser nach den Worten „Nach
> unserem Bild" sogleich hinzufügt: „Und er soll Gewalt haben über die Fische und die Vögel
> des Himmels" und über die übrigen vernunflosen Tiere. Darunter sollen wir offenbar ver-
> stehen, dass der Mensch darin nach dem Bilde Gottes geschaffen ist, womit er sich vor den
> vernunftlosen Wesen auszeichnet. Das aber ist die Vernunft als solche, möge sie nun Ver-
> stand, Fassungsvermögen oder mit einem noch passenderen Wort genannt werden (*ipsa ratio
> uel mens uel intellegentia uel si quo alio uocabulo commodius appellatur*).[18]

Augustinus zitiert weitere Bibelstellen aus dem Neuen Testament (Epheser 4, 23–24 u.
Kolosser 3, 10), um zu demonstrieren, dass biblische Texte selbst deutlich darauf
hinweisen, „worin der Mensch nach dem Bilde Gottes erschaffen ist: Dass es sich
nicht um körperliche Züge handelt, sondern um eine gewisse intelligible Form des
erhellten Verstandes handle".[19] Wir müssen hier nicht in extenso daran erinnern, dass
für eine solche Selbstverständlichkeit in einer – angesichts vieler alttestamentlicher
und neutestamentlicher Stellen – eher aus heutiger Perspektive reduktionistischen

---

**16** Philo, op. 69: Οὔτε γὰρ ἀνθρωπόμορφος ὁ θεὸς οὔτε θεοειδὲς τὸ ἀνθρώπειον σῶμα (Philonis
Alexandrini *opera quae supersunt*, Bd. 1, 23, 5–7, bzw. Philo von Alexandria. *Die Werke in deutscher
Übersetzung*, Bd. 1, 50); vgl. Hubert Merki, „Ebenbildlichkeit", in *RAC IV* (Stuttgart: Hiersemann,
1959): 463–478 und Peter Schwanz, *Imago Dei als christologisch-anthropologisches Problem in der
Geschichte der Alten Kirche von Paulus bis Clemens von Alexandrien* (Göttingen: Vandenhoeck &
Ruprecht: 1979).
**17** *De Genesi contra Manichaeos* (CSEL 91 Weber); *De Genesi ad litteram liber imperfectus* (CSEL
28/1 Zycha) sowie *De Genesi ad litteram* (CSEL 28/1 Zycha). Vgl. auch *Conf.* XII/XIII (CChr.SL 27
Verheijen).
**18** Aug., Gen. litt. III, 20, 30 (CSEL 28/1, 86, 5–11).
**19** Ebd.

Auslegung der Gottesebenbildlichkeit viele Faktoren verantwortlich waren, beispielsweise die platonische Formel von der ὁμοίωσις θεῷ κατὰ τὸ δυνατόν.[20] Insbesondere zur Aussage, der Mensch sei auch in seiner Leiblichkeit *imago et similitudo*, kann sich kaum ein Kirchenvater verstehen – allerdings gibt es prominente Ausnahmen wie Tertullian von Karthago und Melito von Sardes, über die ich im Zusammenhang mit antiken christlichen wie jüdischen Vorstellungen von einem Körper Gottes gehandelt habe;[21] teilweise waren stoische philosophische Hintergründe (wie bei Tertullian) für solche Vorstellungen verantwortlich.

Augustinus ist ein bemerkenswertes Beispiel dafür, welche Vielfalt an Auslegungen der nämlichen biblischen Stelle zur entsprechenden Frage in den christlichen Kirchen während der reichskirchlichen Epoche üblich war. In seiner ersten Genesis-Auslegung gegen die Manichäer (*Contra Manichaeos*) legte Augustinus eine forcierte Interpretation auf die herrscherliche Würde[22] vor. Aber schon in einer deutlich, nämlich rund neun Jahre, früher entstandenen Schrift des Bischofs, den „Verschiedenen Fragen" (*De diversis quaestionibus*), unterscheidet Augustin zwischen *imago* und *similitudo*; weil der Sohn, Jesus Christus, gleichsam „nur" *imago* sei und der Mensch im Neuen Testament nie so genannt werde (so jedenfalls der Autor damals), beziehe sich *imago* auf die *mens*, *similitudo* auf den Rest des Menschen[23]. Diese Deutung hat Augustinus in seinen bemerkenswerten *Rectractationes*, die er in seinem dreiundsiebzigsten Lebensjahr 427 n.Chr. geschrieben hat,[24] explizit revoziert: Er zitiert aus dem paulinischen Korintherbrief *Vir quidem non debet uelare caput, cum sit imago et gloria Dei* (1. Korinther 11, 7) und zeigt daran, dass sehr wohl die Bibel den Menschen *imago* nenne. Daraus schließt er nun die Gleichbedeutung der beiden lateinischen Termini *imago* und *similitudo*.[25]

Aber selbst wenn seit der Antike eine ganze Wolke von Zeugen behauptete, dass die Ebenbildlichkeit des Menschen zum Ebenbild Gottes nur im Geist zu suchen sei (so neben Philo beispielsweise auch Calvin),[26] ist doch heute deutlich, dass ein solcher kategorischer Ausschluss des Körpers weder dem biblischen Gottesbild noch

---

**20** Pl. Tht. 176b1–2.

**21** Christoph Markschies, Gottes Körper. Jüdische, christliche und pagane Gottesvorstellungen in der Antike (München: C.H. Beck, 2018), 106–108 und 156–158 (Tertullian) sowie 108 und 249–261 (Melito).

**22** Aug., Gen. Man. I 17, 28 (CSEL 91 Weber).

**23** Aug., quaest. 51, 4 (CChr.SL 44 A, 81, 70–82, 96 Mutzenbecher); vgl. quaest. 74 (ebd. 213, 5–214, 42).

**24** Aug., retract. (CChr.SL 57 Mutzenbecher).

**25** Aug., retract. I 26, 25 (ebd. 81, 140–144).

**26** Belege bei Albrecht Peters, „Bild Gottes IV. Dogmatisch", in *TRE* VI, Hg. Horst Robert Balz u.a. (Berlin/New York: Walter de Gruyter, 1980): (506–511) 511: inst. I 15, 3 und II 12, 7.

einer biblisch grundierten Anthropologie gerecht wird.[27] Sicher ist aber auch, dass christliche Theologen seit der Antike die Akzentuierung der doppelten Abbildlichkeit des Menschen als Abbild des Abbildes Jesus Christus eher noch deutlicher betont haben, als es die etwas spärlichen Belege der Vorstellung im Neuen Testament erwarten lassen, insbesondere in den theologischen Auseinandersetzungen mit den sogenannten Gnostikern.[28] Das Mittelalter schließlich hat (dabei auf antike Vorläufer zurückgreifend) in den unterschiedlichen scholastischen Theologien sehr präzise unterschieden zwischen der Gottebenbildlichkeit als einem unverlierbaren Zustand des Menschen und einer aktuellen, potentiell verlierbaren Gottverbundenheit in Form der Sündlosigkeit.[29] Der Zustand (oder präziser: die wesensbestimmende Eigenschaft) der Gottebenbildlichkeit bleibt stets bewahrt und konstitutiv, die Verbundenheit mit Gott kann bestehen oder eben auch nicht. Die Reformatoren schließlich haben in der frühen Neuzeit die statisch gedachte Vorstellung von den Urbild-Abbild-Beziehungen zwischen Mensch, Christus und Gott in einer dramatischen Weise dynamisiert (wie zuvor ansatzweise schon die deutsche Mystik): Sie haben nämlich auf der Basis von Überlegungen des Augustinus von Hippo betont, dass die durch den Sündenfall verlorene Ebenbildlichkeit des Menschen zwar in der Taufe wiederhergestellt wird, aber während der irdischen Existenz zugleich nachhaltig beschädigt bleibt durch die Sünde:[30] Der Mensch ist, wie es in der bekannten Formel heißt, zugleich Gerechter und Sünder (*simul iustus et peccator*), auf dem Wege, in das verlorene Ebenbild des Ebenbildes zurückgeformt zu werden und doch immer wieder weit davon entfernt, es zu sein. Man konnte den in sich stets nicht ganz eindeutigen und im Laufe seines Lebens positionelle Wandlungen vollziehenden Augustinus sowohl im Sinne der

---

**27** Dazu vgl. Benjamin D. Sommer, *The Bodies of God and the World of Ancient Israel* (Cambridge: Cambridge University Press, 2009), sowie jetzt meine Monographie *Gottes Körper*.

**28** Vgl. Iren. haer. III 18,1 „damit wir das, was wir in Adam verloren hatten, nämlich Bild und Gleichnis Gottes zu sein, in Christus Jesus zurückerhielten" (Irenäus von Lyon, *Adversus Haereses. Gegen die Häresien*, Bd. 3, Übers u. Einl. Norbert Brox, FChr 8/3 [Freiburg u. a.: Herder, 1995], 220 – 221), anders Tert., bapt. 5, 7 „So (sc. in der Taufe) wird der Mensch Gott zurückgegeben, zurückversetzt in den Zustand der Ähnlichkeit mit ihm (*similitudo*), der zuvor nur noch dem Bilde (*imago*) Gottes gemäß war" (Tertullian, *De Baptismo. De Oratione. Von der Taufe. Vom Gebet*, Übers. u. Einl. Dietrich Schleyer, FChr 76 [Turnhout: Brepols, 2006], 176 – 177); vgl. auch Samuel Vollenweider, „Der Menschgewordene als Ebenbild Gottes. Zum frühchristlichen Verständnis der Imago Dei," in *Ebenbild Gottes – Herrscher über die Welt. Studien zu Würde und Auftrag des Menschen*, Hg. Hans-Peter Mathys (Neukirchen-Vluyn: Neukirchener, 1998): 123–146.

**29** Details bei Wolfhart Pannenberg, *Anthropologie in theologischer Perspektive* (Göttingen: Vandenhoeck & Ruprecht, 1983), 44 – 45.

**30** Alle Belege bei Christoph Markschies, „Taufe und Concupiscentia bei Augustinus," in *Gerecht und Sünder zugleich? Ökumenische Klärungen, Dialog der Kirchen. Veröffentlichungen des Ökumenischen Arbeitskreises evangelischer und katholischer Theologen 11*, Hg. Theodor Schneider und Gunther Wenz (Freiburg: Herder, 2001): 92–108.

reformatorischen Position des *simul iustus et peccator* wie auch im Sinne des tridentinischen Protestes gegen diesen Ausverkauf der Gnadenwirkung der Sakramente in der klassischen lutherischen Gnadentheologie deuten.

Mit anderen Worten: Die lutherisch wie calvinistisch geprägten Reformatoren verstanden die Gottesebenbildlichkeit zugleich als Zustandsbeschreibung und als Verhältnisbestimmung. Sie synthetisieren also wieder, was im Mittelalter auseinandergefallen war.[31] Mit anderen Worten: Der Mensch ist nach reformatorischer Vorstellung zugleich Ebenbild des Ebenbildes Gottes und ist es dann auch wiederum noch nicht im vollen Sinne, sondern ist – um einen Ausdruck der philosophischen Anthropologie des zwanzigsten Jahrhunderts zu verwenden – ein Mängelwesen, das seine Mängel zum Teil deutlich sichtbar mit sich herumschleppt.[32] Als Ebenbild des Ebenbildes Jesus Christus aber hat er, wie schon beim Apostel Paulus deutlich wird (Römer 6,3–8), Anteil an dessen Todesschicksal, um dadurch auch Anteil an dessen Auferstehung zu bekommen. In der Reformation wird diese theologische Einsicht aufgegriffen und vor dem Hintergrund des Christushymnus im paulinischen Philipperbrief (2, 6–11) festgehalten, dass der Gottes Bild ebenbildliche Mensch sowohl Anteil am Herr-Sein Christi hat als auch am Knecht-Sein Christi; er ist „ein freier Herr über alle Dinge und niemand untertan" und zugleich „ein dienstbarer Knecht aller Dinge und jedermann untertan", wie es zu Beginn von Luthers Schrift über die Freiheit eines Christenmenschen von 1520 heißt.[33] Die besonders auf das Wort Gottes konzentrierte theologische Reflexion des vergangenen Jahrhunderts hat schließlich darauf aufmerksam gemacht, dass sich die Gottebenbildlichkeit vor allem darin zeigt, dass der Mensch auf das Wort angewiesen ist, weil sich sein Wesen überhaupt erst durch Hören konstituiert. Indem der Mensch hört, ist er der dem redenden Gott *entsprechende Mensch.*[34] Und indem er durch Jesus Christus gerechtfertigt ist, wird

---

**31** Pannenberg zeigt schön, wie diese Dynamisierung sich im 18. u. 19. Jh. auf Kosten der Statik der Ebenbildlichkeit fortsetzt: Herder vertritt beispielsweise die Vorstellung einer rein „werdenden Gottebenbildlichkeit": Wolfhart Pannenberg, *Anthropologie in theologischer Perspektive*, 47–51.
**32** Arnold Gehlen, *Der Mensch. Seine Stellung und seine Natur in der Welt* (Wiesbaden: Athenäum, [11]1977) [zuerst 1940, unveränd. Nachdruck der 8., durchg. Aufl.], 90; vgl. auch Wolfhart Pannenberg, *Gottebenbildlichkeit des Menschen in der neueren Theologiegeschichte*, SBAW.PH 8/1979 (München: Verlag der Bayerischen Akademie der Wissenschaften u. a., 1979), 1–2.
**33** Martin Luther, „Von der Freiheit eines Christenmenschen" (bearb. v. M. Jacobs), in *Martin Luther, Ausgewählte Schriften*, Bd. 1, *Aufbruch zur Reformation*, Hg. Karin Bornkamm und Gerhard Ebeling u. a. (Frankfurt/Main: Insel-Verlag, [2]1983), 238 = *Martin Luther. Studienausgabe*, Bd. 2, Hg. Hans-Ulrich Delius in Zusammenarbeit mit Helmar Junghans, Joachim Rogge und Günther Wartenberg (Berlin: Evangelische Verlagsanstalt, 1982), 264, 17–18 (lat.) bzw. 265, 6–9 (dt.).
**34** Eberhard Jüngel, „Der Gott entsprechende Mensch. Bemerkungen zur Gottebenbildlichkeit des Menschen als Grundfigur theologischer Anthropologie", in *Neue Anthropologie*, Bd. 6/1 Phi-

er von Jesus Christus zur Entsprechung gebracht und darin zugleich auf den Nächsten als das andere Bild des Bildes gewiesen: Die passive Konstitution der Rechtfertigung zeigt dies, weil sie uns vom Bild Gottes, von Christus ohne Verdienst und Würdigkeit zugesprochen wird: „Die Menschlichkeit eines menschlichen Ich besteht darin, dass ich einen anderen für mich dasein lasse."[35] Die Gottebenbildlichkeit des Menschen impliziert seine kommunikative, gesellige Struktur, damit auch Sozialität und gesellschaftliche Verantwortung.

## 2 Bürger

Der Gedanke, mit dem unser vorangegangener Abschnitt schloss, wirkt modern und ist doch zugleich sehr klassisch. Er ist klassisch formuliert in dem Gedanken, dass der Christenmensch mit seinem Bürgerrecht im Himmel – von dem bereits Paulus im Philipperbrief spricht: ἡμῶν γὰρ τὸ πολίτευμα ἐν οὐρανοῖς ὑπάρχει (3,20), von Luther nicht restlos glücklich übersetzt „unser Wandel ist im Himmel" – zugleich schon verpflichtet ist, auf Erden den himmlischen Gesetzen entsprechend zu leben und seiner himmlischen Bildung entsprechend zu handeln. Manfred Riedel verzeichnet den entsprechenden Befund des Neuen Testamentes leider, wenn er in einem ansonsten sehr anregenden Artikel unter dem Lemma „Bürger" in den „Geschichtlichen Grundbegriffen" formuliert: „Nach biblisch-christlichem Verständnis war das Bürgerrecht (πολίτευμα) des Menschen in den Himmel entrückt."[36] Denn die bei Augustinus zu beobachtende und uns gleich ausführlicher beschäftigende Spannung, dass die Christen zugleich Himmels- und Erdenbürger sind, prägt ja auch schon das Neue Testament: Derselbe Paulus, der das Bürgerrecht und die Bürgerschaft der Christen nach dem Philipperbrief im Himmel loziert, weist die Christen im Römerbrief an bekannter Stelle an, der staatlichen Gewalt zu gehorchen und insofern ihren staatsbürgerlichen Pflichten auf Erden nachzukommen: Πᾶσα ψυχὴ ἐξουσίαις ὑπερεχούσαις ὑποτασσέσθω, οὐ γάρ ἐστιν ἐξουσία εἰ μὴ ὑπὸ θεοῦ, αἱ δὲ οὖσαι ὑπὸ θεοῦ τεταγμέναι εἰσίν· ... διὸ ἀνάγκη ὑποτάσσεσθαι, οὐ μόνον διὰ τὴν ὀργὴν ἀλλὰ καὶ διὰ τὴν συνείδησιν

---

losophische Anthropologie, 1. Tl., Hg. Hans-Georg Gadamer u. Paul Vogler (Stuttgart/München: dtv 1975), 342–371 = Eberhard Jüngel, „Entsprechungen: Gott – Wahrheit – Mensch. Theologische Erörterungen," *BEvTh* 88 (1987): 290–317 (nach dieser Fassung wird zitiert, hier 291–292).

**35** Eberhard Jüngel, „Entsprechungen: Gott – Wahrheit – Mensch. Theologische Erörterungen," 298 (im Original kursiv).

**36** Manfred Riedel, „Bürger, Staatsbürger, Bürgertum," in *Geschichtliche Grundbegriffe. Historisches Lexikon zur politisch-sozialen Sprache in Deutschland*, Bd. 1, Hg. Otto Brunner, Werner Conze, Reinhart Koselleck (Stuttgart: Klett-Cotta, 1972): 672–705, hier 675.

(Römer 13, 1.5), in Luthers vertrauten Worten: „Jedermann sei untertan der Obrigkeit, die Gewalt über ihn hat. Denn es ist keine Obrigkeit ohne von Gott; wo aber Obrigkeit ist, die ist von Gott verordnet. ... Darum ist's not, untertan zu sein, nicht allein um der Strafe willen, sondern auch um des Gewissens willen". Auch wenn Christen ihren antiken Zeitgenossen als Fremdlinge und Beisassen auf Erden gelten, sich selbst auch teilweise so wahrnehmen (und so die Fremdbeschreibung mit Sinn zu erfüllen suchten: 1. Petrus 2, 11; Epheser 2, 19), auch wenn sie eine zukünftige Stadt suchen (Hebräer 13,14), deren Bewohner als Mitbürger (συμπολῖται) der Heiligen und Gottes Hausgenossen (οἰκεῖοι) gelten, bleiben sie doch in vielen Fällen insbesondere nach der massenhaften Gewährung des römischen Bürgerrechts durch Caracalla im Jahre 212 n.Chr. auch in Loyalitätskonflikten treue römische Bürger – anders kann man sich die geringe Zahl von Märtyrern insbesondere der Verfolgungen von der Mitte des dritten und den anfänglichen Jahren des vierten Jahrhunderts nicht erklären. Die Gedanken des Augustinus über Erden- wie Himmelsbürger fallen in einem doppelten Sinne nicht vom Himmel, sie greifen die nicht geringen systematischen Probleme bei den wiederholten Forderungen nach doppelter Loyalität als Erden- wie Himmelsbürger auf, die von den Briefen des Apostels Paulus an die christliche Literatur prägen. Außerdem formulierten Donatisten wie Manichäer streng reichskritische Dualismen; die ganze Lehre von zwei *civitates* dürfte aber nicht, wie früher gedacht, auf den Donatisten Tyconius zurückzuführen sein, sondern auf Eindrücke aus der manichäischen Phase des Augustinus in den Jahren 373 bis 383 n.Chr.[37] Mir scheint, dass man auch die platonischen Eierschalen gewichtiger einschätzen muss, als dies in den letzten Jahren geschehen ist: Wenn denn mit dem ersten Menschen zugleich *omnis plenitudo generis humani*[38] ins Sein kam, ist deutlich, dass Gott bereits im ersten Menschen die beiden *civitates* sah und sie damit auch dort schon existierten. Ich möchte diese Frage und insbesondere meine letzte Bemerkung hier nicht vertiefen; angesichts der Tatsache, dass in der Lehre von den beiden *civitates* eine originelle Konzeption von hohem systematischen Rang und großer literarischer Kraft vorliegt, ist es vielleicht auch – wie Christoph Horn einmal formuliert hat – gar nicht vollkommen entscheidend, wenn die historische Herleitung weder eindeutig noch ganz im Konsens gelingen sollte.[39] Der Autor Augustinus hätte

---

**37** Johannes van Oort, *Jerusalem and Babylon. A Study into Augustine's City of God and the Sources of his Doctrine of the Two Cities* (Leiden u.a.: Brill, 1991) sowie ders., „Manichaeism," in *Il De civitate Dei. L'opera, le interpretazioni, l'influsso*, Hg. Elena Cavalcanti (Rom u.a.: Herder, 1996): 193–214.

**38** Aug., civ. Dei XII 28 (BiTeu 1, 555, 10–12 Dombart/Kalb).

**39** Christoph Horn, „Einleitung," in *Augustinus. De civitate Dei*, Klassiker Auslegen 11, Hg. Christoph Horn (Berlin: Akademie-Verlag, 1997): 16–17.

vermutlich, um eine Ableitung seiner Vorstellungen befragt, so geantwortet, wie er das zu Beginn des einschlägigen elften Buches tut:

> Wir sprechen von einer *civitas Dei*; sie bezeugt das Zeugnis der Schrift, jener Schrift, die nicht durch zufälligen Eindruck auf die Gemüter, sondern geradezu kraft Anordnung der höchsten Vorsehung mehr als alles übrige Schrifttum welchen Volkes immer die Menschengeister ausnahmslos durch die sie auszeichnende göttliche Autorität unterworfen hat.[40]

Auch diese Ableitung aus der Exegese biblischer Texte sollte man mindestens als historisch-generische Ableitung für den Bischof von Hippo nicht a limine verwerfen. Jedenfalls beschäftigt Augustinus das Thema schon lange vor der Abfassung von *De civitate Dei*: Angesichts der Tatsache, dass sich die Antithese zweier Menschengruppen schon seit dem Beginn der neunziger Jahre im Werk des Augustinus findet, in einem katechetischen Text vom Beginn des fünften Jahrhunderts, *De catechizandis rudibus*, erstmals die beiden Gruppen als *civitates* bezeichnet werden und die metaphorische Antithese von Jerusalem und Babylon bereits für die beiden Städte auftaucht,[41] hat das Buch nicht nur eine lange Entstehungsgeschichte, sondern auch eine langandauernde Vorgeschichte. Angesichts der vierzehnjährigen Abfassungszeit der berühmten zweiundzwanzig Bücher *De Civitate Dei* in den Jahren 411/412/413 bis 426/427 n.Chr. wird man aber vorsichtig sein, den Anlass der Abfassung allzu sehr mit der Eroberung und folgenden dreitägigen Plünderung der Stadt Rom im August 410 n.Chr. zu verbinden – zumal eine im Herbst 2010 vom Deutschen Archäologischen Institut Rom veranstaltete Konferenz die angeblich so desaströsen Auswirkungen der Erstürmung auf die Stadt weit geringer veranschlagte, als wir bislang zu denken gewohnt waren.

Ziel des Augustinus ist es in dieser Schrift, *Christianitas* und *Romanitas* sehr viel grundlegender zu differenzieren, als das zuvor und vor allem im reichskirchlichen Taumel des vierten Jahrhunderts üblich war. Dabei ist sein Denken über *civitas* und den *cives* – fast möchte man sagen: durch eine Fülle von Sekundärliteratur – verstellt;[42] Augustinus hat *De Civitate Dei* zudem als *opus ma-*

---

**40** Aug., civ. Dei XI 1 (BiTeu 1, 461, 7–11 Dombart/Kalb).
**41** Aug., catech. 21,37 (CChr.SL 46, 161, 1–162, 52 Bauer); ver. rel. 26, 48–27, 50 (CChr.SL 32, 217, 1– 220, 28 Daur); Gen. litt. XI 15 (CSEL 28/1, 347, 27–348, 19 Zych); ep. Parm. II 4,9 (CSEL 51, 54, 11–55, 6 Petschenig) und en. Ps. 9, 12 (CSEL 93/1 A, 198, 1–199, 20 Weidmann); dazu auch Christoph Horn, „Einleitung," 16–17.
**42** Ich nenne nur: Richard Dougherty, „Citizen (*civis*)," in *Augustine through the Ages. An Encyclopedia*, Hg. Allan D. Fitzgerald u.a. (Michigan: Eerdmans, 1999): 194–196; Claude Lepelley, „Ciuis, ciuitas," in *Augustinus-Lexikon*, Bd. 1, Hg. Cornelius Mayer u.a. (Basel: Schwabe, 1986– 1994): 942–957.

*gnum et arduum* bezeichnet.[43] Die für unsere Frage einschlägigen Bücher XI bis XIV schrieb der ungemein vielbeschäftigte Bischof in seinem Episcopium, immer wieder unterbrochen durch das kirchliche wie zivile Alltagsgeschäft, in der vergleichsweise knappen Phase von drei Jahren zwischen 417 und 420 n. Chr. Die *Cives* der beiden *civitates* sind durch Tendenzen ihres Willens und die Ausrichtung ihrer Liebe (so XIV 13)[44] charakterisiert. Aber was bedeutet *civitas* nun eigentlich: „Bürgerschaft"? Diese deutsche Übersetzung ist keineswegs unproblematischer als die uns vertraute Übertragung „Staat": *Civitas* ist nach Augustinus ein – wie der spätere Münsteraner Philosoph Heinrich Scholz vor etwa hundert Jahren auf Anregung Harnacks in Übersetzung Augustins formulierte – „Komplex von Menschen, die irgendwie durch ein Gemeinschaftsband verbunden sind": *hominum multitudo aliquo societatis vinculo conligata,*[45] wird aber an anderer Stelle auch synonym für *societas* gebraucht,[46] für *urbs* wie griechisch πόλις und ebenso für *regnum* und *populus Dei.*[47] Wie man auch immer übersetzt: Die Mitgliedschaften in beiden Bürgerschaften werden von Augustinus wesentlich universaler begriffen als die klassischen, vor der *Constitutio Antoniniana* liegenden Konzeptionen von Bürgerrecht es für römische *cives* vorsahen. War das römische Bürgerrecht vor dem dritten Jahrhundert durch Geburt von freien Eltern erwerbbar, die das *conubium* besaßen, durch Freilassung oder Verleihung an einzelne oder ganze Gemeinden und insofern nie für alle gleich, wie Sherwin-White schön gezeigt hat,[48] transzendierte Augustinus' Bestimmung von vornherein die institutionelle, territoriale, juristische und tribale Komponente vertrauter Konzeptionen von Bürgerrecht. Natürlich darf man auch die – um es einmal so zu sagen – Grundierung in der Schöpfungstheologie nicht vergessen: Die *civitas Dei* gehört in den Zusammenhang der göttlichen Schöpfungsgeschichte, die *terrena civitas* kam durch den Fall der Engel ins Sein, wie das berühmte und für unsere Frage schlechterdings zentrale elfte Buch deutlich macht. Daraus folgt zudem, dass – wenn das auch erst spät in *De civitate Dei*, nämlich im zehnten Buch,[49] dem Leser

---

**43** Aug., civ. Dei I praef. (BiTeu 1, 3, 17–18 Dombart/Kalb).
**44** Aug., civ. Dei XIV 13 (BiTeu 2, 33, 19–23 Dombart/Kalb).
**45** Aug., civ. Dei XV 8 (BiTeu 1, 73, 27–29 Dombart/Kalb); vgl. Heinrich Scholz, *Glaube und Unglaube in der Weltgeschichte. Ein Kommentar zu Augustins De Civitate Dei. Mit einem Exkurs: Fruitio Dei, ein Beitrag zur Geschichte der Theologie und der Mystik* (Leipzig: J.C. Hinrichs'sche Buchhandlung, 1911): 85.
**46** Aug., civ. Dei XIV 1 (BiTeu 2, 3, 20–26 Dombart/Kalb).
**47** So sehr übersichtlich Johannes van Oort, „*Civitas dei – terrena civitas:* The Concept of the Two Antithetical Cities and Its Sources", in *Augustinus. De civitate Dei*, Klassiker Auslegen 11, Hg. Christoph Horn: 160–161.
**48** Adrian Nicolas Sherwin-White, *Roman Citizenship* (Oxford: Clarendon Press, 1973).
**49** Aug., civ. Dei X 7 (BiTeu 1, 412, 7–26 Dombart/Kalb).

deutlich wird – die beiden *civitates* nicht nur Menschen als *cives* haben, sondern auch Engel, wie der italienische Patristiker Manlio Simonetti gezeigt hat.[50] Allenfalls könnte man sich unter bestimmten Bedingungen doppelte Bürgerrechte in der Antike vorstellen; von einer „Vermischung", die Augustin mit deutlich negativem Unterton zu Beginn des elften Buches konstatiert (*permixtae*),[51] hätte in der paganen Antike wohl niemand gesprochen. Dabei macht natürlich schon der berühmte Rückgriff auf Sallust und Cicero zu Beginn des zweiten Buches (II 18 u. 21)[52] deutlich, dass sich der Autor um Verankerung in klassischer politischer Philosophie und Geschichtswissenschaft bemüht. Der Rückgriff gipfelt bekanntlich in der *conclusio*, die *res publica Romana* sei zu Zeiten dieser beiden, Cicero und Sallust, „schon nicht mehr bloß äußerst hässlich und abscheulich" gewesen, „sondern, wie er (sc. Sallust) selbst sagt, überhaupt keine *res publica* mehr", im Sinne eines *coetum iuris consensu et utilitatis communione sociatum esse* (II 21).[53] Wir brauchen auch an dieser Stelle nicht in die spannenden Details einzusteigen, denn Otfried Höffe hat die Zusammenhänge in einem Band der von ihm herausgegebenen Reihe „Klassiker Auslegen" ausführlich entfaltet.[54] Wichtig ist für unsere Zusammenhänge nur die Beobachtung, dass Augustinus sich an dieser Stelle in seinem Denken über das Staatsfundament dem neuzeitlichen Kontraktualismus annähert; nicht mehr wahre Gerechtigkeit wie bei Platon, Aristoteles und Cicero bestimmen das Fundament des Staates, sondern der Konsens der Bürger. Wenn man diese konsensuelle Dimension des augustinischen *cives*-Begriffs neben die oben beschriebenen universalistischen und voluntaristischen Dimensionen stellt, ergeben sich langsam Konturen seines Begriffes von einem *civis*. Ich merke zum Schluss dieses Abschnittes lediglich an, dass es sich – das haben Horn und Höffe im erwähnten Band auch wünschenswert deutlich gemacht – um einen für die europäische Neuzeit bis in die Gegenwart überraschend anschlussfähigen Begriff von „Bürger" handelt, der weder reduktionistisch angelegt ist noch die heute nur noch schwer erträgliche ontologische Aufladung in allzu großem Maße impliziert. Damit haben wir die Voraussetzungen geschaffen, um zu einem kurzen letzten Schlussabschnitt zu kommen.

---

**50** Manlio Simonetti, „Gli angeli e Origene nel *De civitate Dei*", in *Il* De civitate Dei. *L'opera, le interpretazioni, l'influsso*, 167–179.
**51** Aug., civ. Dei XI 1 (BiTeu 1, 462, 10 Dombart/Kalb).
**52** Aug., civ. Dei II 18, (BiTeu 1, 74, 2—76, 16 Dombart/Kalb) und II 21(ebd. 79, 14–83, 15).
**53** Aug., civ. Dei II 21 (ebd. 81, 7–8).
**54** Otfried Höffe, „Positivismus plus Moralismus: zu Augustinus' eschatologischer Staatstheorie," in *Augustinus. De civitate Dei*, Klassiker Auslegen 11, Hg. Christoph Horn, 259–287.

## 3 Bürger bilden

Wir fragten einleitend, ob in der christlichen Antike das, was wir gemeinhin für die je spezifische Aufgabe des Staates, der Eltern, von eigens dafür qualifiziertem Lehrpersonal an Bildungseinrichtungen halten – Bürger bilden –, nicht zunächst einmal die vornehmste Aufgabe Gottes war, „Bürger bilden" mithin ein Gottesprädikat und nur insofern auch Qualifikation einer auf das eine große Vorbild hin orientierten Gesellschaft. Die Beobachtungen im ersten Abschnitt legen eine unmittelbar mit ‚Ja' beginnende Antwort nahe, da der Begriff der Bildung allzumal in Gestalt bestimmter griechischer und lateinischer Termini jedenfalls von Christen wie Juden in gewisser Weise für göttliches Handeln reserviert wurde: Beim lateinischen Wortfeld *creatio* ist das deutlicher als beim griechischen κτίσμα, aber selbst dort schon rein statistisch auszählbar. Aber wir sahen bei einer näheren Betrachtung von kaiserzeitlichen wie spätantiken Texten, dass die Frage des exakten Verhältnisses von göttlichem und menschlichem Bildungshandeln schon in der Antike bei vielen Autoren notorisch unklar war. Damit reichen Wurzeln der Undeutlichkeit des Bildungsbegriffs, die zu Reduktionen und Entleerungen geführt haben, vermutlich bis in die christliche Antike zurück und sind durch die neuzeitlichen Säkularisierungsprozesse eher noch verstärkt worden. Augustinus wiederum zeigt, dass man aus seinen Schriften einen Begriff von Bürgerbildung (wohlgemerkt nicht von: „Bürger bilden") entwickeln kann, der das umfasst, was man heute emotionale Bildung nennt, und nicht bei bestimmten mehr oder weniger definierten Bildungsgütern stehen oder überhaupt inhaltslos bleibt. Dass Bildung etwas mit Orientierung, mit emotionaler Ausrichtung zu tun hat, scheint mir auch dann festhaltenswert, wenn man die übrigen Gedanken des Kirchenvaters für ein mehr oder weniger den Archäologen der Ideengeschichte zu überlassendes Material hält. Wenn mein Beitrag den Eindruck stabilisiert haben sollte, dass weder für den antiken christlichen Bildungsbegriff noch für den Bürgerbegriff des Augustinus Musealisierung (was selbstverständlich nicht dasselbe ist wie Historisierung) die einzige mögliche Option darstellt, wäre ich schon ganz zufrieden.

## Bibliographie

Albrecht, Christian. *Bildung in der Praktischen Theologie*. Tübingen: Mohr Siebeck, 2003.
Constantin, Emmy. „Die Begriffe ‚Bild' und ‚bilden' in der deutschen Philosophie von Eckehart zu Herder, Blumenbach und Pestalozzi." Diss. phil. masch., Heidelberg: 1944.
Dougherty, Richard. „Citizen (*civis*)." In *Augustine through the Ages. An Encyclopedia*, hg. v. Allan D. Fitzgerald u. a., 194–196. Michigan: Eerdmans, 1999.

Eckert, Jost. „Christus als ‚Bild Gottes' und die Gottebenbildlichkeit des Menschen in der paulinischen Theologie." In *Vom Urchristentum zu Jesus. Für Joachim Gnilka [zum 60. Geburtstag am 8. Dezember 1988]*, hg. v. Hubert Frankemölle und Karl Kertelge, 337–357. Freiburg u. a.: Herder, 1989.

*Meister Eckharts deutsche Werke.* Bd. 5, Traktat 1, *Das Buch der göttlichen Tröstung*, hg. u. übers. v. Josef Quint, 471–497. Stuttgart: Kohlhammer, 1963.

Meister Eckhart. *Werke. Texte und Übersetzungen.* Bd. 2, *Deutsche Werke II. Lateinische Werke. Predigten. Traktate*, hg. v. Niklaus Largier. Bibliothek des Mittelalters 21 = Bibliothek deutscher Klassiker 92. Frankfurt am Main: Deutscher Klassiker-Verlag, 1993.

Gehlen, Arnold. *Der Mensch. Seine Stellung und seine Natur in der Welt.* Wiesbaden: Athenäum, [11]1977 [zuerst 1940, unveränd. Nachdruck der 8., durchg. Aufl.].

Groß, Walter. „Gen 1,26.27; 9,6: Statue oder Ebenbild Gottes? Aufgabe und Würde des Menschen nach dem hebräischen und dem griechischen Wortlaut." *JBTh* 15 (2000): 11–38.

Haas, Alois Maria. *Sermo mysticus. Studien zu Theologie und Sprache der deutschen Mystik.* Dokimion 4. Fribourg: Universitätsverlag, [2]1989.

Höffe, Otfried. „Positivismus plus Moralismus: zu Augustinus' eschatologischer Staatstheorie." In *Augustinus. De civitate Dei*, Klassiker Auslegen 11, hg. v. Christoph Horn, 259–287. Berlin: Akademie-Verlag, 1997.

Hoeninghaus-Schornsheim, Petra. „Studien zur Entstehung des Bildungsbegriffs in der deutschen Mystik. Die Entstehung des Bildungsgedankens in der deutschen Mystik." Diss. phil. masch., Duisburg: Univ.-GH, 1994.

Horn, Christoph. „Einleitung." In *Augustinus. De civitate Dei*, Klassiker Auslegen 11, hg. v. Christoph Horn, 1–24. Berlin: Akademie-Verlag, 1997.

Irenäus von Lyon. *Adversus Haereses. Gegen die Häresien.* Bd. 3, übers. u. eingel. v. Norbert Brox, FChr 8/3. Freiburg u. a.: Herder, 1995.

Jüngel, Eberhard. „Der Gott entsprechende Mensch. Bemerkungen zur Gottebenbildlichkeit des Menschen als Grundfigur theologischer Anthropologie." In *Neue Anthropologie.* Bd. 6, *Philosophische Anthropologie. 1. Teil*, hg. v. Hans-Georg Gadamer und Paul Vogler, 342–371. Stuttgart/München: dtv, 1975.
= Jüngel, Eberhard. „Entsprechungen: Gott – Wahrheit – Mensch. Theologische Erörterungen." *BEvTh* 88 (1987): 290–317.

Lennert, Rudolf. „Bildung I. Zur Begriffs- und Geistesgeschichte." In *TRE* VI, hg. v. Horst Robert Balz u. a., 569–582. Berlin/New York: Walter de Gruyter, 1980.

Lepelley, Claude. „Ciuis, ciuitas." In *Augustinus-Lexikon*, Bd. 1, hg. v. Cornelius Mayer u. a., 942–957. Basel: Schwabe, 1986–1994.

Luther, Martin. „Von der Freiheit eines Christenmenschen" (bearb. v. Manfred Jacobs). In *Martin Luther, Ausgewählte Schriften.* Bd. 1, *Aufbruch zur Reformation*, hg. v. Karin Bornkamm und Gerhard Ebeling u. a., 238–263. Frankfurt/Main: Insel-Verlag, [2]1983.
= *Martin Luther. Studienausgabe.* Bd. 2, hg. v. Hans-Ulrich Delius in Zusammenarbeit mit Helmar Junghans, Joachim Rogge und Günther Wartenberg. Berlin: Evangelische Verlagsanstalt, 1982.

Markschies, Christoph. „Taufe und Concupiscentia bei Augustinus." In *Gerecht und Sünder zugleich? Ökumenische Klärungen, Dialog der Kirchen.* Veröffentlichungen des Ökumenischen Arbeitskreises evangelischer und katholischer Theologen 11, hg. v. Theodor Schneider und Gunther Wenz, 92–108. Freiburg: Herder, 2001.

Markschies, Christoph. „Gottebenbildlichkeit. II. Christentum." In *RGG* III, hg. v. Hans Dieter Betz, 1160 – 1163. Tübingen: Mohr Siebeck, ⁴2001.

Markschies, Christoph. *Zur Freiheit befreit. Bildung und Bildungsgerechtigkeit in evangelischer Perspektive.* Berlin: Hansisches Druck- und Verlagshaus, 2011.

Markschies, Christoph. *Gottes Körper. Jüdische, christliche und pagane Gottesvorstellungen in der Antike*, München: C.H. Beck, 2018.

Merki, Hubert. „Ebenbildlichkeit." In *RAC* IV, hg. v. Ernst Dassmann, 459 – 479. Stuttgart: Hiersemann, 1959.

Merklein, Helmut. „Christus als Bild Gottes im Neuen Testament." *JBTh* 13 (1999): 53 – 75.

Ockinga, Boyo. *Die Gottebenbildlichkeit im alten Ägypten und im Alten Testament.* Ägypten und Altes Testament 7. Wiesbaden: Harrassowitz, 1984.

van Oort, Johannes. *Jerusalem and Babylon. A Study in Augustine's Citiy of God and Sources of his Doctrine oft he Two Cities.* Leiden u. a. : Brill, 1991.

van Oort, Johannes. „Manichaeism." In *Il De civitate Dei. L'opera, le interpretazioni, l'influsso*, hg. v. Elena Cavalcanti, 193 – 214. Rom u. a.: Herder, 1996.

van Oort, Johannes. „Civitas dei – terrena civitas: The Concept of the Two Antithetical Cities and Its Sources." In *Augustinus. De civitate Dei.* Klassiker Auslegen 11, hg. v. Christoph Horn, 157 – 169. Berlin: Akademie-Verlag, 1997.

Pannenberg, Wolfhart. „Gottebenbildlichkeit und Bildung des Menschen." *ThPr* 12 (1977): 259 – 273.
= Pannenberg, Wolfhart. „Gottebenbildlichkeit und Bildung des Menschen." In *Grundfragen systematischer Theologie.* Bd. 2, *Gesammelte Aufsätze*, 207 – 225. Göttingen: Vandenhoeck & Ruprecht, 1980.

Pannenberg, Wolfhart. *Gottebenbildlichkeit des Menschen in der neueren Theologiegeschichte*, SBAW.PH 8/1979. München: Verlag der Bayerischen Akademie der Wissenschaften u. a., 1979.

Pannenberg, Wolfhart. *Anthropologie in theologischer Perspektive.* Göttingen: Vandenhoeck & Ruprecht, 1983.

Peters, Albrecht. „Bild Gottes IV. Dogmatisch." In *TRE VI*, hg. v. Horst Robert Balz u. a., 506 – 515. Berlin/New York: Walter de Gruyter, 1980.

*Philonis Alexandrini opera quae supersunt.* Bd. 1, hg. v. Leopold Cohn. Berlin: Reimer, 1896.

Philo von Alexandrien. *Die Werke in deutscher Übersetzung.* Bd. 1, hg. v. Leopold Cohn. u. a. Berlin: Walter de Gruyter, ²1962.

Preul, Reiner u. a., Hg. *Bildung – Glaube – Aufklärung. Zur Wiedergewinnung des Bildungsbegriffs in Pädagogik und Theologie. Karl Ernst Nipkow zum 60. Geburtstag.* Gütersloh: Gütersloher Verlagshaus, ²1990.

Preul, Reiner. „Aspekte eines kulturprotestantischen Bildungsbegriffs." In *Bildung – Glaube – Aufklärung. Zur Wiedergewinnung des Bildungsbegriffs in Pädagogik und Theologie. Karl Ernst Nipkow zum 60. Geburtstag*, hg. v. Reiner Preul u. a., 101 – 115. Gütersloh: Gütersloher Verlagshaus, ²1990.

Preul, Reiner. „Bildung IV. Religionsphilosophisch, dogmatisch, ethisch." In *RGG* I, hg. v. Kurt Galling, 1582 – 1584. Tübingen: Mohr Siebeck, ⁴1998.

Riedel, Manfred. „Bürger, Staatsbürger, Bürgertum." In *Geschichtliche Grundbegriffe. Historisches Lexikon zur politisch-sozialen Sprache in Deutschland.* Bd. 1, hg. v. Otto Brunner, Werner Conze, Reinhart Koselleck, 672 – 725. Stuttgart: Klett-Cotta, 1972.

Schilling, Hans. *Bildung als Gottesbildlichkeit. Eine motivgeschichtliche Studie zum Bildungsbegriff.* Freiburg: Lambertus-Verlag, 1961.

Schlüter, Dietrich. „Gottebenbildlichkeit." In *HWPh* III, hg. v. Joachim Ritter u. a., 814 – 818. Darmstadt: Schwabe, 1974.

Scholz, Heinrich. *Glaube und Unglaube in der Weltgeschichte. Ein Kommentar zu Augustins De Civitate Dei. Mit einem Exkurs: Fruitio Dei, ein Beitrag zur Geschichte der Theologie und der Mystik.* Leipzig: J.C. Hinrichs'sche Buchhandlung, 1911.

Schwanz, Peter. *Imago Dei als christologisch-anthropologisches Problem in der Geschichte der Alten Kirche von Paulus bis Clemens von Alexandrien.* Göttingen: Vandenhoeck & Ruprecht: ²1979. (=Arbeiten zur Kirchengeschichte und Religionswissenschaft 2. Halle: Niemeyer, ¹1970).

Schweitzer, Friedrich. „Bildung als Dimension der Praktischen Theologie." In *Der Bildungsauftrag des Protestantismus*, hg. v. Friedrich Schweitzer, 265 – 277. Gütersloh: Kaiser, Gütersloher Verlagshaus, 2002.

Sommer, Benjamin D. *The Bodies of God and the World of Ancient Israel.* Cambridge: Cambridge University Press, 2009.

Stettler, Christian. *Der Kolosserhymnus. Untersuchungen zu Form, traditionsgeschichtlichem Hintergrund und Aussage von Kol 1,15 – 20.* WUNT 2, 131. Tübingen: Mohr Siebeck, 2000.

Sherwin-White, Adrian Nicolas. *Roman Citizenship.* Oxford: Clarendon Press, 1973.

Simonetti, Manlio. „Gli angeli e Origene nel *De civitate Dei.*" In *Il De civitate Dei. L'opera, le interpretazioni, l'influsso*, hg. v. Elena Cavalcanti, 167 – 179. Rom u. a.: Herder, 1996.

Tertullian. *De Baptismo. De Oratione. Von der Taufe. Vom Gebet*, übers. und eingel. v. Dietrich Schleyer, FChr 76. Turnhout: Brepols, 2006.

Vierhaus, Rudolf. „Bildung." *Geschichtliche Grundbegriffe. Historisches Lexikon zur politisch-sozialen Sprache in Deutschland.* Bd. 1, I, hg. v. Otto Brunner, Werner Conze und Reinhart Koselleck, 508 – 551. Stuttgart: Klett-Cotta, 1972.

Vollenweider, Samuel. „Der Menschgewordene als Ebenbild Gottes. Zum frühchristlichen Verständnis der Imago dei." In *Ebenbild Gottes – Herrscher über die Welt. Studien zu Würde und Auftrag des Menschen*, hg. v. Hans-Peter Mathys, 123 – 146. BThSt 33. Neukirchen-Vluyn: Neukirchener, 1998.

Otfried Höffe
# Kultivieren, Zivilisieren, Moralisieren

## Kosmopolitische Pädagogik eines Aufklärers: Kant

Der erste Befund ist negativ: Wir kennen Kant als Revolutionär der Fundamentalphilosophie. Angeblich, nach Moses Mendelssohn, der „Alles-Zermalmer der Metaphysik", stellt er sie in Wahrheit mittels einer transzendentalen Kritik und ihrer kopernikanischen Wende auf eine neue Grundlage. Auf ihr baut er eine seither maßgebliche Erkenntnis- und Gegenstandstheorie auf, weiterhin eine Moralphilosophie der Autonomie, einschließlich einer Rechts- und Staatsethik, nicht zuletzt eine Geschichts- und eine Religionsphilosophie, eine philosophische Ästhetik und eine Philosophie der Biologie. Das Themenfeld, das Kant revolutionär neu bestellt, ist also außergewöhnlich weit. Die Pädagogik aber kommt darin fast nicht vor. Weder in einer der drei Kritiken noch in einer der anderen Hauptschriften spielt die Erziehung bzw. Pädagogik eine zentrale Rolle. Ein exemplarisches Werk zur Geschichte dieser Disziplin, die zweibändigen „Klassiker der Pädagogik",[1] dürfen sich daher den Verzicht auf ein Kant-Kapitel erlauben.

Trotzdem ist dieser negative Befund irritierend, sogar verstörend. Denn Kant ist nicht bloß ein bedeutender Vertreter der europäischen Aufklärung. Von ihm stammt auch die vermutlich berühmteste Definition: „Habe Mut, dich deines *eigenen* Verstandes zu bedienen!"[2] Nun ist die Erziehung (Kant spricht in der Regel klugerweise nicht von Bildung) ein wichtiges Thema der Aufklärung, sichtbar darin, dass so bedeutende Intellektuelle der Zeit wie John Locke, Jean-Jacques Rousseau und Johann Heinrich Pestalozzi auch oder sogar vornehmlich Pädagogen sind. Und mancherorts werden Musterschulen gegründet, wie von Johannes Bernhard Basedow in Dessau das bald gerühmte Philanthropin (1774). Sollte ein so überragender Denker wie Kant daran desinteressiert sein?

Wer unseren Philosophen hochschätzt – und dafür gibt es eine Legion guter Gründe –, wird glücklicherweise denn doch fündig, allerdings nur an ziemlich entlegenen Stellen der vorkritischen Zeit und bei seltener beachteten Teilen nach der kritischen Wende. Zum einen rühmt Kant die von Basedow und Schülern wie Campe initiierte Aufklärungspädagogik sowohl in Briefen (z.B. an Christian Heinrich Wolke, 28.3.1776, und Johann Bernhard Basedow, 19.6.1776) als auch in

---

1 Hans Scheuerl, *Klassiker der Pädagogik*, Bd. 2, *Von Karl Marx bis Jean Piaget* (München: C.H. Beck, 1979).
2 Immanuel Kant, „Was heißt Aufklärung?", AA VIII 35.

https://doi.org/9783110352740-005

zwei kurzen Texten, „Aufsätze, das Philanthropin betreffend".[3] An dieser Modellschule nimmt der ansonsten zurückhaltende Kant sogar einen „Herzensanteil" (so an Wolke). Vor allem hält er auf Anordnung des Ministeriums und im Wechsel mit Kollegen der Königsberger Philosophischen Fakultät selber eine Pädagogik-Vorlesung, die erste im Jahr 1776/77, also im sogenannten Stillen Jahrzehnt, in dem seine *Kritik der reinen Vernunft* (1781) heranreift, und die letzte im Jahr 1786/87, mithin nach Erscheinen seiner bahnbrechenden ersten *Kritik* und seiner ersten kritischen Schrift zur Moralphilosophie, der *Grundlegung zur Metaphysik der Sitten* (1785). Hinzu kommt die Methodenlehre der *Kritik der praktischen Vernunft* (1788).

Wie damals üblich legt Kant seiner Vorlesung eine Art von Lehrbuch zugrunde, das *Methodenbuch für Väter und Mütter der Familien und Völker* (1770) des von ihm hochgeschätzten, seinerseits von Locke und Rousseau beeinflussten Basedow.[4] Dieser legt auf drei Dinge großen Wert: auf die öffentliche Bedeutung, daher staatliche Verantwortung für die Erziehung, auf eine gemeinsame Erziehung für alle und auf eine streng kindorientierte Erziehung.[5]

Kants Wertschätzung von Basedow hindert ihn nicht, wo erforderlich an diesem Kritik zu üben.[6] Ohnehin vermag Kant – das sieht man der Vorlesung an – auf eigene Erfahrung zurückzugreifen, nicht nur auf die eigene Schulzeit, sondern auch auf eine mehrjährige Tätigkeit (1747–1754) als Hauslehrer bei Familien in der Umgebung von Königsberg. Hinzu kommt der Einfluss von Rousseau, der sich vor allem in Kants Forderung nach einer kind- und altersgemäßen Erziehung zeigt.

Kant arbeitet seine Vorlesung nicht zu einer Abhandlung oder sogar umfangreichen Schrift aus. Zur Einschätzung ihres Gehalts darf man zweierlei nicht übersehen, zum einen, dass die Vorlesung schon in der vorkritischen Zeit gehalten wird, man daher anders als Hufnagel[7] die Zuordnung zur Transzendentalphilosophie skeptisch sehen muss, und zum anderen, dass die letzte Vorlesung in den 1780er Jahren gehalten wird, daher spätere Diskussionsthemen in sie nicht eingehen konnten, weder die von Schiller und Schlegel ausgehende Hochschätzung von Spiel und ästhetischer Erziehung noch die Debatten des 19. Jahrhunderts über den humanen bzw. humanistischen Wert alter Sprachen oder komplementäre, vielleicht sogar alternative Unterrichtsgehalte.

---

3 AA II 445–452.
4 Johann Bernhard Basedow, *Das Methodenbuch für Väter und Mütter der Familien und Völker. Unveränderter Neudruck der Ausgabe Altona und Bremen 1770* (Vaduz: Topos Verlag, 1979).
5 Zu Basedow und Kants Verhältnis zu ihm vgl. Mika LaVaque-Manty, „Kant on Education," in *Kant's Political Theory. Interpretations and Applications*, Hg. Elisabeth Ellis (Pennsylvania: Pennsylvania State University Press, 2012): 208–224.
6 Immanuel Kant, „Pädagogik," AA IX 448–449.
7 Erwin Hufnagel, „Kants pädagogische Theorie," *Kant-Studien* 79 (1988): 47.

# 1 „Das Weltbeste und die Vollkommenheit"

Herausgeber der Pädagogik-Vorlesung (und ebenso der Vorlesung „Physische Geographie") ist einer der frühen Kant-Biographen, Friedrich Theodor Rink, der nach seinem Studium in Königsberg dort später als Professor der orientalischen Sprachen lehrt. Wie authentisch Rink die Vorlesung herausgibt, lässt sich kaum abschließend entscheiden. (In Band XXV der Akademieausgabe finden sich verschiedene Fassungen von Kants Vorlesung.) Da sich viele Gedanken in den veröffentlichten Schriften und in den Reflexionen wiederfinden, sind aber zu große Bedenken unangemessen. Authentisch dürfte vor allem die Grundthese sein. Der uns vertrauten Pädagogik erscheint sie fraglos als provokativ, unserem Zeitalter der Globalisierung dürfte sie dagegen hochwillkommen sein: „Die Anlage zu einem Erziehungsplane muss aber kosmopolitisch gemacht werden".[8]

In Wahrheit ist die Grundthese auch für Zeiten der Globalisierung provokativ. Denn Kant versteht unter der kosmopolitischen Pädagogik nicht die Erziehung zu einer interkulturellen Koexistenz oder zu Weltbürgern, die sich überall zurechtfinden, aber nirgendwo zu Hause sind. Kants Leitziel ist anspruchsvoller und zugleich auf eine Weise grundlegend, dass es jede Abhängigkeit von einer Kultur oder Epoche hinter sich lässt. Der Sache nach geht es um den kategorischen Imperativ, um dessen zweite Unterformel, die dazu verpflichtet, den Menschen „niemals bloß als Mittel"[9] zu brauchen.

Auf alle drei Titelbegriffe, auf Kultivieren, Zivilisieren und Moralisieren, trifft zu, dass die Erziehung sich am Menschen selbst zu orientieren hat. Sie hat sich daher letztlich auf „das Weltbeste und die Vollkommenheit, dazu die Menschheit bestimmt ist", auszurichten, womit Kant des näheren auf das dritte Erziehungsziel, die Moralisierung, anspielt. In genau diesem Sinn gilt eine Erziehung als kosmopolitisch: „Kinder sollen nicht dem gegenwärtigen, sondern dem zukünftig möglichen besseren Zustand des menschlichen Geschlechts ... erzogen werden".[10] Kant integriert also die Pädagogik in seine praktische Philosophie der (moralischen) Freiheit.

Unser Philosoph ist hoffnungsfroh, aber nicht schon für die Gegenwart, sondern nur auf lange Sicht. Er erwartet, „daß die menschliche Natur immer besser durch Erziehung werde entwickelt werden ... Dies eröffnet uns den Prospect zu einem künftigen glücklichern Menschengeschlecht."[11]

---

**8** Ebd., 448.
**9** Immanuel Kant, „Grundlegung zur Metaphysik der Sitten,"AA IV 429.
**10** Kant, „Pädagogik", AA IX 447.
**11** Ebd., AA IX 444.

Warum nennt Kant eine derartige, auf Zukunft und Perfektionierung ver-
pflichtete Erziehung kosmopolitisch? Es versteht sich, dass dabei jedes Privat-
wohl, selbst das Gemeinwohl des eigenen Staates zu transzendieren ist. Daraus
folgt aber nicht, dass man das Wohl eines Weltstaates in den Blick nimmt; globale
politische Verhältnisse werden in der Pädagogik gar nicht erwähnt. Der Ausdruck
„kosmopolitisch" spielt vielmehr auf den Weltbegriff der Philosophie im Gegensatz zu ihrem Schulbegriff an.[12] Dabei bedeutet „Welt" nicht wie andernorts den
„Inbegriff aller Erscheinungen" oder „die absolute Totalität des Inbegriffs exis-
tierender Dinge",[13] sondern die „Beziehung aller Erkenntnis auf die wesentlichen
Zwecke der menschlichen Vernunft".[14]

Bei der Bestimmung dieser Zwecke klingt der kategorische Imperativ an, jetzt
sein Gedanke der strengen Verallgemeinerung, der Universalisierbarkeit, zusätzlich die zweite Maxime des *sensus communis*, die Maxime der erweiterten Denkungsart, das „An der Stelle jedes anderen Denken"[15]: „Gute Zwecke sind diejenigen, die notwendigerweise von Jedermann gebilligt werden, und die auch zu
gleicher Zeit jedermanns Zwecke sein können".[16]

Im „Kanon" der ersten Kritik nimmt Kant das geordnete Weltganze, den
Kosmos, in den Blick. In genau diesem nicht politischen, sondern ontologischen
Kosmos-Sinn kommt es der Erziehung auf jene veritable Panoramaperspektive an,
die jede engere, selbst die gattungsspezifische Perspektive überwindet und das
Ganze (*pan*) wahrnimmt. Darüber hinaus schwingt die teleologische Bedeutung
der dritten Kritik an, mit deren Blick auf den Endzweck:[17] Die Erziehung ist kos-
mopolitisch, weil sie „das Weltbeste" bezweckt, daher aus ihr „alles Gute in der
Welt entspringt",[18] wobei diese „Welt" das gesamte Universum einschließt.

In den Reflexionen zur Anthropologie stellt Kant den Erdensohn dem Weltbürger gegenüber: „In dem ersten interessiert nichts als Geschäfte, und was sich
auf Dinge bezieht, so fern sie einflus auf unser wohlbefinden haben. im zweyten
interessirt die Menschheit, das Weltganze, der Ursprung der Dinge, ihr innerer
Werth, die letzten Zweke".[19] Bei Kants Gedanken der kosmo-politischen Erziehung
liegt also der Akzent nicht auf dem zweiten, politischen, sondern auf dem ersten

---

**12** Vgl. Immanuel Kant, *Kritik der reinen Vernunft*, B866–867; Immanuel Kant, „Logik," AA IX 24–25.
**13** Kant, *Kritik der reinen Vernunft*, B 447.
**14** Ebd., B 867.
**15** Immanuel Kant, *Kritik der Urteilskraft*, B158.
**16** Kant, „Pädagogik", AA IX 450.
**17** Kant, *Kritik der Urteilskraft*, § 38, B388–395.
**18** Kant, „Pädagogik", AA IX 448.
**19** Immanuel Kant, *Anthropologie*, Nr. 1170, AA XV 517.

Bestandteil des Ausdruckes, auf dem Kosmos, hier zu verstehen als das Weltall in seiner letztlich moralischen Ordnung.

## 2 Pädagogische Anthropologie

Kants kosmopolitische Pädagogik hat einen anspruchsvollen philosophischen Hintergrund. Er beginnt mit einer philosophischen Anthropologie, enthält außerdem eine Moralphilosophie und eine philosophische Teleologie, nicht zuletzt Anklänge an die Geschichtsphilosophie. Den Kern bildet jedoch eine genuin philosophische Pädagogik.

Ohne umständliche Einleitungsworte springt Kants Vorlesung direkt in eines der Hauptthemen, in das einer pädagogischen Anthropologie: „Der Mensch ist das einzige Geschöpf das erzogen werden muß".[20] Die Reflexionen zur Anthropologie bekräftigen es: „Der Mensch ist ein Thier, was eine Erziehung nothig hat. Er muß sprechen ([g] zählen), gehen, ([s] sich hüten) lernen &c &c. und kan keine angebohrne Kunsttriebe".[21]

Der Grund liegt für Kant auf der Hand: Dem Menschen fehlen Instinkte, die als jene „fremde Vernunft" zu verstehen sind, die „bereits Alles für das [Tier] besorgt". Insofern ist der Mensch denn doch kein Tier, sondern von Anfang an ein humanes Wesen, das zur eigenen Vernunft fähig ist. Die Fähigkeit ist aber zunächst nur eine Potentialität; der Mensch ist erst ein *animal rationabile*, das der Entwicklung seiner Anlagen bedarf, um aktualiter ein *animal rationale* zu werden. Insofern braucht er jene „eigene Vernunft", die er mittels Entwicklung seiner Naturanlagen erwirbt.[22]

Der Ausdruck der Vernunft ist dabei in einem praktischen und zugleich bescheidenen Sinn gemeint; er bedeutet das „Vermögen sich überhaupt irgend einen Zweck zu setzen". Und weil das Vermögen der Zwecksetzung die Menschheit qua *humanitas* im Unterschied zur Tierheit qua *animalitas* auszeichnet, hat der Mensch laut Kant eine moralische Pflicht, sich zum Menschen zu erheben. Genau für diese Aufgabe, vom zunächst bloß animalischen Menschen zum humanen Menschen zu werden, sind seine Anlagen zu entwickeln.[23] Man wird also nicht von allein zum veritablen Menschen, sondern nur durch Anstrengung, und zwar eigene Anstrengung, die auf sich zu nehmen dem Menschen geboten ist.

---

**20** Kant, „Pädagogik", AA IX 441.
**21** Kant, *Anthropologie*, Nr. 1423, AA XV 621.
**22** Kant, „Pädagogik", AA IX 441.
**23** Kant, „Die Metaphysik der Sitten," AA VI 392.

Nicht bloß spezifisch ist die Erziehung für den Menschen, sondern auch notwendig. Wie in Stein gemeißelt erklärt Kant: „Der Mensch kann nur Mensch werden durch Erziehung." Die Fortsetzung – „Er ist nichts, als was die Erziehung aus ihm macht"[24] – darf man nicht als einen pädagogischen Determinismus verstehen, der den Heranwachsenden, später den Erwachsenen von seiner persönlichen Verantwortung entlastet. Im Gegenteil spielt laut Kant sehr bald die Eigenverantwortung eine unverzichtbare Rolle.

Die Notwendigkeit von Erziehung meint etwas anderes: Weil der Mensch mangels Instinkten über keine fremde Vernunft verfügt, darf er nicht bloß, sondern muß auch seine eigene Vernunft entwickeln, was ohne fremde Hilfe, eben die Erziehung, nicht möglich ist. Dabei ist die Erziehung in einem weiten Sinne gemeint. Sie beginnt mit jener „Wartung" genannten, als Pflege zu verstehenden Sorge für den Säugling,[25] woran sich die „Disziplin" anschließt, in der der Mensch als „Zögling" gilt; und darauf folgt die dem „Lehrling" zukommende „Unterweisung nebst der Bildung".[26]

Zum Spezifischen und zum Notwendigen kommt in Kants pädagogischer Anthropologie noch eine optimistische Färbung: Für unseren Philosophen ist gute Erziehung das, woraus alles Gute in der Welt entspringt. Die Keime, die im Menschen liegen, müssen nur immer mehr entwickelt werden. Diese These ist nicht so schlicht, wie sie bei oberflächlicher Lektüre aussieht. Im Gegensatz zu einem naiven Optimismus bestreitet Kant nicht, daß es Böses in der Welt gibt. Nicht erst in der Religionsschrift, ihrem Theorem des radikal Bösen, schon in einer der geschichtsphilosophischen Schriften, dem *Mutmaßlichen Anfang*, behandelt Kant die Frage des Bösen. In der *Pädagogik* heißt es: „[D]ie Gründe zum Bösen findet man nicht in den Naturanlagen des Menschen. Das nur ist die Ursache des Bösen, daß die Natur nicht unter Regeln gebracht wird. Im Menschen liegen nur Keime zum Guten."[27] Die Religionsschrift wird statt von Keimen zum Guten von der Anlage zum Guten im Gegensatz zum [bloßen] Hang zum Bösen sprechen.

# 3 Zweck: Aufklärung

Für eine leichte Aufgabe hält Kant die Erziehung nicht. Im Gegenteil erklärt er die Erziehungskunst neben der Regierungskunst für die schwerste Erfindung der Menschen, „deren Ausübung" zudem „durch viele Generationen vervollkommnet werden

---

24 Kant, „Pädagogik", AA IX 443.
25 Siehe dazu Erwin Hufnagel, „Kants pädagogische Theorie," 44–46.
26 Kant, „Pädagogik", AA IX 441.
27 Ebd., 448.

muß".[28] „Eine generation muß die andre erziehen. und nur die gattung, nicht das individuum, erreicht ihre Bestimmung."[29] Dabei hat die Erziehung selbstverständlich altersgerecht zu erfolgen: „Man muß [im Sinne von darf] bei Kindern aber nicht den Charakter eines Bürgers, sondern den Charakter eines Kindes bilden".[30]

Wegen der Schwierigkeit der Erziehungskunst und weil sie erst im Laufe der nächsten Generationen das sachgerechte Niveau erreicht, darf es nicht erstaunen, daß man „selbst in ihrer Idee noch streitig" ist.[31] Diese Idee, der Leitgedanke der Erziehung, hat zwei Seiten. Inhaltlich kommt es auf eine Hierarchie von Erziehungsstufen an, die in der Moralisierung gipfelt, methodisch oder didaktisch aber darauf, daß der Mensch nicht „bloß dressiert, abgerichtet, mechanisch unterwiesen", vielmehr auch „wirklich aufgeklärt" werde:[32] Kants kosmopolitische Pädagogik bezweckt Aufklärung.

Kants Auffassung von Aufklärung ist bekannt. Bei deren Leitbegriffen: Mündigkeit, Selbstdenken und Freisetzen einer allgemeinen Menschenvernunft, pflegt man aber zu übersehen, daß sie nicht einfachhin das Wesen des *siècle des lumières* auf den Begriff bringen, vielmehr ein neuartiges, zugleich provokatives Verständnis entfalten.

Das Zeitalter der europäischen Aufklärung, das lange 18. Jahrhundert, ist auf vieles stolz, insbesondere auf seinen Kampf gegen Aberglauben und auf eine explosionsartige Erweiterung des geistes-, sozial- und naturwissenschaftlichen Wissens, ferner auf seine Entdeckungen und Erfindungen sowie die Zunahme des medizinischen und technischen Könnens. Kants Provokation beginnt damit, daß er sowohl in seiner einleitenden Definition („habe Muth, Dich deines *eigenen* Verstandes zu bedienen!"[33]) als auch in deren Erläuterungen diese Leistungen weithin übergeht, sie also auf die Weise des Verschweigens als bestenfalls nebensächlich wichtig ansieht.

Kant zufolge liegt das Wesen der Aufklärung nicht in dem, was das Wort metaphorisch besagt: daß in eine bislang verworrene Welt Klarheit oder – nach der englischen Bezeichnung „enlightenment" und französischen Bezeichnung „lumière" – in eine bislang dunkle Welt Licht gebracht werde, auch nicht dass man nach dem Muster des Vorzeigeunternehmens, der *Encyclopédie* mit ihrem Untertitel „dictionnaire raisonné des sciences, des arts et des métiers" sich des

---

**28** Ebd., 446.
**29** Kant, *Anthropologie*, Nr. 1423, AA XV 621.
**30** Kant, „Pädagogik", AA IX 481.
**31** Ebd., 446.
**32** Ebd., 450.
**33** Kant, „Was heißt Aufklärung?" AA VIII 35 (Hervorhebung von uns).

Kenntnisstands einer Epoche vergewissert. Für Kant zählen nicht Kenntnisse,[34] primär überhaupt nicht kognitive Eigenschaften wie Scharfsinn, Brillanz, Kreativität und Originalität, sondern charakterliche Leistungen, nämlich geistige Anstrengung und geistige Courage, formuliert als Einspruch gegen geistige „Faulheit und Feigheit".[35] An die Stelle der deutschen, englischen und französischen Selbstbezeichnungen tritt im *Aufklärung*-Essay das Selbstdenken.[36] Dem folgt die Pädagogik-Vorlesung, wenn es heißt: „es kommt vorzüglich darauf an, daß Kinder *denken* [und nicht etwa Kenntnisse auswendig] lernen".[37] Zugleich zeigt sich, dass für Kant die Aufgabe der Aufklärung sehr früh, eben schon im Kindesalter, beginnt und sich im Prinzip auf alle Menschen erstreckt.

„Denken" heißt für Kant nicht, irgendwelche Vorstellungen zu haben. Nach der *Kritik der reinen Vernunft* ist das Denken die Aktivität des Verstandes, der dabei Einheit zustande bringt, die Einheit sowohl in Begriffen als auch in Urteilen, nicht zuletzt in Schlüssen. In der *Pädagogik* kommen die kognitiven Fähigkeiten zwar zur Sprache, sowohl untere Verstandeskräfte wie Einbildungskraft, Gedächtnis und Aufmerksamkeit als auch obere Verstandeskräfte, nämlich der Verstand im genannten engeren Sinn, die Urteilskraft und die Vernunft.[38] Sie werden aber nicht als eigenes Erziehungsziel herausgehoben, sondern fallen in das zwar weitläufige, aber systematisch gesehen untere Erziehungsziel, die Kultivierung. Und das, was man humanistische Bildung zu nennen pflegt, die Kenntnis klassischer Sprachen und Literatur, spielt keine Rolle, obwohl Kant selber namentlich hinsichtlich des Lateinischen über eine hohe Kompetenz verfügt. Bei den Fähigkeiten und Fertigkeiten wiederum, auf die Kant Wert legt, hebt er nicht etwa das hervor, was ein Philosoph zweifellos braucht: intellektuelles Können. Im Vordergrund stehen praktische Ziele.

Getreu dem praktischen Leitinteresse, der für die veritable Menschwerdung erforderlichen Fähigkeit der Zwecksetzung, geht das zu lernende Denken „auf die Principien hinaus, aus denen alle Handlungen entspringen".[39] Es kommt auf subjektive Willensgrundsätze, auf Maximen an, die aber nicht etwa indoktriniert werden sollen. Der Mensch soll sie vielmehr „selbst einsehen",[40] denn „Selbstdenken heißt den obersten Probirstein der Wahrheit in sich selbst (d.i. in seiner

---

**34** Immanuel Kant, „Was heißt: sich im Denken orientiren?", AA VIII 146, Anm. 1.
**35** Kant, „Was heißt Aufklärung?", AA VIII 35.
**36** Vgl. Otfried Höffe, *Kants Kritik der praktischen Vernunft. Eine Philosophie der Freiheit* (München: C.H. Beck, 2012), 15–26.
**37** Kant, „Pädagogik", AA IX 450 (Hervorhebung von uns).
**38** Ebd., 475–486.
**39** Ebd., 450.
**40** Ebd., 455.

eigenen Vernunft) suchen".[41] Daher sagt Kant in der *Pädagogik:* „Die Maximen müssen aus dem Menschen selbst entstehen."[42] Denn: „Aus Pflicht etwas thun, heißt: der Vernunft gehorchen."[43]

# 4 Vier Erziehungsziele

Als Träger der bisherigen Erziehung sieht Kant zwei Instanzen an, die Eltern und die Fürsten, die er beide für berechtigt, aber für unzureichend, und zwar nicht derzeit und kontingenterweise, sondern grundsätzlich für unzulänglich hält.

Im Rahmen des generellen Erziehungszieles, der Entwicklung der Naturanlagen, zielt die elterliche Erziehung darauf, die Kinder „in die gegenwärtige Welt, sei sie auch verderbt", einzupassen. Die Eltern „sorgen gemeiniglich nur dafür, daß ihre Kinder gut in der Welt fortkommen"; sie „sorgen für das Haus".[44] Das könnte heißen, dass sie brave Kinder werden, ihre Eltern ehren und zu Hause mitarbeiten sollen. Eine derart trivialisierende Einschätzung wird aber dadurch korrigiert, dass die „Kinder gut in der Welt fortkommen sollen", wofür man zweifellos weit mehr lernen muss. Elementarerweise braucht man Selbstvertrauen und Weltvertrauen; weiterhin sollte man seinen Lebensunterhalt selber verdienen können, wozu es einer guten Ausbildung, zusätzlich der Bereitschaft bedarf, einen Beruf auszuüben, nicht zuletzt im Sinne des „Fortkommens" eines gewissen Ehrgeizes, um Karriere zu machen. Kinder müssen also ziemlich viel lernen; pointiert gesagt müssen sie sich erstens darauf verstehen, Wirtschaftsbürger (hier nicht als Unternehmer, sondern als Berufsfähige) und zweitens Mitmenschen zu sein.

Die für Kants Zeit zweite Erziehungsinstanz, die Fürsten, „betrachten ihre Unterthanen nur wie Instrumente zu ihren Absichten". Darunter versteht unser Philosoph keinen Missbrauch zu fürstlichen Privatzwecken, sondern, wohlwollend gegen die Fürsten, eine Erziehung „für den Staat".[45] In dessen Rahmen ist man Bürger, so dass die Erziehung drittens dem Staatsbürger-Werden und Staatsbürger-Sein dient.

---

**41** Kant, „Was heißt: sich im Denken orientiren?", AA VIII 146, Anm. 1.
**42** Kant, „Pädagogik", AA IX 481.
**43** Ebd., 483.
**44** Ebd., 447–448.
**45** Ebd., 448.

Beide Instanzen, die Eltern und die Fürsten, unternehmen also nicht wenig. Trotzdem vermisst Kant jenes entscheidende Ziel, das er als kosmopolitisch qualifiziert, den Endzweck, bestimmt als „das Weltbeste und die Vollkommenheit".[46]

In diesem Zusammenhang tauchen nun die drei Erziehungsziele Kultivieren, Zivilisieren und Moralisieren auf. Sie sind nicht etwa alternativ, sondern komplementär zu verstehen und bauen hierarchisch aufeinander auf, da sie wachsende normative Ansprüche beinhalten. Ihnen geht noch ein viertes Ziel, das Disziplinieren, voran, das aber nicht positiver, sondern lediglich negativer Natur ist.

Die für den Verstand erforderliche Entwicklung stellt Kant also nicht als einen kontinuierlichen Prozess, sondern in Form von Stufen dar. Diese sind nicht in erster Linie biographisch bzw. ontogenetisch, sondern systematisch zu verstehen. Etwas Weiteres bleibt wichtig: Obwohl es primär auf die Entwicklung von Verstand ankommt, legt Kant, wie gesagt, nicht auf gewisse Kenntnisse, sondern auf Fähigkeiten und Fertigkeiten, gewissermaßen auf Potentiale wert. Seitens der Eltern und des Staates beginnt nun die Erziehung (1) mit dem Disziplinieren; sie setzt sich fort im (2) Kultivieren und endet beim (3) Zivilisieren. Die für Kant entscheidende, kosmopolitische Erziehung bezweckt dagegen mehr, nämlich (4) die gelungene Erziehung zur Moral, die Moralisierung.

## 4.1 Disziplinieren

Die Vorstufe, das Disziplinieren, soll „die Thierheit in die Menschheit" umändern.[47] Kant hebt dabei auf einen Prozess der Befreiung ab, auf eine Emanzipation. Freiwerden soll man aber nicht von äußeren Mächten, etwa gesellschaftlichen Zwängen oder der Tradition, sondern von inneren Zwängen.

Nach Kant lebt der Mensch zunächst unter einem „Despotism[us] der Begierden",[48] was an Aristoteles' Bestimmung des *bios apolaustikos*, des Genußlebens, erinnert, da dieses als „sklavenartig" (*andrapodōdēs*) qualifiziert wird.[49] Der Einspruch dagegen erfolgt ohne jeden moralisierenden Unterton. Kant räumt den Trieben sogar eine positive Bedeutung zu, da die Natur sie uns „beigegeben" hat, „um die Bestimmung der Tierheit in uns nicht zu vernachlässigen oder gar zu verletzen".[50]

Woran ist hier zu denken? Bei der Tierheit sind nicht etwa humane Perversionen, Bestialität, gemeint, sondern Dinge, die der Mensch mit Tieren teilt, also die Not-

---

**46** Ebd.
**47** Ebd., 441.
**48** Kant, *Kritik der Urteilskraft*, B392
**49** Aristoteles, *Nikomachische Ethik* I 3, 1095b19 – 22.
**50** Kant, *Kritik der Urteilskraft*, B392

wendigkeit von Essen und Trinken, von Schutz gegen Witterungsunbilden und Fortpflanzung. Derartige Dinge soll der Mensch nicht vernachlässigen oder gar verletzen, aber ihnen gegenüber „frei genug" sein, so wie es „die Zwecke der Vernunft erfordern".[51] Der Mensch soll also nicht etwa von seinen Begierden und Trieben freiwerden, sondern lediglich von deren Despotismus. In der Prägnanz der Pädagogik-Vorlesung soll er die „Wildheit", erläutert als „Unabhängigkeit von Gesetzen", bezähmen.[52] Dabei sind keine positiven Rechtsgesetze, sondern „Vorschriften der Vernunft" gemeint. Wer deren Gesetze nicht anerkennt, „folgt dann jeder Laune".[53] Mithin gilt die Wildheit als ein Hemmschuh, den Verstand bzw. die Vernunft zu gebrauchen, und dessen entledigt man sich mittels Disziplinierung.

Sie zu versäumen, hält Kant für „ein größeres Übel", da man die „Verabsäumung" der nächsten Stufe, der „Cultur" nachholen kann, „Wildheit aber läßt sich nicht wegbringen, und ein Versehen in der Disciplin kann nie ersetzt werden". Wer „nicht cultivirt ist, ist roh, wer nicht disciplinirt ist, ist wild",[54] folglich zur ersten Stufe des Verstandes ungeeignet; er ist „unfähig ..., selbst zu wählen".[55]

Da der Mensch dazu bestimmt ist, „aus dem rohen Naturstande als Thier herauszutreten",[56] gehört das Disziplinieren biographisch an den Anfang der Erziehung. Es darf allerdings, weil es auf die Fähigkeit des Selber-Wählens ankommt, „nicht sklavisch" erfolgen. „[D]as Kind muß immer seine Freiheit fühlen, doch so, daß es nicht die Freiheit Anderer hindere".[57] Der Kenner von Kants Rechtsethik erinnert sich hier an das Prinzip der allgemeinverträglichen Freiheit.[58] Für Kant ist es so wichtig, daß er seine Ablehnung eines sklavischen Disziplinierens wiederholt: „Der Wille der Kinder muß ... nicht gebrochen, sondern nur ... gelenkt werden".[59]

Die auf der Vorstufe zu leistende Emanzipation vom Despotismus der Begierden hat also zwei jeweils paradoxe Seiten. Gemäß dem vertrauten negativen Begriff der Freiheit, der Freiheit wovon, setzt die eigentliche Emanzipation, die Disziplin, von der Unabhängigkeit von Gesetzen frei. Im Sinne einer doppelten Negation macht sie aber (von Gesetzen) abhängig, was die positive Freiheit, die Freiheit wozu, herausfordert. Diese wiederum besteht in der Fähigkeit, jenen

---

**51** Ebd.
**52** Kant, „Pädagogik", AA IX 442; vgl. Kant, *Kritik der reinen Vernunft*, B737–738.
**53** Kant, „Pädagogik", AA IX 442; vgl. 460.
**54** Ebd., 444.
**55** Kant, *Kritik der Urteilskraft*, B392.
**56** Kant, „Pädagogik", AA IX 492.
**57** Ebd., 464.
**58** Kant, „Die Metaphysik der Sitten,"AA VI 229–230.
**59** Kant, „Pädagogik", 478.

Vorschriften der Vernunft zu folgen, die wir aus Kants Moralphilosophie, namentlich der *Grundlegung*, als technische, pragmatische und kategorische bzw. moralische Imperative kennen.[60] Die Unabhängigkeit vom Despotismus weicht also einer Abhängigkeit von diesen drei Stufen eines wachsenden normativen Anspruchs; die Disziplinierung bereitet den Menschen zum Freiheits- und Vernunftwesen in den drei Stufen zunehmender Freiheit bzw. Vernunft vor.

Die in Form von Disziplinierung erfolgende Emanzipation reicht jedenfalls nicht aus. Von einem Hemmschuh zur Fähigkeit, den Verstand bzw. die Vernunft zu gebrauchen, befreit, benötigt man einen positiven Beitrag. Dessen Entwicklung dienen die drei Hauptstufen der Erziehung, die ihrerseits genau den drei Arten von Imperativen entsprechen: das Kultivieren den technischen, das Zivilisieren den pragmatischen und das Moralisieren den kategorischen Imperativen.

## 4.2 Kultivieren

Philosophiegeschichtlich und sozialanthropologisch gesehen hält Kant die ersten zwei Hauptstufen der Erziehung, die Kultivierung und die Zivilisierung, für „Früchte der Ungeselligkeit, die durch sich selbst genöthigt wird sich zu discipliniren".[61] Damit spielt ein Grundgedanke von Kants Geschichtsphilosophie, der Antagonismus qua ungesellige Geselligkeit, auch in der Philosophie der Erziehung eine Rolle.

Bei der ersten Hauptstufe, der Kultivierung, darf man nicht an das heutige Verständnis von „kultiviert" denken: dass man sich durch gute Umfangsformen auszeichnet, über den Horizont seines Berufes schaut und, statt auf den Lebensunterhalt fixiert zu sein, sich auch für Dinge wie Literatur, Kunst und Musik interessiert. Die Kantische Kultivierung dient der Ausbildung von Geschicklichkeit.

Nach dem geschichtsphilosophischen Text *Mutmaßlicher Anfang der Menschengeschichte* beginnt die Kultivierungsgeschichte der Menschheit nach dem Sündenfall und seinetwegen.[62] Nach der dritten Kritik ist die Geschicklichkeit „die vornehmste subjektive Bedingung der Tauglichkeit zur Beförderung der Zwecke überhaupt".[63] Sie erlaubt zu können, was man gegebenenfalls will. Kant legt dabei auf Gründlichkeit, zugleich auf veritables Können, wert: „Man muß nicht den

---

**60** Kant, „Grundlegung zur Metaphysik der Sitten", AA IV 385 – 464; vgl. Höffe, *Kants praktische Philosophie der Freiheit*, 67 – 164.
**61** Immanuel Kant, „Idee zu einer allgemeinen Geschichte in weltbürgerlicher Absicht," AA VIII 22.
**62** AA VIII 107 – 123.
**63** Kant, *Kritik der Urteilskraft*, § 83, B392.

Schein annehmen, als hätte man Kenntnisse von Dingen, die man doch nachher nicht zu Stande bringen kann."[64]

„Wegen der Menge der Zwecke" – gemeint sind wohl deren Verschieden-artigkeit – „wird die Geschicklichkeit gewissermaßen unendlich".[65] Gute Erziehung vermittelt also eine vielseitige, möglichst sogar allseitige Geschicklichkeit. Das befreit den Menschen von einer zu engen Bindung an die Bedürfnisse der jeweiligen Gegenwart, bereitet ihn dadurch für eine sich wandelnde Welt vor. Einen (dann oft verengten) „Kanon" von Bildungswissen oder Bildungsgütern aufzustellen, ist daher nicht belanglos, aber bestenfalls von sekundärer und zugleich zeitverhafteter, überdies interessengeleiteter Bedeutung. Zusätzlich läuft ein derartiger Kanon Gefahr, die dem „Lernen" eines Kanons vorangehende Aufgabe des Disziplinierens zu verdrängen, und darüber hinaus auch die Aufgabe, noch andere Dinge zu lernen. Andererseits finden sich, wie wir sehen werden, auch in der Pädagogik Elemente, sogar Kernelemente eines Kanons, beispielsweise elementarerweise Lesen und Schreiben[66] und anspruchsvoller ein „Katechismus des Rechts".[67]

Die *Grundlegung zur Metaphysik der Sitten* bekräftigt die Offenheit. Weil man bei der untersten Stufe von Imperativen, denen der Geschicklichkeit, „in der frühen Jugend nicht weiß, welche Zwecke uns im Leben aufstoßen dürften", „suchen Eltern vornehmlich ihre Kinder recht *vielerlei* lernen zu lassen und sorgen für die Geschicklichkeit im Gebrauch der Mittel zu allerlei *beliebigen* Zwecken".[68] Die *Pädagogik* führt noch einen ergänzenden Gesichtspunkt an: Um Geschicklichkeit zu lernen, bedarf der Mensch der „Übung seiner" einschlägigen „Gemüthskräfte".[69]

## 4.3 Zivilisieren

Bei der nächsten Erziehungsstufe, dem Zivilisieren, geht es nicht um Zivilisation im Gegensatz zu einer dann höherrangigen Kultur. Die Opposition von einer nur wirtschaftlich-technischen Zivilisation zu einer geistigen Kultur ist Kant fremd. Er kehrt die Rangfolge sogar um, da er die Stufe des Zivilisierens auf die des Kultivierens folgen lässt. Sachgerechter ist es, den Ausdruck des Zivilisierens von seinem Kern zu verstehen, vom *cives*, dem Bürger, den man hier allerdings nicht

---

64 Kant, „Pädagogik", 486.
65 Ebd., 450.
66 Ebd., 449 und 474.
67 Ebd., 490.
68 Kant, „Grundlegung zur Metaphysik der Sitten", AA IV 415 (Hervorhebung von uns).
69 Kant, „Pädagogik", AA IX 466.

auf einen Staatsbürger verkürzen darf. Gemeint ist der Mensch als Sozialwesen: Die Zivilisierung zielt auf eine umfassende Sozialisation.

Dabei sind mehrere Teilziele wichtig. Zum einen soll der Mensch „klug" werden. Dazu zählt Kant realistischerweise und bedenkenlos etwas, das dem moralischen Leitziel, dem Verbot, den Menschen als Mittel zu gebrauchen, zu widersprechen scheint. Man soll nämlich lernen, „alle Menschen zu seinen Endzwecken" zu gebrauchen, was sich zweifellos auf eine Instrumentalisierung beläuft. Diese ist aber nur dann unmoralisch, wenn „bloß", also ausschließlich eine Instrumentalisierung vorgenommen wird.[70] Diese Ausschließlichkeit behauptet die betreffende Stelle aber nicht, wohl aber, dass – paradox gesagt – das Sozialwesen durchaus asozial sein kann. Kant verschränkt jedenfalls Intersubjektivität und Subjektivität. Sagou spricht daher nur die halbe Wahrheit aus, wenn er sagt, die „Zivilisierung zügelt eine grenzenlose Konkurrenz".[71] Er ergänzt jedoch: „eine Harmonie ... unter Verzicht auf die Konkurrenz würde die Kultur am Fortschritt hindern".[72]

Von den zwei Arten der Klugheit, die Kant nennt, besteht die eine Art in der Weltklugheit. Diese hat aber nicht etwa kosmopolitischen Charakter. Sie besteht vielmehr in der „Kunst, unsere Geschicklichkeit an den Mann zu bringen"[73] oder laut der *Grundlegung* in der Geschicklichkeit, andere zu seinen eigenen Absichten zu beeinflussen.[74]

Kants nähere Erläuterungen der Weltklugheit sind irritierend, denn sie klingen nach Machiavelli. Man soll nämlich „sich verhehlen und undurchdringlich machen, den Andern aber durchforschen können ... Dazu gehört das Dissimuliren, d. h. die Zurückhaltung seiner Fehler". Kant hält dies aber nur für „bisweilen erlaubt", denn „es grenzt doch nahe an Unlauterkeit".[75]

Die Weltklugheit ordnet Kant in der *Grundlegung* der anderen Art, der „Privatklugheit", unter. Diese ist deshalb höherrangig, weil sie all die eigenen Absichten, zu deren Gunsten man andere zu beeinflussen sucht, zum eigenen dauernden Vorteil vereinigt.[76] Letztlich dient die Zivilisierung also nicht allein den Mitmenschen, sondern auch sich selber, nämlich dem natürlichen Leitziel, dem Eigenwohl: Während man dank der Weltklugheit in der sozialen Welt gut zu-

**70** Ebd., 450.
**71** Yves-Marius Sagou, *Die Erziehung zum Bürger bei Aristoteles und Kant*, Epistemata: Reihe Philosophie 470 (Würzburg: Königshausen & Neumann, 2009), 44.
**72** Ebd.
**73** Kant, „Pädagogik", AA IX 486.
**74** Kant, „Grundlegung zur Metaphysik der Sitten", AA IV 416, Anm. 1.
**75** Kant, „Pädagogik", AA IX 486.
**76** Kant, „Grundlegung zur Metaphysik der Sitten", AA IV 416, Anm. 1

rechtkommt, sorgt die Privatklugheit dafür, dass das gesellschaftliche Zurecht-
kommen dem eigenen langfristigen Wohlergehen dient. In beiden Hinsichten
gehört die Zivilisierung zum aufgeklärten Selbstinteresse.

Etwas liebenswürdiger gesagt ist die Gesellschaft ein „System" gegenseitigen
Nutzens, freilich auch Ausnutzens. Dazu braucht es eine soziale Verträglichkeit,
für die Kant meines Erachtens drei Stufen nennt: (1) Die elementare Verträglichkeit
sorgt dafür, dass der Mensch „in die menschliche Gesellschaft passe", (2) die
Steigerung derselben: „daß er beliebt sei", und (3) ihre nochmalige Steigerung
dafür, dass man sowohl der Gesellschaft als auch sich selbst dienen kann, nämlich
dass man den „Einfluß habe". Also zunächst ein Sich-Einfügen, sodann Ansehen,
schließlich Einfluss samt Macht.

Abgesehen von Klugheit kommt es bei der zweiten Hauptstufe auf zwei Teilziele, auf „Manieren" und „Artigkeit", an. Unter den Manieren sind nicht etwa
Tischmanieren und Anredeformen zu verstehen, sondern – ähnlich wie die
*manners* (Sitten) in Hobbes' *Leviathan* (Kap. 11) – die Art und Weise, wie man
miteinander umgeht. Nach Kants Erläuterung tragen Manieren einen Zeitindex an
sich, denn sie richten sich „nach dem wandelbaren Geschmacke jedes Zeitalters",
das beispielsweise „noch vor wenigen Jahrzehenden Ceremonieen im Umgange"
liebte.[77] Dieses Teilziel „Manieren" wird mit dem anderen Teilziel „Artigkeit" noch
um ein gewisses Geschick ergänzt, und nicht etwa um die Bedeutung, ein folg-
sames Kind zu sein.

Als Leitprinzip für Manieren und Artigkeit, zugleich auch als Kriterium oder
Wahlspruch der Zivilisierung, schlägt Kant vor: „Wir dürfen uns nicht einander
lästig werden; die Welt ist groß genug für uns Alle."[78] Zweierlei dürfte hier gemeint
sein: zum einen, dass die Menschen den Wettbewerb untereinander nicht über-
ziehen dürfen und aus etwaigen Gegnern nicht Feinde, sondern nur „zivilisierte
Konkurrenten" werden sollen, zum anderen, dass man dort, wo man einander
bloß stört, sich besser aus dem Wege gehe.

Freilich darf es nicht dazu führen, dass man „immer für sich allein" lebt. Im
Gegenteil legt Kant auf Geselligkeit und Freundschaft,[79] also auf Dinge wert, die
„Herr Magister Kant der galanteste Mann von der Welt"[80] und großzügige Gast-
geber im eigenen Leben pflegt und in seiner *Anthropologie*, in einer Philosophie

---

**77** Kant, „Pädagogik", AA IX 450.
**78** Ebd., 469.
**79** Ebd., 484.
**80** Karls August Böttiger, *Literarische Zustände und Zeitgenossen. In Schilderungen aus Karl
Aug[ust] Böttiger's handschriftlichem Nachlasse*, Hg. Karl Wilhelm Böttiger, Bd. 1 (Leipzig: F.A.
Brockhaus, 1838), 133.

der gelungenen Tischgesellschaft, auf den erfahrungsgesättigten Begriff einer guten Mahlzeit in guter Gesellschaft bringt.[81]

Einsichtsvoll ist auch eine Überlegung aus der dritten Kritik. Dort, in „§ 41. Vom empirischen Interesse am Schönen", heißt es: „Für sich allein würde ein verlassener Mensch auf einer wüsten Insel weder seine Hütte noch sich selbst ausputzen oder Blumen aufsuchen, noch weniger sie pflanzen, um sich damit auszuschmücken; sondern nur in Gesellschaft kommt es ihm ein, nicht bloß Mensch, sondern auch ... ein feiner Mensch zu sein", was man als „gentle-man" übersetzen darf und, wie Kant hinzusetzt, „der Anfang der Zivilisierung" ist. (Etwas ironisch gesagt trägt der feine Mensch, der Gentleman, eine Blume im Knopfloch.)[82]

Ein Defizit fällt auf: Abgesehen von einer zudem kunstfremden Bemerkung zur Musik, die „nur zu einigen Zwecken" gut sei, nämlich „um uns beliebt zu machen"[83], fehlt in der *Pädagogik* die ästhetische Erziehung ganz.

## 4.4 Moralisieren

Kant ist kein Knigge. Das kurz nach Kants Pädagogik-Vorlesung erschienene, bald weithin bekannte, heute aber kaum noch gelesene zweibändige Werk des Freiherrn *Über den Umgang mit Menschen* (1788) geht zwar über das weit hinaus, was man vielleicht früher in Tanzstunden lernte.[84] Gegen jede Verkürzung der Erziehung auf eine auch noch so anspruchsvolle Zivilisierung zeigt Kant aber deutlich genug, dass er im Bereich des Praktischen vornehmlich Moralphilosoph ist. Schon in der *Kritik der reinen Vernunft* sagt er: „... so ist die letzte Absicht der weislich uns versorgenden Natur, bei der Einrichtung unserer Vernunft, eigentlich nur aufs Moralische gestellet".[85] Wie in den drei Kritiken,[86] so gipfelt Kants Philosophie auch in der Pädagogik in moralischen Überlegungen.

---

**81** Immanuel Kant, „Anthropologie in pragmatischer Hinsicht," AA VII 278 – 282.; zu „zivilisiert" vgl. auch 151– 153.

**82** Kant, „Kritik der Urteilskraft", B163

**83** Kant, „Pädagogik", AA IX 449 – 450.

**84** Adolf Freiherr von Knigge, *Über den Umgang mit Menschen* (1778), Hg. Gert Ueding (Frankfurt am Main: Insel, 1987).

**85** Kant, *Kritik der reinen Vernunft*, B829.

**86** Otfried Höffe, „Urteilskraft und Sittlichkeit. Ein moralischer Rückblick auf die dritte *Kritik*," in *Immanuel Kant: Kritik der Urteilskraft*. Klassiker Auslegen Bd. 33, Hg. Otfried Höffe (Berlin: Akademie Verlag, 2008): 351– 366, besonders 365.

Bei dieser höchsten, überdies unverzichtbaren Erziehungsstufe, dem Moralisieren, muss man jeden Unterton des Abfälligen ausblenden. Der dritten Hauptstufe geht es um die Erziehung zur Moral und bei ihr um Auswahl, um Selektion: „Der Mensch soll nicht blos zu allerlei Zwecken geschickt sein", gewissermaßen ein Tausendkünstler sein, der sich zwar auf alles versteht, aber auch sich gewissenlos auf alles einlässt. Er soll vielmehr zu jener moralisch guten Gesinnung erzogen werden, derentwegen man „nur lauter gute Zwecke erwähle". Dafür stellt Kant sogleich einen Maßstab auf, in dem der kategorische Imperativ anklingt, das Kriterium der strengen Verallgemeinerbarkeit, jetzt aber nur sozial formuliert: „Gute Zwecke sind diejenigen, die nothwendigerweise von Jedermann gebilligt werden, und die auch zu gleicher Zeit Jedermanns Zwecke sein können".[87] Zusätzlich erinnert der Maßstab an die zweite Maxime des *sensus communis*, an die erweiterte Denkungsart, an das „an der Stelle jedes anderen denken".[88]

Sowohl in der Ethik als auch in den öffentlichen Debatten pflegt man heute die Moral auf eine Sozialmoral zu verkürzen. Im provokativen Gegensatz dazu beginnen die Pflichten, die Kant im Fortgang der Vorlesung anführt, mit Pflichten gegen sich selbst. „Diese bestehen nicht darin, daß man sich eine herrliche Kleidung anschaffe, ... sondern, daß der Mensch in seinem Innern eine gewisse Würde habe, die ihn vor allen Geschöpfen adelt, und seine Pflicht ist es, diese Würde der Menschheit in seiner eignen Person nicht zu verleugnen." Dazu gehört es, sich nicht dem Trunke zu ergeben, alle Arten von Unmäßigkeit zu meiden, auch sich nicht „kriechend gegen Andere" zu verhalten.[89]

Erst an zweiter Stelle führt Kant die „Pflichten gegen Andere" an und erläutert sie als „Ehrfurcht und Achtung für das Recht der Menschen", die „dem Kinde schon sehr früh beigebracht werden" sollen. Denn das Recht der Menschen sei nichts Geringeres als der „Augapfel Gottes auf Erden". Beispielsweise darf ein Kind, das einem ärmeren Kind begegnet, dieses nicht „stolz aus dem Wege oder von sich" stoßen. Geschieht es trotzdem, so soll man das Kind nicht etwa tadeln oder an sein Mitleid appellieren, sondern „ihm selbst wieder eben so stolz und fühlbar begegnen".[90]

Schließlich moniert Kant, was für das Leitthema der Zivilisierung, ihrem Kernbereich *Bürger bilden*, nicht unwichtig sein dürfte: dass den Schulen fehle, „was doch sehr die Bildung der Kinder zur Rechtschaffenheit befördern würde, nämlich ein Katechismus des Rechts". Sein Beispiel: „wenn Jemand, der heute seinem Creditor [Gläubiger, Anm. O.H.] bezahlen soll, durch den Anblick eines Nothleidenden gerührt wird und ihm die Summe die er schuldig ist, und nun

---

**87** Kant, „Pädagogik", AA IX 450.
**88** Kant, Kritik der Urteilskraft, B158.
**89** Kant, „Pädagogik", AA IX 488–489.
**90** Ebd., 489–490.

bezahlen sollte, hingiebt" – auf die Frage „ist das recht oder nicht?" lautet seine Antwort kompromisslos klar „Nein! Es ist unrecht".[91]

Kant legt hier auf einen Unterschied Wert, der heute oft unterschlagen wird, auf die Differenz von schuldiger und verdienstlicher Leistung, ferner auf den Vorrang der schuldigen Rechtspflichten vor den verdienstlichen Tugendpflichten: Bevor man Wohltaten erbringt und das Geld den Armen gibt, muss man erst seine Schulden bezahlen.[92] Als Tugenden der Schuldigkeit führt Kant Redlichkeit, Anständigkeit und Friedfertigkeit, als Tugenden des Verdienstes dagegen Groß-mut, Wohltätigkeit und überraschenderweise auch Selbstbeherrschung an.[93]

Hinsichtlich der ersten drei Erziehungsziele ist Kant für sein Zeitalter optimis-tisch, denn er hält die Disziplinierung, Kultivierung und Zivilisierung für weitgehend erreicht. Hinsichtlich des vierten Erziehungszieles ist er dagegen, ähnlich wie vor ihm Rousseau, pessimistisch: „Wir leben im Zeitpunkte der Disciplinirung, Kultur und Civilisirung, aber noch lange nicht in dem Zeitpunkte der Moralisirung".[94] In seinem geschichtsphilosophischen Essay *Idee zu einer allgemeinen Geschichte in weltbür-gerlicher Absicht* heißt es ebenso: „Wir sind im hohen Grade durch Kunst und Wis-senschaft *cultivirt*. Wir sind *civilisirt* bis zum Überlästigen ... Aber uns für schon moralisirt zu halten, daran fehlt noch sehr viel."[95]

Für „die langsame Bemühung der inneren Bildung der Denkungsart ihrer Bürger" sind aber, fährt Kant fort, die Staaten mitverantwortlich. Denn, so erklärt er ungewöhnlich pathetisch: „Alles Gute aber, das nicht auf moralisch-gute Ge-sinnung gepfropft ist, ist nichts als lauter Schein und schimmerndes Elend."[96] Kants spätere Rechtsphilosophie wird freilich zwischen dem, was recht, und dem, was Tugend ist, unterscheiden und sich beim Recht mit den äußeren Handlungen, unabhängig von deren innerer Triebfeder, zufrieden geben.[97]

Im Rahmen der Moralerziehung hält Kant es für „unendlich wichtig ..., die Kinder von Jugend auf das Laster verabscheuen zu lehren" und diese Aufgabe darf man nicht etwa dem Prediger überlassen. Denn bei der zu belehrenden Abscheu kommt es auch auf den richtigen Grund der Abscheu, also wieder auf Moralität, an. Und dafür reicht die Annahme nicht aus, dass „Gott es [das Laster, Anm. O.H.] verboten hat". Kant weist die Annahme mit zwei Argumenten zurück, zum einen mit einem Rechtfertigungsargument: das Laster „wohl würde erlaubt sein, wenn

---

**91** Ebd., 490.
**92** Ebd., 488–490.
**93** Ebd., 492.
**94** Ebd., 451.
**95** AA VIII 26 (Hervorhebungen von uns).
**96** Ebd.
**97** Kant, „Die Metaphysik der Sitten," AA VI 231.

Gott es nur nicht verboten hätte", zum anderen mit einem jede Entschuldigung ausschließenden Rigorismus-Argument: „daß Gott daher wohl einmal eine Ausnahme machen könne". Diese Option schließt er aus, denn: „Gott ist das heiligste Wesen und will nur das, was gut ist".[98]

# 5 Über den Wert der Erziehung

An die Stelle der externen, theonomen Rechtfertigung – etwas ist Laster, weil Gott es verboten hat – tritt eine interne, die Autonomie andeutende Begründung: Das Laster ist „in sich selbst verabscheuungswürdig", was übrigens auch Gott so ansähe. Denn Gott als das heiligste Wesen „verlangt, daß wir die Tugend ihres inneren Wertes wegen ausüben sollen und nicht deswegen, weil er es verlangt".[99]

Auf jeder der drei Hauptstufen erhält der Mensch einen spezifischen Werth. Die „scholastisch" genannte Erziehung zur Geschicklichkeit „giebt ihm einen Wert in Ansehung seiner selbst als Individuum." Durch die „pragmatisch" genannte Erziehung zur *Klugheit* wird er „zum Bürger gebildet". Erneut denkt Kant nicht etwa nur an den Staatsbürger, der sich um die öffentlichen Angelegenheiten kümmert. Er hat auch nicht bloß den Bourgeois, den Wirtschaftsbürger, im Blick. Gegen die Alternative Bourgeois oder Citoyen indifferent, hat er einen erweiterten Begriff von Bürger, sagt er doch: „da bekommt er einen öffentlichen Werth". Nach der Ergänzung lernt der Bürger zweierlei: „sowohl die bürgerliche Gesellschaft zu seiner Absicht [zu] lenken, als sich auch in die bürgerliche Gesellschaft [zu] schicken", also sowohl ein Sich-in-Konkurrenz-Behaupten als auch ein Mitbürgersein.[100] Dies kann man als eine Balance zwischen Ich-selber- und Mitglied-einer-Gemeinschaft-Sein verstehen: Als Mitglied eines Gemeinwesens, das von beiden, von Kooperation und von Konkurrenz, lebt, kann man sich in die Gemeinschaft einpassen und doch seine eigenen Zwecke verfolgen.

Auf der höchsten Stufe, der moralischen Bildung, endlich bekommt der Mensch einen „Werth in Ansehung des ganzen menschlichen Geschlechts".[101] Genau dieser Wert entspricht dem einleitend genannten kosmopolitisch angelegten Erziehungsplan. Dabei geht es weniger um die Gattung Mensch als um das Wesen des Menschen, die Humanität.

---

**98** Kant, „Pädagogik", AA IX 450 – 451.
**99** Ebd.
**100** Ebd., 455.
**101** Ebd.

Die Aufgabe, den Menschen zu einem Bürger zu bilden, versteht Kant nach heutigem Verständnis liberal.[102] Zum einen ist er nicht der Meinung, man könne den Menschen direkt zum Bürger bilden. Denn zuvor muss er dank vorlaufender Disziplinierung und zur Geschicklichkeit erziehender Kultivierung ein selbstverantwortliches Individuum werden. Die zum Bürgersein gehörende Klugheit besteht „nur" im „Vermögen, seine Geschicklichkeit gut an den Mann zu bringen", und „alle Klugheit setzt Geschicklichkeit voraus".[103] Zum anderen liegt das Endziel der Erziehung nicht im Bürgersein, sondern darin, dass man ein moralischer Mensch wird.

Die Erziehung dazu skizziert Kant in der *Kritik der praktischen Vernunft*, ihrer „Methodenlehre". Sie entfaltet nämlich nicht die Methode der Moralphilosophie, sondern die der moralischen Erziehung, nämlich „wie man den Gesetzen der reinen praktischen Vernunft E i n g a n g in das menschliche Gemüt, E i n f l u ß auf die Maximen desselben verschaffen, d.i. die objektiv-praktische Vernunft auch s u b j e k t i v praktisch machen könne".[104] Von ihr kann der heutige Schulunterricht „Ethik" viel lernen. In souveräner Kürze unterscheidet Kant in der moralischen Erziehung zwei Phasen: eine pragmatische und eine im engeren Sinn moralische Erziehung, und bei der zweiten Phase legt er nicht nur auf die Erziehung zur Legalität, sondern auch auf die Steigerung zur Moralität wert.

Weiterhin stellt Kant eine gewichtige Alternative zum heute beliebten Vorgehen vor, die Moral anhand von Dilemmata zu diskutieren. Für ihn ist es wichtiger, an den Hang der Vernunft anzuknüpfen, der sich schon bei Jugendlichen findet, „in aufgeworfenen praktischen Fragen selbst die subtilste Prüfung mit Vergnügen einzuschlagen".[105] Auch verlohne es sich, „das Prüfungsmerkmal der reinen Tugend an einem Beispiele" zu zeigen:

> Man erzähle die Geschichte eines redlichen Mannes, den man bewegen will, den Verleumdern einer unschuldigen, übrigens nichts vermögenden Person ... beizutreten. Man bietet Gewinne ... an, er schlägt sie aus. ... Nun fängt man es mit Androhung des Verlusts an ...: So wird mein jugendlicher Zuhörer stufenweise, von der bloßen Billigung zur Bewunderung, von da zum Erstaunen, endlich bis zur größten Verehrung, und einem lebhaften Wunsche, selbst ein solcher Mann sein zu können ... erhoben werden ... Also muß die Sittlichkeit auf das menschliche Herz desto mehr Kraft haben, je reiner sie dargestellt wird.[106]

---

**102** Zum Prinzip Freiheit vgl. Höffe, *Kants Kritik der praktischen Vernunft. Eine Philosophie der Freiheit.*
**103** Ebd.
**104** Immanuel Kant, *Kritik der praktischen Vernunft*, A269.
**105** Ebd., A275.
**106** Ebd., A277–279.

Weil die Befolgung des moralischen Gesetzes Selbstachtung hervorruft, „findet das Gesetz der Pflicht, durch den positiven Wert", den es „empfinden läßt", zunehmend „leichteren Eingang" in die Denkart eines Kindes.[107] Dieses Ziel ist höchst anspruchsvoll: „in uns nach und nach das größte, aber reine moralische Interesse" an der Heiligkeit der Pflicht „hervorzubringen".[108] Dazu gehört auch, wie die „Methodenlehre" der *Tugendlehre* ergänzt, Kant-Kritiker es aber gern übersehen, „wackeren und fröhlichen Gemüths zu sein".[109]

# 6 Arbeiten lernen

Über dem überragenden Erziehungsziel, der Moralisierung, könnte man alle anderen Erziehungsziele vernachlässigen. Dann droht die Gefahr, dass man zu einem ehrlichen und hilfsbereiten, kurz rundum rechtschaffenen, ansonsten aber lebensuntauglichen Menschen wird. Kant entgeht schon deshalb dieser Gefahr, weil er der Moralisierung die skizzierten drei Stufen voranstellt: die Bezähmung der Wildheit, die Entwicklung der Geschicklichkeit und die Zivilisierung samt Lebensklugheit. Diesem Vorausgehen liegt eine sachliche Notwendigkeit zugrunde: Um ehrlich zu sein, muss man etwas zu sagen haben; um hilfsbereit zu sein, muss man Notleidenden zu helfen verstehen. In einem systematischen Zuvor muss der Mensch überhaupt Zwecke wählen können, dann Fähigkeiten und Fertigkeiten lernen, die Zwecke zu verfolgen, nicht zuletzt, sich ins Zusammenleben mit seinesgleichen einfügen. Erst in deren Rahmen kann man dank guter Gesinnung „nur lauter gute Zwecke" wählen.[110]

Bei der Erziehung zu einem lebenstauglichen Menschen und „künftigen Bürger" legt Kant daher besonderen Wert auf die Fähigkeit, sich dem „gesetzlichen Zwang" zu unterwerfen und trotzdem „sich seiner Freiheit zu bedienen". Der zu Erziehende muss beides zugleich lernen, „einen Zwang seiner Freiheit zu dulden", zu diesem Zweck „früh den unvermeidlichen Widerstand der Gesellschaft fühlen", und „seine Freiheit gut zu gebrauchen". Zu dieser Freiheit gehört es nun, dass man „nicht von der Vorsorge Anderer abhänge".

Der künftige Bürger soll daher auch in dem Sinn ein Wirtschaftsbürger sein, dass er sich „selbst um seinen Unterhalt bekümmern müsse". Kant hält dies sogar für selbstverständlich, denn Kinder dürfen nicht meinen, dass sie auch später, was sie vom Elternhaus gewöhnt sind, „Essen und Trinken bekommen, ohne daß sie

---

107 Ebd., A287.
108 Ebd., A284.
109 Kant, „Die Metaphysik der Sitten," AA VI 484.
110 Kant, „Pädagogik," AA IX 450.

dafür sorgen dürfen [hier im Sinne von müssen, Anm. O.H.].“[111] Im Gegenteil ist es „von der größten Wichtigkeit, daß Kinder arbeiten lernen.“[112]

Diese Forderung darf man nicht rein ökonomisch verstehen. Sie ist vielmehr nur eine wichtige Facette in Kants genereller Erziehungsaufgabe, die Eigenständigkeit und Selbstständigkeit der Menschen zu fördern. Ebenso hat auch die Arbeit für Kant wie die Erziehung einen anthropologischen Rang: „Der Mensch ist das einzige Thier, das arbeiten muß.“ Dieses Muß hat freilich keinen Zwangscharakter. Kant wirft ausdrücklich die Frage auf, „ob der Himmel nicht gütiger für uns würde gesorgt haben, wenn er uns Alles schon bereitet hätte vorfinden lassen, so daß wir gar nicht arbeiten dürften [erneut qua müßten]“? Seine Antwort besteht in einem klaren „Nein“, „denn der Mensch verlangt Geschäfte“. Daher wäre es falsch, sich vorzustellen, wären Adam und Eva im Paradies geblieben, so hätten sie nichts getan, „als zusammengesessen, arkadische Lieder gesungen und die Schönheit der Natur betrachtet“. Denn die „Langeweile würde sie gewiß ... gemartert haben“.[113]

Die Aufgabe, arbeiten zu lernen, richtet sich vereinfacht gesagt an zwei besondere Zielgruppen. Da es zu seiner Zeit noch keinen großzügigen Sozialstaat gab, geht Kant auf die eine Richtung nicht ein, nämlich jedem Heranwachsenden hinreichende Anreize zu geben, künftig berufsfähig zu sein. Er nimmt nur die andere Seite in den Blick. Kant würde die Playboys und Glamourgirls der Welt nicht beneiden, viel eher bedauern. Denn sie bleiben, was in den Ausdrücken *boys* und *girls* anklingt und nach Kant vor allem Kindern reicher Eltern und Fürstensöhnen droht, „das ganze Leben hindurch Kinder“.[114] Ein in diesem Sinn lebenslanges Kind bleibt freilich auch derjenige, der zwar hochgebildet ist, seinen Lebensunterhalt aber nicht selber zu verdienen vermag. Ohne es so zu pointieren, aber in der Sache klar genug lehnt Kant eine Erziehung ab, die lediglich Bildung, aber keine Ausbildung bezweckt. Um es polemisch zu sagen: Er plädiert nicht dafür, Studenten zu berufsunfähigen Geistes- oder Sozialwissenschaftlern zu erziehen.

# 7 Bilanz

Ziehen wir Bilanz: Kant bündelt die verschiedenen Erziehungsziele in einem Generalziel, der „Erziehung zur Persönlichkeit“. Unter „Persönlichkeit“ versteht er ein „frei handelndes Wesen“. Auch in der Pädagogik bleibt Kant seinem generellen

---

111 Ebd., 453–454.
112 Ebd. 472; vgl. auch 470: „Das Kind soll spielen, ... aber es muß auch arbeiten lernen“; sowie 477.
113 Ebd., 471.
114 Ebd., 454.

Anti-Paternalismus und seinem Leitziel Freiheit treu, das sich stufenweise entfaltet: Vom Despotismus der Begierden frei geworden, ist der Mensch zur willentlichen Beherrschung der eigenen Natur fähig; mit Fertigkeiten und Fähigkeiten, einschließlich Lebensklugheit und Sozialfähigkeit ausgerüstet, vermag er selbstgesetzte Zwecke zu verfolgen, die mit den Zwecken anderer verträglich sind. Da zum freien Handeln allerdings auch die Fähigkeit gehört, für den eigenen Lebensunterhalt zu sorgen, sind die drei Bürgerrollen, die ich einmal unterschieden habe, präsent: Wirtschaftsbürger, Staatsbürger und Weltbürger.[115]

Bei der Erläuterung des Generalzieles der Persönlichkeit hebt Kant drei Aufgaben einer Persönlichkeit eigens hervor. (1) Das frei handelnde Wesen vermag sich selbst zu erhalten; (2) es ist ein Glied in der Gesellschaft; (3) und es hat für sich selbst einen inneren Wert. Darin kann man die genannten drei Bürgerrollen wiedererkennen. Zugleich verwirft Kant jede Erziehung, die exklusiv nur ein einziges Ziel verfolgt, etwa einen Ökonomismus, der nur die Berufsfähigkeit in den Blick nimmt; auch eine Privilegierung des Kommunikativen und Sozialen, der den Menschen lediglich als Gesellschaftswesen sieht; schließlich einen idealistischen Moralismus, der nur den Selbstwert jedes Menschen beachtet und jede Erziehung zur Berufsfähigkeit als „Produktion von Humankapital" verunglimpft. Eine umsichtige Erziehung hält die Moral für das dominante, aber nicht exklusive Ziel. Sie sorgt daher für alle drei Dimensionen: für Berufsfähigkeit, Sozialfähigkeit und Moralfähigkeit.

# Literatur

Aristoteles. *Nikomachische Ethik*, hrsg. u. übers. v. Ursula Wolf, Reinbek: Rowohlt, 2006.

Basedow, Johann Bernhard. *Das Methodenbuch für Väter und Mütter der Familien und Völker. Unveränderter Neudruck der Ausgabe Altona und Bremen 1770*. Vaduz: Topos Verlag, 1979.

Böttiger, Karls August. *Literarische Zustände und Zeitgenossen. In Schilderungen aus Karl Aug[ust] Böttiger's handschriftlichem Nachlasse*, hg. v. Karl Wilhelm Böttiger. Bd. 1. Leipzig: F.A. Brockhaus, 1838.

Hobbes, Thomas. Leviathan *or The Matter, Form and Power of a Commonwealth, Ecclesiastical and Civill*. London: Andrew Crooke, 1651.

Höffe, Otfried. *Wirtschaftsbürger, Staatsbürger, Weltbürger. Politische Ethik im Zeitalter der Globalisierung*, München: C.H. Beck, 2004.

Höffe, Otfried. *Immanuel Kant: Kritik der Urteilskraft*. Klassiker Auslegen 33. Berlin: Akademie Verlag, 2008.

---

115 Otfried Höffe, *Wirtschaftsbürger, Staatsbürger, Weltbürger. Politische Ethik im Zeitalter der Globalisierung* (München: C.H. Beck, 2004).

Höffe, Otfried. *Kants Kritik der praktischen Vernunft. Eine Philosophie der Freiheit.* München: C.H. Beck, 2012.

Hufnagel, Erwin. „Kants pädagogische Theorie." *Kant-Studien* 79 (1988): 43–56.

Kant, Immanuel. *Anthropologie.* In *Kant's gesammelte Schriften.* Bd. 15 [AA XV], Hg. Königlich Preußische Akademie der Wissenschaften. Berlin und Leipzig: Walter de Gruyter, 1923.

Kant, Immanuel. „Anthropologie in pragmatischer Hinsicht." In *Kant's gesammelte Schriften.* Bd. 7 [AA VII], hg. v. Oswald Külpe, 117–334. Berlin: Walter de Gruyter, 1968.

Kant, Immanuel. „Aufsätze, das Philanthropin betreffend." In *Kant's gesammelte Schriften.* Bd. 2 [AA II], *Vorkritische Schriften II.* 1757–1777, hg. v. der Königlich Preußischen Akademie der Wissenschaften, 445–452. Berlin: Reimer, 1905.

Kant, Immanuel. „Die Metaphysik der Sitten." In *Kant's gesammelte Schriften.* Bd. 6 [AA VI], hg. v. Paul Natorp, 203–491. Berlin: Walter de Gruyter, 1968.

Kant, Immanuel. „Grundlegung zur Metaphysik der Sitten." In *Kant's gesammelte Schriften.* Bd. 4 [AA IV], hg. v. Paul Menzer, 385–464. Berlin: Walter de Gruyter, 1968.

Kant, Immanuel. „Idee zu einer allgemeinen Geschichte in weltbürgerlicher Absicht." In *Kant's gesammelte Schriften.* Bd. 8 [AA VIII], hg. v. Heinrich Maier, 15–32. Berlin: Walter de Gruyter, 1968.

Kant, Immanuel. *Kritik der praktischen Vernunft,* hg. v. Heiner Klemme. Hamburg: Meiner, 2003.

Kant, Immanuel. *Kritik der reinen Vernunft.* Nach der ersten und zweiten Originalausgabe hg. v. Jens Timmermann. Hamburg: Meiner, 1998.

Kant, Immanuel. *Kritik der Urteilskraft. Beiträge: Erste Einleitung in die Kritik der Urteilskraft,* hg. v. Heiner Klemme. Hamburg: Meiner: 2009.

Kant, Immanuel. „Logik." In *Kant's gesammelte Schriften.* Bd. 9 [AA IX], hg. v. Gottlob B. Jäsche, 1–150. Berlin: Walter de Gruyter, 1968.

Kant, Immanuel. „Pädagogik." In *Kant's gesammelte Schriften.* Bd. 9 [AA IX], hg. v. Friedrich Theodor Rink, 437–500. Berlin: Walter de Gruyter, 1968.

Kant, Immanuel. „Was heißt: sich im Denken orientiren?" In *Kant's geammelte Schriften.* Bd. 8 [AA VIII], hg. v. Heinrich Maier, 131–148. Berlin: Walter de Gruyter, 1968.

Kant, Immanuel. „Was heißt Aufklärung?" In *Kant's gesammelte Schriften.* Bd. 8 [AA VIII], hg. v. Heinrich Maier, 33–42. Berlin: Walter de Gruyter, 1968.

Knigge, Adolf Frhr. von. *Über den Umgang mit Menschen* (1778), hg. v. Gert Ueding. Frankfurt am Main: Insel, 1987.

LaVaque-Manty, Mika. „Kant on Education." In *Kant's Political Theory. Interpretations and Applications,* hg. v. Elisabeth Ellis. Pennsylvania: Pennsylvania State University Press, 2012.

Sagou, Yves-Marius. *Die Erziehung zum Bürger bei Aristoteles und Kant.* Epistemata: Reihe Philosophie 470. Würzburg: Königshausen & Neumann, 2009.

Scheuerl, Hans. *Klassiker der Pädagogik.* Bd. 2, *Von Karl Marx bis Jean Piaget.* München: C.H. Beck, 1979.

Andreas Kablitz
# Bildungskonzept und Bildungsroman

Goethe, Wilhelm Meisters Lehrjahre –
Th. Mann, Der Zauberberg

## 1 Variationen über das Konzept der Bildung

Hannah Arendt hat in ihrem großen Werk, *Elemente und Ursprünge totaler Herrschaft*, nicht viel übrig für das deutsche Bildungsbürgertum. Sein charakteristisches Ideal umfassender Bildung scheint für sie keinerlei Eigenwert zu besitzen, sondern in Ermangelung besserer Alternativen das einzig verbliebene Instrument im Kampf um soziale Anerkennung zu bieten:

> Nachdem es dem deutschen Bürgertum nicht gelungen war, eine politische Emanzipation zu erkämpfen, versuchte es wenigstes, sich gesellschaftlich zu emanzipieren, um dem Druck, den der adlige Hochmut auf sein Selbstbewusstsein legte, zu entkommen.[1]

Das Medium dieser Emanzipation aber ist aus ihrer Sicht eben vor allem die Bildung, deren Leistungen sie freilich ziemlich skeptisch beurteilt:

> Was immer das deutsche Bürgertum in seiner schwierigen und politisch besonders ungünstigen Situation schließlich an gesellschaftlichem Selbstbewußtsein aufzuweisen hatte, verdankte es seinen Intellektuellen, unter denen die Romantiker eine hervorragende Stellung einnahmen. Es hat sich dadurch erkenntlich erwiesen, daß es „gebildet" wurde und daß Bildung in Deutschland mehr als in anderen Ländern eine ausgesprochen gesellschaftliche, klassenmäßige Indikation erhielt. Nur daß dies Sich-erkenntlich-Erweisen seine zwei Seiten hatte: Denn obwohl der Intellektuelle und vor allem der romantische Intellektuelle den Philister haßte, stellte es sich bald heraus, „daß der Philister den Romantiker liebte, und in einem solchen Verhältnis war die Überlegenheit offenbar auf der Seite des Philisters". Mit anderen Worten: Die Erhebung der Bildung zu einer gesellschaftlichen Qualität erzeugte jenes Bildungsphilistertum, das es nur in Deutschland gegeben hat und das den deutschen Intellektuellen und den deutsche Bürgern eigentlich gleichermaßen schlecht bekommen ist.[2]

Der in diesem Zitat seinerseits Zitierte ist übrigens kein anderer als Carl Schmitt, aus dessen *Politischer Romantik* die von Hannah Arendt wiedergegebene Be-

---

1 Hannah Arendt, *Elemente und Ursprünge totaler Herrschaft* (München: Piper, 1995), 372–373.
2 Ebd.

https://doi.org/9783110352740-006

merkung stammt.[3] Den (polemischen) Begriff des *Bildungsphilisters* aber hat Friedrich Nietzsche in der ersten seiner *Unzeitgemäßen Betrachtungen* mit dem Titel *David Strauß. Der Bekenner und Schriftsteller*, prominent gemacht. Von ihm übernimmt Arendt die negative Bewertung des Bildungsbürgers als eines Bildungsphilisters. Der Bildungsphilister gilt Nietzsche als das Gegenbild des Kulturmenschen[4] und damit als das Gegenbild seines Selbstbildes.[5] Eben dies, dass er sich für den Repräsentanten der Kultur schlechthin hält, aber macht ihn so resistent und deshalb so mächtig. Was den Philister vom „echten" Kulturmenschen unterscheidet, ist sein wesentlich negativer Habitus.[6] Er definiert sich wesentlich durch Ausgrenzung, stellt intellektuellen Besitzstand gegen Suche – jenes Suchen, das einen Kern aller wahren Kultur ausmacht.[7] Das Bildungsphilistertum steht für Nietzsche deshalb auch im Bund mit der in seiner Zeit allenthalben zu beobachtenden Historisierung der Kultur,[8] die er in der zweiten seiner *Unzeitgemäßen*

---

3 Carl Schmitt-Dorotić, *Politische Romantik* (München/Leipzig: Duncker & Humblot, 1919), 87.
4 „Aber die systematische und zur Herrschaft gebrachte Philisterei ist deshalb, weil sie System hat, noch nicht Kultur und nicht einmal schlechte Kultur, sondern immer nur das Gegenstück derselben, nämlich dauerhaft begründete Barbarei" (Friedrich Nietzsche, *David Strauß. Der Bekenner und der Schriftsteller, Unzeitgemäße Betrachtungen: Erstes Stück*, in *Friedrich Nietzsche. Sämtliche Werke. Kritische Studienausgabe in 15 Bänden*, Hg. Giorgio Colli und Mazzino Montinari, Bd. 1 (Berlin: Walter de Gruyter, 1967), 166.
5 „Der Bildungsphilister aber – dessen Typus zu studieren, dessen Bekenntnisse, wenn er sie macht, anzuhören jetzt zur leidigen Pflicht wird – unterscheidet sich von der allgemeinen Idee der Gattung ‚Philister' durch einen Aberglauben: er wähnt selber Musensohn und Kulturmensch zu sein; ein unbegreiflicher Wahn, aus dem hervorgeht, dass er gar nicht weiß, was der Philister und was sein Gegensatz ist: weshalb wir uns nicht wundern werden, wenn er meistens es feierlich verschwört, Philister zu sein" (ebd., 165).
6 „Der Bildungsphilister wehrt in solchem Falle nur ab, verneint, sekretirt, verstopft sich die Ohren, sieht nicht hin, er ist ein negatives Wesen, auch in seinem Hasse und seiner Feindschaft" (ebd., 166).
7 „Denn er s u c h t, dieser deutsche Geist! und, ihr hasst ihn deshalb, weil er sucht, und weil er euch nicht glauben will, dass ihr schon gefunden habt, wonach er sucht. Wie ist es nur möglich, dass ein solcher Typus, wie der des Bildungsphilisters, entstehen und, falls er entstand, zu der Macht eines obersten Richters über alle deutschen Kulturprobleme heranwachsen konnte, wie ist dies möglich, nachdem an uns eine Reihe von grossen heroischen Gestalten vorübergegangen ist, die in allen ihren Bewegungen, ihrem ganzen Gesichtsausdrucke, ihrer fragenden Stimme, ihrem flammenden Auge nur eins verrieten: d a s s   s i e   S u c h e n d e   w a r e n, und dass sie eben das inbrünstig und mit ernster Beharrlichkeit suchten, was der Bildungsphilister zu besitzen wähnt: die ächte ursprüngliche deutsche Kultur" (ebd., 167).
8 „Eben diese Behaglichen bemächtigen sich zu demselben Zwecke, um ihre Ruhe zu garantiren, der Geschichte, und suchten alle Wissenschaften, von denen etwa noch Störungen der Behaglichkeit zu erwarten waren, in historische Disciplinen umzuwandeln, zumal die Philosophie und die klassische Philologie" (ebd., 169).

*Betrachtungen, Vom Nutzen und Nachteil der Historie*, aufs Korn nehmen wird. Bildung erscheint ihm wesentlich als Besitzstandswahrung und bedient sich deshalb auch der Geschichte, um ihre Wirklichkeitsdeutung wesentlich als eine Erschließung der Vergangenheit durchzusetzen.[9]

Die Suche nach dem, was noch nicht gefunden ist, bildet in Nietzsches erster *Unzeitgemäßer Betrachtung* aber nicht das alleinige Merkmal aller wahren Kultur. Eine zweite Komponente erscheint für sie unverzichtbar, ja mitunter gerät sie zum eigentlichen Definiens der Kultur: „Kultur ist vor allem Einheit des künstlerischen Stils in allen Lebensäußerungen eines Volkes" heißt es an anderer Stelle, um diesem Prinzip zugleich das Chaos der philisterlichen Bildung gegenüberzustellen.[10] Hier scheint bereits jene Opposition auf, die in Nietzsches Spätwerk seine Invektiven gegen die *décadence*, allem voran das Musikdrama Richard Wagners, bestimmen wird. Auch dort ist es der Gegensatz des Ganzen und des Fragments, der den Unterschied zwischen „gesunder" und dekadenter Kunst bilden wird. An dieser Definition der Kultur aber fällt auch auf, dass sie nach dem Modell der Kunst gebaut ist. Denn während sie zum einen mit *allen Lebensäußerungen eines Volkes* identifiziert wird, gilt doch zugleich, dass sie nach den Maßgaben von Artefakten, aufgrund der *Einheit des künstlerischen Stils* in diesen Lebensäußerungen bewertet wird. Und gleiches gilt ebenso für die Bildung der Philister, denen das Chaos ihrer Stilvielfalt zum Vorwurf gemacht ist. Denn so unstrittig es ist, dass alle Bildung Kenntnis von und Vertrautheit mit etlichen Kunstwerken umfasst, sie selbst wird man kaum als Kunst bezeichnen wollen. Und doch hat sie den Ansprüchen, die

---

**9** So sehr Nietzsche und Hannah Arendt in ihrer Kritik des Bildungsphilisters übereinstimmen, unterscheiden sie sich doch in der Zuweisung der Ursachen, die zu dieser negativen Erscheinung der deutschen Kultur des 19. Jahrhunderts geführt haben. Hannah Arendts Erklärung ist soziologischer Natur. Die Verwandlung des Bildungsideals zum Distinktionsmerkmal einer sozialen Klasse sei der Grund für dessen Denaturierung zum Bildungsphilistertum. Nietzsches Ansatz ist stattdessen biologistischer Natur. Schon hier sieht er den Unterschied zwischen den Gesunden und den Schwachen am Werk. Anknüpfend an ein „Bekenntnis" von David Strauß, in dem dieser die Schwachheit als den Urgrund jener Bildung bezeichnet, die Nietzsche den Philistern anlastet, heißt es in der ersten *Unzeitgemäßen Betrachtung*: „Eben diese Schwachheit hatte sonst in weniger indiskreten Momenten einen schöneren Namen: es war die berühmte ‚Gesundheit' der Bildungsphilister. Nach dieser allerneuesten Belehrung möchte es sich aber empfehlen, nicht mehr von ihnen, als den ‚Gesunden' zu reden, sondern von den S c h w ä c h l i c h e n oder mit Steigerung, von den S c h w a c h e n" (Nietzsche, *David Strauß*, 173).
**10** „Kultur ist vor allem Einheit des künstlerischen Stiles in allen Lebensäusserungen eines Volkes. Vieles Wissen und Gelernthaben ist aber weder ein nothwendiges Mittel der Kultur, noch ein Zeichen derselben und verträgt sich nöthigenfalls auf das beste mit dem Gegensatze der Kultur, der Barbarei, das heisst: der Stillosigkeit oder dem chaotischen Durcheinander aller Stile" (ebd., 163).

man an Artefakte stellt, zu genügen. Nietzsches Konzept der Kultur ist ein in hohem Maß ästhetisiertes.

Etwas Zweites fällt an seiner Definition der Kultur auf. Denn die beiden sie konstituierenden Komponenten, Suche und Stileinheit – Nietzsche spricht auch von dem *Gepräge einer productiven und stilvollen Kultur*[11] –, stehen in einem gewissen Gegensatz zueinander. *Suche* ist ein Prozess, näherhin ein (*per definitionem*) unabgeschlossener Prozess. Nirgends stellt Nietzsche denn auch fest, dass diese Suche auf ein Ende zuliefe, ein solches finde oder auch nur finden könne. Vielmehr gehören Suche und Produktivität zueinander. Kultur ist insofern unablässige Suche. Die *Einheit des künstlerischen Stils* passt indessen weit mehr zum fertigen Produkt. Am vollendeten Kunstwerk entscheidet sich, ob diese Einheitlichkeit gelungen ist. Nietzsches Kulturkonzept im ersten Stück seiner *Unzeitgemäßen Betrachtungen* verbindet deshalb zwei im Grunde antagonistische Momente – das Prinzip einer Stileinheit, das zum fertigen Artefakt zu gehören scheint, und die Dynamik einer Suche, die gerade durch kein Endziel arretiert werden zu können scheint. Im Rahmen von Nietzsches Werken muss dieses latent widersprüchliche Moment seiner Kulturdefinition indessen nicht überraschen. Es entspricht vielmehr dem gleichfalls latenten Antagonismus, der die *Geburt der Tragödie* durchzieht, in welcher Schrift er in Gestalt des Mit- und Gegeneinanders des Dionysischen und des Apollinischen in Erscheinung tritt. Dieses Moment scheint insoweit charakteristisch für Nietzsches Denken zu sein.[12]

Im Fall von Nietzsches Kulturkonzept und seiner Kritik des Bildungsphilisters lässt sich das durchaus konfliktträchtige Verhältnis von Stileinheit und Suche als eine Desintegration vorgängiger Bildungskonzepte begreifen. Im Besonderen Überlegungen Wilhelm von Humboldts zur Bildung des Menschen scheinen den Horizont von Nietzsches Aussagen darzustellen. Denn Bildung vereint bei Humboldt gerade beides: einen Prozess sowie ein Ziel dieses Prozesses, das seinerseits in ästhetischen Kategorien beschrieben wird:

> Der wahre Zwek des Menschen – nicht der, welchen die wechselnde Neigung, sondern welchen die ewig unveränderliche Vernunft ihm vorschreibt – ist die höchste und proportionirlichste Bildung seiner Kräfte zu einem Ganzen.[13]

---

11 Ebd., 164.

12 Vgl. hierzu meinen Artikel „Ontologie und Ästhetik in Friedrich Nietzsches *Die Geburt der Tragödie*," in *Ethos und Form der Tragödie. Für Maria Moog-Grünewald zum 65. Geburtstag*, Hg. Niklas Bender, Max Grosse und Steffen Schneider, Germanisch-Romanische Monatsschrift. Beihefte 60 (Heidelberg: Winter, 2014).

13 Wilhelm von Humboldt, „Ideen zu einem Versuch, die Gränzen der Wirksamkeit des Staates zu bestimmen," in *Wilhelm von Humboldt. Werke in fünf Bänden*, Bd. 1, *Schriften zur Anthropologie*

Die Vorstellung von der Proportion wie dem Ganzen deuten auf geläufige Merkmale ästhetischer Objekte; und so kann es nicht erstaunen, dass die Bildung des Menschen in der Tat auf eine Herstellung von Schönheit zielt, heißt es doch etwa auch:

> Daher erscheint der also gebildete Mensch in seiner höchsten Schönheit, wenn er ins praktische Leben tritt, wenn er, was er in sich aufgenommen hat, zu neuen Schöpfungen in und ausser sich fruchtbar macht.[14]

Ausdrücklich also ist (intellektuelle) Schönheit der Person als ein Ziel von Bildung benannt; und diese Ästhetisierung des Bildungsziels setzt sich fort, wenn das Agieren des Menschen im praktischen Leben als ein Fruchtbarmachen *zu neuen Schöpfungen* bezeichnet ist. Auch dies nimmt an künstlerischer Produktion Modell.[15] Im Telos des Bildungsziels vereinigen sich also Ästhetik und Bildungsprozess in der Produktion

---

*und Geschichte*, Hg. Andreas Flitner und Klaus Giel (Darmstadt: Wissenschaftliche Buchgesellschaft, 1960), 64.

**14** Ebd., 139. Ähnlich lautend etwa: „Daher ist der interessante Mensch in allen Lagen und allen Geschäften interessant; daher blüht er zu einer entzükkenden Schönheit auf in einer Lebensweise, die mit seinem Charakter übereinstimmt" (ebd., 76). Auch hier ist nicht nur der Begriff der Schönheit ausdrücklich benutzt, vielmehr ist mit dem Postulat eines Korrespondenzverhältnisses zwischen Lebensweise und Charakter als Ursache dieser Schönheit ebenfalls eine kanonische Bedingung ästhetischer Effekte geltend gemacht. Dass die Herstellung von Schönheit ein Ziel auch sittlicher Vervollkommnung des Menschen darstellt, wird ebenso ausdrücklich: „Alle Stärke – gleichsam die Materie – stammt aus der Sinnlichkeit, und, wie weit entfernt von dem Stamme, ist sie doch noch immer, wenn ich so sagen darf, auf ihm ruhend. Wer nun seine Kräfte unaufhörlich zu erhöhen, und durch häufigen Genuss zu verjüngen sucht, wer die Stärke seines Charakters oft braucht, seine Unabhängigkeit von der Sinnlichkeit zu behaupten, wer so diese Unabhängigkeit mit der höchsten Reizbarkeit zu vereinen bemüht ist, wessen gerader und tiefer Sinn der Wahrheit unermüdet nachforscht, wessen richtiges und feines Schönheitsgefühl keine reizende Gestalt unbemerkt lässt, wessen Drang, das ausser sich Empfundene in sich aufzunehmen und das in sich Aufgenommene zu neuen Geburten zu befruchten, jede Schönheit in seine Individualität zu verwandeln, und, mit jeder sein ganzes Wesen gattend, neue Schönheit zu erzeugen strebt, der kann das befriedigende Bewusstsein nähren, auf dem richtigen Wege zu sein, dem Ideale sich zu nahen, das selbst die kühnste Phantasie der Menschheit vorzuzeichnen wagt" (ebd., 140 – 141). Die zitierten Sätze lassen im Grunde keine Alternative, als die in die eigene Individualität des Menschen verwandelte (vorgefundene) Schönheit, insofern sie dabei *sein ganzes Wesen* zu *gatten* hat, als die Schönheit dieses Wesen selbst zu verstehen.

**15** Wie ernst dies gemeint ist, geht daraus hervor, dass Humboldt zufolge auch Bauern und Handwerker durch Bildung zu Künstlern zu werden vermögen: „So liessen sich vielleicht aus allen Bauern und Handwerkern *Künstler* bilden, d. h. Menschen, die ihr Gewerbe um ihres Gewerbes willen liebten, durch eigen gelenkte Kraft und eigne Erfindsamkeit verbesserten, und dadurch ihre intellektuellen Kräfte kultivirten, ihren Charakter veredelten, ihre Genüsse erhöhten. So würde die Menschheit durch eben die Dinge geadelt, die jetzt, wie schön sie auch an sich sind, so oft dazu dienen, sie zu entehren" (ebd., 76).

des ästhetisch gelungenen Menschen, um diesen Prozess in diesem Ergebnis zugleich zu arretieren. Anders bei Nietzsche. Die unhintergehbare Dynamik einer Suche, die Produktivität begründet und kein Ziel kennt, verbindet sich paradox mit den stilistischen Errungenschaften der Produkte dieser Suche.

Der Stellenwert, den die Bildung des Menschen zur ästhetischen Vervollkommnung seiner Person besitzt, geht noch deutlicher aus Humboldts Fragment *Theorie der Bildung des Menschen* hervor. Dort zeigt sich, dass sie alles andere als eine nur wünschenswerte Bereicherung humaner Existenz bedeutet. Sie begründet vielmehr das Weltverhältnis des Menschen, ihre Leistung ist keine geringere als „die Verknüpfung unsres Ichs mit der Welt".[16] Denn nur in der Auseinandersetzung mit der Welt vermag der Mensch sich selbst auszubilden.[17] Einzig in dieser Selbstformung hat aller Weltkontakt auch seinen Zweck.[18] Es ist ein bemerkenswert radikal subjektphilosophisches Konzept, das hier zugrunde gelegt ist und jenseits aller Vorstellung vom Menschen als einem *animal sociale* zu liegen scheint. Bezeichnenderweise bedarf es sogar einer ausdrücklichen Versicherung, dass der Mensch, wenn auch nur zum Zweck seiner Selbstvervollkommnung, eine Welt außerhalb seiner Person überhaupt benötigt.[19]

So kann es nicht verwundern, dass die Zuwendung zur Welt stets auch die Gefahr der Entfremdung mit sich bringt.[20] Es ist genau diese Gefährdung, die in anderer Perspektive in einer der prägnantesten mir bekannten Definitionen dessen, was Bildung ausmacht, thematisch wird. Sie findet sich in einer der Grün-

---

**16** Wilhelm von Humboldt, „Theorie der Bildung des Menschen. Bruchstück," in *Wilhelm von Humboldt. Werke in fünf Bänden*, Bd. 1, Hg. Andreas Flitner und Klaus Giel: 236.

**17** „Bloss weil beides, sein Denken und sein Handeln nicht anders, als nur vermöge eines Dritten, nur vermöge des Vorstellens und des Bearbeitens von etwas möglich ist, dessen eigentlich unterscheidendes Merkmal es ist, NichtMensch, d. i. Welt zu seyn, sucht er, soviel Welt, als möglich zu ergreifen, und so eng, als er nur kann, mit sich zu verbinden" (ebd., 235).

**18** „Die letzte Aufgabe unsres Daseyns: dem Begriff der Menschheit in unsrer Person, sowohl während der Zeit unsres Lebens, als auch noch über dasselbe hinaus, durch die Spuren des lebendigen Wirkens, die wir zurücklassen, einen so grossen Inhalt, als möglich, zu verschaffen, diese Aufgabe löst sich allein durch die Verknüpfung unsres Ichs mit der Welt zu der allgemeinsten, regesten und freiesten Wechselwirkung" (ebd., 235–236).

**19** „Da jedoch die blosse Kraft einen Gegenstand braucht, an dem sie sich übe, und die blosse Form, der reine Gedanke, einen Stoff, in dem sie, sich darin ausprägend, fortdauern könne, so bedarf auch der Mensch einer Welt ausser sich" (ebd., 235).

**20** „Beschränken sich indess auch alle diese Forderungen nur auf das innere Wesen des Menschen, so dringt ihn doch seine Natur beständig von sich aus zu den Gegenständen ausser ihm überzugehen, und hier kommt es nun darauf an, dass er in dieser Entfremdung nicht sich selbst verliere, sondern vielmehr von allem, was er ausser sich vornimmt, immer das erhellende Licht und die wohlthätige Wärme in sein Innres zurückstrale" (ebd., 237).

dungurkunden der romantischen Poetik, in Friedrich Schlegels Schrift *Über das Studium der griechischen Poesie:*

> Bildung ist der eigentliche Inhalt jedes menschlichen Lebens, und der wahre Gegenstand der höhern Geschichte, welche in dem Veränderlichen das Notwendige aufsucht. So wie der Mensch ins Dasein tritt, wird er mit dem Schicksal gleichsam handgemein, und sein ganzes Leben ist ein steter *Kampf* auf Leben und Tod mit der furchtbaren Macht, deren Armen er nie entfliehen kann.[21]

Der hier als Schicksal identifizierte Gegner, die *furchtbare Macht*, aber meint die *Natur,* heißt es doch von ihr ausdrücklich:

> [...] sogar im Mittelpunkte seines eignen [sc. des Menschen] Wesens hat sein Feind – die ihm entgegengesetzte Natur – noch Wurzel gefasst.[22]

Schon aus Humboldts Ausführungen ging hervor, dass die Bildung weit mehr als ein individualpädagogisches oder soziales Programm der Optimierung menschlicher Möglichkeiten bedeutet. In Schlegels *Studium*-Aufsatz aber treten ihre letztlich metaphysischen Grundlagen in nicht zu übersehender Klarheit hervor. Bildung also, und dies macht zugleich den ethischen Kern ihres hier entwickelten Konzepts aus, ist ein Programm der Freiheit. Es zielt auf den Gewinn von Macht über die Natur. Von hierher rührt der Antagonismus zur Natur, die mit nachgerade erstaunlich abwertenden Begriffen belegt wird, bildet sie doch eine stete Bedrohung des Menschen. Denn nur im Widerstand gegen sie lässt sich Freiheit erobern und damit eine eigentlich humane Identität ausbilden.

Nun ist ein solcher Substantialismus in der Begründung der Notwendigkeit von Bildung – „Bildung ist der eigentliche Inhalt jedes menschlichen Lebens" hatte Schlegel gesagt – zweifelsohne kein zwingendes Argument gegen Hannah Arendts soziologische Bestimmung ihrer Funktion. Im Gegenteil: *Gerade* dieser anthropologische Substantialismus lässt sich als Teil einer Strategie der Etablierung eines ständischen oder Klasseninteresses verstehen, dessen Berechtigung nur umso größer erscheint, je universeller seine Begründung ausfällt. Gleichwohl ist nicht zu übersehen, dass Schlegels Charakteristik der Aufgaben der Bildung teilhat an einer Neubestimmung des Verhältnisses von Mensch und Natur, wie sie für das Denken des späten 18. Jahrhunderts in vielfältiger Weise zu beobachten ist. Und es fällt schwer, diesen gesamten Prozess des Denkens einem

---

[21] Friedrich Wilhelm Schlegel, „Über das Studium der griechischen Poesie," in *Kritische Friedrich-Schlegel-Ausgabe*, Hg. Ernst Behler u. a., Bd. 1, *Studien des klassischen Altertums*, Hg. Ernst Behler (München u. a.: Schöningh u. a., 1979), 229.
[22] Ebd., 230.

bloß ständischen Interessenkalkül zu unterstellen. Welchen Stellenwert diese Neubestimmung der Beziehung des Menschen zur Natur in dieser Zeit besitzt, kann ja allein schon das Werk Kants belegen, seine Erkenntnistheorie, die von einer Ontologie nun nicht mehr recht zu unterscheiden ist, nicht anders als seine Ästhetik.

Übrigens ist der Vergleich von Kants Ästhetik mit Schlegels und Humboldts Bildungskonzept höchst lehrreich. Gerade anhand einer solchen Gegenüberstellung wird die Verschärfung der Tendenzen erkennbar, die sich bereits bei Kant bemerken lassen. Zweifellos ist das in Kants dritter Kritik entwickelte Konzept des Schönen ebenfalls eine Figur der Freiheit. Denn anders als das empirische Urteil nimmt das ästhetische Urteil gerade *keine* Bestimmung seines Gegenstands vor. Vielmehr ermöglicht gerade das Ausbleiben einer solchen Bestimmung das freie, harmonische Spiel von Einbildungskraft und Urteilsvermögen, auf dem die Erkenntnis des Schönen beruht und das zugleich das Vergnügen an diesem schönen Gegenstand hervorruft.[23] Bei Kant bewirkt also auch das Naturschöne eine intellektuelle Disposition, die durchaus keinen Gegensatz zur Natur herstellt. Anders bei Schlegel: Denn bei ihm beruht die Bildung als ein dem Menschen notwendiges Programm, das den Inhalt seines Lebens ausmachen soll, gerade auf diesem Gegensatz. Bildung aber wird auf diese Weise zum Agon, zum Kampf *mit* der Natur. Was dabei zum Tragen kommt, ist freilich jene Separation von Ich und Natur, die Kant in der *Kritik der reinen Vernunft* durch die Unterscheidung zwischen dem *Ding an sich* und der *Erscheinung*, dem *Ding für uns*, bereits vollzogen hatte. Während seine Ästhetik ein eher harmonisches Verhältnis zwischen Ich und Natur ansetzt,[24] deutet Schlegel die ontologische Scheidung von Ich und Natur in seiner Ästhetik zur agonalen Aus-

---

**23** „Also ist ein ästhetisches Urtheil dasjenige dessen Bestimmungsgrund in einer Empfindung liegt, die mit dem Gefühle der Lust und Unlust unmittelbar verbunden ist. Im ästhetischen Sinnes-Urtheile ist es diejenige Empfindung, welche von der empirischen Anschauung des Gegenstandes unmittelbar hervorgebracht wird, im ästhetischen Reflexionsurtheile aber die, welche das harmonische Spiel der beyden Erkenntnißvermögen der Urtheilskraft, Einbildungskraft und Verstand im Subjecte bewirkt, indem in der gegebenen Vorstellung das Auffassungsvermögen der einen und das Darstellungsvermögen der andern einander wechselseitig beförderlich sind, welches Verhältniß in solchem Falle durch diese bloße Form eine Empfindung bewirkt, welche der Bestimmungsgrund eines Urtheils ist, das darum ästhetisch heißt und als subjektive Zweckmäßigkeit (ohne Begrif) mit dem Gefühle der Lust verbunden ist" (Immanuel Kant, „Erste Einleitung in die Kritik der Urtheilskraft," [VIII. Von der Ästhetik des Beurteilungsvermögens] AA XX 224). Was hier als das *harmonische Spiel* bezeichnet wird, heißt andernorts in der *Kritik der Urteilskraft* auch das freie Spiel (Immanuel Kant, *Kritik der Urteilskraft*, u. a. B28–29).
**24** Ich habe diese Harmonie von Ich und Natur im Naturschönen andernorts als eine latente ontologische Sicherung der Voraussetzungen empirischer Urteile gedeutet. Vgl. hierzu Andreas Kablitz, *Kunst des Möglichen. Theorie der Literatur* (Freiburg im Breisgau: Rombach, 2012), 29 ff.

einandersetzung mit der Natur um, zum Ringen um die Behauptung gegenüber der Natur. Jedenfalls aber wird hier ersichtlich, dass das Konzept der Bildung und das philosophische Konzept des Ästhetischen einer gleichen Problemstellung antworten. Beide sind Embleme der Reorganisation des Verhältnisses von Natur und Vernunft am Ausgang des 18. Jahrhunderts und besitzen im Telos eines auf Freiheit gegründeten Schönen ihr *tertium comparationis*.

Zwei Komponenten also sind es, die die Bildung bei Humboldt und Schlegel bestimmen. Sie meint zum einen Gestaltung, Formgebung oder -werdung, zum Zwecke der Produktion von letztlich ästhetischer Lust. Aber sie meint ebenso Machtbehauptung, das Erringen eines Siegs über die Natur, wobei beide Auffassungen sich wechselseitig bedingen. Denn die selbsttätige Gestaltung des Menschen durch sich selbst ist der Prozess der Machtgewinnung über die Natur. An der Schönheit des Produkts also bemisst sich letztlich auch der Behauptungserfolg des Ichs.[25]

# 2 Johann Wolfgang von Goethe, *Wilhelm Meisters Lehrjahre*

Es hat seinen guten Grund, warum der Roman zu einem der privilegierten Orte geworden ist, an denen das sich um 1800 formierende Bildungskonzept seinen Ausdruck fand. Denn Bildung impliziert einen Prozess, sie ist stets auf einen Vorgang hin angelegt. Gerade zur Darstellung dieser zeitlichen Dimension aller Bildung aber eignet sich die Erzählung, die ihrerseits eine Organisation von Zeit darstellt.[26] Durchaus konsequent ist es folglich, wenn der Bildungsroman zu einem bevorzugten Medium der Diskussion des Bildungskonzepts aufstieg. Allerdings hat es mit dieser Gattung eine besondere, und wie mir scheint, höchst aufschlussreiche Bewandtnis in ihrer Beziehung zum theoretisch entwickelten Bildungskonzept.

---

25 Christian Gottfried Körner hat in seiner Charakteristik des Bildungsziels des Protagonisten in Goethes Roman *Wilhelm Meisters Lehrjahre* die Formel „Harmonie mit Freiheit" geprägt; vgl. Wilhelm Voßkamp, „Der Bildungsroman als literarisch-soziale Institution. Begriffs- und funktionsgeschichtliche Überlegungen zum deutschen Bildungsroman am Ende des 18. und Beginn des 19. Jahrhunderts," in *Zur Terminologie der Literaturwissenschaft. Akten des IX. Germanistischen Symposions der Deutschen Forschungsgemeinschaft, Würzburg 1986*, Hg. Christian Wagenknecht (Stuttgart: Metzler, 1989), 341. Die Formel benennt sehr genau die beiden Komponenten, ästhetische Wohlgeformtheit und auf Freiheit gegründete Selbständigkeit, die das Bildungsideal auch in seiner zeitgenössischen theoretischen Begründung charakterisieren.

26 Treffend hat Wilhelm Voßkamp „eine ‚Notwendigkeit' zum Erzählen" festgestellt, vgl. ders., „Der Bildungsroman als literarisch-soziale Institution," 339).

Erstling und gleichzeitig Modell aller Bildungs- und Entwicklungsromane, nicht nur für die deutsche Literatur, ist Goethes *Wilhelm Meister*, näherhin sein Roman *Wilhelm Meisters Lehrjahre*.[27] Indessen hat man für die Gattung des Bildungsromans festgestellt, dass sein Urbild zugleich ein Gegenbild aller späteren Bildungsromane darstelle. Denn nur bei Goethe gelinge, so heißt es allenthalben, der Bildungsweg seines Protagonisten, während er bei den Nachfolgern zumeist scheitere. Das ist in Kellers *Grünem Heinrich* in der Tat nicht anders als in Balzacs *Illusions perdues* oder Flauberts *Éducation sentimentale* der Fall. In der Tat steht außer Frage, dass der Titelheld am Schluss von *Wilhelm Meisters Lehrjahren*, allen vorausgehenden Wirrungen seines Lebens zum Trotz, glücklich in den Hafen der Ehe mit einer Wunschpartnerin einfährt. Ausdrücklich deklariert er dieses gelungene Finale zum Beschluss des Romans auch selbst als sein Glück, wenn auch bezeichnenderweise, als ein unverdientes Glück. Denn der Text endet mit folgenden Worten aus seinem Mund:

> [...] ich weiß, daß ich ein Glück erlangt habe, das ich nicht verdiene und das ich mit nichts in der Welt vertauschen möchte.[28]

Dieser Eindruck des Gelungenen, aber zugleich Unverdienten hat seinen guten Grund. Denn der Roman erzählt im Grunde die Geschichte des Scheiterns von Wilhelms hochmögenden Bildungsplänen. Niemand anderes als der Protagonist selbst ist sich dieses Scheiterns bewusst. Nur wenige Seiten vor seiner soeben

---

27 Die Arbeiten von Wilhelm Voßkamp sind maßgeblich für die Forschung zum Bildungsroman, die sich in einer kaum noch zu überschauenden Vielfalt von Publikationen darstellt; die Substanz von Voßkamps Thesen ist am besten in zwei Sammelbänden zugänglich, in die, teils in überarbeiteter Form, die wichtigsten seiner Artikel zum Thema eingegangen sind: Wilhelm Voßkamp, *„Ein anderes Selbst". Bild und Bildung im deutschen Roman des 18. und 19. Jahrhunderts* (Göttingen: Wallstein, 2004) [das zitierte Konzept etwa S. 81 und öfter]; ders., *Der Roman des Lebens. Die Aktualität der Bildung und ihre Geschichte im Bildungsroman* (Berlin: University Press, 2009). – Es ist bemerkenswert, dass es in der germanistischen Forschung seit Morgensterns frühem Artikel eine große Konstanz gibt, was die Beschreibung, und auch, was die funktionale Einordnung des Musters anlangt. Natürlich gibt es auch hier radikale Positionen, die die Inexistenz der Gattung oder die konsequente Nicht-Realisierung aller (dann aus dieser Sicht vorgeblichen) Gattungsmerkmale in den tatsächlichen Textzeugnissen „nachzuweisen" versuchen; aber derartige Extremismen sind geisteswissenschaftlicher Forschung nicht grundsätzlich fremd und erklären sich nicht aus den Phänomenen, sondern aus der immanenten Dynamik einer stets um Innovation bemühten Forschung. Und neu ist schließlich auch das Abwegige.
28 Johann Wolfgang Goethe, „Wilhelm Meisters Lehrjahre," in *Johann Wolfgang Goethe. Sämtliche Werke. Briefe, Tagebücher und Gespräche. 40 Bände*, Hg. Wilhelm Voßkamp und Herbert Jaumann, Bd. 9, *Wilhelm Meisters theatralische Sendung. Wilhelm Meisters Lehrjahre. Unterhaltungen deutscher Ausgewanderten* (Frankfurt am Main: Deutscher Klassiker Verlag, 1992), 992.

zitierten finalen Erklärung beklagt er noch das Fiasko all seiner Bestrebungen, als ihm die erwünschte Frau, Therese, verloren geht, und die glückliche Verbindung mit Natalie, die andere als solche erkennen und für ihn arrangieren werden, noch nicht absehbar ist:

> [E]s ist vergebens, in dieser Welt nach eigenem Willen zu streben. Was ich fest zu halten wünschte, muß ich fahren lassen[...].[29]

Und in der Tat handelt der Roman im Grunde vom Brechen seines Willens. Denn mehr oder minder alles, was Wilhelm sich zur Bildung seiner eigenen Person vorgenommen hatte, geht, ungeachtet des glücklichen Endes, nicht auf. Ausgehend von dieser Paradoxie möchte ich deshalb die These formulieren, die ich der Untersuchung von Goethes Roman im Hinblick auf das darin – im doppelten Sinne des Wortes – reflektierte Bildungsprogramm zugrunde legen werde: Während die um 1800 geführte theoretische Diskussion des Bildungskonzepts eine in letzter Konsequenz metaphysisch begründete Selbstbildung des Menschen (des Individuums wie der Gattung) zum Ideal humaner Existenz erklärt, bilanziert Goethe stattdessen gerade die Risiken einer solchen Selbstbildung. Das Romangeschehen besteht zu weiten Teilen in einer Rücknahme von Wilhelms eigenem Bildungsprogramm, das, wie ich anhand einiger Züge noch erläutern werde, eine Reihe von Gemeinsamkeiten mit einem Bildungskonzept aufweist, wie es vor allem Schlegel formuliert hat. Wilhelm gelangt also zum erwünschten Bildungsziel paradoxerweise durch die Rücknahme seines eigenen Bildungsprogramms. Diese Gewinnung des Bildungsziels durch einen Weg der Negation seines ursprünglichen Bildungsprogramms bringt es übrigens mit sich, dass das positive Bildungsziel selbst in diesem Roman im Grunde keine präzise Bestimmung erfährt und daher recht unscharf bleibt. Niemand hat das so früh und so deutlich gesehen wie Friedrich Schlegel in seiner höchst positiven, wo nicht hymnischen Besprechung von Goethes *Wilhelm Meister*, in der er unter anderem feststellt:

> Wie mögen sich die Leser dieses Romans beim Schluß desselben getäuscht fühlen, da aus allen diesen Erziehungsanstalten nichts herauskommt, als bescheidne Liebenswürdigkeit[...].[30]

---

**29** Ebd., 976.
**30** Friedrich Schlegel, „Über Goethes Meister," in *Kritische Friedrich-Schlegel-Ausgabe* Bd. 2, *Charakteristiken und Kritiken I (1796–1801)*, Hg. Hans Eichner (München u. a.: Schöningh. u. a., 1967), 144.

Die *bescheidne Liebenswürdigkeit* aber ist eine Formel für die Haltung dessen, der seine hochmögenden Pläne verworfen hat und dessen Erziehung eben gerade durch diese Absage an das besteht, was er sich dereinst vorgenommen hatte.

Auch im Hinblick auf Goethes *Wilhelm Meister* hält Hannah Arendt an ihrer soziologischen Prämisse für das Bildungskonzept fest:

> Die Erziehungsgeschichte im „Wilhelm Meister", dem klassischen deutschen Bildungsro-
> man, in der der Held von Adligen und Schauspielern, also denen, die außerhalb der bür-
> gerlichen Gesellschaft stehen, erzogen wird, zeigt deutlichst, wie hoffnungslos die Situation
> um 1800 gewesen sein muß, wie unwahrscheinlich es war, wirkliche „Persönlichkeiten" im
> Bürgertum zu finden.[31]

Zunächst könnte es scheinen, als gebe ihr Goethes Roman selbst in jeder Hinsicht Recht. Vor allem in dem Brief, den Wilhelm an seinen Freund Werner schreibt, um seine Entscheidung für eine Schauspielerexistenz zu begründen und dessen Ansinnen, Wilhelm für eine bürgerliche Lebensform zu gewinnen, zurückzuweisen, motiviert er seine Lebensplanung fast ausschließlich mit ständischen Argumenten:

> Indem es dem Edelmann, der mit dem Vornehmsten umgeht, zur Pflicht wird, sich selbst
> einen vornehmen Anstand zu geben, indem dieser Anstand, da ihm weder Tür noch Tor
> verschlossen ist, zu einem freien Anstand wird, da er mit seiner Figur, mit seiner Person, es
> sei bei Hofe oder bei der Armee, bezahlen muß, so hat er Ursache etwas auf sie zu halten, und
> zu zeigen, daß er etwas auf sie hält. [...] Wenn der Edelmann durch die Darstellung seiner
> Person alles gibt, so gibt der Bürger durch seine Persönlichkeit nichts und soll nichts geben.
> Jener darf und soll scheinen; dieser soll nur sein, und was er scheinen will ist lächerlich oder
> abgeschmackt. [...] Du siehst wohl, daß das alles für mich nur auf dem Theater zu finden ist,
> und daß ich mich in diesem einzigen Elemente nach Wunsch rühren und ausbilden kann.[32]

Hier fällt also der in diesem Roman allenthalben benutzte Begriff der Bildung, und er ist mit der Existenzform des Schauspielers unmittelbar verbunden. Bildung und Kunst gehen auch in Goethes *Wilhelm Meister* ein enges Bündnis miteinander ein. Die Entscheidung für das Theater und folglich eine entsprechende Bildung der eigenen Person aber beruht offenkundig auch auf dem Versuch einer Aneignung der Vorzüge aristokratischer Lebensformen. Insoweit träfe weitgehend zu, was Hannah Arendt für das Bildungskonzept grundsätzlich postuliert. Indessen lohnt es, Wilhelms Hang zum Theater von ihrem Beginn her zu verfolgen; denn es handelt sich bei seiner Liebe zu dieser Institution um die Verlängerung einer Begeisterung, die schon sehr früh einsetzt. Der Enthusiasmus beginnt in kindlichem Alter, als der kleine Wilhelm die Aufführung von Puppenspielen in seinem elterlichen Haus erlebt. Es ist höchst be-

---

**31** Hannah Arendt, *Elemente und Ursprünge totaler Herrschaft*, 372.
**32** Goethe, „Wilhelm Meisters Lehrjahre", 657–659.

zeichnend, dass die Mutter die Puppen in der zumeist verschlossenen Speiskammer aufbewahrt. So befinden sie sich in Nachbarschaft so mancher Leckerei, die Wilhelm stets aufs Neue lockt. Auf diese Weise gelingt es ihm denn auch eines Tages, sich der Puppen zu bemächtigen; und er fängt an, selbst Stücke zu spielen, erst eines, dann immer mehr. Für die Puppen werden allerlei Kostüme angefertigt und verschiedenste Rollen einstudiert, wobei das Interesse für das jeweilige Stück übrigens bezeichnenderweise nicht lange vorhält.

Die Art und Weise, in der die Leidenschaft des Kindes für das Theater zur Sprache gebracht ist, gibt die Wurzeln seines Vergnügens ziemlich deutlich zu erkennen. Schon die Charakteristik seiner Begeisterung bei der ersten von Wilhelm mitveranstalteten Aufführung macht seine Motivation recht plastisch:

> Endlich erschien der gewünschte Tag. Abends fünfe kam mein Führer, und nahm mich mit hinauf. Zitternd vor Freude trat ich hinein, und erblickte auf beiden Seiten des Gestelles die herabhängenden Puppen in der Ordnung, wie sie auftreten sollten; ich betrachtete sie sorgfältig, stieg auf den Tritt, der mich über das Theater erhub, so daß ich nun über der kleinen Welt schwebte.[33]

Die Assoziationen, die der über seine Welt Erhobene und auf sie von oben Herabblickende auslöst, bestätigen sich schon bei der Schilderung der Vorbereitung dieser ersten Aufführung:

> Von der Zeit an wandte ich alle verstohlenen einsamen Stunden darauf, mein Schauspiel wiederholt zu lesen, es auswendig zu lernen, und mir in Gedanken vorzustellen, wie herrlich es sein müßte, wenn ich auch die Gestalten dazu mit meinen Fingern beleben könnte.[34]

Die Erhebung über die Welt und die Freude an der Belebung der Puppen: Vorstellungen wie diese lösen unweigerlich den Gedanken an den Gott der Bibel aus, der über seiner Welt thront und den Menschen ihr Leben gegeben hat. Die Liebe zum Theater, vorerst zum Puppentheater, verbindet sich von allem Anfang an mit dem Gedanken der Gewinnung von Macht über die Welt.

Bald schon weicht die Lust am Puppentheater der Lust an der eigenen Darstellung so mancher Figur in so manchem Stück. Dies ist offensichtlich ein Prozess der Verinnerlichung von Weltdarstellung, der an die Stelle der äußerlichen Puppe die eigene Person treten lässt. Schon hier beginnt jene Steigerung der Fertigkeiten, jene Bildung also, die Wilhelm später im Brief an den Freund und Schwager Werner so beredt zum Ausdruck bringen wird:

---

**33** Ebd., 373.
**34** Ebd., 371.

> Wir übten unser Gedächtnis und unseren Körper, und erlangten mehr Geschmeidigkeit im Sprechen und Betragen, als man sonst in so frühen Jahren gewinnen kann.[35]

Auch Wilhelms erste Liebe steht mit dem Theater in Verbindung, gilt sie doch der Schauspielerin Mariane. Es ist darüber hinaus ausgesprochen signifikant, dass die sprachlichen Ausdrucksformen, die zur Charakteristik dieser Liebe Verwendung finden, sehr markant an das Erlebnis des Theater erinnern. Mariane ist sich ihrer prekären Situation sehr wohl bewusst. Denn neben Wilhelm hat sie einen zweiten Liebhaber, Norberg, den sie zu ehelichen gedenkt, weil er ihre wirtschaftliche Situation sichert. Sehr deutlich empfindet sie den Unterschied zwischen ihrer faktischen Lebenssituation und dem Glück, das sie bei Zusammensein mit Wilhelm genießt:

> Nun aber hatte das arme Mädchen sich Augenblicke in eine bessere Welt hinüber gerückt gefühlt, hatte, wie von oben herab, aus Licht und Freude ins öde, verworfene ihres Lebens herunter gesehen, hatte gefühlt, welche elende Kreatur ein Weib ist, das mit dem Verlangen nicht zugleich Liebe und Ehrfurcht einflößt, und fand sich äußerlich und innerlich um nichts gebessert.[36]

Diese Zeilen sind in mehrfacher Hinsicht höchst aufschlussreich. Zum einen zitieren sie mit der Formulierung, *wie von oben herab* habe Mariane in den Stunden der Liebe mit Wilhelm auf ihr Leben herabgesehen, die Empfindung, die Wilhelm seinerseits verspürte, als er sich zum ersten Mal zum Puppenspiel begab: „so daß ich nun über der kleinen Welt schwebte". Hier wie dort gibt es ein Gefühl der Erhebung. Es kommt hinzu, dass auch die Liebe in Begriffen der Macht gedacht ist. Denn Mariane hat erlebt, „welche elende Kreatur ein Weib ist, das mit dem Verlangen nicht zugleich Liebe und Ehrfurcht einflößt". Der Begriff *Ehrfurcht* gibt zu erkennen, welche Hoffnungen der Einflussnahme und des Prestigegewinns sich mit dem Erlebnis der Liebe verbinden. Doch bezeichnenderweise bleibt diese Empfindung von Erhebung und Mächtigkeit folgenlos. Denn „äußerlich und innerlich" fühlt Mariane sich „um nichts gebessert". Das Erlebnis der Liebe initiiert hier also nicht irgendeinen Bildungsprozess. Es begründet nichts als eine Augenblicksillusion.

Übersehen wir auch ein Weiteres nicht. Das, worauf Mariane von der Höhe ihres Glücksgefühls, im Gedenken an ihre anderweitige Existenz herabblickt, ist das „öde, verworfene ihres Lebens". Bemerkenswerterweise geht der ästhetische Begriff (*öde*) dem moralischen (*verworfen*) voraus. Sollte am Ende die Erfahrung

---

**35** Ebd., 383.
**36** Ebd., 385–386.

der Öde das Vorrangige sein und moralische Defizienz nur daraus folgen? Jedenfalls aber machen die hier wiedergegebenen Gedanken Marianes unmissverständlich kenntlich, dass die ästhetische Empfindung die Form der Wahrnehmung moralischer Zustände bildet.

Es liegt in der Logik der Korrelation von Eros und Theater, die das erste Buch von Wilhelm Meisters Lehrjahre in Szene setzt, dass Wilhelm an der Schauspielerei in dem Moment zunächst alles Interesse verliert, als er erfahren muss, dass er bei Mariane einen Konkurrenten hat und sich enttäuscht und erschüttert von ihr trennt. Vorerst widmet er sich nun den ihm vom Vater zugedachten Handelsgeschäften, die zunächst als das perhorreszierte Gegenbild der von ihm bevorzugten Existenzform in Erscheinung traten. Diese Verlusterfahrung beruht zweifellos auf einer Erfahrung des *Besitzes* der Geliebten. Als er sich in den Zeiten des Glücks dieses Glück einmal zu Bewusstsein gebracht hatte, da gab er ihm im Bericht des Erzählers mit dem Ausruf: „das lieblichste Geschöpf in seinen Armen" Ausdruck. Die Geste des Umfassens mit den eigenen Armen ist kaum verkennbar ein Gestus der Besitznahme. Im Verlust des Besitzes der Geliebten kommen Wilhelm deshalb folgerichtig große Zweifel an seinem Talent. Er fürchtet, auch die Gabe zur Macht des Schauspielers über die Welt nicht zu besitzen. Denn daran, dass er gefallen will, hat er sich selbst gegenüber nicht den Hauch eines Zweifels gelassen:

> Ich war in den glücklichen Jahren, wo uns noch alles gefällt, wo wir in der Menge und Abwechslung unsre Befriedigung finden. Leider aber ward mein Urteil noch auf eine andere Weise bestochen. Die Stücke gefielen mir besonders, in denen ich zu gefallen hoffte [...].[37]

Schon in jungen Jahren hat Wilhelm einen ausgesprochenen Scharfblick für die wahren Motive seines Verhaltens; die gleiche Unverblümtheit gibt er ebenfalls im späteren, uns schon bekannten Brief an Werner zu erkennen, als er seine – vorläufige – Entscheidung für ein Schauspielerleben erläutert:

> Nun leugne ich dir nicht, daß mein Trieb täglich unüberwindlicher wird, eine öffentliche Person zu sein, und in einem weitern Kreise zu gefallen und zu wirken.[38]

Das Gefallen zielt auf Wirkung, d. h. auf den Einfluss auf andere. Gefallsucht also dient dem Machtgewinn. Die Bildung der eigenen Person zum wohlgestalten Menschen verbindet Ästhetik und Macht. Sie dient insoweit auch der Gestaltung der Welt nach dem eigenen Willen, und von genau diesem Vorhaben wird Wilhelm in Goethes Roman gründlich kuriert. Erinnern wir uns an seinen Ausspruch zum

---

37 Ebd., 381.
**38** Ebd., 659.

Ende des Romans: „Es ist vergebens, in dieser Welt nach eigenem Willen zu streben".

Auch in Goethes Roman ist Bildung noch immer als eine Befreiung von der Natur begriffen. Als ihm bescheinigt wird, seine Lehrjahre beendet zu haben, wird er von der Natur losgesprochen. In der merkwürdigen Szene, die in einem sakral hergerichteten Raum spielt und der bezeichnenderweise ehemals eine Kapelle gewesen zu sein scheint, wird ihm ein Lehrbrief überreicht – der Lehrbrief seines Lebens. Beendet aber wird die Szene mit dem vielsagenden, bedeutungsschwangeren Satz:

> Heil Dir junger Mann! Deine Lehrjahre sind vorüber, die Natur hat Dich losgesprochen.[39]

Noch immer ist es die Natur, die den zum Gesellen des Lebens Gewordenen losspricht. Aber diese Lossprechung bedeutet *auch* die Absage an ein Bildungsprogramm, das auf dem skizzierten Bündnis von Gestaltung zur schönen Form und Machtgewinn beruht.

Wenn Goethes Roman solche Zweifel an einem Konzept von Bildung reflektiert, wie wir es in Schlegels Definition formuliert gefunden haben, so erklärt sich diese Skepsis nicht zuletzt daraus, dass das Gegebene, über das der Mensch sich durch den Beweis eigener Mächtigkeit zu erheben gilt, nicht nur eine natürliche Welt ist, sondern ebenso die soziale Welt der andern Menschen bildet, für die die Behauptung des eigenen Machtwillens zerstörerisch werden kann. Während die Bildung Wilhelm Meisters vor allem eine negative Bildung ist und den Abschied vom anfänglichen Bildungsziel bedeutet, gibt uns vielleicht der Lehrbrief, mit dem er von der Natur losgesprochen wird, die Erklärung für die daraus erwachsene Unschärfe des rechten Bildungsziels:

> Niemand weiß was er tut, wenn er recht handelt, aber des Unrechten sind wir uns immer bewußt.[40]

Wenn Wilhelm, auch nach eigenem Bekunden, vor allem durch die Erkenntnis seiner Verfehlungen gebildet wird, dann hat dies seinen letzten Grund wohl darin, dass das Richtige so recht auch nicht zu erkennen ist. Die nicht zu übersehende Unschärfe, die das Telos der Bildung in dessen theoretischer Bestimmung kennzeichnet, kommt im Bildungsroman Goethes in einer Struktur der Handlung zum Vorschein, die Bildung vor allem durch Negativerfahrungen stattfinden lässt. Eine positive Definition oder auch nur Charakteristik der Bildung bleibt hingegen weithin aus.

---

**39** Ebd., 876.
**40** Ebd., 875.

In Goethes *Wilhelm Meister* spielt der Wissenserwerb als Modus wie Ziel von Bildung kaum eine Rolle. Jene Bildung also, die Hannah Arendt im Gefolge Friedrich Nietzsches bei ihrer Kritik des Bildungsbürgertums im Blick hat und an die auch wir vorzugsweise denken, wenn wir jemanden als „gebildet" bezeichnen, scheint sich hier noch nicht mit diesem Begriff zu verbinden. Erst im Laufe des 19. Jahrhunderts wird Informationsaneignung zu einem, ja dem wesentlichen Bestandteil von Bildung. Auch bei Goethe handelt es sich stattdessen um ein umfassendes Programm der Menschenbildung, das auf Fertigkeiten setzt, bei denen das Ästhetische der Person, ihre wohlgeformte Gestaltung und das Moralische nicht genau zu unterscheiden sind. Das positive Ziel dieser Bildung aber bleibt ein Stück weit im Dunkeln. Insofern erscheint die spätere Orientierung der Bildung am Wissenserwerb auch als eine Form der Zuschneidung des Bildungsideals auf das Praktikable.

Übrigens steckt in dieser Zuordnung von Bildung und Information weiterhin ein wenig von jenem Machtbegehren, das wir bei Schlegel wie im *Wilhelm Meister* als Motivation zur Bildung angetroffen haben. Denn der Erwerb von Kenntnissen ist noch immer eine Form der Aneignung der Welt, freilich der in ihren Risiken entschärften theoretischen Aneignung dieser Welt. Noch immer aber verbindet sich auch dieses, nun in Schule und Universität institutionell verankerte Bildungsprogramm mit der Vorstellung dessen, was der nach wie vor benutzte Begriff „Bildung" meint. Auch der Wissenserwerb, und wieder ließe sich Humboldt als Kronzeuge benennen, dient diesem Programm zufolge als Instrument der Heranbildung der Person und ihrer Individualität. Noch immer bleibt auch das Bildungsziel der wesentlich über Wissenserwerb zu erreichenden Bildung die Gestaltung des ganzen Menschen zur schönen Erscheinung. Die Frage aber, die sich damit in den Vordergrund drängt, ist diejenige nach dem Zusammenhang von Informationsaneignung und Persönlichkeitsbildung. Inwiefern *verschafft* Wissen Persönlichkeit?

# 3 Thomas Mann, Der Zauberberg

Thomas Mann hat seinen *Zauberberg* verschiedentlich als seinen *Wilhelm Meister* bezeichnet,[41] und dass es sich bei diesem Roman um einen Text handelt, der das Gattungsmuster des Bildungsromans aufgreift, ist in der Tat kaum strittig. Auch der mittlere oder, sagen wir besser, durchschnittliche Held Hans Castorp, als welchen ihn sein Autor selbst bezeichnet, durchmisst im Lauf der sieben Jahre, die die Handlung

---

41 So im Besonderen in seiner im Jahre 1939 für Studenten der Universität Princeton gehaltenen Einführung in den *Zauberberg*.

des *Zauberbergs* umfasst, einen gewaltigen Bildungsweg, der ihm alles andere als
vorgezeichnet war. Aber damit kommen wir auch schon zu einer wichtigen Veränderung im Arrangement der Handlung. Bildung ist für *Wilhelm Meister* die Essenz
seiner Personenwerdung und dient der Findung seiner Rolle in der Gemeinschaft der
Menschen. Hans Castorps Bildungsweg aber beginnt eigentlich erst, als der Ingenieur
seinen Platz in der Gesellschaft schon gefunden hat, und zu diesem Weg gelangt er
nicht programmatisch, sondern durch kontingente Umstände.

Als Hans Castorp seinen an Tuberkulose erkrankten Vetter Joachim Ziemßen
„auf drei Wochen" in Davos besucht, wird er selbst zum Patienten, auch wenn man
in seinem Fall nicht recht weiß, wie ernst es um seine Gesundheit wirklich steht.
Denn nicht zu verkennen ist, dass dieser Durchschnittsmensch des Flachlands,
dem bürgerliche Tätigkeit stets nur äußerliche Verpflichtung gewesen ist, von der
Höhenwelt des Sanatoriums in Graubünden so fasziniert wird, dass er darüber die
nicht sehr geschätzten Pflichten des Alltags nur allzu gern verlässt und sieben
Jahre bleibt. Hier oben, hoch über dem Meeresspiegel, an dem seine Heimat liegt,
wird Hans Castorp eine Welt der Bildung und Wissenschaft eröffnet, von der er sich
wohl nicht einmal hat träumen lassen – eine Welt, die ihn von der Welt freilich
zunehmend entfernt. Und wäre nicht der Weltkrieg gekommen, er hätte seine Tage
vermutlich bis an deren Ende „hier oben" verbracht. Denn so bezeichnen die
Insassen des Sanatoriums gemeinhin den Ort, an dem sie sich befinden.

Hans Castorps Bildungserlebnis entrückt ihn der Welt praktischen Handelns –
also jener *Welt*, die für Humboldt noch ganz selbstverständlich die Welt des
Denkens und des Handelns war.[42] Er wird selbst äußerlich zu einer wunderlichen
Gestalt, lässt sich Bart und Haare wachsen und nimmt an spiritistischen Seancen
teil, von denen der Autor unter der Kapitelüberschrift *Fragwürdigstes* berichtet.
Bildung, der Drang nach Wissenserwerb bewirkt hier mitnichten nur ein Interesse
an vernunftgesicherter Erkenntnis; ebenso wird der Aberglauben attraktiv. Schon
zu Beginn seiner Bekanntschaft mit dem jungen Mann, den unter seine pädagogischen Fittiche zu nehmen Lodovico Settembrini sich zur Aufgabe gemacht hat,
weist er auf die Ambivalenz des Prinzips *Placet experiri* hin. Zur Begründung
theoretischer Neugier mag es wohl taugen, und doch schützt es nicht vor dem
Interesse für solche Neigungen, die aller Aufklärung hohnsprechen und Settembrini, dem Repräsentanten von Vernunft und Sittlichkeit,[43] zutiefst zuwider

---

42 Vgl. Anm. 14.
43 „Der Italiener verstummte. Hans Castorp fühlte seine schwarzen Augen, den Blick von Vernunft und Sittlichkeit, in tiefer Trauer auf sich ruhen, legte indessen noch eine Weile weiter, bevor
er, die Wange in die Hand gestützt, mit der falschen und verstockten Unschuldsmiene eines bösen
Kindes zu dem vor ihm stehenden Mentor aufblickte. ‚Ihre Augen', sprach dieser, ‚suchen ganz
vergebens zu verhehlen, daß Sie wissen, wie es um Sie steht.' ‚Placet experiri', hatte Hans Castorp

sein müssen und sind. Zum ersten Mal erscheint diese Ambivalenz, als Hans Castorp seiner Verwunderung über die Unbildung der kranken Frau Stöhr Ausdruck verleiht, hat das menschliche Leiden für ihn doch eine veredelnde Wirkung. Als er Anstalten macht, sich gegenüber Settembrini zu rechtfertigen, der aus seiner Empörung über diese Ansicht keinen Hehl macht, fällt dieser ihm recht barsch ins Wort:

> „Ge-statten Sie mir … Ich weiß, was Sie sagen wollen. Sie wollen sagen, daß Sie es so ernst nicht gemeint haben, daß die von Ihnen vertretenen Anschauungen nicht ohne Weiteres die Ihren sind, sondern daß Sie gleichsam nur eine der möglichen und in der Luft schwebenden Anschauungen aufgriffen, um sich unverantwortlicherweise einmal darin zu versuchen. So entspricht es Ihrem Alter, welches männlicher Entschlossenheit noch entraten und vorderhand mit allerlei Standpunkten Versuche anstellen mag. Placet experiri", sagte er, indem er das c von „Placet" weich, nach italienischer Mundart sprach. „Ein guter Satz. Was mich stutzig macht, ist eben nur die Tatsache, daß Ihr Experiment sich gerade in dieser Richtung bewegt."[44]

Sieben Mal kommt die Losung *Placet experiri* im *Zauberberg* vor – bezeichnenderweise sieben Mal, denn auf diese Weise reiht sie sich in die Fülle der Phänomene ein, die in diesem Roman mit der Märchenzahl „sieben" verbunden sind: Sieben Kapitel hat das Buch, sieben Jahre verbringt der Protagonist im Davoser Sanatorium, sieben Tische stehen im Speisesaal des Sanatoriums, sieben Minuten dauert das Fiebermessen etc.[45] Das *Placet experiri* entfaltet im Laufe des Ro-

---

die Frechheit zu antworten, und Herr Settembrini verließ ihn" (Thomas Mann, *Der Zauberberg. Grosse Kommentierte Frankfurter Ausgabe. Werke – Briefe – Tagebücher*, herausgegeben und kommentiert von Michael Neumann u. a., Bd. 5,1–5, 2. [Frankfurt am Main: S. Fischer, 2002], 960). Die Kombination von Vernunft *und* Sittlichkeit bewahrt jene Verbindung von Intellektualität und Moral, die beide auch ganz selbstverständliche Komponenten des humboldtschen Bildungsideals waren: „Ich könnte […] zeigen, welche Stärke hervorblühen müsste, wenn jedes Wesen sich aus sich selbst organisirte, wenn es, ewig von den schönsten Gestalten umgeben, mit uneingeschränkter und ewig durch die Freiheit ermunterter Selbstthätigkeit diese Gestalten in sich verwandelte; wie zart und fein das innere Dasein des Menschen sich ausbilden, wie es die angelegentlichere Beschäftigung desselben werden, wie alles Physische und Äußere in das Innere, Moralische und Intellektuelle übergehen, und das Band, welches beide Naturen im Menschen verknüpft, an Dauer gewinnen würde, wenn nichts mehr die freie Rükwirkung aller menschlichen Beschäftigungen auf den Geist und den Charakter störte" (Wilhelm von Humboldt, „Ideen zu einem Versuch, die Gränzen der Wirksamkeit des Staates zu bestimmen", 88 – 89).
**44** Mann, *Zauberberg*, 150.
**45** Die Assoziationen des Märchenhaften gewinnt die Siebenzahl natürlich durch Schneewittchen, die „hinter den sieben Bergen, bei den sieben Zwergen" wohnt. Auch die Funktion, die die Rekurrenz dieser Zahl im *Zauberberg* besitzt, gewinnt von hierher ihren Ansatz. Wo sie in der zitierten Formulierung zuerst auftritt, erscheint sie als eine enigmatische Ortsangabe, die sich aus den Konventionen der Gattung des Märchens ergibt. In ihrem Wortlaut, im Besonderen durch die Verwendung des bestimmten Artikels, erweckt sie den Eindruck, auf bekannte Größen hinzuweisen. Doch eine solche Präsupposition

mangeschehens sehr nachhaltig jene Wirkung, die Settembrini schon in dem zitierten Textausschnitt mit äußerst kritischen Augen betrachtet. Denn als Movens der Erkenntnis, als Antrieb der Neugierde befördert sie nicht nur das Interesse für das Vernünftige und das der Vernunft Zuträgliche. Sie führt ebenso zu dem, was die Aufklärung überwunden zu haben schien, und lenkt die Aufmerksamkeit Hans Castorps auf das Irrationale und Unerklärliche, also in jene Richtung, die Settembrini bereits als Gefahr des *Placet experiri* erkannte, als er die Formel zum ersten Mal ins Spiel bringt. Ja, diese Formel scheint selbst als eine Ermächtigung zum Interesse für dasjenige zu wirken, was der italienische Zivilisationsliterat am liebsten aus dem Gesichtskreis seines Zöglings verbannt hätte.[46] Der Bildungs-

---

der Vertrautheit des Lesers mit den Gegebenheiten ist selbstredend ein absichtsvoll leeres Postulat. Es entspricht jener Markierung von Fiktionalität, die schon der kanonische Märcheneingang „Es war einmal" signalisiert. Denn der Tatsächlichkeitsbehauptung „es war" folgt die Zeitangabe „einmal", die das nun erzählte Geschehen ins unbestimmte Irgendwo der Zeit verlagert, dem *de facto* ein Nirgendwo entspricht; (vgl. hierzu des Näheren Andreas Kablitz, „Literatur, Fiktion und Erzählung nebst einem Nachruf auf den Erzähler," in *Im Zeichen der Fiktion. Aspekte fiktionaler Rede aus historischer und systematischer Sicht. Festschrift für Klaus W. Hempfer zum 65. Geburtstag*, Hg. Irina Rajewski und Ulrike Schneider (Stuttgart: Steiner, 2008): 13 – 44. Ebenso verhält es sich mit der Ortsangabe, die dieses Geschehen an einem vermeintlich bekannten Ort situiert und vermittels dieser Vermeintlichkeit stattdessen in einem fiktiven Niemandsland lokalisiert. Doch die Häufigkeit der Zahl „sieben" im Märchen von Schneewittchen geht nicht in der Funktion eines Fiktionssignals auf. Dies geht nicht allein daraus hervor, dass das Zahlwort nachgerade ostentativ in beständiger Wiederholung wiederkehrt. Wesentlich daran beteiligt ist auch, dass Schneewittchen im Alter von sieben Jahren der ersten Attacke der bösen Stiefmutter anheimfällt. Nicht zuletzt in dieser durch keinerlei evidenten Zusammenhang erklärlichen Korrespondenz der Siebenzahl bei unterschiedlichen Phänomenen gewinnt sie einen rätselhaften, ja magisch wirkenden Status. Es ist den Konventionen realistischen Erzählens, denen auch Thomas Manns *Zauberberg* noch weitgehend folgt, geschuldet, dass die Rekurrenz der Sieben in diesem Roman alle magisch-übernatürlichen Konnotationen verliert. *Realistisch* betrachtet, ist diese Rekurrenz ein Effekt schierer Kontingenz. Ihre Wirkung besteht deshalb darin, die ordnende Wirkung der Zahl ein Stück weit *ad absurdum* zu führen. Das, was als Inbegriff aller rationalen Ordnung gilt, das Zählen, wird selbst auf eine Kontingenz hin transparent gemacht, die seiner ordnungsstiftenden Leistung zugleich entgegensteht. Die Funktion der Sieben im *Zauberberg* nimmt sich insofern wie eine Kontrafaktur ihrer märchenhaften Verwendung aus.

**46** Als Hans Castorp sich anschickt, an einer spiritistischen Sitzung teilzunehmen, ist er sich der Fragwürdigkeit seiner Unternehmung vollends bewusst: „Er fühlte im voraus, fühlte es klar und deutlich, daß diese Erfahrungen, wie sie auch fortgehen mochten, nie anders sich würden anlassen können, als abgeschmackt, unverständlich und menschlich würdelos. Dennoch brannte er darauf, sie zu machen. Er begriff, daß ,Müßig oder sündig', als Alternative schon schlimm genug, gar keine Alternative war, sondern daß das zusammenfiel, und daß geistige Hoffnungslosigkeit nur die außermoralische Ausdrucksform der Verbotenheit war. Das Placet experiri aber, ihm eingepflanzt von einem, der *solche* Versuche freilich aufs prallste mißbilligen mußte, saß fest in Hans Castorps Sinn; seine Sittlichkeit fiel nachgerade mit seiner Neugier zusammen, hatte das wohl eigentlich immer getan: mit der unbedingten Neugier des Bildungsreisenden, die vielleicht

trieb, statt in der Selbstbildung des Menschen zum ästhetisch geformten Wesen sein Telos und damit auch seine Richtschnur zu finden, erweist sich vielmehr als eine universelle, kein definiertes Ziel kennende Dynamik des Wissenserwerbs, die alle Unterscheidungen von Wert und Unwert durchkreuzt.[47]

---

schon, als sie vom Mysterium der Persönlichkeit kostete, nicht mehr weit von dem hier auftauchenden Gebiet entfernt gewesen war, und die eine Art von militärischem Charakter bekundete dadurch, daß sie dem Verbotenen nicht auswich, wenn es sich anbot" (Mann, *Zauberberg*, 997). Es ist eine bemerkenswerte Umwertung der Werte, die sich in diesem Abschnitt im Namen der Bildung bekundet. Ein *Bildungsreisender* ist Hans Castorp im doppelten Sinne. Auch ihn hat der Weg von Hamburg in den Süden, auf die Höhe der Schweizer Berge geführt. Doch zu einer Bildungsreise ist diese Fahrt nicht durch planvolle Absicht, sondern erst im Nachhinein, durch die Umstände geworden. Und so führt sie denn auch nicht in das klassische Land der Bildungsreise, nach Italien, sondern nach Graubünden – in die mit der Gedankenwelt Friedrich Nietzsches verbundene Schweizer Bergwelt (um als ein Ort der Kranken Nietzsches Philosophie zugleich gehörig zu provozieren). Freilich begegnet ihm dort der italienische Humanist Settembrini, ein genuiner Repräsentant der Kultur seines Landes, die er zur Gänze für sein weltanschauliches Credo in Anspruch nimmt („wenn er auch seinem eigenen Lande billig die Palme glaubte reichen zu sollen, da es, während die anderen Völker noch in Aberglauben und Knechtschaft dämmerten, als erstes die Fahne der Aufklärung, Bildung und Freiheit entrollt habe"; Mann, *Zauberberg*, 237). Doch seine Pädagogik greift nicht vollends in seinem Sinne, weil das aufklärerische Plädoyer für die theoretische Neugierde keine Handhabe gegen das Interesse für das Irrationale bietet. Hans Castorps Bildungsreise im metaphorischen Sinne, die er auf seinem Zauberberg unternimmt, wird deshalb zu einer universellen theoretischen Welterkundung, die auch vor der Begegnung mit dem *Fragwürdigsten* nicht haltmacht. Die Bildung selbst wird hier, so heißt es ausdrücklich, zu Hans Castorps moralischer Norm, fällt doch nun seine *Sittlichkeit* mit jener Neugier, die sie antreibt, zusammen. Noch immer steht die intellektuelle Bildung auch hier im Bund mit der moralischen Vervollkommnung des Menschen. Doch die Art und Weise ihrer Korrelation ist gänzlich verändert. Denn Bildung zielt nicht mehr auf ein – letztlich ästhetisch verfasstes – Telos moralischer Vollkommenheit. Der Antrieb der Bildung selbst, die Neugierde rückt in diese Funktion ein. Dies erinnert im Übrigen strukturell recht deutlich an die Umbesetzung humboldtscher Bildungskonzepte bei Nietzsche. Schon dort wurde ein Telos der Bildung, in dem der Bildungsprozess seine Bestimmung findet, ersetzt durch die *Suche* – eine unablässige Suche, die auf kein Ziel mehr zusteuert, sondern *als solche* zum Merkmal einer höherwertigen Kultur aufsteigt. Schon dort substituiert die Dynamik selbst das Ziel, auf das sie zusteuert. Ihre ethische Reinterpretation als Sittlichkeit aber rechtfertigt sich unausdrücklich durch den Verweis auf die militärische Analogie. Denn in seinem Bildungsdrang wird der sonst so unmilitärisch wirkende Hans Castorp seinem Vetter Joachim mit einem Mal durchaus ähnlich. Diese Analogie gründet auf der Bereitschaft resp. dem Vermögen, Widerständen nicht auszuweichen, sondern sich ihnen zu stellen. Es ist die schon am Scheideweg des Herkules geforderte Gesittung, die beschwerliche und tugendhafte, statt die mühelose, aber moralisch verwerfliche Route zu wählen, die sich hier zu bewähren hat und darum auch der unbeirrten Konfrontation mit dem Irrationalen einen Anschein moralischer Leistung zu verleihen scheint.

**47** Dabei weist der Text unausdrücklich zugleich eine mögliche, im Kontext seiner Zeit durchaus naheliegende, Begründung zurück, die Hans Castorps Interesse für das Fragwürdige auf eine

Die Leistung der Bildung im *Zauberberg* aber kommt vor allen anhand *einer* Szene zum Vorschein, der Szene, die am Totenbett des soeben verstorbenen Soldaten Joachim Ziemßen spielt. Berühmt geworden ist diese Szene vor allem durch einen, der Situation zum Trotz, urkomischen Bildungsschnitzer von Frau Stöhr, der Musikersgattin aus Cannstatt, die allenthalben mit ihrer Halbbildung glänzt. Doch hat man über dem Gefallen an ihrem verbalen Fehltritt verkannt, dass ihre Ungeschicklichkeit nur ein Element innerhalb jenes Unvermögens darstellt, das alle Beteiligten im Umgang mit dem Tod an den Tag legen und das diese Szene sinnfällig zur Anschauung bringt.

> Frau Stöhr weinte begeistert im Anblick der Form des ehemaligen Joachim. „Ein Held! Ein Held!" rief sie mehrfach und verlangte, daß an seinem Grabe die „Erotika" von Beethoven gespielt werden müsse.
> „Schweigen Sie doch!" zischte Settembrini sie von der Seite an. Er war nebst Naphta gleichzeitig mit ihr im Zimmer und herzlich bewegt. Mit beiden Händen wies er die Anwesenden auf Joachim hin, indem er sie zur Klage aufforderte. „Un giovanetto tanto simpàtico, tanto stimàbile!" rief er wiederholt.[48]

---

erblich bedingte Disposition zurückzuführen erlaubte: „Hans Castorp hatte, wie jedermann, im Lauf seiner Lebensjahre von Dingen der geheimen Natur oder Übernatur dies und jenes vernommen, – der seherischen Urtante ist ja Erwähnung geschehen, von der eine melancholische Überlieferung auf ihn gekommen. Aber niemals war diese Welt, der er eine theoretische und unbeteiligte Anerkennung nicht versagt hatte, ihm persönlich auf den Leib gerückt, nie hatte er praktische Erfahrungen damit gemacht, und sein Widerstreben gegen solche Erfahrungen, ein Geschmackswiderstreben, ein ästhetisches Widerstreben, ein Widerstreben humanen Stolzes – wenn wir so anspruchsvolle Ausdrücke verwenden dürfen in Hinsicht auf unseren durchaus anspruchslosen Helden – kam der Neugier, die sie ihm lebhaft erregten, fast gleich" (Mann, *Zauberberg*, 997). Die Erwähnung der „seherischen Urtante" nimmt Bezug auf die Verwandte von Tienappelscher Seite, die Hans Castorp in den Sinn kam, als er der Durchleuchtung seines Vetters Joachim durch Hofrat Behrens beiwohnt. Denn sie soll zu dem befähigt gewesen sein, was man gemeinhin als Spökenkieken bezeichnet, also über die sonderbare Begabung verfügt haben, Menschen, denen nur noch kurze Lebenszeit gegeben ist, als Skelett zu sehen. Aus diesem Grund heißt es: „Mit den Augen jener Tienappelschen Vorfahrin erblickte er einen vertrauten Teil seines Körpers, durchschauenden, voraussehenden Augen, und zum erstenmal in seinem Leben verstand er, daß er sterben werde" (ebd., 333). Doch nicht genetische Kodierung wird als Ursache der Erwähnung dieser Tante Hans Castorps angeführt, sondern weil „eine melancholische Überlieferung auf ihn gekommen" war. Hörensagen tritt an die Stelle von biologischer Kausalität. So ist denn auch nicht zu verkennen, dass die Rede von der *Urtante* selbst schon in hohem Maße ironisch zu verstehen ist, eine nicht sonderlich ernstzunehmende Karikatur der Urmutter. Eine solche Urmutter besitzt in den Tagen Thomas Manns ein weithin bekanntes Modell in der Gestalt der Adélaïde in Emile Zolas Romanzyklus *Die Rougon-Macquart*, in dem sie die Rolle einer fast mythischen Vorfahrin innehat. Doch Adélaïde bildet eben die Negativfolie, vor deren Hintergrund Hans Castorps *Urtante* ironisches Profil gewinnt.
**48** Mann, *Zauberberg*, 813.

Die Verwechslung der *Eroica* mit der *Erotica* zählt zu den berühmtesten rhetorischen Trouvaillen des *Zauberbergs*. Frau Stöhrs ziemlich exaltiertes Verhalten aber ist gleich in mehrfacher Hinsicht unangemessen. Ihr „begeistertes Weinen" erscheint für den Anlass ausgesprochen unpassend, auch wenn dieser Enthusiasmus durch den zuvor geschilderten, besonders würdigen Anblick des Verstorbenen motiviert sein mag. Zudem hat sie nichts zu verlangen. Der Vorschlag aber, bei Joachims Begräbnis die „Erotika" zu spielen, ist ein kaum zu entschuldigender, aber eben ausgesprochen komischer Patzer, und trotz der traurigen Umstände wird der gebildete Leser das Lachen kaum vermeiden können.

Dieses Lachen kommt ja nicht nur deshalb zustande, weil der eine Buchstabe, der zuviel ist, einen Sinn erzeugt, der alle guten Absichten grausam zunichte macht. Ausgesprochen komisch wirkt das falsche Wort ja auch deshalb, weil Frau Stöhr offensichtlich nicht nur dem Toten auf höchst unglückliche Weise die Ehre erweisen möchte, sondern zugleich mit einer musikalischen Bildung, über die die Musikersgattin offensichtlich nicht verfügt, renommieren möchte. Sonst wäre der Hinweis auf den Komponisten ja völlig überflüssig, aber er ist es natürlich ohnehin, weil Frau Stöhr sich mit ihrer Halbbildung vor Leuten wie Naphta und Settembrini spreizen möchte, die der Information über den Autor der bewussten Symphonie ganz gewiss nicht bedürfen – weshalb sie es fatalerweise wohl gerade bei ihnen darauf angelegt hat, Eindruck zu schinden. Auch darum geht ihre gute Absicht, die eben so gut nicht ist, so fürchterlich daneben. Bildung zeigt selbst hier noch etwas von dem Bemühen um soziale Distinktion, das Hannah Arendt so stark gemacht hatte.

Settembrini aber steht neben Frau Stöhr. Sie ist von Anfang des Romans an seine schlichte Anfechtung.[49] Ihre Halbbildung zerstört all das, was diesem Meister der Sprache und der Bildung, in dem sich der Humanist mit einem Zivilisationsliteraten verbindet, heilig ist. Settembrini gibt denn auch in dieser Situation seiner Verachtung unverblümt Ausdruck. „Schweigen sie doch" zischt er, und übersieht dabei vermutlich geflissentlich, dass auch solche Formen der Äußerung sich am Bett eines Toten verbieten. Mag man dies noch mit seiner durchaus berechtigten Empörung über die ungebührliche Entgleisung entschuldigen, so ist die Frage nach der Angemessenheit seiner eigenen Äußerungen am Grab des toten Leutnants sehr viel brisanter. In dieser Hinsicht fällt eine erste Gemeinsamkeit zwischen dem verbalen Verhalten Settembrinis und Frau Stöhrs auf. Wohl kaum

---

49 Settembrinis erste Äußerung über Frau Stöhr lautet wie folgt: „Gott, ja, die Gesellschaft ist wohl ein bißchen gemischt in so einer Anstalt. Man kann sich die Tischnachbarn nicht aussuchen, – wohin sollte denn das auch führen. An unserem Tisch sitzt auch so eine Dame ... Frau Stöhr, – ich denke mir, daß Sie sie kennen? Mörderlich ungebildet ist sie, das muß man ja sagen, und manchmal weiß man nicht recht, wo man hinsehen soll, wenn sie so plappert" (Mann, *Zauberberg*, 149).

zufällig sind seine Äußerungen den unseligen Bemerkungen der Frau Stöhr dadurch ähnlich gemacht, dass beide beständig dasselbe wiederholen, und schon die Wiederholung des stets Gleichen spricht nicht für sprachliche Souveränität. Wie aber steht es um die semantische Angemessenheit von Settembrinis Worten, die er in seiner Muttersprache spricht, wohl um seiner „herzlichen Bewegung" den angemessenen, einen authentischen Ausdruck zu verleihen? Dass die Sprachwahl Teil einer Inszenierung ist, dieser Verdacht wird durch die in der Tat etwas theatralische Geste geweckt, die ja auch Settembrini zeigt. Denn „mit beiden" Händen, wie es auch heißt, weist er die Anwesenden auf den Toten hin, „indem er sie zur Klage aufforderte". Das ist denn doch Pädagogik am Pädagogik falschen Ort, denn mit welchem Recht beansprucht er, anderen ihre Reaktion auf den Tod vorschreiben zu können? Auch er *verlangt* also, ganz wie Frau Stöhr.

Umso mehr verdienen die Worte Beachtung, die Settembrini selbst spricht: *Un giovanetto tanto simpàtico, tanto stimàbile!* Das ist offenkundig das Gegenprogramm zu Frau Stöhr. Hier ist nicht der Held in den Vordergrund gerückt, sondern der sympathische junge Mann herausgestellt, gewissermaßen der Mensch gegen den Militär ausgespielt, und wenn er *stimabile* genannt wird, dann scheint auch dies einzig auf seine Menschlichkeit, oder sollte man besser sagen: Freundlichkeit oder gar Nettigkeit zurückzuführen zu sein, was im Grunde auch ein Testat der Harmlosigkeit darstellt. In der Tat hatte Settembrini bei anderer Gelegenheit die intellektuellen Fähigkeiten des Ingenieurs und Vetters Castorp gegenüber denen des Leutnants ganz unverkennbar herausgestrichen. Dazu passt dann auch, dass der Soldat zu allem Unglück noch in der Verkleinerungsform eines *giovanetto* gepriesen wird.

Settembrinis Aussagen sind zeit- und tempuslos, aber sie zeichnen damit ein Porträt, das unverkennbar auf den lebenden Joachim abgestellt ist. Und selbst für ihn mag man sich fragen, ob seine Charakteristik als *giovanetto* in Anbetracht seines Lebensalters noch angemessen gewesen wäre. In Ansehung seiner Leiche, an der ja nicht nur die einfältige Frau Stöhr das Heldische bemerkt, sondern die auch aus Sicht schon zuvor genannter anonymer Besucher ein antiker Helm in der angemessenen Weise geziert hätte, erscheint die auf jegliches Tempus verzichtende Rede Settembrinis, so gut sie gemeint sein mag, ausgesprochen unangemessen. Es ist denn auch niemand anderes als der scharfsichtige wie -züngige Naphta, der diesen Lapsus bemerkt:

> Naphta enthielt sich nicht, aus seiner gebundenen Haltung heraus und ohne ihn anzublicken, leise und bissig gegen ihn zu äußern:
> „Ich freue mich, zu sehen, daß Sie außer für Freiheit und Fortschritt auch noch für ernste Dinge Sinn haben".[50]

---

50 Mann, *Zauberberg*, 813.

„Leise und bissig", diese Wortverknüpfung bringt sinnfällig Ziemliches und Un-
ziemliches an Ziemßens Totenbett zueinander, denn in der Tat gehörte es sich hier,
leise zu sprechen, von bissigen Bemerkungen allerdings abzusehen. Worin aber
besteht die Bissigkeit seiner Bemerkungen? Vordergründig mag sie sich darauf
richten und beschränken, Settembrinis weltanschauliches Credo von Freiheit und
Fortschritt der Unernsthaftigkeit zu bezichtigen. Der tiefere Sinn seiner Bemerkung und wahre Grund für Naphtas Vergnügen aber beruht vermutlich nicht
darauf, dass er Settembrini, der nach Naphtas Sentenz bemerkenswert wider-
standslos verstummen wird, nun freudig im Kreis der Verständigen begrüßen darf.
Sie ist weit eher darauf zurückzuführen, dass er Settembrini erneut sein ganzes
Unvermögen im Umgang mit dem offenbart, wofür dieser in seinem säkularen
Credo keinen Platz findet, eben mit dem Tod. Hier ist Ironie in seiner klassischen
Definition am Werk, die bekanntlich besagt, dass man das Gegenteil des Ge-
meinten äußert. So bescheinigt Naphta Settembrini *Sinn* für ernste Dinge, obwohl
doch dessen Hilflosigkeit gegenüber dem Tod klar zutage tritt. Aufgrund dieses
Unvermögens scheint sich Settembrini sprachlich so zu verhalten, als wäre dieser
brave Junge noch am Leben, ja, als wäre er noch viel jünger, als er in Wahrheit im
Augenblick seines Todes war, um ihn mit den hier freilich versagenden Mitteln der
Sprache jenem Tode zu entreißen, angesichts dessen der universell gebildete Li-
terat seine Ohnmacht nicht verbergen kann.

Gewiss bleibt Settembrini jener Lacherfolg versagt, den der Leser Frau Stöhr
kaum vorenthalten kann, doch dass er, der Apostel des treffenden Wortes, das
Passende sagt, wird man schwerlich behaupten können. Zu den abgründigsten
Subtilitäten dieser Szene am Totenbett gehört es, dass in Frau Stöhrs verunglückter
„Erotika", die für Joachims Begräbnis „verlangt" wird, aller komischen Abwe-
gigkeit zum Trotz, eine Verhältnisbestimmung steckt, die der *Zauberberg* von
Beginn an in allen nur denkbaren Variationen umspielt und befragt, und hier eben
auch in ihrer komischen Gestalt präsentiert: den mysteriösen Zusammenhang von
Eros und Thanatos. Ein solcher hermeneutischer Ertrag aber, der sich selbstredend
ebenso unbeabsichtigt ergibt wie der komische Effekt von Beethovens verhunzter
Symphonie, bleibt Settembrini mit seinen unangemessen-klischeehaften Bemerkungen, welche die Realität des Todes nicht anerkennen wollen, entzogen. Alle
versagen an diesem Totenbett. Die halbgebildete Frau Stöhr macht sich lächerlich
und wird mit ihrem Bildungsschnitzer dem Verstorbenen ebenso wenig gerecht
wie der hochgebildete Settembrini, der die Realität des Todes sprachlich ver-
weigert und den Toten in ein charmantes Kind verwandelt, das indessen gerade
nicht mehr auf diesem Sterbebett liegt. Aber auch dem aller Abgründe der Welt so
kundigen und frommen Naphta ergeht es nicht anders. Zur Sache hat er nichts zu
sagen und stattdessen nichts besseres zu tun, als die Gelegenheit im immer-
während Disput mit seinem Widerpart Settembrini zu nutzen und einen kleinen

Triumph über den Gegner zu feiern. Auch dies ist wohl kaum die rechte Haltung am Totenbett Joachim Ziemßens, sondern nur eine Etappe im ewigen Streit, den übrigens auch keine Bildung zu entscheiden erlaubt.

Mit der im Angesicht des Todes versagenden Bildung aber hat es noch eine weitere Bewandtnis. Hans Castorp kommt die Aufgabe zu, dem Toten die Augen zu schließen:

> Da Luise Ziemßen sich schluchzend abgewandt hatte, war es Hans Castorp, der dem Regungs- und Hauchlosen mit der Spitze des Ringfingers die Lider schloß, ihm die Hände behutsam auf der Decke zusammenlegte. Dann stand auch er und weinte, ließ über seine Wangen die Tränen laufen, die den englischen Marineoffizier dort so gebrannt hatten, – dies klare Naß, so reichlich-bitterlich fließend überall in der Welt und zu jeder Stunde, daß man das Tal der Erden poetisch nach ihm benannt hat; dies alkalisch-salzige Drüsenprodukt, das die Nervenerschütterung durchdringenden Schmerzes, physischen wie seelischen Schmerzes, unserem Körper entpreßt. Er wusste, es sei auch etwas Muzin und Eiweiß darin.[51]

„Schluchzend abgewandt" hat sich die Mutter vom soeben verschiedenen Sohn, und man weiß nicht so recht, ob hier nur die Überwältigung durch eine Trauer am Werk ist, die den Anblick des Toten nicht ertragen lässt, oder ob in dieser Geste der Abwendung auch ein Desinteresse für das Erforderliche steckt. Denn der Tote bedarf noch immer der praktischen Zuwendung. Deshalb ist es erst der Vetter Hans, der – freilich auch nur „mit der Spitze des Ringfingers" – dem Toten die Lider schließt, welche Distanziertheit wiederum in einem merkwürdigen Gegensatz zur Behutsamkeit steht, mit der er ihm die Hände auf der Bettdecke faltet. Allerdings wird *dieser* Ausdruck auffällig ausgespart und durch das ungleich prosaischere „zusammenlegen" ersetzt.[52]

---

**51** Ebd., 811.

**52** Die besondere Bewandtnis, die es mit der Auslassung des zu erwartenden Verbums hat, erklärt sich nicht zuletzt aus der Beziehung zu einer Szene des Beginns der Romanhandlung, zum gemeinsamen Abendessen im Restaurant des Sanatoriums. Dort nämlich findet sich der hier vermiedene Ausdruck: „Hans Castorp faltete seine frisch gewaschenen Hände und rieb sie behaglich-erwartungsvoll aneinander, wie er zu tun pflegte, wenn er sich zu Tische setzte, – vielleicht weil seine Vorfahren vor der Suppe gebetet hatten (ebd., 26)." Der „angezeigte" Begriff fällt dort, wo vom nur noch zitierten Ritual nicht mehr als ein Rest geblieben ist. Er wird hingegen ausgespart, wo das überkommene Ritual von Hans Castorp vollzogen wird. Hier wie dort wird gewissermaßen ein „Abstrich" an der religiösen Tradition gemacht. Die Szene des ersten Abendessens – oder -mahls, wie man vielleicht treffender sagen sollte – steht übrigens in vielfältig-signifikantem Bezug zur Sterbeszene Joachim Ziemßens. Dieser Zusammenhang ruft letztlich in säkularisierter Weise das christliche Mysterium von Speise und Tod auf. Vgl. hierzu des Näheren meine Monographie *Der Zauberberg. Die Zergliederung der Welt*, Neues Forum für Allgemeine und Vergleichende Literaturwissenschaft 55 (Heidelberg: Winter, 2017).

Mit Hans Castorps Tränen aber hat es eine Bewandtnis, die noch einmal auf seine Ankunft auf dem *Zauberberg* zurückdeutet. Denn als Joachim dem Vetter sein Zimmer zeigt, berichtet er von der unlängst verstorbenen Vormieterin, an deren Bett ihr Verlobter, ein englischer Marineoffizier, sich weinend wie ein kleiner Junge aufgeführt habe, um als Gipfel seiner mangelnden Haltung zu berichten:

> „Und dann rieb er sich die Backen mit Cold-cream ein, weil er rasiert war und die Tränen ihn da so brannten."[53]

Der Zivilist, Vetter Hans, verteidigt den Offizier:

> „Na, und auf der gereizten Haut tut das Salzwasser natürlich weh, da war er wohl vom Dienst her gewöhnt, Cold-cream anzuwenden, es fällt mir nichts auf daran..."[54]

womit die verschiedenen Erscheinungsformen salzigen Wassers freilich einer bemerkenswerten Egalisierung anheim fallen. Just diese Nüchternheit aber macht sich nun noch einmal geltend, als Hans Castorp beim Anblick des toten Joachim seine eigenen Tränen vergießt, denn „er ließ über seine Wangen die Tränen laufen, die den englischen Marineoffizier dort so gebrannt hatten" – mit einer bemerkenswerten Identifikation, als wären es dieselben Tränen wie bei ihm, welche physische Unmöglichkeit nur so zu verstehen ist, dass es sich insofern um die gleichen Tränen handelt, als sie von gleicher Art sind, das Genus also für den einzelnen Fall eintritt. Just diese erste Abstraktion führt nun in eine analytische Betrachtung aller „reichlich-bitterlich" in der Welt fließenden Tränen, deren gewaltige Menge diese einer Regelmäßigkeit ihres Flusses unterwirft, in der sie ihre emotionale Bedeutung zugunsten ihrer chemischen Zusammensetzung verlieren. Solchermaßen aber büßt auch das *poetisch* genannte, seinem Ursprung nach freilich religiöse Bild der Welt als Tal der Tränen,[55] dem sich in Davos noch eine metonymische Bestätigung beigesellen mag, allen Sinn jenseits einer Mengenangabe ein. Bildung aber wird auf diese Weise zum Medium der Flucht vor Anteilnahme.

Schlegel hatte die Funktion der Bildung als Ringen um den Sieg über die feindliche Natur, und somit als den eigentlichen Inhalt des Lebens bestimmt. Thomas Mann lässt im *Zauberberg* die längst vor allem zu einem Programm der Wissensaneignung gewordene Bildung noch einmal auf die Natur treffen, und zwar an ihrer für den Menschen gefährlichsten Stelle, dort, wo sich die Ohnmacht des Menschen gegenüber der Natur am drastischsten zeigt: in der Konfrontation

---

**53** Mann, *Zauberberg*, 23.
**54** Ebd., 24.
**55** „In hac lacrimarum valle" heißt es im *Salve regina*, einer marianischen Antiphon des Stundengebets der römischen Kirche.

mit dem Tod. Doch die Bildung versagt im Angesicht des Todes. Der hochgebildete Settembrini bleibt der ungebildeten Frau Stöhr an Unvermögen nicht viel schuldig, und Hans Castorp setzt seine erst kürzlich erworbene Bildung ein, um sich den Tod vom Leibe zu halten. Alle hier Beteiligten sind vor dem Tode gleich, nämlich gleich hilflos. Nicht viel – um nicht zu sagen: nichts – nutzt ihnen ihre Bildung für den Umgang mit dem Tod, in welchem Grad sie auch immer entwickelt ist.

Die Frage aber, die Thomas Manns emblematische Romanszene aufwirft, betrifft die Leistung des Wissens als Bildungsziel. Ist das Programm der Bildung durch Information nicht doch ein wenig die Erklärung schuldig geblieben, wozu dieses Wissen im Leben nutzen kann?

# Bibliographie

Arendt, Hannah. *Elemente und Ursprünge totaler Herrschaft.* München: Piper, 1995.

Goethe, Johann Wolfgang. „Wilhelm Meisters Lehrjahre." In *Johann Wolfgang von Goethe. Sämtliche Werke. Briefe, Tagebücher und Gespräche. 40 Bände,* hg. v. Wilhelm Voßkamp und Herbert Jaumann. Bd. 9, 355–992. Frankfurt am Main: Deutscher Klassiker Verlag, 1992.

Humboldt, Wilhelm von. „Ideen zu einem Versuch, die Gränzen der Wirksamkeit des Staates zu bestimmen." In *Wilhelm von Humboldt. Werke in fünf Bänden.* Bd. 1, *Schriften zur Anthropologie und Geschichte,* hg. v. Andreas Flitner und Klaus Giel, 56–233. Darmstadt: Wissenschaftliche Buchgesellschaft, 1960.

Humboldt, Wilhelm von. „Theorie der Bildung des Menschen. Bruchstück." In *Wilhelm von Humboldt. Werke in fünf Bänden.* Bd. 1, *Schriften zur Anthropologie und Geschichte,* hg. v. Andreas Flitner und Klaus Giel, 234–240. Darmstadt: Wissenschaftliche Buchgesellschaft, 1960.

Kablitz, Andreas. „Literatur, Fiktion und Erzählung nebst einem Nachruf auf den Erzähler." In *Im Zeichen der Fiktion. Aspekte fiktionaler Rede aus historischer und systematischer Sicht. Festschrift für Klaus W. Hempfer zum 65. Geburtstag,* hg. v. Irina O. Rajewski und Ulrike Schneider, 13–44. Stuttgart: Steiner, 2008.

Kablitz, Andreas. *Kunst des Möglichen. Theorie der Literatur.* Freiburg im Breisgau: Rombach, 2012.

Kablitz, Andreas. „Ontologie und Ästhetik in Friedrich Nietzsches *Die Geburt der Tragödie.*" In Ethos und Form der Tragödie. Für Maria Moog-Grünewald zum 65. Geburtstag, hg. v. Niklas Bender, Max Grosse und Steffen Schneider, Germanisch-Romanische Monatsschrift. Beihefte 60. Heidelberg: Winter, 2014.

Kablitz, Andreas. *Der Zauberberg. Die Zergliederung der Welt.* Neues Forum für Allgemeine und Vergleichende Literaturwissenschaft 55. Heidelberg: Winter, 2017.

Kant, Immanuel. *Kritik der Urteilskraft. Beilage: Erste Einleitung in die Kritik der Urteilskraft,* hg. v. Heiner Klemme. Hamburg: Meiner, ³2009.

Mann, Thomas. *Der Zauberberg. Grosse Kommentierte Frankfurter Ausgabe. Werke – Briefe – Tagebücher,* herausgegeben und kommentiert von Michael Neumann u. a. Bd. 5,1–5,2. Frankfurt am Main: S. Fischer, 2002.

Nietzsche, Friedrich. *David Strauß. Der Bekenner und der Schriftsteller, Unzeitgemäße Betrachtungen: Erstes Stück.* In *Friedrich Nietzsche. Sämtliche Werke. Kritische Studienausgabe in 15 Bänden*, hg. v. Giorgio Colli und Mazzino Montinari, Bd. 1, 157–242. Berlin, Walter de Gruyter, 1967.

Schlegel, Friedrich Wilhelm. „Über das Studium der griechischen Poesie." In *Kritische Friedrich-Schlegel-Ausgabe*, hg. v. Ernst Behler u. a., Bd. 1. *Studien des klassischen Altertums*, hg. v. Ernst Behler, 217–368. München u. a.: Schöningh u. a., 1979.

Schlegel, Friedrich. „Über Goethes Meister." In *Kritische Friedrich-Schlegel-Ausgabe*, hg. v. Ernst Behler u. a. Bd. 2, *Charakteristiken und Kritiken I* (1796–1801), hg. v. Hans Eichner, 126–146. München u. a.: Schöningh u. a., 1967.

Schmitt-Dorotić, Carl. *Politische Romantik* München/Leipzig: Duncker & Humblot, 1919.

Voßkamp, Wilhelm. „Der Bildungsroman als literarisch-soziale Institution. Begriffs- und funktionsgeschichtliche Überlegungen zum deutschen Bildungsroman am Ende des 18. und Beginn des 19. Jahrhunderts." In *Zur Terminologie der Literaturwissenschaft. Akten des IX. Germanistischen Symposions der Deutschen Forschungsgemeinschaft, Würzburg 1986*, hg. v. Christian Wagenknecht, 337–352. Stuttgart: Metzler, 1989.

Voßkamp, Wilhelm. *„Ein anderes Selbst". Bild und Bildung im deutschen Roman des 18. und 19. Jahrhunderts.* Göttingen: Wallstein, 2004.

Voßkamp, Wilhelm. *Der Roman des Lebens. Die Aktualität der Bildung und ihre Geschichte im Bildungsroman.* Berlin: University Press, 2009.

Dieter Langewiesche
# Bürger bilden in der Universität

Das Jahrhundert der Bürger hat man das neunzehnte genannt. Dazu gibt es eine umfangreiche Literatur. Sie fragt nach der Sozialformation Bürgertum. Was hielt sie zusammen und formte sie zu einem Gebilde, das sich selbst als Einheit sah und von anderen so wahrgenommen wurde? Als zentrale Distinktionsmerkmale gelten kulturelle Leitbilder und Verhaltensmuster. Auch dazu, zum bürgerlichen Wertehimmel, gibt es viele Studien. Gegenwärtig boomt die Emotionsforschung. Gehörte zum bürgerlichen Leben ein emotionaler Wertehaushalt, der diese Sozialformation von anderen abhebt?

Darum geht es hier aber nicht. Gefragt wird, was an der Spitze der institutionellen Bildungshierarchie unter *Bürger bilden* verstanden wurde. Diese Frage wird an die Rektoratsreden im deutschsprachigen Raum gerichtet, einschließlich der Schweiz und Österreich. In diesen Reden präsentierte sich die Universität jedes Jahr in einem festen Ritual der Öffentlichkeit.[1] Ein gesellschaftliches Ereignis, Repräsentanten der staatlichen und städtischen, kirchlichen und militärischen Eliten waren zugegen, wenn der Rektor sein Fach vorstellte oder sich mit gesellschaftlichen Problemen auseinandersetzte. Die Universität trat in ihren Rektoratsreden als eine Institution auf, die Deutungskompetenz für alle Themen beanspruchte, die wissenschaftlicher Analyse zugänglich sind. Das konnten auch politische Themen sein, und oft waren sie es. Doch der Rektor sprach als Wissenschaftler, und deshalb wähnte er sich auf einer objektiven Beobachterposition. Wissenschaft objektiviert, auch in Themenfeldern, die in der Gesellschaft kontrovers sind, weltanschaulich oder politisch. Diese Überzeugung teilten alle.

---

1 Das habe ich näher ausgeführt u. a. in: „Die ‚Humboldtsche Universität' als nationaler Mythos. Zum Selbstbild der deutschen Universitäten im Kaiserreich und in der Weimarer Republik," *Historische Zeitschrift* 290 (2010): 53–91; „Bildung in der Universität als Einüben einer Lebensform. Konzepte und Wirkungshoffnungen im 19. und 20. Jahrhundert," in *Metamorphosen der Bildung. Historie – Empirie – Theorie*, Hg. Edwin Keiner u. a. (Bad Heilbrunn: Klinkhardt, 2011): 181–190; „Humboldt als Leitbild? Die deutsche Universität in den Berliner Rektoratsreden seit dem 19. Jahrhundert," *Jahrbuch für Universitätsgeschichte* 14 (2011): 15–37.

https://doi.org/9783110352740-007

# Forschung als wissenschaftliche Form der Weltaneignung – zum Bildungsideal im deutschen Universitätsmodell

In den Rektoratsreden tritt die Wissenschaft, und mit ihr die Universität, als der Zentralort der Moderne auf. Hier wird der Fortschritt erzeugt, der die Welt gestaltet; die Wissenschaft als Fortschrittszentrum. Das ist die eine Kernbotschaft der Rektoratsrede, gerichtet an die Gesellschaft und an die jungen Studenten, die neu eintreten in dieses „Heiligtum" des Fortschritts – eine häufige Selbstbeschreibung.[2]

Die zweite Kernbotschaft lautet: die Universität bildet, weil sie forscht. Forschung als die wissenschaftliche Form der Welterschließung vermittelt die höchste Form von Bildung. Auf dieser Überzeugung gründete das Selbstverständnis jener Hochschule, die im 19. Jahrhundert als deutsches Universitätsmodell entstanden ist, in der zweiten Hälfte des zwanzigsten auf Humboldt umgetauft wurde und heute unter dem staatlich gesteuerten Anpassungsdruck von Europäisierung und Globalisierung zu verschwinden scheint. Die Gesellschaft teilte dieses Selbstbild: die Universität im deutschen Sprachraum – eine Institution, die Forschung und Ausbildung miteinander verbindet. Und weil sie das macht, bildet sie. Darauf beruht das Postulat der Einheit von Forschung und Lehre. Erst sie forme die Universität zu einer Stätte der Bildung. Der Student soll an die Forschung herangeführt werden, um diese Form der wissenschaftlichen Weltaneignung einzuüben, unverlierbar, so hoffte man, für das gesamte Leben, ganz gleich, in welchem Beruf der Absolvent später tätig wird. Deshalb wehrten sich die Universitäten gegen jeden Versuch, sie zu Spezialschulen umzuwandeln,

---

2 So z. B. der Klassische Philologe Ernst Maass, *Der Genius der Wissenschaft. Rede gehalten beim Antritt des Rektorats am 17. Oktober 1909* (Marburg: Elwert, 1909), 3. In seiner Rede zur Eröffnung der Universität Bern am 5. 3. 1834 sprach Rektor Wilhelm Snell, „Rede", in *Die Eröffnungsfeier der Hochschule Bern den 15. November 1834*, 1–5 [mehrere Paginierungen] [Bern: Buchdruck Lang, 1835], 2); vom „Tempel" der Wissenschaft, auch dies eine häufige Formulierung; vgl. z. B. der Wiener Rektor Anton Weichselbaum, „Über die Beziehungen zwischen Körperkonstitution und Krankheit," in *Die Feierliche Inauguration des Rektors der Wiener Universität für das Studienjahr 1912/1913 am 21. Oktober 1912*, Hg. Anton Weichselbaum (Wien: Selbstverlag der Universität, 1912): 51. Eine umfangreiche Online-Bibliographie mit zahlreichen digitalisierten Volltexten deutscher und österreichischer Rektoratsreden findet sich online: http://www.historische-kommission-muencheneditionen.de/rektoratsreden/. Die Rektoratsreden der schweizerischen Universitäten stehen dagegen sämtlich als Digitalisate auf der Seite www.arpa-docs.ch/ unter dem „Unterpunkt Rector's speeches at Swiss Universities of 1823 – 2005" zur Verfügung.

wie es in Frankreich nach der Revolution geschehen ist. Nur als Universität könne sie die künftige Elite bilden. Diese Botschaft, vermittelt nach innen und nach außen, ist im gesamten 19. Jahrhundert in der Rektoratsrede allgegenwärtig, und das bleibt so, solange es die Rektoratsrede als festes Ritual gibt; in der Schweiz bis in die Gegenwart, in Deutschland bis in die 1960er Jahre; hier und auch in Österreich in veränderter Form heute z. T. wieder aufgenommen.

Das werde ich nicht weiter ausführen. Gefragt wird vielmehr: Welche Bildungs*inhalte*, welche Bildungs*ziele* werden in den Rektoratsreden vermittelt oder zumindest als Aufgabe der Universität ständig aufgerufen. Forschung als die wissenschaftliche Form der Welterschließung, dieses Bildungsideal ist inhaltlich offen. Auf dieser formalen Grundlage konnte sich die Universität als eine Bildungseinheit verstehen, auch wenn zwischen den Fächern das Gespräch abbrach. In jedem Universitätsfach wird geforscht, und deshalb ist jedes Fach am Bildungsauftrag der Universität beteiligt. Gleichberechtigt. Das ist die Grundlage für das Selbstbild einer *universitas*, die alle Fächer umschließt, Geistes- und Naturwissenschaften, ab dem späteren 19. Jahrhundert auch die Technikwissenschaften. Niemand überschaut mehr die fachliche Differenzierung innerhalb der Universität, aber die Teilhabe aller an der Forschung, sei es aktiv, sei es rezeptiv, schaffe dieser dynamischen Disparität der Fächer ein allen gemeinsames Zentrum: der Bildungsauftrag. Denn, noch einmal, Forschen bildet. So das Selbstbild der Universität, immer wieder aufs neue in den Rektoratsreden formuliert, gerichtet an die Angehörigen der Universität und an die Funktionsträger in Staat und Gesellschaft.

Aber welche Bildungsinhalte sollen vermittelt werden? Das wird in den Reden nicht ausdrücklich thematisiert, im Gegensatz zur formalen Grundlage universitärer Bildung, also Forschung als wissenschaftlicher Form der Weltaneignung. Dieser Konsens wäre gesprengt worden, wenn die Universität versucht hätte, sich institutionell auf einen bestimmten Bildungskanon zu verständigen; etwa einen mit der griechischen Antike im Zentrum. Das wäre spätestens seit der zweiten Hälfte des neunzehnten, das vom Jahrhundert der Naturwissenschaften sprach, von deren Repräsentanten nicht akzeptiert worden. Die Rektoren mußten hier also zurückhaltend sein, wenn sie für die Universität sprachen. Gewisse Idiosynkrasien billigte man sich individuell und fachspezifisch wechselseitig zu, aber ein offen formuliertes Bekenntnis zu einem inhaltlich ausgerichteten Bildungsverständnis hätte gegen die Pflicht des Rektors verstoßen, als Repräsentant aller Universitätsfächer zu sprechen. Dennoch bieten die Rektoratsreden Aufschluß, was in der Universität unter *Bürger bilden* verstanden wurde. Ich fasse nun die disparaten Äußerungen zu vier Themenblöcken zusammen. Mit dieser Systematisierung wird ein Ordnungsmuster erzeugt, das die Redner selber so nicht formuliert haben.

# Bürger bilden – vier Bildungsziele der Universität

## 1 Formung einer selbständigen Persönlichkeit

*Bürger bilden* hieß allem voran, zur selbständigen Persönlichkeit bilden. Darin stimmten alle überein. Die Universität huldigte hier dem liberalen Bürgerideal, das auch in der Gesellschaft gängig war. Es zielte auf den wirtschaftlich und geistig unabhängigen Bürger.[3] Was wirtschaftlich unabhängig bedeuten sollte, änderte sich im Laufe der Zeit.[4] Immer gehörte ein gesichertes Einkommen für ein Leben auf bürgerlichem Niveau dazu. Bis zum Ersten Weltkrieg war unstrittig: ein bürgerliches Leben verlangt Helfer im Alltag. Keine Kultur ohne Dienstboten, so hatte es Heinrich von Treitschke formuliert.[5] Heute politisch unkorrekt, aber soziologisch präzise. Darüber sprachen die Rektoren nicht. Aber das Arbeitsideal, das sie für den Wissenschaftler und, wichtig, für jeden wissenschaftlich gebildeten Mann entwarfen – im 19. Jahrhundert zielte Universitätsbildung selbstverständlich auf den Mann —, dieses Arbeitsideal forderte, im Beruf aufzugehen. Eine Art Berufsheiligkeit. Auf sie hin soll die Universität die Studenten bilden. Deshalb die Forderung, die wissenschaftliche Form der Weltaneignung im Studium zu internalisieren, für das gesamte Leben, in welchen Beruf auch immer es führen wird. Wer das nicht tue, so der Jurist Erwin Ruck in seiner Rede, mit der er 1930 das Rektorat in Basel antrat, begehe „Hochverrat an seiner Universität wie an Staat und Volk und an der eigenen Menschenwürde".[6]

Der Beruf des Akademikers ist etwas Ernstes, eine Berufung. Das wird immer wieder betont. Um dazu fähig zu werden, soll das selbständige Urteil an den Grenzen des gegenwärtigen Wissens methodisch kontrolliert erlernt und in einem Studium, das darauf angelegt ist, als Habitus eingeübt werden. Deshalb der

---

3 Vgl. etwa Manfred Hettling, „Die persönliche Selbständigkeit. Der archimedische Punkt bürgerlicher Lebensführung," in *Der bürgerliche Wertehimmel. Innenansichten des 19. Jahrhunderts*, Hg. Manfred Hettling und Stefan-Ludwig Hoffmann (Göttingen: Vandenhoeck & Ruprecht, 2000): 57–78; Lothar Gall, „Selbständigkeit und Partizipation. Zwei Leitbegriffe der frühen bürgerlich-liberalen Bewegung in Deutschland," in *Bürgerliche Werte um 1800*, Hg. Hans-Werner Hahn und Dieter Hein (Köln: Böhlau, 2005): 291–302.

4 Näher ausgeführt bei Dieter Langewiesche, „Sozialer Liberalismus in Deutschland. Herkunft und Entwicklung im 19. Jahrhundert," in *Sozialer Liberalismus in Europa. Herkunft und Entwicklung im 19. und frühen 20. Jahrhundert*, Hg. Detlef Lehnert (Wien: Böhlau, 2012): 35–50.

5 Heinrich von Treitschke, „Der Socialismus und seine Gönner" (1874), in *Zehn Jahre deutscher Kämpfe*, Bd. 2, Hg. Heinrich von Treitschke (Berlin: Reimer, ³1897): 137; ders., *Politik. Vorlesungen gehalten an der Universität Berlin*, Bd. 1, Hg. Max Cornicelius (Leipzig: Hirzel, ³1913): 50.

6 Erwin Ruck, *Die Rechtsstellung der Basler Universität. Rektoratsrede*, Basler Universitätsreden 1 (Basel: Helbing & Lichtenhahn, 1930): 19.

Forschungsimperativ für die Bildungsinstitution Universität. Der Rektor der Hochschule Zürich nannte ihn 1870 „die Seele unserer Universitäten"[7], der Basler Rektor 1930 das „Grundgesetz für Leben und Erfolg der Universität"[8].

Der Student soll im Laufe des „Fachstudiums" lernen, so 1881 ein Erlanger Physiker, durch „Übungen in Seminar und Prakticum, in Laboratorium und Klinik" mit Methoden vertraut zu werden und „dazu angeleitet, das eigene Können an bestimmten Problemen zu erproben. Indem er zuletzt seine ganze Kraft auf eine specielle Aufgabe concentrirt und nun selbst denkend und forschend in die Tiefe dringt, gewinnt er, wenn zunächst auch nur auf eng umgrenztem Gebiet, Unabhängigkeit des Urtheils und das Bewußtsein wissenschaftlicher Selbständigkeit. Diese geistige Befreiung von den Fesseln unbedingter Autorität bildet das eigentliche Ziel des akademischen Fachunterrichts; nicht fertige Regeln und Recepte will er dictiren, sondern er will den Zögling befähigen, auf dem Boden methodischer Durchbildung mit eigenen Füßen zu stehen." Die Doktorwürde bescheinige, daß dieses Ziel erreicht wurde. „Wer sich in diesem Sinne wissenschaftliche Selbständigkeit errungen hat, der wird auch später im praktischen Leben, selbst wenn die alten gewohnten Formen zerbrechen, den richtigen Weg zu finden wissen, während der bloß dressirte Routinier neuen Anforderungen rath- und hilflos gegenübersteht."[9]

Knapp sieben Jahrzehnte später, 1948, argumentierte ein Fachkollege in Jena nicht anders, als er für die Physik zeigen will, „wie fachwissenschaftliche Erkenntnis zur allgemeinen Bildung der Gesamtheit und des Einzelnen beiträgt; ich nehme mir also vor, die Physik als Bildungsmacht hinzustellen." Auch er lehnte es dezidiert ab, Bildung inhaltlich zu definieren. Es gehe darum, fachliche Erkenntnisse so zu erschließen, daß man über den fachlichen Bereich hinausblickt und dieses gesellschaftliche Verantwortungsbewußtsein als Haltung verinnerlicht. „Vom Gebildeten erwarten wir irgendwie einen Einklang seines bewußten Denkens mit seinem unbewußten Handeln. Und es gehört zur allgemeinen Bil-

---

**7** Adolf Gusserow, *Universitäten oder Fachschulen? Rede bei Antritt des Rectorats der Hochschule Zürich am 29. April 1870 gehalten von Adolf Gusserow, o.ö. Professor der Geburtshülfe und Director der gynäkologischen Klinik* (Zürich: Meyer & Zeller, 1870), 11.
**8** Ruck, *Die Rechtsstellung der Basler Universität*, 15.
**9** Eugen Lommel, *Über Universitätsbildung. Rede beim Antritt des Prorektorats der Königlich Bayerischen Friedrich-Alexanders-Universität Erlangen am 4. November 1881 gehalten von Dr. Eugen Lommel, ordentlichem Professor der Physik, d.Z. Prorector* (Erlangen: Junge, 1881), 5.

dung, wenn dieser Einklang über die Gegebenheiten des engeren Berufes und über fachliche Begrenzung hinausgeht."[10]

Diesem Bildungsideal zu folgen und die Grundlagen dazu auf der Universität zu erwerben, erforderte von dem Einzelnen wirtschaftliche Ressourcen, über die nur eine Minderheit verfügte. Dennoch war dieses Ideal nicht auf soziale Ausgrenzung angelegt. In vielen Rektoratsreden werden Wissenschaftler vorgestellt, die aus kleinen sozialen Verhältnissen aufgestiegen sind. Mitunter werden auch die Hilfen erwähnt, die diese sozialen Aufsteiger erhalten haben. Meist individuelle Hilfe. Daraus wird keine Kritik an der Gesellschaftsordnung und dem sozial engen Zugangsweg zur Universität abgeleitet. Aber es wird doch deutlich, daß man sich dieser Situation bewußt ist: Wer nicht über den notwendigen wirtschaftlichen Rückhalt in der Familie verfügt oder keine Hilfen von anderen erhält, dem bleibt die Universitätsbildung verschlossen, denn es fehlen die Voraussetzungen, zur geistig selbständigen Persönlichkeit gebildet zu werden.

Ein Beispiel, das in Jena an der Universität immer wieder aufs Neue erzählt wurde: Ernst Abbe – sozial niedrige Herkunft, der Fabrikant, bei dem der Vater in der Spinnerei arbeitet, erkennt die Begabung des Sohnes, finanziert das Realgymnasium, die Stadt Eisenach gibt ein Stipendium für das Studium, es reicht aber nicht, er arbeitet zusätzlich nebenher, anschließend finanziert ein Privatmann die Habilitationsjahre in Jena, danach zahlt ihm der Kurator der Universität eine Unterstützung, damit er die Universität nicht verlassen muß. Abbes Weg in die Wissenschaft, zum Erfinder und zum Unternehmer, der, reich und berühmt geworden, das Überleben der Universität Jena als Stifter sichert, wird als eine Berufung erzählt, in der eine starke Persönlichkeit, leistungswillig und voller wissenschaftlicher Originalität, mit helfenden Händen zusammenfindet. Die Universität ist in dieser Erzählung der Bildungsort, an dem die Grundlagen für die Berufung zum Forscher *und* Unternehmer gelegt werden – eine Persönlichkeitsschule.[11]

---

**10** Friedrich Hund, *Physik und allgemeine Bildung. Rede zur Jahresfeier der Friedrich-Schiller-Universität Jena am 26. Juni 1948 gehalten von F. Hund, dem Rektor der Universität*, Jenaer Akademische Reden 31 (Jena: Fischer, 1949): 6.
**11** Vgl. etwa Gottlob Linck, *Über Wesen und Wert der Universität. Rede gehalten zur Feier der akademischen Preisverteilung am 19. Juni 1920 in der Stadtkirche zu Jena vom Rektor der Universität, Dr. Gottlob Linck, o.ö. Professor der Mineralogie und Geologie*, (Jena: Fischer, 1920), 16: „Ohne die Universität kein E r n s t  A b b e, ohne A b b e keine Z e i ß s t i f t u n g, ohne ihn und seine vielen wissenschaftlichen Mitarbeiter wäre gar vieles nicht geschaffen worden, was dem leiblichen und geistigen Wohl der Menschheit zu Nutz und Frommen war. Gerade das Verdienst der Universität um diese Fortschritte hat A b b e selbst anerkannt, indem er durch seine hochherzige Stiftung der universitas salana das Leben aufs neue geschenkt und ihr zu kaum geahnter Blüte verholfen hat." Gottlob Linck, *Ernst Abbe. Rede zum Gedächtnis seines 25. Todestages am 14. Januar 1930 gehalten*

## 2 Keine Dogmengläubigkeit

Bildung zur geistig selbständigen Persönlichkeit fordere Abkehr von jeder Dogmengläubigkeit. Das war universitär ein heikles Thema; schließlich werden im deutschen Universitätssystem Geistliche ausgebildet, und die Kirchen sind als Institution an der Besetzung theologischer Professuren beteiligt. Der Forschungsimperativ, zu dem sich die Universitäten in ihren Rektoratsreden einhellig bekennen, stellte die Theologien unter Rechtfertigungszwang. Sie mußten sich zu diesem Imperativ bekennen. Deshalb sprachen Rektoren aus einer theologischen Fakultät häufig über die Wissenschaftlichkeit ihrer Disziplin. Sie argumentierten aus einer Verteidigungshaltung.[12] Professoren aus anderen Fächern sahen sich dazu nicht genötigt.

---

*im Auftrag des akademischen Senats der Landesuniversität Jena in der Aula,* Jenaer Akademische Reden 10 (Jena: Fischer, 1930); August Kühl, „Die Leistungssteigerung optischer Geräte durch die Betriebe der Carl-Zeiss-Stiftung. Vortrag von Dr. phil. August Kühl, o. Professor der wissenschaftlichen Mikroskopie und angewandten Optik, gehalten bei der Akademischen Gedenkfeier in der Aula der Universität am 16. Juni 1939," in *Zum fünfzigjährigen Bestehen der Carl-Zeiß-Stiftung,* Hg. Helmuth Kulenkampff, Jenaer Akademische Reden 27 (Jena: Fischer, 1939). Helmuth Kulenkampff, „Das Zusammenwirken von Wissenschaft und technischer Kunst. Vortrag von Dr. phil Helmuth Kulenkampff, o. Professor der Physik, gehalten bei der Akademischen Gedenkfeier in der Aula der Universität am 16. Juni 1939," ebd.; August Gärtner, *Festrede gehalten in der Universitätskirche zu Jena zur Akademischen Preisvertheilung am 8. Juli 1893 dem Tage des Vierzigjährigen Regierungsjubiläums Seiner Königlichen Hoheit des Großherzogs Carl Alexander von Dr. August Gärtner, o. ö. Professor der Hygiene, d. Z. Prorektor* (Jena: G. Neuenhahn Universitäts-Buchdruckerei, 1893); Berthold Delbrück, *350jähriges Jubiläum der Universität Jena 31. Juli und 1. August 1908. Rede seiner Magnifizenz des Herrn Prorektors Prof. Dr. Delbrück, gehalten im Volkshause am 31. Juli 1908* (Jena: G. Neuenhahn Universitäts-Buchdruckerei, 1909).
**12** Vgl. etwa August Dillmann, *Über die Theologie als Universitätswissenschaft. Rede bei Antritt des Rectorats der Königlichen Friedrich-Wilhelms-Universität zu Berlin am 15. October 1875* (Berlin: Buchdruckerei der Königlichen Akademie der Wissenschaften, 1875); Arthur Titius, *Ist systematische Theologie als Wissenschaft möglich? Rede bei der Feier der Erinnerung an den Stifter der Berliner Universität König Friedrich Wilhelm III. in der Alten Aula am 26. Juli 1931* (Berlin: Preußische Dr.- u. Verl.-AG, 1931); Franz M. Schindler, „Die Stellung der Theologischen Fakultät im Organismus der Universität. Inaugurationsrede," in *Die Feierliche Inauguration des Rektors der Wiener Universität für das Studienjahr 1904/1905 am 14. Oktober 1904,* Hg. Franz M. Schindler (Wien: Selbstverlag der Universität, 1904): 29 – 63. Ernst Troeltsch, *Die Trennung von Staat und Kirche, der staatliche Religionsunterricht und die theologischen Fakultäten. Akademische Rede zur Feier des Geburtstages des höchstseligen Grossherzogs Karl Friedrich am 22. November 1906 bei dem Vortrag des Jahresberichts und der Verkündung der akademische Preise gehalten von Dr. theol. et. phil. h.c. Ernst Troeltsch. Geh. Kirchenrat und o.ö. Professor der Theologie, d.Zt. Prorektor der Grossh. Badischen Universität Heidelberg* (Heidelberg: Hörning, 1906). Friedrich Brunstäd, *Theologie als Problem. Rektoratsrede, gehalten am 28. Februar 1930.* Rostocker Universitäts-Reden 11 (Rostock: Hinstorffs, 1930). Offensiv: Theodor Kolde, *Über Grenzen des historischen Erkennens und der Ob-*

Als Otto Baumgarten als Kieler Rektor 1903 über „Die Voraussetzungslosigkeit der protestantischen Theologie" sprach, trennte er strikt den „Gottes- und Unsterblichkeitsglauben" von „den vermeintlichen Beweisen der Wissenschaft". Doch einen „wissenschaftlichen Charakter" könne nur der entwickeln, der alles, auch die Religion, „einer unvoreingenommenen Prüfung aller ihrer Voraussetzungen unterwirft".[13] Baumgarten ging in seiner Verteidigung der Theologie als Wissenschaft von dem akademischen Kulturkampf aus, in dem Theodor Mommsen eine prominente Rolle gespielt hatte. Der „Nestor der deutschen Geschichts-Wissenschaft", wie Baumgarten ihn nannte, sah 1901, als eine „katholische Geschichtsprofessur" in Straßburg eingerichtet wurde, das Prinzip freier Forschung gefährdet durch die „Eintragung konfessioneller Gesichtspunkte".[14]

*Bürger bilden*, diesen gesellschaftlichen Auftrag, den die Universität als ihr Kerngeschäft ansah, glaubte sie nur in Distanz zum Katholizismus erfüllen zu können. Die deutsche Universität war im 19. Jahrhundert in der Tat durch und durch protestantisch kontaminiert. Darüber sprachen die Rektoren nur gelegentlich. Das genügte. Jeder wußte es und mancherorts war es symbolisch fest verankert, so in Leipzig: Die Universität trat dort stets am Reformationstag vor die Öffentlichkeit.[15] Anderswo wurden an diesem Tag eigene Reden gehalten. Sie verankerten die freiheitlichen Ursprünge der deutschen Universität und ebenso die der deutschen Nation in der Reformation. Katholiken standen unter dem Verdacht, dogmatisch untertänig und deshalb unfähig zum geistig selbständigen Bürger zu sein; und erst recht zum Bürger deutscher Nation. In der Schweiz wurde ähnlich argumentiert. So meinte der Berner Rektor 1852, als er darüber sprach, ob der junge Schweizer Bundesstaat eine eidgenössische Hochschule brauche: „Der gebildetste Katholik gehört, wenn er Geistlicher ist, nicht bloß dem idealisirten, sondern dem realistischen Katholicismus an, dessen Wesen die Hierarchie und

---

jectivität des Geschichtsschreibers. Rede beim Antritt des Prorektorats der Königlich Bayerischen Friedrich-Alexanders-Universität Erlangen am 4. November 1890 gehalten von Dr. theol. et phil. Theodor Kolde, ordentl. Professor der historischen Theologie (Erlangen: Junge, 1890).

**13** Otto Baumgarten, *Die Voraussetzungslosigkeit der protestantischen Theologie. Rede beim Antritt des Rektorats der Universität Kiel 5. März 1903* (Kiel: Lipsius & Tischer, 1903), 15, 17.

**14** Ebd., 3. Vgl. dazu Christoph Weber, *Der „Fall Spahn" (1901). Ein Beitrag zur Wissenschafts- und Kulturdiskussion im ausgehenden 19. Jahrhundert* (Rom: Herder, 1980); Stefan Rebenich, *Theodor Mommsen und Adolf Harnack. Wissenschaft und Politik im Berlin des ausgehenden 19. Jahrhunderts* (Berlin u. a.: Walter de Gruyter, 1997).

**15** Die Leipziger Reden liegen gedruckt vor: Franz Häuser (Hg.), *Die Leipziger Rektoratsreden 1871–1933*, herausgegeben vom *Rektor der Universität Leipzig Professor Dr. iur. Franz Häuser zum 600-jährigen Gründungsjubiläum der Universität im Jahr 2009*, 2 Bde. (Berlin/New York: Walter de Gruyter, 2009).

das Priesterthum ist. Keine eidgenössische Hochschule wird im Stande sein, dieses eherne Schloß des Katholicismus zu sprengen."[16]

Nicht alle deutschen Universitäten sind „ausschliesslich protestantisch", so August Boeckh, der berühmte Altertumswissenschaftler, mehrfach Berliner Rektor und häufiger Festredner, „so wurzeln sie doch im Geiste des Protestantismus, und je mehr sie davon sich entfernen, desto weniger sind sie Deutsch".[17] Also – die österreichischen Universitäten; Boeckh nannte aber auch die italienischen, die französischen und die englischen.[18] Rudolf Virchow übersetzte dieses Anderssein 1865 auf der *Versammlung deutscher Naturforscher und Aerzte* rigoros in „katholisch, also unwissenschaftlich". Erst die Reformation habe zur Wissenschaft befreit. Die Wiener Universität jedoch habe auch danach in der „tiefsten Versumpfung" gelebt, weil es dem Habsburger Monarchen gelang, den „protestantischen Geist niederzuwerfen".[19]

Was hat diese Universität in den 500 Jahren ihres Bestehens, fragte Virchow im Jubiläumsjahr, „für die Geschichte des deutschen Geistes, für die Geschichte des menschlichen Geistes überhaupt gethan?" Seine Antwort, gewissermaßen als Grußwort von Berlin nach Wien: „gar nichts Nennenswerthes". Außer einigen Dichtern kein Name, der es „verdient, in der Culturgeschichte der Menschheit genannt zu werden; wirkliche Bedeutung haben nur meine Specialcollegen der medizinischen Facultät". Warum war das so? Weil in Wien kein „nationales Wesen in der Wissenschaft" lebte, sondern dort „die Wissenschaft ihren eigentlichen Lebensquell jenseits der Alpen hatte."[20] In Rom also, in der katholischen Weltkirche.

Nicht überall im außer-habsburgischen Deutschland – Virchow hielt seine Rede vor dem Ausscheiden Österreichs aus Deutschland – teilte man diesen Ausschluß Österreichs aus der deutschen Wissenschaftsnation, den Virchow der staatlichen Entwicklung vorauseilend vollzog.[21] Selbstverständlich flaggte er

---

**16** Albert Heinrich Immer, *Haben wir eine eidgenössische Hochschule zu wünschen? Rectoratsrede von A. Immer, Prof. Theol , [sic!] gehalten am Jahrestage der Stiftung der bernischen Hochschule, den 15. November 1852* (Bern: Stämpfli, 1852), 26.

**17** August Boeckh, „Festrede gehalten auf der Universität zu Berlin am 15. October 1859," in *August Boeckh's gesammelte kleine Schriften*, Bd. 3, Hg. Ferdinand Ascherson (Leipzig: Teubner, 1866): 25.

**18** Ebd.

**19** Rudolf Virchow, *Ueber die nationale Entwickelung und Bedeutung der Naturwissenschaften. Rede gehalten in der zweiten allgemeinen Sitzung der Versammlung deutscher Naturforscher und Aerzte zu Hannover am 20. September 1865* (Berlin: Hirschwald, 1865), 12.

**20** Ebd., 9 – 10.

**21** Joh. Jos. Ignaz von Döllinger, *Die Universitäten sonst und jetzt. Rectorats-Rede, gehalten am 22. Dezember 1866 von Dr. Joh. Jos. Ign. von Döllinger, d. Z. Rector* (München: Weiß, 1867), 23: seit

seine national- und konfessionspolitische Polemik als Frucht seiner „naturwissenschaftliche[n] Methode" aus.

„Das ist nicht mehr das Denken, welches von Rom nach Deutschland hineingetragen worden ist."[22] In Wien wurde Virchows Bild deutscher National- und Wissenschaftsgeschichte natürlich nicht geteilt. Manche argumentierten defensiv, wie der katholische Theologe Franz Schindler, bei dem die Reformation nicht vorkam, als er 1903 in seiner Inaugurationsrede über die Rolle der theologischen Fakultät in der Universität sprach und sie historisch verfolgte.[23] Andere fügten sie in allgemeine Entwicklungen ein, um ihr die national- und wissenschaftspolitische Brisanz zu nehmen. So charakterisierte der Historiker Oswald Redlich in seiner Wiener Rektoratsrede von 1911 die Reformation als eine gesamtgesellschaftliche Krise, mithin auch eine Krise für die Universität.[24] Unterhalb der allen gemeinsamen Grundlage *forschen bildet*, verfügte die Universität im deutschen Sprachraum also nicht über ein einheitliche Bildungsverständnis. Die Konfession trennte hier fundamental.

Virchow verkündete die protestantische Mehrheitssicht, die im Deutschen Reich und in der Schweiz auf keinen dezidierten Widerspruch in den Rektoratsreden stieß. Die protestantische Sicht dominierte eindeutig: katholisch gleich wissenschaftswidrig und a-national, also ungeeignet zur Geistesbildung an der Universität. Im Vorwort seiner gedruckten Rede zeigte sich Virchow überrascht, daß ein belgischer Kollege meinte, er habe „den katholischen Glauben ... angreifen wollen".[25] Nein, er gehöre nur nicht in die Universität. Virchow ging aber weiter. Er ordnete dem „Charakter der deutschen Wissenschaft" eine Arbeitsgesinnung zu, die „viel angenommen hat von jenem wahrhaft sittlichen Ernst, ... der das ei-

---

Mitte des 19. Jahrhunderts sei auch der Wiener Universität „die längst ersehnte Wiedergeburt" zuteil geworden.

22 Virchow, *Ueber die nationale Entwickelung und Bedeutung der Naturwissenschaften*, 19. Ein Jahrzehnt später richtete Virchow auf dem gleichen Forum seine Angriffe auf „Ultramontanismus" und „Orthodoxie" gegen Frankreich: Rudolf Virchow, *Die Freiheit der Wissenschaft im modernen Staat. Rede gehalten in der dritten allgemeinen Sitzung der fünfzigsten Versammlung deutscher Naturforscher und Aerzte zu München am 22. September 1877* (Berlin: Wiegandt, Hempel & Parey, [2]1877).

23 Schindler, „Die Stellung der Theologischen Fakultät im Organismus der Universität. Inaugurationsrede," 29–63.

24 Oswald Redlich, „Die geschichtliche Stellung und Bedeutung der Universität Wien," in *Die Feierliche Inauguration des Rektors der Wiener Universität für das Studienjahr 1911/1912 am 16. Oktober 1906*, Hg. Oswald Redlich (Wien: Manz, 1911): 69–103.

25 Virchow, *Ueber die nationale Entwickelung und Bedeutung der Naturwissenschaftem*, III.

gentliche Wesen der religiösen Stimmung ist. Ich scheue mich nicht zu sagen, es ist die Wissenschaft für uns Religion geworden".[26]

Die Sprache vieler Rektoren verrät diese religiöse Ergriffenheit im Dienst an der Wissenschaft und ihrer Bildungsaufgabe. Der Student trägt „den heiligen Funken der Wissensliebe" in sich, schaut zu den Meistern auf in „Hingebung" des „rechten Jünger", ergibt sich wie diese dem „der Wissenschaften geweihten Dienst". Worte eines Mediziners, nicht eines Theologen.[27] Ein klassischer Philologe belehrte 1909 sein Auditorium, die „Universität, dies unentbehrliche Glied in der Reihe von Einrichtungen, auf denen die Existenz der Staaten beruht, stellt selber einen Staat dar und also ein Heiliges. Eine jede Wissenschaft ist, da sie höchste Werte des Lebens irgendwie zu behandeln hat, Arbeit am Ewigen und also Gottesdienst." Er berühre deshalb das Universitätsszepter mit einer „geradezu religiösen Ehrfurcht".[28]

Angesichts einer solchen Haltung, sie war verbreitet, kann es nicht verwundern, wenn Katholiken die deutsche Universität als gefährliches Gebiet einstuften. Über Berlin berichtete 1906 ein Redner auf der Generalversammlung der Akademischen Bonifatius-Vereine: „Unter den akademischen Lehrern ist kaum einer ein guter Katholik und christliche Weltanschauung wird kaum von einem Katheder aus noch ernstlich vertreten. Im Gegenteil, viele und darunter die bedeutendsten Professoren lehnen das Christentum ab, nicht etwa nach Art des Evangelischen Bundes, nein, ruhig und in vornehmem Ton." Dieser „Vernichtungsarbeit" seien von den ca. 1.500 Katholiken, die im Wintersemester 1905/06 in Berlin studierten, bereits 50 „in der ersten Zeit ihres Studiums" erlegen.[29] Viele Professoren, pro-

---

26 Ebd., 17–18. Ein anderes Beispiel: Studenten zu „Männern bilden, die künftig ihrem Beruf die Weihe idealer Thätigkeit zu geben verstehn, dies ist die That, die ich zum Heile des Vaterlands von Ihnen fordere." Carl Friedrich Nägelsbach, *Rede beim Antritte des Prorektorats der königlich bayerischen Friedrich-Alexanders-Universität Erlangen am 5. November 1849 gehalten vom derzeitigen Prorektor Dr. Carl Friedrich Nägelsbach, ord. Professor der Philologie* (Erlangen: Barfus, 1849), 7.

27 Franz Dittrich, *Rede beim Antritte des Prorektorats der königlich bayerischen Friedrich-Alexanders-Universität Erlangen am 4. November 1852 gehalten von Dr. Franz Dittrich, ord. Professor der Medizin* (Erlangen: Barfus, 1852), 5–7.

28 Maass, *Der Genius der Wissenschaft,* 3.

29 Aus der Rede Dr. Heidemanns, des stellvertretenden Vorsitzenden der Generalversammlung der ABV zu Essen am 21. August 1906, in *Akademische Bonifatius-Correspondenz* 46 (1906): 1623–1624. Auf Grund dieser Erfahrung wurde in Berlin ein katholischer Studentenseelsorger angestellt. Vgl. Dieter Langewiesche, „Vom Gebildeten zum Bildungsbürger? Umrisse eines katholischen Bildungsbürgertums im wilhelminischen Deutschland," in *Bildung und Konfession. Politik, Religion und literarische Identitätsbildung 1850–1918. Festschrift für Wolfgang Frühwald zum 60. Geburtstag,* Hg. Martin Huber und Gerhard Lauer (Tübingen: Niemeyer, 1996): 107–132; überarbeitet in Dieter Langewiesche, *Liberalismus und Sozialismus. Gesellschaftsbilder – Zukunftsvisionen –*

testantische und areligiöse, hätten dies gewiß als einen Beweis für die Wirkungskraft der Bildungsinstitution Universität gewürdigt.

## 3 Bürger bilden als Elitebildung

*Bürger bilden* an der Universität heißt im universitären Selbstverständnis, die Elite von morgen formen und sie für ihre Aufgabe staatsbürgerlich bilden. Das ist eine allgemeine Überzeugung, die immer wieder verkündet wird, über alle politischen Umbrüche und über die Konfessionsgrenze hinweg. Bildung sei, so der Erlanger Prorektor 1910 (Rektor war hier stets der Landesherr), „zum Prinzip der Organisation einer neuen Aristokratie" geworden.[30] Noch 1962 spricht der Rektor der ETH Zürich von einem „gewissen Adel des Geistes", der vom Professor ebenso wie vom Studenten verlangt werde.[31] Beide Rektoren bekennen sich zur Elitebildung, doch dieses Bildungsziel, das sie Geistesadel nennen, umfaßte in einer republikanischen Gesellschaft andere Werte als in einer monarchischen. Ein Vergleich Schweizer Rektoratsreden mit deutschen und österreichischen aus der Zeit bis zum Ersten Weltkrieg verdeutlicht dies.

Gemeinsam war ihnen, daß sie den universitären Bildungsauftrag auf den jeweiligen Staat bzw. Kanton und zugleich auf die Nation ausrichteten: Bildung zum Staatsbürger, so würde man heute sagen, politische Bildung. In den deutschen Staaten hieß Ausrichtung auf den Staat bis 1918 stets: auf den monarchischen Landesherrn und sein Haus. Das taten alle Rektoren. Selbst in reinen Fachreden stand am Anfang und am Schluß in aller Regel das Bekenntnis der Universität zum Herrscherhaus. Die Nähe zu ihm war eng, und sie wurde von beiden Seiten gepflegt. Oft sprach der Rektor am Geburtstag des Landesherrn oder des landesherrlichen Stifters der Universität; bis zum großen Monarchiensturz 1918 blieb in einigen Staaten der Monarch formell Rektor; nicht selten waren Mitglieder des Herrscherhauses bei der Rektoratsrede zugegen; in einigen Ländern

---

*Bildungskonzeptionen* (Bonn: Dietz, 2003). Zu den katholischen Akademikern und Studenten im Kaiserreich ist grundlegend Christopher Dowe, *Auch Bildungsbürger. Katholische Studierende und Akademiker im Kaiserreich*, Kritische Studien zur Geschichtswissenschaft 171 (Göttingen: Vandenhoeck & Ruprecht, 2006).

**30** Philipp Bachmann, *Über das Interesse der christlichen Sittenlehre an dem allgemeinen Begriff der Bildung. Rede beim Antritt des Prorektorats der Königlich Bayerischen Friedrich-Alexanders-Universität Erlangen am 4. November 1910 gehalten von D. Philipp Bachmann. K. Ordentl. Professor der systematischen Theologie und der neutestamentlichen Exegese* (Erlangen: Junge, 1910), 6.

**31** Walter Traupel, *Hochschule und Spezialistentum. Rektoratsrede. Gehalten am 17. November 1962 an der Eidgenössischen Technischen Hochschule* (Zürich: Polygraph, 1963), 17.

pflegte der Fürst Professoren zu ehren, die frisch berufen worden waren oder einen auswärtigen Ruf abgelehnt hatte, indem er an einer Vorlesung teilnahm; so in Leipzig und Jena. All dies signalisierte: die deutsche Universität versteht sich als eine Landesinstitution. Wenn der Rektor finanzielle Sorgen vortrug, und das tat er auch damals gerne, dann richtete er sie an den Landesherrn und ebenso den Dank der Universität für neue Professuren, Institute, Gebäude oder was auch immer.

Die deutsche Universität stellte sich so in ein Immediatverhältnis zum Herrscherhaus, nicht zur Regierung oder gar zum Parlament. Auch deshalb war der Übergang in die Republik für die deutsche Universität ein so außerordentlich tiefer und schmerzlicher. Sie war traditionell auf den fürstlichen Landesherrn ausgerichtet, und die politischen Werte, die sie den Studenten nahe brachte, waren es auch. Sie vermittelten eine fürstentreue politische Bildung. Parlamentarisierung, zentral für die politische Entwicklung und die politischen Kämpfe im 19. Jahrhundert, fand in der politischen Bildung, wie sie die Rektoratsreden boten, keinen Rückhalt. Wenn sie angesprochen wurde, dann als Gefahr für die Binnenautonomie der Universität.[32]

Der Adel des Geistes stellte sich an die Seite der Dynastie – an die Seite, nicht sich unterordnend. Das gab es auch. Doch der Rektor tritt als Repräsentant einer Institution auf, die sich als die Fortschrittszentrale begreift. Das erlaubt keine strikte Unterordnung unter eine politische Institution. Monarch und Universität werden meist als Fortschrittsverbündete gezeichnet. Dieses Bild enthält eine eminent politische Aussage, auch wenn der Rektor meint, nicht über Politik zu sprechen. Die staatsbürgerliche Bildung der Universität entwirft einen Staat mit monarchischer Spitze, die auf institutionellen Säulen aufruht, zu denen gleichberechtigt etwa mit dem Militär die Universität gehört. Welche dieser Säulen betrachtet wird, hängt vom Rektor und seinem Redethema ab – Kirche und Religion, das Recht, auch die Ökonomie, nicht aber Parlament und Parteien – oder allenfalls negativ.

Diese Art politischer Bildung sei an zwei Reden ein wenig genauer erläutert, zwei ungewöhnlichen Reden. Die eine formuliert einen umfassenden Prioritätsanspruch der Wissenschaft gegenüber allen anderen Bereichen von Staat und Gesellschaft, ein Überlegenheitsgestus, der gängig, aber in dieser triumphalisti-

---

**32** So z.B. der Wiener Rektor, als er 1913 den, wie er meinte, zu starken Ausbau der höheren Schulen und den darauf folgenden Zustrom zur Universität mit parlamentarischem Streit in Verbindung brachte. Richard Wettstein Ritter von Westerheim, „Forschung und Lehre. Inaugurationsrede," in *Die Feierliche Inauguration des Rektors der Wiener Universität für das Studienjahr 1913/1914 am 20. Oktober 1913*, Hg. Richard Wettstein von Westerheim (Wien: Selbstverlag der Universität, 1913): 61.

schen Form selten ist. Die andere macht etwas, was ansonsten nicht offen ausgesprochen wird: Sie verkündet bereits im Titel, es geht um politische Bildung.

Der Triumphalist ist Justus von Liebig, 1852 mit kräftiger königlicher Fi-
nanzhilfe nach München berufen, 1859 zum Präsidenten der Bayerischen Akademie der Wissenschaften ernannt. Bereits in seiner ersten öffentlichen Präsi-
dentenrede, auch sie wie die Rektoratsrede ein gesellschaftliches Ereignis,
konfrontierte er seine Zuhörer mit einem Weltbild, in dem die Wissenschaft alle
anderen Kräfte in Staat und Gesellschaft weit überragte.[33] Auch die Monarchie, die
Staatsverwaltung, das Militär, deren Repräsentanten ihm zuhörten. Auf diesen
Dominanzanspruch der Wissenschaft, und zwar aller Disziplinen, nicht nur der
Naturwissenschaften, war Liebigs staatsbürgerliches Bekenntnis bezogen. Es
lautet: nur der freie Staat ist fortschrittsfähig, denn nur er ermögliche die Freiheit
der Wissenschaft als Grundlage jeden Fortschritts, ganz gleich auf welchem Gebiet, in der Wirtschaft, im Militär oder was auch immer. Alle Institutionen,
staatliche und gesellschaftliche, mißt Liebig an ihrer Fähigkeit und Bereitschaft,
freie Bildung zuzulassen. Und freie Bildung im Ausbildungssektor der Elite hieß
für ihn wie auch für alle Rektoren: aus der Wissenschaft heraus selbst bestimmt,
aus dem Forschungsprozess.

Dieser Freiheitsbegriff, den Liebig implizit und auch offen ausgesprochen in
seinen Akademiereden entfaltet, ist ein streng elitärer. Die Masse, so sagt er, ist
nicht fähig, an dieser Freiheit teilzuhaben.[34] Auch bei ihm, wie in den vielen
Rektoratsreden an den deutschen Universitäten des 19. Jahrhunderts bis zum
Untergang des alten Europa im Ersten Weltkrieg, unterstützte die Bildung, die in
den Institutionen der Wissenschaft vermittelt werden sollte, nicht Parlamentarisierung und Demokratisierung. Auf diese Hauptkonfliktfelder staatlicher und

---

**33** Justus Freiherr von Liebig, *Rede in der öffentlichen Sitzung der k. Akademie der Wissenschaften
am 28. März 1860 zur Feier ihres einhundert und ersten Stiftungstages* (München: Verlag der Kö-
niglichen bayerischen Akademie der Wissenschaften, 1860). Seine Geschichte und Soziologie des
Fortschritts entfaltet er am deutlichsten in *Die Entwicklung der Ideen in der Naturwissenschaft.
Rede in der öffentlichen Sitzung der k. Akademie der Wissenschaften am 25. Juli 1866. Vorfeier des
Geburts- und Namensfestes Sr. Maj. des Königs* (München: Verlag der königlichen Akademie, 1866).
Vgl. ders., *Induction und Deduction. Rede in der öffentlichen Sitzung der königl. Akademie der
Wissenschaften am 28. März 1865 zur Feier ihres einhundert und sechsten Stiftungstages* (München:
Verlag der königlichen Akademie, 1865) sowie seine Reden von 1863 und 1861, die keinen spe-
ziellen Titel tragen. Allgemein zur bayerischen Akademierede Dieter Langewiesche, „‚Die Aufgabe
der Akademie ist die Erforschung des Grundes der Dinge'. Zum Selbstbild der Bayerischen Akademie der Wissenschaften in den Reden ihrer Präsidenten," *Akademie Aktuell. Zeitschrift der
Bayerischen Akademie der Wissenschaften: 250 Jahre Bayerische Akademie der Wissenschaften* 2
(2009): 87–90.
**34** Dezidiert in seiner Rede von 1861.

gesellschaftlicher Entwicklung war das Bildungsprogramm der deutschen Universität nicht ausgerichtet. Sie erzog die Studenten zu einem Freiheitsverständnis, das mit der Ausweitung der politischen Partizipationsrechte eher Gefahren verband, Gefahren für eine Freiheit, die der Masse fremd sei. Die Fortschrittsgeschichte der Menschheit setzte für Liebig mit dem Untergang des Sklavenstaates der Antike ein, ihren gegenwärtigen Gipfelpunkt sieht er in den USA erreicht. Das war jedoch kein Bekenntnis zur Republik und zur „Massendemokratie". Seine Fortschrittsgeschichte wurde von den Entfaltungsmöglichkeiten der Wissenschaft und der von ihr gebildeten Elite bestimmt.

Dies gilt auch für den zweiten der ausgewählten Redner: Adolf Exner, damals ein bekannter, einflußreicher Jurist, Mitglied des österreichischen Reichsgerichts und des Herrenhauses. Seine Wiener Rektoratsrede von 1891 erschien ein Jahr danach schon in dritter Auflage. Sie erregte Aufsehen, denn sie war provokant, weil er mit seiner Polemik wider die „glanzvoll wuchernde naturwissenschaftliche Bildung" den Konsens von der Bildungsgleichwertigkeit aller Universitätsfächer aufkündigte.[35] Sein Programm einer auf Geschichte begründeten politischen Bildung richtete er gegen die „Invasion naturwissenschaftlicher Denkformen", die sogar in den Geisteswissenschaften „widernatürlich" Platz greife.[36] Auch die „sogenannten populären Vorlesungen für Gebildete" seien naturwissenschaftlich überwuchert: die „bürgerliche Hausfrau und die Spektralanalyse", höhnte er, „eine charakteristische Erscheinung unserer Zeit".[37]

Ganz im Einvernehmen mit dem Selbstbild der Universität definierte er: „Bildung ist weder Wissen noch Können, wohl aber Produkt verarbeiteten Wissens und Vorbedingung methodischen Könnens."[38] Politische Bildung an der Universität bedeute, diese Erkenntnismethode, in der jede Wissenschaft schule, auf den Bereich der Politik zu übertragen. Die künftige Elite dazu zu befähigen, nannte er die Zentralaufgabe der Universität im kommenden 20. Jahrhundert. Es wird „ein politisches Jahrhundert sein. Wer ihm gewachsen sein will, wird politischer Bildung bedürfen."[39] Sie müsse die Universität vermitteln, wenn sie weiterhin eine Bildungsinstitution bleiben und in deren Gefüge die Spitzenposition bewahren will.

Adolf Exner wollte die Universität als Bildungsstätte zukunftsfähig machen. Er stellte ihr deshalb die Aufgabe, in die Weltanschauungsarena der Gegenwart

---

35 Adolf Exner, *Über politische Bildung. Rede gehalten bei Übernahme der Rektorswürde an der Wiener Universität* (Leipzig: Duncker & Humblot, ³1892), 20.
36 Ebd., 24.
37 Ebd., 20.
38 Ebd., 10.
39 Ebd., 32.

einzugreifen, indem sie ihren Studenten befähigt, politisch-gesellschaftliche Phänomene wissenschaftlich zu analysieren.

Diese Form von politischer Bildung auf der Universität öffnete für die politischen Streitfragen der Gegenwart, aber sie zielte nicht darauf, politische Partizipationserweiterung für die Vielen zu fördern. Denn diese politische Bildung setzte durchweg ausschließlich auf Elitenbildung, auf die, so Exner, „geistigen Spitzen der künftigen Gesellschaft".[40] Sie sind es, denen die Aufgabe gestellt ist, „den vierten Stand ohne tötliche [!] Krisen dem Staatskörper organisch einzufügen."[41] Was organisch einfügen bedeuten soll, sagte er nicht. Sicher nicht Demokratisierung. Darauf war sein Programm politischer Bildung nicht angelegt. Dagegen stand seine Überzeugung, die ihn bei all seiner Kritik an der Universität doch nahtlos in deren Selbstverständnis einfügte: Die „große Masse" wälze sich „herdengleich in den herrschenden Gedanken, Gefühlen und Interessen ihrer Zeit" dahin.[42] Nun ein vergleichender Blick auf die Schweiz im 19. Jahrhundert, eine der ganz wenigen republikanischen Ausnahmen im Europa des Jahrhunderts der Monarchien.[43] Welche politische Staatsbürgerbildung läßt sich hier aus den Rektoratsreden herauslesen?

Auch in der Schweiz zielte das universitäre Selbstverständnis auf Elitenbildung. Deshalb geht der Philosoph Samuel Friedrich Ris 1859 in seiner Berner Rektoratsrede, als er auf die 25jährigen Geschichte seiner Hochschule zurückblickte, ausführlich darauf ein, wie wichtig es war, als 1854 die Regierung endlich den Abschluß des Gymnasiums als Voraussetzung für ein Hochschulstudium in Bern beschloß.[44] 1854 markiert für ihn einen Wendepunkt, erst jetzt habe sich die Berner Hochschule zu einer wissenschaftlichen Bildungsstätte nach deutschem Universitätsmodell entwickeln können. Das wird hier nicht weiter verfolgt. Ich frage: Welches Bild von Bildung zum Staatsbürger entwirft der Rektor in seiner sehr kritischen Jubiläumsrede? Wie verbindet er die Hochschule mit dem Staat und der Gesellschaft? Anders als es in den deutschen Staaten üblich war.

---

**40** Ebd., 35.

**41** Ebd., 31.

**42** Ebd., 21.

**43** Zu den Rollen der Monarchie im 19. Jahrhundert s. Volker Sellin, *Gewalt und Legitimität. Die europäische Monarchie im Zeitalter der Revolutionen* (München: Oldenbourg, 2011); Dieter Langewiesche, *Die Monarchie im Jahrhundert Europas. Selbstbehauptung durch Wandel im 19. Jahrhundert*, Schriften der Philosophisch-historischen Klasse der Heidelberger Akademie der Wissenschaften 50 (Heidelberg: Winter, 2013).

**44** Samuel Friedrich Ris, *Rede zur Feier des fünfundzwanzigsten Jahrestages der Hochschule Bern, gehalten in der Heil. Geistkirche, den 15. November 1859* (Bern: B. F. Haller, 1859).

Die Geschichte seiner jungen Hochschule, wie er sie dem Jubiläumspublikum darlegte, verwob er mit der politischen Geschichte des Kantons Bern und auch mit der Schweizer Nation in der institutionellen Gestalt der Eidgenossenschaft. Die innige Verbindung von Nation und Universität gehörte auch zum Kern des Selbstbildes der deutschen Hochschulen. Doch im Verhältnis von Universität und Kanton wird in den Schweizer Rektoratsreden, nicht nur in der als Beispiel ausgewählten Berner, ein anderes Politikmodell sichtbar als in den Rektoratsreden deutscher und österreichischer Universitäten, eine andere Vorstellung von staatsbürgerlicher Bildung. Die Gründungserzählung, von den Rektoren immer wieder vorgetragen, ist in der Schweiz ganz anders ausgerichtet: nicht auf einen Monarchen, auch nicht vorrangig auf die Nation und gar nicht auf ihre Kriege. Im Mittelpunkt steht die Staatsreform aus dem Geiste der republikanischen Demokratie, entstanden im frühen 19. Jahrhundert.

Vor allem in den 1830er Jahren entstehen die Hochschulen in Bern und Zürich, die alte Basler Universität wird gründlich reformiert. Damals wird in den Schweizer Kantonen ausgefochten, was künftig Republik und auch Eidgenossenschaft bedeuten wird, beides wird neu definiert – in den staatlichen Institutionen und in gesellschaftlichen Organisationen, in öffentlichen Diskussionen in den Medien und auf der Straße, auch handgreiflich, und schließlich in einem kurzen innerschweizerischen Staatsgründungskrieg.

Das muß hier nicht im einzelnen ausgeführt werden; festgehalten sei nur: Damals wurden in wenigen Jahrzehnten die Schweizer Kantone verfassungspolitisch demokratisiert, und der Schweizer Bundesstaat entstand. All das hat unmittelbar auf die drei Schweizer Hochschulen eingewirkt, und sie haben daran mitgewirkt. Sie standen mitten im politischen Leben. Der politische Kampf ging durch sie hindurch. In Zürich und in Basel etwa wurden Anträge eingebracht, die Hochschule aufzulösen, in Bern stellte man die Universitätsprofessoren nur vorläufig an, in Basel teilte sich der Kanton, was die Universität ernsthaft gefährdete, die Berufung von Professoren erregte überall die Bürgerschaft, auch der Plan, eine eidgenössische Nationaluniversität zu gründen, schuf für die bestehenden Hochschulen Unsicherheit.

All das erzählen die Rektoren. Sie stellen diese Gründungsjahre der modernen Schweiz und der modernen Schweizer Universität ihrem Auditorium immer wieder aufs neue vor Augen.[45] Sie verschweigen keineswegs, wie gefährlich für die

---

45 Vgl. etwa Immer, *Haben wir eine eidgenössische Hochschule zu wünschen? Rectoratsrede ... gehalten am Jahrestage der Stiftung der bernischen Hochschule, den 15. November 1852*; Philipp Woker, *Der nationale Charakter und die internationale Bedeutung unserer Hochschule. Rektoratsrede gehalten bei der 70. Gründungsfeier der Universität Bern am 26. November 1904* (Bern: Haller, 1905); Peter Merian, *Festrede bei der vierten Säcularfeier der Universität Basel den VII. September*

Hochschule „das demokratische Staatsprinzip"[46] ist, das sie direkt dem Zugriff der Regierung, des Parlaments und auch der Öffentlichkeit aussetzt. Die Zeit der politischen Verfassungskämpfe war mit Blick auf Lehre und Forschung eine schlechte Zeit für die Hochschulen. Sie verloren an Niveau, sie verloren Professoren und Studenten. Darin sind sich die Rektoren einig. Doch die Rektoratsreden lassen auch erkennen, daß die Schweizer Hochschulen in dieser Zeit ein republikanisches Bewußtsein entwickelten: „Unsere Hochschule ist ein nationales Institut; Hausherr ist hier unser Volk",[47] „gewurzelt im Bewußtsein des Zürcher Volkes",[48] die Hochschulgründung als „Willensakt des bernischen Volkes",[49] — solche Bekenntnisse findet man in deutschen oder österreichischen Rektoratsreden nicht. Sie sehen ihre Universität in Obhut des fürstlichen Landesherrn. Das Immediatverhältnis zu ihm, das sie beanspruchen, stellte sie neben das Parlament oder über es, wie sie meinten.

Ein solches Selbstbild, das die deutsche Rektoratsrede immer aus Neue präsentiert, entwirft ein anderes Staatsmodell, auch wenn darüber nicht gesprochen wird, als die Schweizer Rede. Auch die Rektoren in der Schweiz verlangen politische Enthaltsamkeit für die Hochschulen. Die „große Mehrzahl der Hochschullehrer", so der schon zitierte Berner Rektor in seiner Rede zum 25jährigem Jubiläum, war auch in der Zeit der Verfassungskämpfe überzeugt gewesen, „daß ihre Bestimmung und Aufgabe sei, mittelbar durch wissenschaftliche Bildung der Jugend auf das Volk zu wirken" und deshalb hätten sie sich von der „nationalen Opposition gegen die Regierung fern gehalten."[50] Er verurteilte die „politischen Parteikämpfe", die auch die Berner Hochschule damals erfaßt und ihren Niedergang verursacht haben, doch er bewertete diesen „größten schwersten politischen Entwicklungsproceß, den unser Volk jemals durchkämpft hat", als den erfolgreichen Durchbruch zur demokratischen Staatsverfassung.[51] An ihrer Gestaltung mitzuwirken, bestimmte er als die vornehmste Aufgabe der Hochschule. Er tat es in der bildungsreligiösen Sprache der Zeit: „Die geweihte

---

*MDCCCLX* (Basel: Schweighauser, 1860); Karl von der Mühll, *Feier des 450-jährigen Bestehens der Universität Basel. Festbericht erstattet im Auftrage E.E. Regenz der Universität* (Basel: Helbing & Lichtenhahn, 1911); F[erdinand] Hitzig, *Rede zur Feier des fünfundzwanzigjährigen Jubiläums der Hochschule Zürich, gehalten in der Großmünsterkirche, den 29. April 1858* (Zürich: Meyer & Zeller, 1858).

**46** Ris, *Rede zur Feier des fünfundzwanzigsten Jahrestages der Hochschule Bern*, 12.
**47** Woker, *Der nationale Charakter und die internationale Bedeutung unserer Hochschule*, 35.
**48** Hitzig, *Rede zur Feier des fünfundzwanzigjährigen Jubiläums der Hochschule Zürich*, 1.
**49** Woker, *Der nationale Charakter und die internationale Bedeutung unserer Hochschule*, 22.
**50** Ris, *Rede zur Feier des fünfundzwanzigsten Jahrestages der Hochschule Bern*, 22.
**51** Ebd., 39.

Werkstätte der sich zum reinsten Selbstbewußtsein durcharbeitenden Vernunft unsers Volkes ist ... die Hochschule."[52]

Das mag genügen, um zu zeigen, dass die universitäre Bildungsaufgabe die Hochschulrektoren im gesamten deutschen Sprachraum einheitlich bestimmten: Persönlichkeitsbildung der künftigen Eliten durch Wissenschaft. Doch politisch bedeutete *Bürger bilden* in der republikanischen Schweiz etwas anderes als im dynastischen Mitteleuropa. An der Schweizer Universität übersetzten deren Rektoren dieses Ziel in ein Leitbild politischer Elitenbildung, das lautet: Volkssouveränität durch Demokratie. In Deutschland und Österreich hingegen hielt das staatspolitische Leitbild bis 1918 die Bildungsstätte der Eliten in Distanz zu den gesellschaftlichen Kräften, die auf Demokratisierung und Parlamentarisierung und damit auf Bedeutungsverlust der Monarchen zielten.

## 4 Bürger bilden zur Nation

*Bürger bilden* zur Nation, darin stimmten alle überein. Doch innerhalb dieses Konsens-Programms zeigen sich die großen Konfliktlinien, die auch Politik und Gesellschaft durchzogen. Es geht darum, was Einheit der Nation bedeuten soll, welche Art von Nationalstaat sie verlange.

Die Universität als ein Zentralpfeiler der Nation – in kaum einer Rektoratsrede fehlte das Bekenntnis zu dieser Überzeugung. An der inneren Nationsbildung führend mitgewirkt, die geistigen Eliten zur Nation gebildet zu haben, daraus bezog die Universität ihren hohen Geltungsanspruch in Staat und Gesellschaft. Deshalb mußte er immer wieder aufs neue angemeldet werden. Auch in der Schweiz, wie es sich an der Haltung zur Forderung nach einer eidgenössischen Hochschule ablesen läßt. Im 18. Jahrhundert wurden erste Pläne für eine Schweizer „Nationaluniversität" entworfen, 1832 kam es zu einem formellen Antrag in der Tagsatzung, 1848 wurde die Errichtung einer schweizerischen Universität in die Verfassung des neuen Bundesstaates aufgenommen, 1855 schließlich schuf man zwar keine Universität, aber doch das eidgenössische Polytechnikum mit Sitz in Zürich. Diese Entwicklungsstufen schildern viele Schweizer Rektoratsreden immer wieder mit konträren Urteilen.[53]

Ob die Schweizer Nation eine gesamtschweizerische Universität bedürfe, blieb zwar auch noch heftig umstritten, als sie 1848 als Aufgabe in der Verfassung des

---

**52** Ebd., 42.
**53** S. etwa Woker, *Der nationale Charakter und die internationale Bedeutung unserer Hochschule*; Ris, *Rede zur Feier des fünfundzwanzigsten Jahrestages der Hochschule Bern*.

neuen Bundesstaates verankert wurde. Doch anders als in Deutschland diente in der Schweiz das Bekenntnis der Hochschulen zur Nation nicht als Instrument, die Universität mit politischer Bedeutung aufzuladen, ohne sie in ein staatliches Institutionengefüge einzubinden. Ich habe keine Schweizer Rektoratsrede gefunden, in der die Nation zu einem zweiten Loyalitätspol aufgewertet worden wäre, neben dem kantonalen. Genau diese Funktion hatte jedoch in Deutschland das ständige Bekenntnis der Universitätsrepräsentanten zur deutschen Nation. Indem sich die deutsche Universität in ihren Rektoratsreden immer wieder aufs neue zum geistigen Fundament der deutschen Nation erhob, beanspruchte sie für sich eine Legitimität jenseits, ja oberhalb des staatlichen Institutionengehäuses. Die deutsche Nation erhielt erst 1871 ein staatliches Gehäuse, aber das war nicht für die Universitäten zuständig, abgesehen vom Sonderfall Straßburg als Reichsuniversität.

Um es zuzuspitzen: Die deutsche Rektoratsrede ordnete die Universität zwei Legitimitätsebenen zu: der nationalen und der einzelstaatlichen. Gegenüber beiden beanspruchte sie ein Immediatverhältnis. Hier auf den Monarchen bezogen, dort auf eine ideelle Macht, als deren geborene Interpretin sich die Universität sah. Dieses Selbstverständnis sperrte sich gegen ein Leitbild, in dem *Bürger bilden* heißt: zur Demokratie bilden. In Deutschland konnte Nation gegen Volk und Volkssouveränität ausgespielt werden, und viele Rektoren taten es. In der Schweiz habe ich das in keiner einzigen Rektoratsrede gefunden.

Auch in Deutschland, das sei betont, ohne es näher auszuführen, bot die nationalpolitische Bildung, die in den Rektoratsreden zu fassen ist, kein einheitliches Bild, ganz im Gegenteil. Am deutlichsten tritt das hervor, wenn es um Föderalismus und Zentralisierung geht. An den preußischen Universitäten wurde eine deutsche Geschichte erzählt, die auf den preußisch geführten, protestantisch geprägten Nationalstaat zulief, mit der Berliner Universität als Geburtsort und Zentrum des deutschen Universitätsmodells, das die Fortschrittskraft der deutschen Nation verbürge. In allen anderen deutschen Staaten bzw. Ländern erzählten die Rektoren eine föderalistische deutsche Nationalgeschichte, die keine Berliner Blaupause für das deutsche Universitätsmodell kannte.[54]

Die doppelte Loyalität zwischen Nation und monarchischem Einzelstaat, in die sich die deutsche Universität im 19. Jahrhundert selber gestellt hatte, mußte nach dem Ende aller Monarchien, der einzelstaatlichen wie der nationalstaatlichen, eine Neuausrichtung ihrer politischen Bildung sehr erschweren. Die deut-

---

54 Vgl. dazu meine in Anm. 1 genannten Studien und die dort genannte jüngste Forschung; s. auch Dieter Langewiesche, „Selbstbilder der deutschen Universität in Rektoratsreden. Jena – spätes 19. Jahrhundert bis 1948," in *Jena. Ein nationaler Erinnerungsort?* Hg. Jürgen John und Justus H. Ulbricht (Köln: Böhlau, 2007): 219–243.

schen und die österreichischen Universitäten waren auf die parlamentarische Republik nicht vorbereitet. Sich in sie institutionell einzuordnen, fiel ihnen schwer. Die Nation hingegen konnten sie weiterhin als überstaatliche Legitimitätsebene für den Bildungsauftrag der Universität aufrufen. Doch nun als einen Gegenpol zur ungeliebten Republik.

*Bürger bilden* im Namen der Nation gegen den Nationalstaat, das war neu. Neu war auch das Ausmaß, in dem sich die Universitäten nun in Vorträgen an ein nichtuniversitäres Publikum wandten.[55] Auch daran ist zu erkennen, wie unsicher sich die Universität nun fühlte. Universitätsbildung hieß für sie weiterhin Elitenbildung. Aber die Wege in die Eliten, vor allem in die politischen Eliten waren vielfältiger geworden, und nicht mehr alle Wege führten durch die Universität. Auch deshalb hieß *Bürger bilden* an der Universität nun etwas anderes als im 19. Jahrhundert. Jedenfalls für die Bildung zur Nation und zum Staatsbürger. Der Glaube an die Forschungsuniversität als Bildungsinstitution hingegen überdauert lange ungebrochen. Institutionell mindestens bis in die zweite Hälfte des 20. Jahrhunderts.

# Bürger bilden – zum Wandel des Selbstbildes heute

Bis in die zweite Hälfte des 20. Jahrhunderts sah sich die Universität und sah auch die Gesellschaft die Universität als eine Stätte, an der neben der Fachausbildung eine Persönlichkeitsbildung vermittelt wurde. Persönlichkeitsbildung durch Teilhabe an Forschung als der wissenschaftlichen Form von Welterschließung. Und genau das verstand man als *Bürger bilden in der Universität:* durch forschungsbezogene Lehre die Studenten an die Grenzen des gegenwärtigen Wissens führen, um diese Methode der Weltaneignung lebenslang als Habitus zu internalisieren. Wer das im Studium erlernt habe, ganz gleich in welchem Fach, der sei gebildet und darauf vorbereitet, in den Berufsfeldern der Elite des Landes zu wirken.

Bildung zur Demokratie war damit ursprünglich nicht gemeint. Die Schweizer Hochschulen lernten es jedoch bereits im 19. Jahrhundert, sich im Spannungsverhältnis zwischen Demokratie und Führungsanspruch der Eliten als eine Bildungsinstitution im Dienste eines demokratisch-republikanischen Gemeinwesens

---

55 Für Tübingen ist das detailliert erforscht: Mathias Kotowski, *Die öffentliche Universität. Veranstaltungskultur der Eberhard-Karls-Universität Tübingen in der Weimarer Republik* (Stuttgart: Steiner, 1999).

zu sehen. Die deutschen und österreichischen Hochschulen taten diesen Schritt erst unter dem Druck der Katastrophengeschichte in der ersten Hälfte des 20. Jahrhunderts. In ihr hatte sich die Persönlichkeitsbildung, welche die Rektoratsrede unermüdlich Jahr für Jahr als Aufgabe der Universität verkündete, nicht bewährt. Wissenschaftliche Weltaneignung durch Forschung einzuüben, führt nicht zu politischer und moralischer Urteilsfähigkeit. Das allerdings lassen die Rektoratsreden von Beginn an erkennen. Im Rückblick: Die Rektoren und ihr Publikum erkannten es nicht.

Die Urteilsschwäche, nicht selten Urteilsinkompetenz in politischen Fragen harmoniert offensichtlich mit der *wissenschaftlichen* Bildung, die zu vermitteln immer Anspruch der Universitäten gewesen ist. Wenn man die Geschichte der universitär Gebildeten betrachtet, oder bescheidener gesagt: derjenigen mit einem Universitätszertifikat, so hat diese kleine Minderheit in der Gesellschaft sich gegenüber den Ideologien, die das 19. und 20. Jahrhundert geprägt haben, überhaupt nicht kritischer verhalten als die vielen, die diese höhere Bildung nicht erwerben konnten. Und ihr Bildungs-Mutterhaus, die *alma mater*, auch nicht. Erinnert sei nur an die Schwierigkeiten der Professoren, Distanz zum Nationalismus zu entwickeln, im 19. Jahrhundert, im Ersten Weltkrieg, oder an ihr Unverständnis gegenüber der ersten deutschen parlamentarischen Republik, oder gar an die Illusionen, bestenfalls Illusionen, gegenüber dem Nationalsozialismus. Nein, die universitäre Schulung in der wissenschaftlichen Form von Weltaneignung, *das* Bildungsziel der Universität, hat in all diesen Fällen, in denen es um politisch-moralische Einsichtsfähigkeit geht, offensichtlich gänzlich versagt.

Angesichts dieser historischen Erfahrung kann es nicht überraschen, wenn die Universitäten in Deutschland und auch in Österreich die alte Form der Selbstdarstellung als Bildungsinstitution aufgegeben haben. Und es ist kein Zufall, daß dies in den sechziger/siebziger Jahren des 20. Jahrhunderts geschah. Damals änderten sich die gesellschaftlichen Erwartungen an die Universität, die Politik machte neue Vorgaben. Darauf mit einem veränderten Selbstbild zu antworten, fiel den Universitäten schwer. Ob sie sich weiterhin als Bildungsinstitution verstehen, diese Frage wird nun abschließend an die Universitätsfeier von heute gerichtet. Einige Beobachtungen dazu, mehr nicht, und anders als bei den historischen Befunden für die Zeit davor nicht systematisch über alle Hochschulen erhoben: Um der Gefahr zu entgehen, zufällig Gefundenes zusammenzufügen, blicke ich jetzt ausschließlich auf die Universität Tübingen, an der ich im letzten Vierteljahrhundert gelehrt habe und 1996 die erste Wiederbelebung des jährlichen öffentlichen Festaktes als Redner mitgestalten durfte. Seitdem verfolge ich dort diese Feste: ethnologische Feldforschung als teilnehmende Beobachtung am Wandel der Universität.[56]

Als 1996 die alte Tradition in Tübingen wieder aufgenommen wurde, blieb manches bestehen: die Fachrede, mit der sich die Universität als eine Forschungsinstitution vorstellt; die Vergabe der Promotionspreise, mit denen sie ihren Willen und ihre Fähigkeit dokumentiert, die Studierenden an die Forschung heranzuführen, sie daran zu beteiligen. Gänzlich neu war: Der Ministerpräsident des Landes sprach – ein tiefer Bruch mit dem Selbstverständnis der alten Universität.[57]

Die alte Universität hatte sich in dem jährlichen Festakt der Öffentlichkeit selbst präsentiert. Ihr Repräsentant führte in einem Vortrag vor, was wissenschaftliche Welterschließung in seinem Fach bedeutet, wie sich der wissenschaftliche Blick verändert, wie Neuland erschlossen wird, ohne zu wissen, wohin der Weg führen wird, und auch, wie alte Vorstellungen von der Welt zerstört werden, wenn etwa Physiker in den Jahrzehnten nach 1900 davon erzählten, was sich in ihrem Fach tat. Oder der Redner wandte sich einem gesellschaftlichen Problem der Gegenwart zu und suchte es mit den Methoden seines Fachs zu analysieren.

Worüber auch immer gesprochen wurde, überall sprach ein Repräsentant der Universität, um zu zeigen, wie Wissenschaft mit offenen Fragen umgeht, denn – noch einmal – man war überzeugt, darin bestehe wissenschaftliche Bildung: fähig zu sein, mit wissenschaftlicher Methodik ein Problem zu untersuchen und nach Lösungen zu fragen.

Diese Tradition der Fachrede wird in den heutigen Universitätsfeiern durchaus fortgesetzt, aber in einem gänzlich veränderten gesellschaftlichen Umfeld erhält sie eine neue Funktion. Gesellschaft und Universität wechseln ihre Rollen, sie öffnen sich wechselseitig: Beide reden nun am *Dies Universitatis* und beide hören zu. Die Gesellschaft tritt ans akademische Rednerpult, und sie sitzt im Auditorium – und ebenso die Universität.

Diesen Rollentausch kannte die alte Universität nicht. Es hätte ihrem Selbstbild als Bildungsinstitution widersprochen, als die sie sich öffentlich präsentieren wollte. Die Universität sprach zur Gesellschaft, ihre Repräsentanten hörten zu. Heute spricht der Ministerpräsident und übermittelt der Universität seine Erwartungen an sie. Oder dies tun andere Repräsentanten der Gesellschaft.

---

56 Das Folgende geht zurück auf meinen Vortrag bei der Verleihung des Erwin-Stein-Preises 2011 an Heinz-Elmar Tenorth.

57 Nur in der Zeit nationalsozialistischer Herrschaft sprachen Repräsentanten der NSDAP und des Staates, allerdings meist neben der weitergeführten Tradition der Rektoratsrede oder bei anderen Festakten.

In den beiden öffentlichen Universitätsfeiern des Jahres 2010 sprachen in Tübingen die Geschäftsführerin eines großen Wirtschaftsunternehmens über die Rolle der Geisteswissenschaften in Gesellschaft und Wirtschaft und der langjährige Intendant des ZDF, ein Tübinger Absolvent, über das Thema „Was uns zusammenhält. Überlegungen im 20. Jahr der Deutschen Einheit".[58]

Die heutige Universität nimmt sich also zurück, wenn sie als Institution vor die Öffentlichkeit tritt, sie läßt sich sagen, was man „draußen" über sie und die Welt denkt. Den fachwissenschaftlichen Vortrag gibt es weiterhin, aber er wird an die Peripherie gerückt, in die Veranstaltungen, welche die Fakultäten und einzelnen Institute am Festtag der Universität anbieten. Auch dies – mehrere Bühnen, die parallel bespielt werden – ist ein Indiz für das veränderte Selbstbild der Universität. Sie tritt nicht mehr als Einheit auf. Sich als Einheit zu präsentieren, war für die alte Universität ein Muß. *Weil* sie sich als Bildungsinstitution sah. Jedes Fach, das Lehre und Forschung verbindet, bilde, aber nur als *universitas* aller Fächer könne die Universität den gesamten Kosmos wissenschaftlicher Bildung bieten. Deshalb gehörte die zentrale Universitätsfeier mit dem zentralen fachwissenschaftlichen Vortrag zum Kern des universitären Selbstbildes als Bildungsinstitution. Jedes Jahr ein anderes Fach, und jeder Fachvertreter suchte die Bildungsqualität seiner Disziplin allen vor Augen zu führen.

Die heutige Universität präsentiert sich an ihren Festtagen nicht als *universitas*, sondern als ein vielgliedriger Konzern, ein diversifiziertes Unternehmen. Im Zentrum feierlich und mit begrenztem Publikum, in die Peripherie hinein immer bunter und lebendiger, auch jünger. Dort gibt es weiterhin oder erneut den Fachvortrag für die Studierenden des eigenen Fachs, für die Anfänger und für die Absolventen, für deren Freunde und Familien, ihnen werden Führungen durch die Universität angeboten, durch ihre Sammlungen, Antrittsvorlesungen werden auf diesen Tag verlegt, Absolventen stellen ihre Examensarbeiten vor, es werden Preise für sie vergeben. Studentischen Gruppen bieten ebenfalls Veranstaltungen an, 2010 sogar einen AlDi = *Alternativer Dies*, organisiert von einem „Arbeitskreis Freie Bildung". Er wollte nicht an einem studentischen „Markt der Möglichkeiten" mitwirken, zu dem auch Korporationen und Burschenschaften zugelassen waren.

---

**58** Das Programm der *Dies Universitatis* mit Angaben zu den einzelnen Veranstaltungen und Rednern ist in der Universitätshomepage zu erschließen, allerdings ist es aufwendig, das *Archiv* durchzusehen. Am 13.10.2010 zum *Dies Universitatis* sprach Dr. phil. Nicola Leibinger-Kammüller, Vorsitzende der Geschäftsführung der TRUMPF GmbH + Co. KG, verantwortlich für strategische Unternehmensentwicklung, Unternehmenskommunikation und Bauen. Sie hat Germanistik, Anglistik und Japanologie in Deutschland, USA und der Schweiz studiert, Promotion in Zürich. Am 17.7.2010 zur zentralen Promotionsfeier sprach Professor Dr. h.c. Dieter Stolte. Er hat in Tübingen Philosophie, Geschichte und Germanistik studiert.

Hier finden wir das Wort, das früher in den Rektoratsreden allgegenwärtig war, jetzt aufgenommen von einer studentischen Gruppe, die opponiert. Wie ein Partisan bricht „Bildung" an unvermuteter Stelle hervor, hinterrücks, im Rücken der Festgäste. Bei den offiziellen Tübinger Veranstaltungen der Gegenwart habe ich das Wort Bildung nicht gehört oder gelesen. Es ist deshalb schwer zu sehen, ob die heutige Universität an ihrem Festtag eine Tradition beleben will, in deren Zentrum das alte Selbstbild steht, einen Bildungsauftrag zu erfüllen. Doch in dem, was sie tut, nimmt sie diese Linie auf, ergänzt um Neues, und vor allem – sie stellt sich nicht mehr wie früher auf ein Bildungspodest, das sie im Anspruch über alle anderen erhebt.

Darin mag Unsicherheit über den heutigen Ort der Universität in der Gesellschaft zum Ausdruck kommen, Unsicherheit auch gegenüber dem, was heutzutage unter Bildung verstanden werden soll. Es kann aber auch anders gedeutet werden, optimistischer: Die Universität erkennt endlich, Bildung im Sinne von Urteilsfähigkeit im Gemeinwesen und im Alltag ist nichts, was sich aus dem Fachstudium von selbst ergibt; selbst dann nicht, wenn in ihm Forschung als die wissenschaftliche Form von Weltaneignung eingeübt wird. Das Universitätsdiplom zertifiziert die Qualität wissenschaftlicher Ausbildung, nicht aber, politisch-moralisch gebildet zu sein.

Falls man die heutigen Universitätsfeiern so lesen darf, spräche aus ihnen Selbsterkenntnis und auch Demut: politische und moralische Urteilsfähigkeit beruht auf Werthaltungen, die nicht aus dem Fachstudium fließen. Sie zu formen, bedarf mehr. Daran mitzuwirken, erwartet die Gesellschaft von der Hochschule. Auch heute. Notwendig ist eine offene und stetige Diskussion, wie die Universität gestaltet werden muß, um zur Aufgabe *Bürger bilden* mit ihren spezifischen Mitteln beitragen zu können. Beitragen. Mehr nicht, aber immerhin. Eine Hochschule, die ausschließlich auf Kapazitätssteigerung, Forschungs- und Lehreffizienz, gekoppelt mit *soft skills* getrimmt wird, wird dieser anspruchsvollen Aufgabe wohl nicht genügen können. Ebenso wenig wie die alte Universität, die als die Humboldtsche nostalgisch verklärt, bewundert und kritisiert wurde.[59]

---

[59] Dass im deutschen Universitätsmodell trotz der ständigen Beschwörung ihres Bildungsauftrages keine „Lehrverfassung" entwickelt worden ist – bis heute –, arbeitet scharf heraus Heinz-Elmar Tenorth, „Lebensform und Lehrform – oder: die Reformbedürftigkeit der ‚Humboldtschen' Universität," *Soziale Systeme* 16,2 (2010): 341–355.

# Bibliographie

Bachmann, Philipp. *Über das Interesse der christlichen Sittenlehre an dem allgemeinen Begriff der Bildung. Rede beim Antritt des Prorektorats der Königlich Bayerischen Friedrich-Alexanders-Universität Erlangen am 4. November 1910 gehalten.* Erlangen: Junge, 1910.

Baumgarten, Otto. *Die Voraussetzungslosigkeit der protestantischen Theologie. Rede beim Antritt des Rektorats der Universität Kiel, 5. März 1903.* Kiel: Lipsius & Tischer, 1903.

Boeckh, August. „Festrede gehalten auf der Universität zu Berlin am 15. October 1859." In *August Boeckh's gesammelte kleine Schriften.* Bd. 3, hg. v. Ferdinand Ascherson, 19 – 32. Leipzig: Teubner, 1866.

Brunstäd, Friedrich. *Theologie als Problem. Rektoratsrede gehalten am 28. Februar 1930.* Rostocker Universitäts-Reden 11. Rostock: Hinstorffs, 1930.

Delbrück, Berthold. *350jähriges Jubiläum der Universität Jena 31. Juli und 1. August 1908. Rede ..., gehalten im Volkshause am 31. Juli 1908.* Jena: G. Neuenhahn Universitäts-Buchdruckerei, 1909.

Dillmann, August. *Über die Theologie als Universitätswissenschaft. Rede bei Antritt des Rectorats der Königlichen Friedrich-Wilhelms-Universität zu Berlin am 15. October 1875.* Berlin: Buchdruckerei der Königlichen Akademie der Wissenschaften, 1875.

Dittrich, Franz. *Rede beim Antritte des Prorektorats der königlich bayerischen Friedrich-Alexanders-Universität Erlangen am 4. November 1852 gehalten.* Erlangen: Barfus, 1852.

Döllinger, J. J. Ignaz von. *Die Universitäten sonst und jetzt. Rectorats-Rede, gehalten am 22. Dezember 1866.* München: Weiß, 1867.

Dowe, Christopher. *Auch Bildungsbürger. Katholische Studierende und Akademiker im Kaiserreich.* Kritische Studien zur Geschichtswissenschaft 171. Göttingen: Vandenhoeck & Ruprecht, 2006.

Exner, Adolf. *Über politische Bildung. Rede gehalten bei Übernahme der Rektorswürde an der Wiener Universität.* Leipzig: Duncker & Humblot, [3]1892.

Gall, Lothar. „Selbständigkeit und Partizipation. Zwei Leitbegriffe der frühen bürgerlich-liberalen Bewegung in Deutschland." In *Bürgerliche Werte um 1800*, hg. v. Hans-Werner Hahn und Dieter Hein, 291 – 302. Köln: Böhlau, 2005.

Gärtner, August. *Festrede gehalten in der Universitätskirche zu Jena zur Akademischen Preisvertheilung am 8. Juli 1893 dem Tage des Vierzigjährigen Regierungsjubiläums Seiner Königlichen Hoheit des Großherzogs Carl Alexander.* Jena: G. Neuenhahn Universitäts-Buchdruckerei, 1893.

Gusserow, Adolf. *Universitäten oder Fachschulen? Rede bei Antritt des Rectorats der Hochschule Zürich am 29. April 1870 gehalten von Adolf Gusserow, o.ö. Professor der Geburtshülfe und Director der gynäkologischen Klinik.* Zürich: Meyer & Zeller, 1870.

Häuser, Franz, Hg. *Die Leipziger Rektoratsreden 1871 – 1933, herausgegeben ... zum 600-jährigen Gründungsjubiläum der Universität im Jahr 2009,* 2 Bde. Berlin/New York: de Gruyter, 2009.

Hettling, Manfred. „Die persönliche Selbständigkeit. Der archimedische Punkt bürgerlicher Lebensführung." In *Der bürgerliche Wertehimmel. Innenansichten des 19. Jahrhunderts*, hg. v. Manfred Hettling und Stefan-Ludwig Hoffmann, 57 – 78. Göttingen: Vandenhoeck & Ruprecht, 2000.

Hitzig, Ferdinand. *Rede zur Feier des fünfundzwanzigjährigen Jubiläums der Hochschule Zürich, gehalten in der Großmünsterkirche, den 29. April 1858.* Zürich: Meyer & Zeller, 1858.

Hund, Friedrich. *Rede zur Jahresfeier der Friedrich-Schiller-Universität Jena am 26. Juni 1948 gehalten.* Jenaer Akademische Reden 31, hg. v. Friedrich Hund, 5–16. Jena: Fischer, 1949.

Immer, Albert Heinrich. *Haben wir eine eidgenössische Hochschule zu wünschen? Rectoratsrede … gehalten am Jahrestage der Stiftung der bernischen Hochschule, den 15. November 1852.* Bern: Stämpfli, 1852.

Kolde, Theodor. *Über Grenzen des historischen Erkennens und der Objectivität des Geschichtsschreibers. Rede beim Antritt des Prorektorats der Königlich Bayerischen Friedrich-Alexanders-Universität Erlangen am 4. November 1890 gehalten.* Erlangen: Junge, 1890.

Kotowski, Mathias. *Die öffentliche Universität. Veranstaltungskultur der Eberhard-Karls-Universität Tübingen in der Weimarer Republik.* Stuttgart: Steiner, 1999.

Kühl, August. Die Leistungssteigerung optischer Geräte durch die Betriebe der Carl-Zeiß-Stiftung, gehalten bei der Akademischen Gedenkfeier in der Aula der Universität am 16. Juni 1939." In *Zum fünfzigjährigen Bestehen der Carl-Zeiß-Stiftung*, hg. v. Helmut Kulenkampff. Jenaer Akademische Reden 27, 3–24. Jena: Fischer, 1939.

Kulenkampff, Helmuth. „Das Zusammenwirken von Wissenschaft und technischer Kunst, gehalten bei der Akademischen Gedenkfeier in der Aula der Universität am 16. Juni 1939." In *Zum fünfzigjährigen Bestehen der Carl-Zeiß-Stiftung*, hg. v. Helmut Kulenkampff. Jenaer Akademische Reden 27, 25–44. Jena: Fischer, 1939.

Langewiesche, Dieter. „Vom Gebildeten zum Bildungsbürger? Umrisse eines katholischen Bildungsbürgertums im wilhelminischen Deutschland." In *Bildung und Konfession. Politik, Religion und literarische Identitätsbildung 1850–1918. Festschrift für Wolfgang Frühwald zum 60. Geburtstag*, hg. v. Martin Huber und Gerhard Lauer, 107–132. Tübingen: Niemeyer, 1996.

Langewiesche, Dieter. *Liberalismus und Sozialismus. Gesellschaftsbilder – Zukunftsvisionen – Bildungskonzeptionen.* Bonn: Dietz, 2003.

Langewiesche, Dieter. „Selbstbilder der deutschen Universität in Rektoratsreden. Jena – spätes 19. Jahrhundert bis 1948." In *Jena. Ein nationaler Erinnerungsort?*, hg. v. Jürgen John und Justus H. Ulbricht, 219–243. Köln: Böhlau, 2007.

Langewiesche, Dieter. „‚Die Aufgabe der Akademie ist die Erforschung des Grundes der Dinge'. Zum Selbstbild der Bayerischen Akademie der Wissenschaften in den Reden ihrer Präsidenten." In *Akademie Aktuell. Zeitschrift der Bayerischen Akademie der Wissenschaften: 250 Jahre Bayerische Akademie der Wissenschaften* 2 (2009): 87–90.

Langewiesche, Dieter. „Die ‚Humboldtsche Universität' als nationaler Mythos. Zum Selbstbild der deutschen Universitäten im Kaiserreich und in der Weimarer Republik." *Historische Zeitschrift* 290 (2010): 53–91.

Langewiesche, Dieter. „Bildung in der Universität als Einüben einer Lebensform. Konzepte und Wirkungshoffnungen im 19. und 20. Jahrhundert." In *Metamorphosen der Bildung. Historie – Empire – Theorie*, hg. v. Edwin Keiner u. a., 181–190. Bad Heilbrunn: Klinkhardt, 2011.

Langewiesche, Dieter. „Humboldt als Leitbild? Die deutsche Universität in den Berliner Rektoratsreden seit dem 19. Jahrhundert." *Jahrbuch für Universitätsgeschichte* 14 (2011): 15–37.

Langewiesche, Dieter. „Sozialer Liberalismus in Deutschland. Herkunft und Entwicklung im 19. Jahrhundert." In *Sozialer Liberalismus in Europa. Herkunft und Entwicklung im 19. und frühen 20. Jahrhundert*, hg. v. Detlef Lehnert, 35–50. Wien: Böhlau, 2012.

Langewiesche, Dieter. *Die Monarchie im Jahrhundert Europas. Selbstbehauptung durch Wandel im 19. Jahrhundert*. Schriften der Philosophisch-historischen Klasse der Heidelberger Akademie der Wissenschaften 50. Heidelberg: Winter, 2013.

Liebig, Justus Freiherr von. *Rede in der öffentlichen Sitzung der k. Akademie der Wissenschaften am 28. März 1860 zur Feier ihres einhundert und ersten Stiftungstages*. München: Verlag der Königlichen bayerischen Akademie der Wissenschaften, 1860.

Liebig, Justus Freiherr von. *Induction und Deduction. Rede in der öffentlichen Sitzung der königl. Akademie der Wissenschaften am 28. März 1865 zur Feier ihres einhundert und sechsten Stiftungstages*. München: Verlag der königlichen Akademie, 1865.

Liebig, Justus Freiherr von. *Die Entwicklung der Ideen in der Naturwissenschaft. Rede in der öffentlichen Sitzung der k. Akademie der Wissenschaften am 25. Juli 1866. Vorfeier des Geburts- und Namensfestes Sr. Maj. des Königs*. München: Verlag der königlichen Akademie, 1866.

Linck, Gottlob. *Über Wesen und Wert der Universität. Rede gehalten zur Feier der akademischen Preisverteilung am 19. Juni 1920 in der Stadtkirche zu Jena*. Jena: Fischer, 1920.

Linck, Gottlob. *Ernst Abbe. Rede zum Gedächtnis seines 25. Todestages am 14. Januar 1930 gehalten im Auftrag des akademischen Senats der Landesuniversität Jena in der Aula*. Jenaer Akademische Reden, Heft 10, hg. v. Gottlob Linck, 1–20. Jena: Fischer, 1930.

Lommel, Eugen. *Über Universitätsbildung. Rede beim Antritt des Prorektorats der Königlich Bayerischen Friedrich-Alexanders-Universität Erlangen am 4. November 1881 gehalten*. Erlangen: Junge, 1881.

Maass, Ernst. *Der Genius der Wissenschaft. Rede gehalten beim Antritt des Rektorats am 17. Oktober 1909*. Marburg: Elwert, 1909.

Merian, Peter. *Festrede bei der vierten Säcularfeier der Universität Basel den VII. September MDCCCLX*. Basel: Schweighauser, 1860.

Mühll, Karl von der. *Feier des 450-jährigen Bestehens der Universität Basel. Festbericht erstattet im Auftrage E.E. Regenz der Universität*. Basel: Helbing & Lichtenhahn, 1911.

Nägelsbach, Carl Friedrich. *Rede beim Antritte des Prorektorats der königlich bayerischen Friedrich-Alexanders-Universität Erlangen am 5. November 1849 gehalten*. Erlangen: Barfus, 1849.

*Protokoll der Generalversammlung der Akademischen Bonifatius-Vereine in Essen am 21. August 1906*. In *Akademische Bonifatius-Correspondenz* 46 (1906): 1623–1628.

Rebenich, Stefan. *Theodor Mommsen und Adolf Harnack. Wissenschaft und Politik im Berlin des ausgehenden 19. Jahrhunderts*. Berlin u. a.: Walter de Gruyter, 1997.

Redlich, Oswald. „Die geschichtliche Stellung und Bedeutung der Universität Wien." In *Die Feierliche Inauguration des Rektors der Wiener Universität für das Studienjahr 1911/1912 am 16. Oktober 1906*, hg. v. Oswald Redlich, 69–103. Wien: Manz, 1911.

Ris, Samuel Friedrich. *Rede zur Feier des fünfundzwanzigsten Jahrestages der Hochschule Bern, gehalten in der Heil. Geistkirche, den 15. November 1859*. Bern: B. F. Haller, 1859.

Ruck, Erwin. *Die Rechtsstellung der Basler Universität. Rektoratsrede*. Basler Universitätsreden 1. Basel: Helbing & Lichtenhahn, 1930.

Schindler, Franz M. „Die Stellung der Theologischen Fakultät im Organismus der Universität. Inaugurationsrede." In *Die Feierliche Inauguration des Rektors der Wiener Universität für das Studienjahr 1904/1905 am 14. Oktober 1904*, hg.v. Franz M. Schindler, 29–63. Wien: Selbstverlag der Universität, 1904.

Sellin, Volker. *Gewalt und Legitimität. Die europäische Monarchie im Zeitalter der Revolutionen*. München: Oldenbourg, 2011.

Snell, Wilhelm. „Rede." In *Die Eröffnungsfeier der Hochschule Bern den 15. November 1834, 1–5 (mehrere Paginierungen)*. Bern: Buchdruck Lang, 1835.

Tenorth, Heinz-Elmar. „Lebensform und Lehrform – oder: die Reformbedürftigkeit der ‚Humboldtschen' Universität." *Soziale Systeme* 16/2 (2010): 341–355.

Traupel, Walter. *Hochschule und Spezialistentum. Rektoratsrede. Gehalten am 17. November 1962 an der Eidgenössischen Technischen Hochschule*. Zürich: Polygraph, 1963.

Titius, Arthur. *Ist systematische Theologie als Wissenschaft möglich? Rede bei der Feier der Erinnerung an den Stifter der Berliner Universität König Friedrich Wilhelm III. in der Alten Aula am 26. Juli 1931*. Berlin: Preußische Druckerei- und Verlags AG, 1931.

Troeltsch, Ernst. *Die Trennung von Staat und Kirche, der staatliche Religionsunterricht und die theologischen Fakultäten. Akademische Rede zur Feier des Geburtstages des höchstseligen Grossherzogs Karl Friedrich am 22. November 1906 bei dem Vortrag des Jahresberichts und der Verkündung der akademische Preise gehalten*. Heidelberg: Hörning, 1906.

Treitschke, Heinrich von. „Der Socialismus und seine Gönner" (1874). In *Zehn Jahre deutscher Kämpfe*, Bd. 2, hg.v. Heinrich von Treitschke, 112–222. Berlin: Reimer, [3]1897.

Treitschke, Heinrich von. *Politik. Vorlesungen gehalten an der Universität zu Berlin. Bd. 1*, hg.v. Max Cornicelius. Leipzig: Hirzel, [3]1913.

Virchow, Rudolf. *Ueber die nationale Entwickelung und Bedeutung der Naturwissenschaften. Rede gehalten in der zweiten allgemeinen Sitzung der Versammlung deutscher Naturforscher und Aerzte zu Hannover am 20. September 1865*. Berlin: Hirschwald, 1865.

Virchow, Rudolf. *Die Freiheit der Wissenschaft im modernen Staat. Rede gehalten in der dritten allgemeinen Sitzung der fünfzigsten Versammlung deutscher Naturforscher und Aerzte zu München am 22. September 1877*. Berlin: Wiegandt, Hempel & Parey, [2]1877.

Weber, Christoph. *Der „Fall Spahn" (1901). Ein Beitrag zur Wissenschafts- und Kulturdiskussion im ausgehenden 19. Jahrhundert*. Rom: Herder, 1980.

Weichselbaum, Anton. „Über die Beziehungen zwischen Körperkonstitution und Krankheit." In *Die Feierliche Inauguration des Rektors der Wiener Universität für das Studienjahr 1912/1913 am 21. Oktober 1912*, hg.v. Anton Weichselbaum, 49–95. Wien: Selbstverlag der Universität, 1912.

Wettstein von Westerheim, Richard. „Forschung und Lehre. Inaugurationsrede." In *Die Feierliche Inauguration des Rektors der Wiener Universität für das Studienjahr 1913/1914 am 20. Oktober 1913*, hg.v. Richard Wettstein von Westerheim, 47–78. Wien: Selbstverlag der Universität, 1913.

Woker, Philipp. *Der nationale Charakter und die internationale Bedeutung unserer Hochschule. Rektoratsrede gehalten bei der 70. Gründungsfeier der Universität Bern am 26. November 1904*. Bern: Haller, 1905.

Heinz-Elmar Tenorth

# „Die Schule der Nation ist die Schule" – Bildung im Konflikt zwischen Staat und „Nation"

## 1 Das Thema

Als Willy Brandt in der Regierungserklärung der ersten sozialliberalen Koalition am 28. Oktober 1969[1] die Formel prägte, mit der ich mein Thema einführe, war das ein so bemerkenswerter wie – der Sache nach – zu diesem Zeitpunkt erwartbarer Satz. Bemerkenswert war der Satz, weil Brandt die Schule in eine Funktion einrückte, die vorher, affirmativ für den Obrigkeitsstaat, das Militär und die Kaserne innehatten, er also eine Tradition definitiv verabschiedete, in der nicht für die Kultur-Nation, sondern für den jeweiligen Staat öffentlich erzogen worden war, indoktrinierend und kontrollierend. Erwartbar war das starke Gewicht der Bildungspolitik in dieser Regierungserklärung, weil nicht nur die Sozialdemokratie, zumal in den von ihr regierten Ländern wie Hessen oder Berlin, schon vorher zu den energischen Befürwortern einer umfassenden Reform des Bildungswesens gehörte, sondern Bildungspolitik in der öffentlichen Wahrnehmung und dann auch in den Wahlkämpfen spätestens seit den Krisendiagnosen des Theologen Georg Picht über einen drohenden „Bildungsnotstand"[2] bei allen Parteien die Rolle eines dominierenden Themas gewonnen hatte.

Es überraschte deshalb nicht, dass Brandt 1969 noch einmal „schwere Störungen des gesamten Bildungssystems" diagnostizierte, und zwar in allen Bereichen von der Schule bis zur Universität, von der Berufsbildung bis zur Erwachsenenbildung, und es war nur konsequent, dass er dieses Thema aufnahm, wenn auch erst an Ziffer VII der Regierungserklärung. Aber Bildungspolitik gehörte zum hergebrachten Selbstverständnis der Sozialdemokratie im 20. Jahrhundert, und nicht nur der normative Hintergrund, auch die Position der Bil-

---

[1] Der Text in: „Verhandlungen des Deutschen Bundestages, 6. Wahlperiode, 5. Sitzung vom 28.10.1969," *Stenographische Berichte* 71 (1969): 27 A.
[2] Die Artikelserie von Georg Picht über den „Bildungsnotstand", die in *Christ und Welt* 1964 erschien, wurde dann auch als Buch veröffentlicht, vgl. Georg Picht, *Die deutsche Bildungskatastrophe. Analyse und Dokumentation* (Freiburg/Olten: Walter-Verlag, 1964); Picht hat seinem älteren Texte nach dem Scheitern der großen sozialliberalen Bildungsreformpläne später noch einmal in den historischen Kontext gestellt, vgl. Georg Picht, „Vom Bildungsnotstand zum Notstand der Bildungspolitik," *Zeitschrift für Pädagogik* 19 (1973): 665–678.

https://doi.org/9783110352740-008

dungspolitik war eindeutig: „Bildung und Ausbildung, Wissenschaft und Forschung stehen an der Spitze der Reformen, die es bei uns vorzunehmen gilt." Die politischen Instrumente standen auch schon bereit, denn mit Art. 91 b GG über die „Gemeinschaftsaufgaben" waren bereits von der Großen Koalition von CDU/CSU und SPD die Voraussetzungen für eine Bildungsplanung gemeinsam mit den CDU/CSU-regierten Ländern, die sich zumal in Bayern oder Baden-Württemberg bildungspolitisch stark engagiert hatten, geschaffen worden. Auch die Zielsetzung klang vertraut für den, der den Nachkriegsdiskurs über die Funktion der Schule im Ohr hatte: „Das Ziel ist die Erziehung eines kritischen, urteilsfähigen Bürgers, der imstande ist, durch einen permanenten Lernprozess die Bedingungen seiner sozialen Existenz zu erkennen und sich ihnen entsprechend zu verhalten. Die Schule der Nation ist die Schule."

Solcher Traditionsbindung im Kontext politischer Bildung ungeachtet setzte die Regierungserklärung von 1969 zugleich einen neuen Akzent, denn „... der zentrale Auftrag des Grundgesetzes, allen Bürgern gleiche Chancen zu geben, (wurde) noch nicht annähernd erfüllt ... Die Bildungsplanung muß entscheidend dazu beitragen, die soziale Demokratie zu verwirklichen." Nicht allein die Bildung – oder Erziehung – des Bürgers wird also zum Thema, sondern ein weit umfassenderes Programm, Herstellung von Chancengleichheit, von „materialer Chancengleichheit"[3], wie in den sozialdemokratischen Ländern und von den Gewerkschaften bald gesagt wurde, um die Differenz von Teilhabe am und Zugang ins Bildungswesen, die es als „formale" Gleichheit ja schon gab, zu unterscheiden von der Erwartung, gesellschaftliche Gleichheit über Bildung zu konstruieren. Die Zielsetzung wurde zugleich bildungsökonomisch weiter belastet, indem neben dem Bildungsrecht zugleich und gleich gewichtig auch der ökonomische Bedarf als Referenz eingeführt wurde: „Bildung, Ausbildung und Forschung müssen als ein Gesamtsystem begriffen werden, das gleichzeitig das Bürgerrecht auf Bildung sowie den Bedarf der Gesellschaft an möglichst hochqualifizierten Fachkräften und an Forschungsergebnissen berücksichtigt."

---

3 Vgl. für die SPD z.B. die nordrhein-westfälischen Gesamtschul-Programme, v.a. für den Sekundarbereich II, u.a. Jürgen Girgensohn, *Kollegstufe NW* (Ratingen: Henn, 1972); zur bildungstheoretisch-politischen Begründung solcher Programme Herwig Blankertz, „Demokratische Bildungsreform, kapitalistische Systemerhaltung, politische Erziehungswissenschaft – Versuch einer Analyse aus Anlaß des Kollegstufenmodells Nordrhein-Westfalen," *Vierteljahrsschrift für wissenschaftliche Pädagogik* 49 (1973): 314–334; sowie zur Kritik solcher Art „Bildungstheorie" Jürgen Schriewer, „„Rückführung der Bildung zu sich selbst' – Zur Humboldt-Rezeption in neueren bildungstheoretischen Ansätzen," *Vierteljahrsschrift für wissenschaftliche Pädagogik* 51 (1975): 237–259.

In der Faszination und Konflikthaftigkeit, die dieser neue Aufbruch in der Bildungspolitik bei den Zeitgenossen erzeugte, aber auch retrospektiv wird gelegentlich übersehen, dass mit der Konzentration auf die bis heute dominierenden Themen, das „Bürgerrecht auf Bildung" – Tribut an die Leitbegriffe des liberalen Koalitionspartners und seines Vordenkers Ralf Dahrendorf[4] – einerseits und die Bedarfsargumentation andererseits, eine neue Schwerpunktsetzung verbunden war. Verbunden mit der Forderung der Chancengleichheit bzw. aktuell der „sozialen Gerechtigkeit", die durch Bildung ermöglicht werden soll, ist nämlich das alte Thema der Sozialintegration durch schulisches Lernen eindeutig in den Hintergrund gerückt. Es kehrt zwar in Gesamtschulplänen wieder und in der damit verbundenen Erwartung der „sozialen Integration", d. h. der gemeinsamen Erziehung aller Schichten und Klassen, aber es dominiert nicht mehr (auch nicht in der Gesamtschuldebatte). Die „Bildung der Nation", ihrer Kultur und ihres Selbstverständnisses, die noch in der Weimarer Republik die Politik und ihre Reflexion, aber auch die Schulreform und ihre Konflikte zentral bestimmt hatte,[5] tritt eindeutig zurück. „Bildung in der Demokratie", Bildung der Demokratie und Bildung für die Demokratie werden in der Bildungspolitik zwar nicht ignoriert, aber doch nachrangig gegenüber dem Gleichheitsversprechen behandelt und auch gegenüber dem Versuch, soziale Gerechtigkeit über Bildung zu erzeugen.

Es ist die Absicht der folgenden Überlegungen, die klassische Funktion und die Probleme der Formel von der „Bildung der Nation" durch die „Schule der Nation" noch einmal aufzunehmen, auf eine Tradition zurückzublicken und ihre Implikationen im historischen Prozess darzustellen. Dafür lassen sich aus dem deutschsprachigen Kontext, auf den ich mich konzentriere, drei Etappen unterscheiden: Reflexiv und programmatisch der Ursprung im ausgehenden 18., frühen 19. Jahrhundert mit der bildungstheoretischen Verknüpfung von Bildung und Nation, politisch und systemisch die „staatspädagogische" Ernüchterung, wie sie im frühen 19. Jahrhundert einsetzt, die in der Erziehung durch und für den Staat sowie in der Unterscheidung von Bildung, für den Bürger und „als Besitz", und Indoktrination, für den Untertanen und die Unterschichten, ihr Spezifikum hat. Seit der Weimarer Republik wird dann in den deutschen Demokratien diskutiert und in unterschiedlicher Weise erprobt, welche Aufgaben das Aufwachsen in einer demokratischen Gesellschaft für das Bildungssystem bereithält. Angesichts der eher aporetischen als früh gelingenden Arbeit in diesem Feld wird in der hier folgenden Analyse zugleich gefragt, ob und wie sich angesichts der wider-

---

**4** Ralf Dahrendorf, *Bildung ist Bürgerrecht: Plädoyer für eine aktive Bildungspolitik* (Hamburg: Nannen-Verlag, 1965).
**5** Übersicht bei Hellmut Becker und Gerhard Kluchert, *Die Bildung der Nation. Schule, Gesellschaft und Politik vom Kaiserreich zur Weimarer Republik* (Stuttgart: Klett-Cotta, 1993).

sprüchlichen Tradition, die sich zwischen der Indoktrination für den Staat und der Selbstkonstruktion des mündigen Bürgers dabei zeigen wird, die Schule wirklich als eine Instanz wirken kann, die als „Schule der Nation" erfolgreich handeln kann.

# 2 Bildung der Nation

Die Reflexion über „Bildung" tritt ins öffentliche Bewusstsein zugleich mit der Debatte über die „Nation", im ausgehenden 18. Jahrhundert also, und es sind jeweils Defizitdiagnosen, die diese Diskurse tragen: Bildung, der Individuen wie der Nation, habe noch nicht die Gestalt gewonnen, die dem Anspruch des Begriffs entspreche, die Nation sei noch nicht geboren, in der der Bürger seine Lebenswelt selbstbestimmt gestalten kann. Die Nationalerziehungspläne des späten 18. Jahrhunderts[6] geben deshalb dem Begriff der Bildung und dem der Nation zugleich ihre Kontur und die darüber geführten öffentlichen Debatten zeigen von Beginn an die Konflikte, die sich hier zwischen Nation und Bildung, Bürger und Staat eröffnen.[7] Trotz mancher gemeinsamer Referenzen im Ursprung und in der Zielsetzung mit außerdeutschen Diskussionen[8] unverkennbar ist auch, dass es

---

**6** Eine frühe Darstellung liefert Helmut König, „Zur Geschichte der Nationalerziehung in Deutschland im letzten Drittel des 18. Jahrhunderts," in *Monumenta Paedagogica*, Bd. 1 (Berlin [DDR]: Akademie-Verlag, 1960) – natürlich im sozialistischen Ton; für die andere, westliche, Lesart jetzt u. a. Heinz Stübig, *Nationalerziehung. Pädagogische Antworten auf die „deutsche Frage" im 19. Jahrhundert* (Schwalbach: Wochenschau Verlag, 2006).

**7** Auch dazu ist die Diskussion bis heute reichhaltig, vgl. nur aus dem pädagogischen Milieu und für die Reflexionstradition u. a. Ulrich Herrmann und Jürgen Oelkers, Hg., *Französische Revolution und Pädagogik der Moderne. Aufklärung, Revolution und Menschenbildung im Übergang vom Ancien Régime zur bürgerlichen Gesellschaft* (Weinheim/Basel: Beltz, 1990); Jürgen Oelkers, Hg., *Aufklärung und Moderne* (Weinheim: Beltz, 1992), 117–134; Jürgen Oelkers und Daniel Tröhler, Hg., *Die Leidenschaft der Aufklärung* (Weinheim/Basel: Beltz, 1999); Jürgen Oelkers, Fritz Osterwalder und Heinz Rhyn, Hg., *Bildung, Öffentlichkeit und Demokratie* (Weinheim/Basel: Beltz, 1998) sowie zur Praxis der Aufklärungspädagogik Hanno Schmitt, *Vernunft und Menschlichkeit. Studien zur philanthropischen Erziehungsbewegung* (Bad Heilbrunn: Julius Klinkhardt Verlag, 2007).

**8** Die Gemeinsamkeiten betont Jürgen Oelkers, „Das Konzept der Bildung in Deutschland im 18. Jahrhundert," *Zeitschrift für Pädagogik* 38, Beiheft (1998): 45–70. Diese sieht er im Gedanken von „Formung" und der Differenz von Bildung und Schulbildung verwirklicht; für die Differenzen verweist er darauf, dass die „Innerlichkeit" erst im 19. Jahrundert hinzutrat. Erhellend ist auch Rebekka Horlacher, „‚Bildung': Nationalisierung eines internationalen Konzepts," in *Methoden und Konzepte. Historiographische Probleme der Bildungsforschung*, Hg. Rita Casale, Daniel Tröhler und Jürgen Oelkers (Göttingen: Wallstein, 2006), 199–213.

spezifische deutsche Debatten sind[9], die man hier verfolgen kann, von der Tradition der Bildung in der Demokratie und ihrer Reflexion deutlich unterschieden, wie sie sich etwa für die einschlägige Geschichte der USA finden lassen.[10] Die politisch-soziale Besonderheit im Zusammenhang von Bildung und Nation liegt selbstverständlich nicht allein in der Reflexionstradition, sondern vor allem in der Tatsache, dass Kultur und Nation einerseits, Staat und Herrschaft andererseits noch nicht zu einer gemeinsamen Form gefunden haben.[11]

Ambition und Argumentation dieser frühen Reflexion von Bildung und Nation können exemplarisch[12] an zwei Texten gezeigt werden, die dem Begriff der „Nation" eindeutige Gestalt geben und zugleich mit „Bildung" eine präzise Bestimmung und Erwartung verbinden: Wilhelm von Humboldts „Ideen zu einem Versuch, die Gränzen der Wirksamkeit des Staates zu bestimmen" von 1792, das ist gewissermaßen der klassische Text in diesem Kontext; die Überlegungen des preußischen Landadligen Eberhard von Rochow, in seinem Text „Vom Nationalcharakter durch Volksschulen" von 1779, können zugleich zeigen, dass sich für ihn die Nation nicht bilden kann, wenn sich nicht auch das Volk bildet, bezeichnenderweise „durch Volksschulen", also so, wie Willy Brandt 1969 denkt und formuliert.[13] Rochow und Humboldt sehen diese Referenz in gleicher Weise (und

---

9 Diese nationale Funktion belegt – in scharfer argumentativer Engführung, gegen Einwände nicht gefeit, die hier ignoriert werden können – Aleida Assmann, *Arbeit am nationalen Gedächtnis. Eine kurze Geschichte der deutschen Bildungsidee* (Frankfurt am Main/New York: Campus, 1993).
10 Dazu, auch für die Tradition basisdemokratischer sozialer Bewegungen, jüngst noch einmal Jürgen Oelkers, „Demokratisches Denken in der Pädagogik," *Zeitschrift für Pädagogik* 56 (2010): 3 – 21.
11 Für diese politik- und sozialgeschichtliche Frage vgl. Dieter Langewiesche, „Staatsbildung und Nationsbildung in Deutschland – ein Sonderweg? Die deutsche Nation im europäischen Vergleich," (2001) in *Reich, Nation, Föderation. Deutschland und Europa*, Hg. Dieter Langewiesche (München: C.H. Beck, 2008): 145 – 160. Auf S. 137 zitiert er für das Thema – um diese dann zu problematisieren – auch die alte Diagnose von Helmuth Plessner, dass durch die Verspätung in der Nationbildung „eine innere Verbindung zwischen den Mächten der Aufklärung und der Formung des Nationalstaates in Deutschland verhindert" wurde; vgl. Helmuth Plessner, *Die verspätete Nation. Über die politische Verführbarkeit bürgerlichen Geistes* (Frankfurt am Main: Suhrkamp, 1974), 14.
12 Eine frühe Übersicht über die weitere Diskussion – jetzt nur bei den philosophischen Klassikern – gibt schon Ursula Krautkrämer, *Staat und Erziehung. Begründung öffentlicher Erziehung bei Humboldt, Kant, Fichte, Hegel und Schleiermacher* (München: Johannes Berchmans Verlag, 1979).
13 Friedrich Eberhard von Rochow, „Vom Nationalcharakter durch Volksschulen," (1889) in ders., *Sämtliche pädagogische Schriften*, Bd. 1, Hg. Fritz Jonas und Friedrich Wienecke (Berlin: Reimer, 1907): 313 – 349; für den Kontext vgl. Holger Böning, Hanno Schmitt und Reinhart Siegert, *Volksaufklärung. Eine praktische Reformbewegung des 18 und 19. Jahrhunderts* (Bremen: édition lumière, 2007).

eher nebenbei wird damit auch deutlich, dass diese Verknüpfung von Bildung, Nation und Volksbildung auch Differenzen im Neuhumanismus sichtbar macht), wenn auch in unterschiedlicher Akzentuierung – aber ihre Überlegungen erlauben es, das Problem der Konstruktion der Nation durch Bildung in der Ursprungssituation nachzuzeichnen.

## Wilhelm von Humboldt – Bildung der Nation: Selbstkonstruktion und Bildungssystem

Humboldts Schrift von 1792 – in Auszügen unter dem Titel *„Wie weit darf sich die Sorgfalt des Staates um das Wohl seiner Bürger erstrecken?"* zeitgenössisch in Schillers *Neuer Thalia* publiziert – gehört ebenso in diesen Kontext wie seine Abhandlung *Über öffentliche Staatserziehung*, die im Dezemberheft 1792 des Zentralorgans der Berliner Aufklärung, der *Berlinischen Monatsschrift*, erschien.[14] Humboldts begriffliche Dispositionen sind dabei einfach und klar: er unterscheidet „Staat" und „Nation", er ordnet „Gesinnungsbildung" und Erziehung, zumindest die Absicht und wohl auch die Legitimation dazu, dem Staat zu, „Bildung" dagegen der Nation[15] – und er formuliert schon hier alle schönen Sätze, die für Bildung seither zitiert werden und die den Zusammenhang von politischer Freiheit, Nationbildung und Bildung des Subjektes nicht nur politisch und subjekttheoretisch stiften, sondern auch im Blick auf die Formen des Umgangs mit Welt, die solche Bildung möglich machen, erläutern. Offenkundig ist damit auch schon, dass Humboldt mit „Nation" die gemeinsame Kulturnation, auch Preußen nur als „Kulturstaat"[16] meint, nicht eine politische Körperschaft, und dass er das

---

**14** Wilhelm von Humboldt, „Über öffentliche Staatserziehung," *Thalia* 2 (1792): 131–169. Helmut König, der Humboldt kommentiert („Zur Geschichte der Nationalerziehung in Deutschland im letzten Drittel des 18. Jahrhunderts," 342–343), muss natürlich den „Klassencharakter" (343) des Humboldt-Textes von 1792 monieren, zeige er doch, wie durch dessen Schriften „dem Kampf der fortschrittlichen deutschen Pädagogen gegen den Feudalismus die revolutionäre Spitze genommen werden konnte" (342).
**15** Dabei ignoriere ich, dass der Nationbegriff bei ihm auch in einem empirischen Sinne für Teilsegmente der Menschheit gebraucht wird, als die „Vertheilung des Menschengeschlechts in grössere und kleinere Haufen", so z. B. in Wilhelm von Humboldt, „Ueber die Verschiedenheit des menschlichen Sprachbaus," in *Wilhelm von Humboldt. Werke in fünf Bänden*, Bd. 3, Hg. Andreas Flitner und Klaus Giel (Darmstadt: Wissenschaftliche Buchgesellschaft, 1961–1980, Neuausgabe 2002): 230.
**16** Für diesen Blick auf Preußen jetzt Wolfgang Neugebauer und Bärbel Holtz, *Kulturstaat und Bürgergesellschaft. Preußen, Deutschland und Europa im 19. und frühen 20. Jahrhundert* (Berlin: Akademie-Verlag, 2010).

Problem diskutiert, wie diese Kulturnation sich in zentralen, sie betreffenden „allgemeinen" Fragen verständigen und auf ein gemeinsames Fundament der Kommunikation beziehen kann. Weniger im Begriff der „Öffentlichkeit"[17] als in dem der „Zivilgesellschaft" würde ich deshalb das theoretische und historische Äquivalent dieses Nationbegriffs sehen.

Am Anfang steht die Zielformel: „Der wahre Zwek des Menschen ... ist die höchste und proportionirlichste Bildung seiner Kräfte zu einem Ganzen." Es folgen die Hinweise auf die Voraussetzungen, die nicht nur sagen, was Bildung ist, sondern wie Bildung möglich ist: „Zu dieser Bildung ist Freiheit die erste, und unerlassliche Bedingung ... ausser der Freiheit ... Mannigfaltigkeit der Situationen."[18] Schule, das muss man sehen, wird hier noch nicht genannt, denn der grundlegende Mechanismus, der Bildung möglich macht, liegt in der Aktivität des Subjekts selbst – und es ist diese Praxis der Selbstbildung allein, die ausschlaggebend ist, wie man an anderer Stelle liest: „Die letzte Aufgabe unsres Daseyns: dem Begriff der Menschheit in unsrer Person ... einen so grossen Inhalt, als möglich, zu verschaffen, diese Aufgabe löst sich allein durch die Verknüpfung unsres Ichs mit der Welt zu der allgemeinsten, regesten und freiesten Wechselwirkung."[19] Auch dieser Hinweis auf „Wechselwirkung" lässt noch eine Fülle an Lernsituationen erwarten, und Humboldt sieht das auch so weit und offen: „Was also der Mensch nothwendig braucht, ist bloss ein Gegenstand, der die Wechselwirkung seiner Empfänglichkeit mit seiner Selbstthätigkeit möglich mache." Allerdings hat er auch eindeutige Erwartungen an den „Gegenstand": „... so muss er der Gegenstand schlechthin, die Welt seyn, oder doch (denn diess ist eigentlich allein richtig) als solcher betrachtet werden."[20] Denn, so ergänzt Humboldt im Blick auf die historisch-gesellschaftliche Praxis des Menschen und damit von Beginn seiner Überlegungen an vollständig jenseits des Versuchs, nur bestimmte Praxen – künstlerische oder wissenschaftliche vielleicht oder die Beschäftigung mit den alten Sprachen – exklusiv als Bildungswelten auszuzeichnen: „Jedes

---

17 Andreas von Prondczynsky, „Öffentlichkeit und Bildung in der pädagogischen Historiographie," in *Bildung, Öffentlichkeit und Demokratie*, Hg. Jürgen Oelkers, Fritz Osterwalder und Heinz Rhyn (Weinheim: Beltz, 1998): 71–86, arbeitet in seiner Kritik der Aufklärungshistoriographie mit diesem Begriffspaar, besser: mit den Dualen von „Bildung und Öffentlichkeit" vs. „Staat und Erziehung", klärt aber nicht die Differenzen, die im Nationbegriff liegen.
18 Wilhelm von Humboldt, „Ideen zu einem Versuch, die Gränzen der Wirksamkeit des Staates zu bestimmen," (1792) in *Wilhelm von Humboldt. Werke in fünf Bänden*, Bd. 1, Hg. Andreas Flitner und Klaus Giel (Darmstadt: Wissenschaftliche Buchgesellschaft, 1960, Neuausgabe 2002): 64.
19 Wilhelm von Humboldt, „Theorie der Bildung des Menschen. Bruchstück," (.o.J./1793) in *Wilhelm von Humboldt. Werke in fünf Bänden*, Bd. 1, Hg. Andreas Flitner und Klaus Giel, 235.
20 Ebd., 237–238.

Geschäft kennt eine ihm eigenthümliche Geistesstimmung, und nur in ihr liegt der ächte Geist seiner Vollendung."[21]

Der Gedanke der „Allgemeinen Bildung"[22], der diese Überlegungen strukturiert, wird zugleich zur theoretischen Leitlinie seiner Bildungspolitik und seiner Konstruktion der Schulorganisation und -verfassung: „Der Allgemeine Schulunterricht geht auf den Menschen überhaupt, ... auf die Hauptfunktionen seines Wesens."[23] Und insoweit der Unterricht „allgemein" ist, auf den Menschen und insofern unterschiedslos auf alle Heranwachsenden zielt, hat er auch eine allgemeine und gleiche Struktur: „Dieser gesammte Unterricht kennt daher auch nur Ein und dasselbe Fundament. Denn der gemeinste Tagelöhner, und der am feinsten Ausgebildete muss in seinem Gemüth ursprünglich gleich gestimmt werden, wenn jener nicht unter der Menschenwürde roh, und dieser nicht unter der Menschenkraft sentimental, chimärisch, und verschroben werden soll."[24] Humboldt verbindet mit einem solchen Unterricht denn auch die große Erwartung, dass aus diesem eine „ziemliche Gleichheit" der Erzogenen resultiere.[25] Im Anspruch an das Bildungssystem regiert jedenfalls – für die Bildung des Menschen, nicht im Blick auf den Beruf oder die gesellschaftliche Funktion – eine starke Egalitätsannahme und -forderung: „Jeder, auch der Aermste, erhielte eine vollständige Menschenbildung, ... jede intellectuelle Individualität fände ihr Recht

---

21 Ebd., 239.

22 Allgemein nicht nur im Blick auf den Adressaten, sondern auch in den Implikationen, die Spranger mit den Begriffen der Universalität, Totalität und Individualität bezeichnet hat, vgl. Eduard Spranger, *Wilhelm von Humboldt und die Reform des Bildungswesens* (Berlin: Walter de Gruyter, 1910), bes. 133–145.

23 Wilhelm von Humboldt, „Der Königsberger und der Litauische Schulplan," (1809) in *Wilhelm von Humboldt. Werke in fünf Bänden*, Bd. 4, Hg. Andreas Flitner und Klaus Giel (Darmstadt: Wissenschaftliche Buchgesellschaft, 1964, Neuausgabe 2002): 188–189, verbunden mit Annahmen über die curriculare Struktur des Unterrichts: „Der allgemeine Schulunterricht geht auf den Menschen überhaupt, und gymnastischer | ästhetischer | didaktischer und in dieser letzteren Hinsicht wieder als mathematischer | philosophischer, der in dem Schulunterricht nur durch die Form der Sprache rein, sonst immer historisch-philosophisch ist, und | historischer | auf die Hauptfunktion seines Wesens."

24 Ebd., 189.

25 Ebd.; allerdings, bei kunstgerechtem Unterricht: „Bleibt man fest dabei stehen, Zahl und Beschaffenheit der Unterrichtsgegenstände nach der Möglichkeit der allgemeinen Bildung des Gemüths in jeder Epoche zu bestimmen, und jeden Gegenstand immer so zu behandeln, wie er am meisten und besten auf das Gemüth zurückwirkt, so muss eine ziemliche Gleichheit herauskommen." (189). Dann kommt – zumindest in der theoretischen Antizipation – auch der bildende und egalisierende Wert des Griechischen zum Tragen: „Auch Griechisch gelernt zu haben könnte auf diese Weise dem Tischler ebenso wenig unnütz seyn, als Tische zu machen dem Gelehrten" (ebd.).

und ihren Platz, keiner brauchte seine Bestimmung früher als in seiner allmäligen Entwicklung selbst zu suchen".²⁶ Individuelle Differenzen, die Humboldt natürlich nicht ignoriert oder gar ausschließt, erzeugt der Lernprozess selbst: „Die Gränze des Unterrichts ... kann nun durch nichts andres bestimmt werden, als durch die zu allem Unterricht nöthigen Bedingungen Kraft und Zeit. Soweit der Schüler das eine hergiebt, und zum andern Mittel hat, so weit kann der Lehrer ihn führen, und soweit muss der Staat dafür sorgen, dass er gebracht werden könne."²⁷

Es ist dieses Konzept von Bildung, das bei Humboldt das Fundament der Nation erzeugt. Sieht man zugleich, dass er für den – zeitlichen – Primat der Bildung des Menschen vor der Bildung für den Staat und vor der Ausbildung für den Beruf plädiert, dann gibt es auch keinen Zweifel über den Primat der Bildung der Nation vor der Erziehung für die Erwartungen des Staates, ja Humboldt beschreibt den Nutzen dieser Reihung auch so, dass der verständige Staat ihr folgen wird: „Daher müsste, meiner Meinung zufolge, die freieste, so wenig als möglich schon auf die bürgerlichen Verhältnisse gerichtete Bildung des Menschen überall vorangehen. Der so gebildete Mensch müsste dann in den Staat treten, und die Verfassung des Staats sich gleichsam an ihm prüfen. Nur bei einem solchen Kampfe würde ich wahre Verbesserung der Verfassung durch die Nation mit Gewissheit hoffen."²⁸

An anderer Stelle klärt Humboldt auch den gesellschaftlichen Status, den Bildung dabei als historisch-soziale Tatsache gewinnt, und es ist die Differenz von „Bildung" und „Civilisation"²⁹, die eine solche klärende Unterscheidung möglich macht und damit letztlich auch in ihrer je historischen Konkretion und Fügung – zusammen mit der konstitutiven Funktion der Sprache³⁰ – erklären soll, was „das

---

26  Ebd., 175–176. Das Zitat wird wie folgt fortgesetzt: „die meisten endlich hätten, auch indem sie die Schule verliessen, noch einen Uebergang vom blossen Unterricht zu der Ausführung in den SpecialAnstalten."
27  Ebd., 190. Die Auslassung: „da wo derselbe nicht seinen Endpunkt, die Universität, als die Emancipation vom eigentlichen Lehren (da der UniversitätsLehrer nur von fern das eigene Lernen leitet) erreicht ..."
28  Humboldt, „Ideen zu einem Versuch, die Gränzen der Wirksamkeit des Staates zu bestimmen", 106.
29  Aleida Assmann, *Arbeit am nationalen Gedächtnis*, 25 nutzt Humboldts einschlägiges Zitat und diese Unterscheidung, um eine dritte Dimension von Bildung – neben der „Historisierung und Nationalisierung" der Kultur, die sie bei Herder gewinnt, – zu zeigen und d.i. für sie die Dimension der „Verinnerlichung der Kultur". Mir scheint allerdings die Humboldt-Stelle eine Interpretation im Schema von „innen" vs. „außen" nicht zu bestätigen.
30  „Eine Nation in diesem Sinne ist eine durch eine bestimmte Sprache charakterisirte geistige Form der Menschheit, in Beziehung auf idealische Totalitaet individualisirt" (Wilhelm von Humboldt, „Über die Verschiedenheiten des menschlichen Sprachenbaus" I, 11, in *Wilhelm von Humboldt. Werke in fünf Bänden*, Bd. 3, 160).

eigentliche Wesen einer Nation"[31] ausmacht. „Die Civilisation", so Humboldt, sei „die Vermenschlichung der Völker in ihren äusseren Einrichtungen und Gebräuchen", allerdings auch „der darauf Bezug habenden innren Gesinnung". Die „Cultur", die nächste Referenz bei Humboldt, „fügt dieser Veredlung des gesellschaftlichen Zustandes Wissenschaft und Kunst hinzu". Die dritte Referenz schließlich ist „Bildung". Sie sei eine „Sinnesart", und zwar spezifischer Qualität: „Wenn wir aber in unserer Sprache *Bildung* sagen, so meinen wir damit etwas zugleich Höheres und mehr Innerliches, nemlich die Sinnesart, die sich aus der Erkenntniss und dem Gefühle des gesammten geistigen und sittlichen Strebens harmonisch auf die Empfindung und den Charakter ergiesst."[32]

Humboldt nimmt dieses Bildungskonzept und die damit implizierte, grundlegende Differenz von „Staat" und „Nation" auch nach 1808 wieder auf, als er in politischer Funktion als Chef der Sektion für Unterricht und Cultus für eine kurze Zeit von nur 16 Monaten die Bildungsreformpolitik in Preußen zu gestalten sucht. Die „moralische Cultur der Nation", das ist dann der Referenzpunkt, auf den hin er die Universität konstruiert,[33] der Zusammenhang von Nation-Bildung und Bildungspolitik; aber man kann auch wissen, dass er mit dieser hohen Zielsetzung nicht erfolgreich war. Und man sollte auch nicht übersehen, dass in Humboldts Konzept und in der Bildungspolitik in Preußen der Begriff der „Nation" nicht nur als Inklusionsformel fungierte, sondern auch Mechanismen der Exklusion kannte – Frauen und Juden sind erst dann vollwertige Mitglieder der Nation, wenn sie über Bildung in die Nation integriert wurden.[34]

---

**31** Wilhelm von Humboldt, „Ueber die Verschiedenheit des menschlichen Sprachenbaues und ihren Einfluss auf die geistige Entwicklung des Menschengeschlechts" (1830–1836), in *Wilhelm von Humboldt. Werke in fünf Bänden*, Bd. 3, Hg. Andreas Flitner und Klaus Giel, „, 383.

**32** Ebd., 401, ohne die Kürzungen bei der Erläuterung von „Civilisation", die Assmann macht.

**33** „Der Begriff der höheren wissenschaftlichen Anstalten, als des Gipfels, in dem alles, was unmittelbar für die moralische Cultur der Nation geschieht, zusammenkommt, beruht darauf, dass dieselben bestimmt sind, die Wissenschaft im tiefsten und weitesten Sinne des Wortes zu bearbeiten, und als einen nicht absichtlich, aber von selbst zweckmässig vorbereiteten Stoff der geistigen und sittlichen Bildung zu seiner Benutzung hinzugeben." Das findet sich in Humboldts klassischer Organisationsschrift: Wilhelm von Humboldt, „Ueber die innere und äussere Organisation der höheren wissenschaftlichen Anstalten in Berlin" [1810], in *Humboldt-Werke in fünf Bänden*, Bd. 4, Hg. Andreas Flitner und Klaus Giel (Darmstadt: Wissenschaftliche Buchgesellschaft, 1964, Neuausgabe 2002): 255.

**34** Für eine Analyse dieser Probleme vgl. jetzt Ingrid Lohmann und Christine Mayer, „Educating the Citizen: Two Case Studies on Inclusion and Exclusion in Prussia in the Early Nineteenth Century," *Paedagogica Historica* 43/1 (2007): 7–27.

## Eberhard von Rochow – Bildung der Nation durch „Volksschulen"

Eberhard von Rochow[35], „Erbherr auf Reckahn" in Brandenburg, hat nicht die Klassizität gewonnen, die Humboldts Texten zukommt. Er war auch nicht Philosoph, gar von gleichem Rang wie Humboldt, sondern mehr mit ganz alltäglichen politischen, ökonomischen und pädagogischen Fragen seiner Herrschaft, Preußens und Brandenburgs befasst. Aber er teilt mit Humboldt das Interesse an der Bildungspolitik, ohne – wie Humboldt – als einer ihrer modernen Vordenker weithin anerkannt zu werden. Das mag schon daran liegen, dass er sich mit Volksschulen und nicht mit den gymnasialen und akademischen Eliten beschäftigt hat; das mag auch daran liegen, dass sein Verständnis von Bildung vor der dominierenden philosophischen Thematisierung blass, vielleicht sogar trivial erscheint und für Humboldt vielleicht zu nah an den Protagonisten der aufklärerischen Bildungspolitik, wie dem Minister von Zedlitz, dem Rochow seine Schrift widmet. Aber man darf angesichts einer solchen schwierigen Überlieferungsgeschichte[36] nicht übersehen, dass Rochow politisch wie pädagogisch ein eigenes Thema gefunden hat, die Bildung des Volkes, und dass er dafür in seiner Landschulreform und den sie begleitenden Aktivitäten für die Schulbücher und die Bildung der Lehrer eine praktische Form der Realisierung findet, die im ausgehenden 18. Jahrhundert für seine weltweite Bekanntheit sorgten.

Auch er kümmert sich um die Nation[37], aber er definiert nicht den Begriff der Nation zuerst – den setzt er als Kulturnation wie Humboldt ohne weitere Diskussion voraus – , sondern den des „Nationalcharakters". Das ist für ihn „die Richtung oder Stimmung der meisten Seelen eines Volkes, die durch Erziehung

---

**35** Zur Person vgl. Hanno Schmitt, „Der sanfte Modernisierer Friedrich Eberhard von Rochow. Eine Neuinterpretation," in *Vernunft fürs Volk. Friedrich Eberhard von Rochow im Aufbruch Preußens*, Hg. Hanno Schmitt und Frank Tosch (Berlin: Henschel, 2001): 11–33.

**36** Nach dem intensiven Bezug auf Rochow bei Achim Leschinsky und Peter Martin Roeder, *Schule im historischen Prozess. Zum Wechselverhältnis von institutioneller Erziehung und gesellschaftlicher Entwicklung* (Stuttgart: Klett-Cotta, 1976) ist Heinz Stübig (*Nationalerziehung. Pädagogische Antworten auf die „deutsche Frage" im 19. Jahrhundert*), einer der wenigen, der die politische Dimension in Rochows Arbeit würdigt; vgl. auch ders., „Nationalerziehung: Zur politischen Dimension der Pädagogik Rochows," in *Vernunft fürs Volk. Friedrich Eberhard von Rochow im Aufbruch Preußens*, Hg. Hanno Schmitt und Frank Tosch (Berlin: Henschel, 2001): 145–153.

**37** Obwohl er offensichtlich dem Begriff keinen großen Wert beimisst. In einem Brief an den Schweizer Philanthropen Iselin schreibt er. „Bald hoff' ich auf Dero Urteil über meinen Traum von Verbesserung des N a t i o n a l - C h a r a k t e r s – soll heißen: ‚Von Verbesserung des Volksunterrichts durch Volksschulen' – und es ist bloß um gewisser Leser, die ich mir wünschte, unter denen die Worte Nation etc.etc. besser tönen, so betitelt" (Friedrich Eberhard von Rochow, *Sämtliche pädagogische Schriften*, Bd. 4, Hg. Fritz Jonas und Friedrich Wienecke [Berlin: Reimer, 1910], 265–266).

und Unterricht, d.i. durch geltende Grundsätze, Sprichwörter, herrschende Meinungen oder durch übliche Gewohnheiten entstanden ist und sich im Denken, Reden und Handeln unterscheidend äußert."[38] „Richtung" oder „Stimmung", d.i. nicht weit weg von Humboldts „Sinnesart", beide haben einen empirischen Begriff dessen, was sie thematisieren. Kollektive Identität könnte man das nennen, „Selbstbilder"[39], die einem „Volk" gemeinsam sind, auch wohl die „Bildung", die ein Volk kollektiv auszeichnet.

Der wesentlich neue Aspekt in Rochows Bestimmung liegt darin, dass er als einer der ersten dabei vom „Volk" spricht. Wesentlich für Rochows Bemühungen ist auch, dass er die Dimensionen bestimmt, in denen eine solche kollektive Identität ausgebildet werden soll: Politik, Wirtschaft und Religion werden dann genannt. Er nennt diese Bereiche, weil er den Nutzen des Nationalcharakters begründen will, und im Blick auf das Volk ist die Ausbildung dieses Charakters von eminenter Bedeutung: „Aber ja, ... wenigstens in den Kindern des Volkes ein Geschlecht zu bilden, das da tüchtiger würde zu guten Werken".[40] Damit ist er bei den Schulen angekommen. Rochow schreibt nämlich dem schlechten Schulunterricht zu, dass das Volk noch immer altem Aberglauben anhängt: „Alles, was Volk heißt oder heißen kann in Städten und Dörfern, liegt an falschen Religionsbegriffen, an irrigen Vorstellungen von der Natur und dem Natürlichen, an Deraisonnement und Aberglauben, an Stupidität in Betreibung der meisten Gewerbe, denen mit Nachdenken gedient wäre, mehr oder minder krank."[41]

Die „Stiftung guter Volksschulen", Rochows zentrales Thema im Folgenden, soll dieser „Nationaldummheit"[42] abhelfen. Dabei setzt er auf den „guten Lehrer", die „gute Schulordnung", „ein zweckmäßiges Schulhaus" und „ein hinreichendes Gehalt für den Lehrer" – auf die Instrumente der Bildungsreform also, an denen es in Preußen fehlte und für die er, Rochow, in seinen Landschulen erfolgreich sorgte. „Aufklärung, Kultur, Veredlung, Besserung" sind seine Ziele – unter-

---

**38** Friedrich Eberhard von Rochow, „Vom Nationalcharakter durch Volksschulen," (1779), in ders., *Sämtliche pädagogische Schriften*, Bd. 1, Hg. Fritz Jonas und Friedrich Wienecke (Berlin: Reimer, 1907), 319.

**39** Dieter Langewiesche, „Staatsbildung und Nationsbildung in Deutschland – ein Sonderweg? Die deutsche Nation im europäischen Vergleich," (2001) in *Reich, Nation, Föderation. Deutschland und Europa*, Hg. Dieter Langewiesche (München: C.H. Beck, 2008): 154–155, schlägt diesen Terminus vor, eingedenk der Tatsache, dass der Begriff der „kollektiven Identität" durch Lutz Niethammer stark problematisiert, aber nicht durch einen angemessenen Begriff ersetzt worden ist.

**40** Friedrich Eberhard von Rochow, *Sämtliche pädagogische Schriften*, Bd. 1, 320.

**41** Ebd., 324.

**42** Ebd.

schiedslos für alle im Volk.[43] Der „Zweck oder die Absicht der Einrichtung besserer
Volksschulen" wird von hier aus definiert: „Hilfeleistung dazu, daß allen Gliedern
der Gesellschaft die Erkenntnis der für sie nützlichen Wahrheit f r ü h  g e n u g
m ö g l i c h  w e r d e , oder kürzer: die zureichende Anweisung zum gemeinnützigen
Gebrauch aller Seelenkräfte."[44] Und die Ziele bei der „Erreichung des National-
schulzweckes" zusammenfassend: „Verständig machen, zum V e r s t a n d  v e r -
h e l f e n , aufklären, veredeln, Weisheit, rechte Erkenntnis, Wahrheitssinn und
Wahrheitsliebe mehr gemein machen ist also der Nationalschulzweck."[45]

Von den üblichen Texten der Volksaufklärung unterscheidet sich Rochow
dabei mit seinen Überlegungen vor allem dadurch, dass er keine Differenzen
zwischen dem Volk und den Gelehrten anerkennt: „Das Volk und der Gelehrte
dürften ja wohl dreist e i n e  Religion haben, eines S i n n e s  sein".[46] Differenzen
setzt er auch dadurch, dass er keine Begrenzungsprogramme für das Volk akzeptiert und auch nicht am Rande Gedanken vertritt, dass zu viel Bildung
schädlich sein könnte, und man fragen müsse, „kann das Volk je z u v i e l  v o n
d i e s e n  berührten Dingen w i s s e n ?", so dass die Sorge entstehen könne, „daß
der Landmann (Cultivateur) seinen Stand verlasse und Handwerker, Künstler,
Gelehrter würde? Lebt unbesorgt, skrupulierende Menschenfreunde! Er tauscht
nicht, wenn er nur klug genug und die Regierungsform gut genug ist."[47]

Auch die von höchster Stelle besorgt formulierte konservative Frage, ob das
Volk durch zu viel Bildung verzogen würde, findet Rochow nicht auf der Seite der
Proponenten der Täuschung, bei denen also, für die zu viel Aufklärung eine Gefahr
für den Bestand der Nation bedeutet.[48] Rochow berichtet, ganz im Gegenteil und
gegen die Vorurteile der Konservativen, an Nicolai, dass die Absolventen seiner
Schule „wider das bey vielen noch waltende Vorurtheil, als ob die Aufklärung des
Verstandes die Bauern widerspänstig, faul und unglücklich mache; denn sie sind
gehorsam und fleißig." Deshalb weiß er auch, „... daß man an vielen Orten an-
gefangen hat, an der Aufklärung des Bauernstandes mit gutem Erfolg zu arbei-

---

**43** Ebd., 329.
**44** Ebd., 331, Hervorhebung dort.
**45** Ebd., 333.
**46** Ebd., 322.
**47** Ebd., 347.
**48** So stellte Friedrich II. 1780 als Preisaufgabe der Akademie allen Ernstes die Frage: „Est-il utile
au peuple d'être trompé, soit qu'on l'induise dans nouvelles erreurs, ou qu'on l'entretienne dans
celles où il est?" – „Kann irgend eine Art von Täuschung dem Volke zuträglich sein? Sie bestehe
nun darinn, dass man es zu neuen Irrthümern verleitet, oder die alten eingewurzelten fortdauern
läßt?"; vgl. Hans Adler, Hg., *Nützt es dem Volke, betrogen zu werden? Die Preisfrage der Preußischen
Akademie für 1780. Zwei Teilbände* (Stuttgart-Bad Cannstadt: Frommann-Holzboog, 2007).

ten."[49] Über die basale Wirkung seiner Schulen sagt er schließlich: „Die Kinder werden gutartig, lernen hochdeutsch reden und verstehen, … schreiben und rechnen."[50]

Als Fazit hält er fest, dass „nach Vollkommenheit trachten oder i m m e r b e s s e r  w e r d e n kein ausschließliches Vorrecht des höheren Standes ist, so darf es ja auch der Bauer, Tagelöhner und Hirte in seinem Stande."[51] Konkret realisieren kann er dieses Programm allerdings nur lokal, in Reckahn und auf seinen Gütern – auch darin signifikant; denn die Bildung des Volkes hängt auch in den elementarsten Formen bis zum ausgehenden 18. Jahrhundert ganz stark von den lokalen Initiativen der Grundherrn ab.[52]

# 3 Staat und Erziehung

Die Bildungsgeschichte seit dem frühen 19. Jahrhundert verläuft anders, als die Programme fordern, sie folgt weder Rochow noch Humboldt, sie denkt nicht von der Nation, sondern vom Staat aus, und an die Stelle der Bildungsphilosophie treten u. a. die „Staatserziehungswissenschaft"[53] und die Rechtsphilosophie. Schon Humboldts Nachfolger Friedrich Schuckmann ist ein entschiedener Verfechter von Begrenzungsprogrammen in der Volksbildung, auch Rochow findet hier für seine Idee der Volksbildung keine Anhänger. Johann Heinrich Süvern wiederum, Humboldts im Kultusministerium verbliebener Mitarbeiter, erleidet 1819 im Kontext der Karlsbader Beschlüsse und durch die versammelte „Reaction" innerhalb der Bildungspolitik mit dem Plan eines republikanischen Bildungsge-

---

**49** Zitiert in: Friedrich Nicolai, „Beschreibung der königlichen Residenzstädte Berlin und Potsdam, aller daselbst befindlichen Merkwürdigkeiten und der umliegenden Gegend. Dritte völlig umgearbeitete Auflage," in *Friedrich Nicolai. Sämtliche Werke – Briefe – Dokumente. Kritische Ausgabe mit Kommentar*, Bd. 8, Teil 2, Hg. v. Philip Marshall Mitchell, Hans-Gert Roloff und Erhard Weidl, bearbeitet von Ingeborg Spriewald (Berlin u. a.: P. Lang, 1995): 666.
**50** Rochow an Nicolai (Datum fehlt; angekommen d. 16. Dezember 1776), in Friedrich Eberhard von Rochow, *Sämtliche pädagogische Schriften*, Bd. 4, Hg. Fritz Jonas und Friedrich Wienecke (Berlin: Reimer, 1907), 180.
**51** Friedrich Eberhard von Rochow, *Sämtliche pädagogische Schriften*, Bd. 1, 348.
**52** Dazu umfassend Wolfgang Neugebauer, *Absolutistischer Staat und Schulwirklichkeit in Brandenburg-Preußen* (Berlin/New York: Walter de Gruyter, 1985).
**53** Beide Referenzen für die Reflexion finden sich u. a. bei Karl Heinrich Ludwig Pölitz, *Erziehungswissenschaft, aus dem Zwecke der Menschheit und des Staates praktisch dargestellt*, Teil 1 (Leipzig: J. C. Hinrichs, 1806); die Zentrierung auf den Staat dann noch deutlicher bei Heinrich Stephani, *Grundriß der Staatserziehungswissenschaft* (Weißenfels: Severin, 1797) sowie ders., *System der öffentlichen Erziehung* (Berlin: Frölich, 1805).

setzes – dem Entwurf der „Unterrichts-Verfassung der Gymnasien und Stadt-
schulen" vom 12. Januar 1816 sowie den „Unterrichtsgesetzentwurf von 1819" –
deutlichen Schiffbruch.[54] Gleichheit in den Teilhabechancen oder ein in sich
einheitliches Bildungssystem, so erklärt der Sprecher der konservativen Fraktion,
Ludolph von Beckedorff, 1819 in seiner „Beurteilung des Süvernschen Unter-
richtsgesetzentwurfs", das mag für Republiken taugen, nicht für den preußischen
Staat und die Monarchie.[55]

Die vereinte Reaktion – die bekannten konservativen Kritiker der Humboldtschen Aktivitäten und der gesamten bildungspolitischen Arbeit der Sektion
für Unterricht und Kultus[56] – zeichnet in ein an den König adressiertes „Promemoria über den gegenwärtigen Zustand des Schul- und Erziehungswesens in der
preußischen Monarchie, und über die zweckmäßigsten und sichersten Maßregeln
zu dessen Verbesserung" vom 15. Februar 1821 diese Kritik. Sie sehen die Gefahren
für den Staat an den Universitäten und im Bildungswesen vor allem in der bildungstheoretischen und liberalen Tradition, die sich unter Humboldts Ägide der
Bildungspolitik bemächtigt habe. Die Schuldigen für die als bedrohlich empfundene Lage des Staats nach 1819 werden auch eindeutig identifiziert und namentlich angeprangert: Für „das zunehmende moralische Verderben", das sie
konstatieren, sind für sie Fichte und Schleiermacher sowie aus der Öffentlichkeit,
wenn auch nicht mit gleicher Intensität, Friedrich Ludwig Jahn, der „Turnvater"

---

54 Vgl. Karl-Ernst Jeismann, *Das preußische Gymnasium in Staat und Gesellschaft*. Bd. 1: *Die
Entstehung des Gymnasiums als Schule des Staates und der Gebildeten 1787–1817*. Bd. 2: *Höhere
Bildung zwischen Reform und Reaktion 1817–1859* (Stuttgart: Klett-Cotta, 1996).
55 Für den Kontext und die fortzeugende Tradition dieses Arguments Ludwig von Friedeburg,
*Bildungsreform in Deutschland: Geschichte und gesellschaftlicher Widerspruch* (Frankfurt am Main:
Suhrkamp, 1992); zu Beckedorff die Quellen und Analysen bei Lothar Schweim, Hg., *Schulreform in
Preußen 1809–1819. Entwürfe und Gutachten* (Weinheim: Beltz, 1966), zum gesamten Kontext der
Bildungspolitik seit 1819 auch Hartmut Titze, *Die Politisierung der Erziehung. Untersuchungen über
die soziale und politische Funktion der Erziehung von der Aufklärung bis zum Hochkapitalismus*
(Frankfurt am Main: Athenäum Fischer, 1973), bes. 114–129.
56 Damit meine ich Ludolph von Beckedorff, Urheber einer einschlägigen Kritik am Süvernschen
Schulgesetzentwurf, den Bischof Rulemann Friedrich Eylert, von 1817–1844 zugleich Vortragender
Rat im neuen Kultusministerium, vor allem aber geistlicher Berater des Königs Friedrich Wilhelm III. (Eylert hatte bereits in einem allein verfassten Promemoria an den König vom 16. Oktober
1819 eine vergleichbare Kritik vorgetragen – der Text ist abgedruckt bei Max Lenz, *Geschichte der
Königlichen Friedrich-Wilhelms-Universität zu Berlin*, Bd. 4 [Halle an der Saale: Verlag der Buchhandlung des Waisenhauses, 1910], 390–401), den Direktor des Joachimsthalschen Gymnasiums
Bernhard Moritz Snethlage, einen der schärfsten Kritiker der Humboldtschen Gymnasialreform
und aller Tendenzen der modernen Pädagogik sowie den ersten außerordentlichen Regierungs-
bevollmächtigten an der Universität Berlin, Friedrich Schultz, Aufseher gegen die „Demagogen"
an der Universität seit 1819.

mit seinen nationalen Ideen, und Ernst Moritz Arndt verantwortlich. Fichte habe schon mit seinen „populären Vorlesungen" – damit sind offenbar die „Reden an die deutsche Nation" gemeint – dem Verderben vorgearbeitet; das Bildungswesen sei – wie sie gegen alle Realität des bildungspolitischen Prozesses oder der Gestalt der Universität behaupten – „nach jenen von Fichte anempfohlenen Vorschlägen normiert" worden, und was man jetzt beobachten könne, das seien die „direkten Wirkungen jener Vorschläge". „Gymnasien und Universitäten" müssten jetzt aber wieder anders, d. h. primär als Institutionen betrachtet werden, die den „Lehr-, Gelehrten- und Staatsdienerstand" hervorbrächten; nicht die Bildung des Menschen, die „Bildung tüchtiger Diener der Kirche und des Staates" sei geboten, „feste Grenzen" für die Aktivitäten müsse es geben, einen „positiven Kern" in der Lehre, vor allem gegen „die Anmaßungen der sogenannten philosophischen Fakultät"; Religion und der Glaube müssten „wieder ... (zum) unerschütterlichen Mittelpunkt der Lehre" werden, gegen die Philosophische Fakultät und gegen „Spekulation und Kritik" gelte es, die „Grundfesten der Kirche und des Staates", die „positiven kirchlichen Gesetze und staatsrechtlichen Lehren" zur Geltung zu bringen.

In Texten wie diesen zeichnet sich das neue Programm der Sicherung des Staates durch das Bildungssystem ab. Der Begriff der Bildung verengt sich in diesem Prozess selbst bei einem bis heute als Neuhumanisten etikettierten Denker wie Niethammer in Bayern eindeutig ständisch.[57] Bildung wird als Modus der Selbstkonstruktion des Bürgers etabliert, während der Begriff der Erziehung – und der der „Erziehungsbedürftigkeit" – sich als Teil sozialer Kontrolle und in der Absicht der Indoktrination auf die Masse des Volkes bezieht.[58] Elitenbildung und Massenbildung treten auseinander, institutionell und reflexiv. Die Schule der Nation wird das Militär, selbst noch in Klassentrennung zwischen dem Wehrdienst für das Volk und den Privilegien des Einjährig-Freiwilligen Dienstes für die künftigen Offiziere und die Eliten der bürgerlichen Gesellschaft.

Am Ende des Jahrhunderts dokumentiert die Allerhöchste Kabinettsordre Wilhelms II. vom 1. Mai 1889[59] in schöner Deutlichkeit diese Trennung für die Seite

---

**57** Dazu jetzt Heinz-Elmar Tenorth, „Allgemeines Normativ von 1808. Niethammer als Schulreformer," in *Friedrich Immanuel Niethammer (1766–1848). Beiträge zu Biographie und Werkgeschichte*, Hg. Gunther Wenz (München: Bayerische Akademie der Wissenschaften, 2009): 65 – 81.
**58** Als Überblick Hartmut Titze, *Die Politisierung der Erziehung*; Heinz-Elmar Tenorth, „Bildung als Besitz – Erziehung als Indoktrination," in *Das deutsche Kaiserreich*, Hg. Dieter Langewiesche (Freiburg/Würzburg: Ploetz, 1984): 159 – 165.
**59** Ich zitiere hier nach dem Abdruck in Berthold Michael und Heinz-Hermann Schepp, Hg., *Politik und Schule von der Französischen Revolution bis zur Gegenwart*, Bd. 1 (Frankfurt am Main: Fischer Athenäum, 1973), 409 – 410.

der Volksbildung und die Funktionalisierung der Volksschule. Wilhelms Plan –
„die Schule in ihren einzelnen Abstufungen nutzbar zu machen, um der Aus-
breitung sozialistischer und kommunistischer Ideen entgegenzuwirken" – zielt im
Ergebnis nur auf die Volksschule (obwohl ihm auch die Gymnasien in ihrer nationalen Rolle suspekt waren)[60]. Konsequenzen verlangt er im Wesentlichen für
einzelne Schulfächer (dann sogar mit Forderungen, die zu einer nichtintendierten
Modernisierung dieser Fächer hätten führen können): für den Religionsunterricht,
bei dem „die ethische Seite mehr in den Vordergrund treten" soll, und zwar „statt
des Memorirstoffs", in der „vaterländischen Geschichte", die deutlicher „die
Geschichte unserer sozialen und wirtschaftlichen Gesetzgebung und Entwickelung seit dem Beginne dieses Jahrhunderts bis zur gegenwärtige sozialpolitischen
Gesetzgebung zu behandeln haben", so weit, dass also der landesväterliche
Wohlfahrtsimpetus ebenso deutlich werde wie die Tatsache, „daß ... die Lehren
der Sozialdemokratie praktisch nicht ausführbar sind". Das alles fordert er in der
weitgehenden Hoffnung, dass „die angeblichen Ideale der Sozialisten ... durch
deren eigene Erklärung hinreichend gekennzeichnet und dem praktischen Sinne
auch der Jugend als abschreckend geschildert werden ... können."

Wilhelms Pädagogik setzt also auf Zeit- und Lebensnähe und auf die Orientierung nach Schularten und Altersstufen, aber es ist im Kern auch noch ein
kognitives Programm; denn die Aufgabe der Schule sei es, „zur Förderung der
Erkenntniß dessen, was wahr, was wirklich und was in der Welt möglich ist, er-
höhte Anstrengungen zu machen." Die erhoffte Wirkung ist nicht leicht zu diskutieren; denn der Anstieg der Sozialdemokratie und ihrer Wählerstimmen, z. B.
bei den Reichstagswahlen, wurde nicht gebremst, die Lehrerschaft an Volksschulen war auch nicht emphatisch monarchistisch – aber man kann den Anteil
der Schule an der Stabilisierung bzw. Irritation der wilhelminischen Gesellschaft
nicht einfach messen (schon die Unterrichtsrealität ist nur begrenzt zugänglich)[61].

Im höheren Bildungswesen ist zwar noch die gesellschaftlich privilegierende
Funktion erhalten geblieben, die einheitsstiftende Leitformel des Bürgertums –

---

60 Bekanntlich hat er ja in seiner Eröffnungsansprache zur Schulkonferenz von 1890 das klassische Gymnasium dafür getadelt, dass es sich der „vaterländischen" Aufgabe zu wenig gewidmet
habe und auch auf das praktische Leben nicht vorbereite, sondern ferne Kulturen ins Zentrum des
Lehrplans stelle, aber, sagt er mit einem halb entschuldigenden Blick auf seinen anwesenden
Erzieher Hinzpeter, „wir sollen nationale junge Deutsche erziehen und nicht junge Griechen und
Römer"; die Rede in Auszügen ebd., 415 – 419, das Zitat 416.
61 Dann kann man sogar nicht-intendierte Effekte nicht ausschließen, vgl. Hilke-Günther Arndt,
„Monarchische Präventivbelehrung oder curriculare Reform? Zur Wirkung des Kaiser-Erlasses vom
1. Mai 1889 auf den Geschichtsunterricht," in *Bildung, Staat, Gesellschaft im 19. Jahrhundert.
Mobilisierung und Disziplinierung*, Bd. 1, Hg. Karl-Ernst Jeismann (Stuttgart: Franz Steiner Verlag,
1989): 256 – 275.

der Begriff der Bildung – hat seine klassische Bedeutung aber verloren. Man kann dafür nicht allein Nietzsches „Unzeitgemäße Betrachtungen" oder die Basler Reden „Über die Zukunft unserer Bildungsanstalten" von 1872 ins Feld führen und die Differenz von Bildung und der Orientierung an Markt und Karriere indizieren.[62] Die Rede von der „Unbildung" und der „Halbbildung" hatte schon seit der Jahrhundertmitte Konjunktur, samt der These, dass die Schulen nur noch „Anstalten der Lebensnot" seien, die dem Anspruch der Bildung nicht mehr gerecht werden.[63] Nietzsches bildungstheoretisch ebenfalls engagierter Philosophiekollege in Berlin, Friedrich Paulsen, sieht zwar auch solche Konsequenzen der „Halbbildung",[64] aber die mit der Expansion der Schülerzahlen – „Erweiterung" sagt Nietzsche, von Demokratisierung spricht Paulsen – verbundene Veränderung der höheren Schulen hält Paulsen jedenfalls für irreversibel. Von „Halbbildung" wird also nicht erst nach 1962 geredet,[65] und schon im ausgehenden 19. Jahrhundert gibt es für den Bildungsbegriff eindeutige Kritik und bei manchen Philosophen wenig Kredit. Nur in Symbolen ist die Gesellschaft jetzt noch – aber selbst dann noch klassenspezifisch getrennt – integriert: Der „General Dr. von Staat", von dem Thomas Mann 1919 spricht, um an diesem „Titelgemisch" zu zeigen, wie weit es mit der Bildung der Nation gekommen ist,[66] war zum Syndrom der Berechtigungen geworden.

# 4 Bildung der Demokratie

Selbstverständlich unternimmt die Weimarer Republik, unternehmen die Demokraten in der Weimarer Republik einen neuen Anlauf, die Einheit der Gesellschaft über Bildung und durch das Bildungssystem herzustellen und sie auch anders als in Titel und Zertifikat symbolisch zu integrieren. Bildungspolitik und Bildungsreflexion spielen insofern seit 1918 eine große Rolle,[67] „Volk-Bildung", nicht nur

---

62 Die Texte finden sich jetzt in Bd. 1 der von Georgio Colli und Mazzino Montinari besorgten Kritischen Studienausgabe, s. Friedrich Nietzsche, „Die Geburt der Tragödie, Unzeitgemäße Betrachtungen I – V, Nachgelassene Schriften 1870 – 1873", in *Sämtliche Werke, Kritische Studienausgabe I* (KSA), Hg. Giorgio Colli und Mazzino Montinari (München und New York: dtv, 1980, ²1988).
63 Ebd., 641 – 643.
64 Friedrich Paulsen, „Bildung I," *Enzyklopädisches Handbuch der Pädagogik*, Bd. 1, Hg. Wilhelm Rein (Langensalza: Beyer & Mann, ²1906): 669.
65 Adornos „Theorie der Halbbildung" erfindet also den Topos nicht.
66 Thomas Mann, „Betrachtungen eines Unpolitischen" (1919), in *Politische Schriften und Reden*, Bd. 1, Hg. Hans Bürgin (Frankfurt am Main: Fischer, 1960): 184.
67 Hellmut Becker und Gerhard Kluchert, *Die Bildung der Nation*.

„Volksbildung", ist das Ziel, und zwar in mehreren Dimensionen: In der Gestaltung des allgemeinbildenden Schulwesens, in der Neuordnung der Universitäten, in der Ausweitung von Bildung auf die außerschulischen Orte des Lernens Erwachsener und auf die Lehrerbildung. Die Einzelheiten müssen hier nicht ereignisgeschichtlich rekapituliert werden, schon weil das Ende, der Misserfolg von Bildung in der sozialen Konstitution und reflexiven Begründung der Weimarer Demokratie, ja nur zu bekannt ist (und hier auch nicht erneut der „Bildungswahn" als Irreführung kritisiert werden soll, der vom notwendigen Klassenkampf ablenke, der „allen das gleiche *Recht* auf Bildung ... erkämpfen" müsse)[68]. Aber man kann diese Erfahrungen systematisch sortieren und dann die Instrumente, Formen und Möglichkeiten der Bildung der Nation durch die Schule und das Bildungssystem insgesamt betrachten, mit denen die erste Demokratie in Deutschland ihre eigene Konstitution in der Lebenswelt der Menschen versucht hat.

Inspirierend war zunächst der Glaube an die Kraft der Reflexion, an die Stiftung der Einheit der Nation durch eine neue gemeinsame Gesinnung. Carl Heinrich Becker, der in dieser Hinsicht wahrscheinlich prominenteste und in der öffentlichen Debatte sichtbarste Theoretiker und politische Propagandist der Bildung, steht dafür exemplarisch.[69] In vielen Rollen, als Professor der Berliner Universität, als leitender Beamter im Kultusministerium, als Kultusminister in Preußen (von 1925 – 1930), arbeitet er unablässig daran, dass „unser zerrissenes Volk sich in einer höheren Einheit zusammenfinden" möge, und zwar in einem auch inhaltlich definierten neuen Bildungsideal, in dem „Selbstbewußtsein als Volk, ethische Gesinnung und innere Einstellung zur Sache"[70] zur Einheit „einer geschlossenen Lebensauffassung" finden. Becker setzt dabei auch voraus, dass Eliten- und Massenbildung sich versöhnen, „nicht das eine ohne das andre", und mit den höchsten Erwartungen wirksam werden: „Aus letztem menschlichen Verantwortungsgefühl und aus neuer Gläubigkeit an den Sinn des Lebens und an

---

**68** Leonard Nelson, „Vom Bildungswahn – Ein Wort an die proletarische Jugend" [1922], Teildruck in *Allgemeine Bildung: Analysen zu ihrer Wirklichkeit, Versuche über ihre Zukunft*, Hg. Heinz-Elmar Tenorth (Weinheim/München: Juventa-Verlag, 1986): 53, hat unter diesem Titel und in dieser Weise jedenfalls die Arbeiterjugend gewarnt, sich durch das Versprechen der Bildung von den zentralen Macht- und Ungleichheitsursachen ablenken zu lassen: Auch Nelson kennt schon die Differenz von bürgerlich funktionalisierter zu „wirklicher Bildung".

**69** Carl Heinrich Becker, *Internationale Wissenschaft und nationale Bildung. Ausgewählte Schriften*, Hg. Guido Müller (Köln/Weimar/Wien: Böhlau, 1997), v. a. „Kulturpolitische Aufgaben des Reiches" (1919), 224 – 263; „Gedanken zur Hochschulreform" (1919), 180 – 223; „Das Problem der Bildung in der Kulturkrise der Gegenwart" (1930), 406 – 422.

**70** Carl Heinrich Becker, „Kulturpolitische Aufgaben des Reiches" (1919), 263.

das Göttliche im Menschen erblüht dann die humane Bildung eines glücklichen Zeitalters".[71]

Becker ist aber nicht nur philosophierender Beobachter, sondern auch bildungspolitischer Akteur. Er formulierte mit der preußischen Regierung schon am 1. Dezember 1918 den Antrag an das Reich, eine Schulkonferenz einzuberufen, die „aus freiheitlich, neuzeitlich und sozial gerichteten Pädagogen und Sachverständigen bestehen und die gründliche Erneuerung des deutschen öffentlichen Schul- und Erziehungswesens vorbereiten sollte". Diese Konferenz hat dann auch – geleitet von dem sozialdemokratischen Staatssekretär im Innenministerium und Vordenker der sozialdemokratischen Bildungspolitik seit dem Mannheimer Parteitag von 1906, Heinrich Schulz, – als Reichsschulkonferenz vom 11. bis 19. Juni 1920 im Reichstag stattgefunden.[72] Als „Parlament der Bildung" verstanden, hat diese Konferenz aber weder ihre Absichten der Vereinheitlichung noch die der Versachlichung von Bildungsfragen, also ihrer Beratung jenseits des Streits der Parteien, einlösen können. Ein Reichsschulgesetz kam nicht zustande, die Vereinheitlichung des Bildungswesens beschränkte sich auf die Einführung der vierjährigen Grundschule, nachdem schon in der Weimarer Verfassung die Vorschulen aufgehoben worden waren. Soziale Integration durch Bildung blieb sehr begrenzt, weil neben der föderalen Besonderung auch die konfessionelle Bindung des Schulwesens weitgehend erhalten blieb.

Becker und Preußen, Motor der Integration durch Bildung, suchten deshalb auch weitere Instrumente. In den Universitäten sollten Integrationsdisziplinen die demokratische Fundierung der Gesellschaft ermöglichen und die Nation bilden helfen. Diese Rolle schreibt Becker der Soziologie zu, und zwar in einem für Becker typischen weiten Verständnis:[73] Es ist eine „soziologischen Betrachtung",[74] die er sucht und die als „Erziehungsmittel" unentbehrlich sei: „So werde die Wissenschaft für uns der Weg vom Individualismus und Partikularismus zum staatsbürgerlichen Charakter" weisen, wie er emphatisch fordert, wenn er sein Bildungsprogramm erläutert. Nachdem solche Pläne vornehmlich am Widerstand der (preußischen) Universitäten scheitern und auch die Politische Wissenschaft

---

71 Ebd., 422.

72 Vgl. für die Verhandlungen: *Die Reichsschulkonferenz. Ihre Vorgeschichte und Vorbereitung und ihre Verhandlungen. Amtlicher Bericht, erstattet vom Reichsministerium des Innern.* Leipzig 1921 (nachgedruckt Glashütten 1972).

73 „Dabei ist die Soziologie im weitesten Sinne des Wortes gedacht einschließlich der wissenschaftlichen Politik und der Zeitgeschichte. Auch die Histoire Contemporaine war überall gepflegt, nur bei uns galt sie als unwissenschaftlicher Dilettantismus" (Becker, „Gedanken zur Hochschulreform" (1919), 190).

74 Ebd., auch für das folgende Zitat, das im Original ganz gesperrt gesetzt ist.

ihren Platz in Berlin nur außeruniversitär, in der *Deutschen Hochschule für Politik* gewinnt, findet er ein funktionales Äquivalent in der Lehrerbildung und in der Gründung Pädagogischer Akademien.

Die Lehrer werden als „Volksbildner" konzipiert, die vornehmlich über die Grund- und Volksschule das Volk bilden sollen, das der Demokratie noch fehlt. In Sonderformen des Gymnasiums, wie der Deutschen Oberschule, sollen Lehrer dafür aus Bildungsschichten rekrutiert werden, die bisher eher bildungsfern waren. Diese Gymnasien sollen zugleich – zentriert um „Deutschkunde" als Leitfach[75] – einen einheitlichen Sinn nationaler Kultur untermauern (und sind selbst in Gefahr, sich nationalistisch zu verirren)[76]. In allen Schulen wird für die politische Bildungsaufgabe bereits mit der Verfassung von Weimar „Staatsbürgerkunde" als verbindliches Lehrfach eingeführt (Art. 148, Satz 3), die Schule zugleich nicht nur auf den „Geist des deutschen Volkstums", sondern auch auf „Völkerversöhnung" verpflichtet. Aber schon die Verfassungsfeiern finden in Schulen und Universitäten nicht die erwartete Unterstützung und die erhoffte Wirkung. Ob die Schule dazu beigetragen hat, dass „die Empfindungen Andersdenkender nicht verletzt werden", wie die Verfassung auch erwartete (Art. 148, Satz 2), wird man auch nicht ohne Skepsis behaupten können.[77] Am Ende hat dann auch die Bildungspolitik, selbst im lange demokratisch engagierten Preußen, nicht dafür sorgen können, dass die Nation ein demokratisches Fundament gewonnen hat, weder curricular noch organisatorisch, weder in den Universitäten noch in der Lehrerbildung, vollends nicht in der lebensweltlichen Erfahrung.

# 5 Demokratie lernen

Die alte Bundesrepublik arbeitet in diesem Tableau von Möglichkeiten weiter, „politische Bildung" gehört zu den zentralen Themen ihrer Geschichte. Im en-

---

75 Zu dieser sog. Richertschen Reform (benannt nach Hans Richert, dem dafür verantwortlichen Beamten im preußischen Kultusministerium) vgl. Sebastian F. Müller, *Die höhere Schule Preußens in der Weimarer Republik* (Weinheim/Basel: Beltz, 1977).
76 Für die Risiken solcher Orientierung Michael Kämper-van den Boogart, „Oberlehrer, Hochschulgermanisten und die Lehrerausbildung. Facetten einer nicht spannungsfreien Kooperation im Zeichen nationalpädagogischer Ideologien," *Zeitschrift für Germanistik* NF (20) 2 (2010): 265 – 289.
77 Relativ nüchtern bis skeptisch ist schon die erste Bilanz aus der Politik, vgl. Reichsministerium des Innern, *Denkschrift: Staatsbürgerliche Bildung – Entwicklung und Stand seit Inkrafttreten der Reichsverfassung* (Leipzig: Quelle & Meyer, 1924) sowie im Überblick bereits Dietrich Hoffmann, *Politische Bildung 1890 – 1933. Ein Beitrag zur Geschichte der pädagogischen Theorie* (Hannover u. a.: Hermann Schroedel Verlag, 1970).

geren schulischen Kontext der politischen Bildung wird das Repertoire der regulierenden Normen nach der Erfahrung der NS-Diktatur und angesichts des SED-Staates allerdings erweitert um zwei bis heute geltende Prinzipien, das Indoktrinationsverbot und das Überwältigungsverbot. Kontroverser sind die leitenden Konzepte, die rasch einander ablösen: „Partnerschaft", wie in der frühen Adaptation des amerikanischen Pragmatismus bei Theodor Wilhelm, konkurriert sogleich mit einer Orientierung an Staat und Macht, wie bei Theodor Litt; „Konflikt"-Perspektiven werden in den 1968ern entdeckt und propagiert, binäre Codierungen in der Funktionszuschreibung – z. B. zwischen „Affirmation und Kritik"[78] – finden sich auch hier; natürlich fehlen dann weder Kapitalismuskritik noch die Verteidigung der Demokratie, und auch die Frage der relevanten Referenzdisziplinen ist immer neu kontrovers.

In den Schulen wird das Thema eindeutig fachgebunden aufgenommen, gewinnt Dynamik in den späten 1950er[79], frühen 1960er Jahren, als sich antisemitische Ausschreitungen von Jugendlichen ereignen. Die KMK reagiert, Sozialkunde bzw. Gemeinschaftskunde werden auch Pflichtfächer an Gymnasien,[80] Reiseprogramme in die USA sollen den Import demokratischer Erziehung befördern,[81] das Fach hat Konjunktur, bis zu eigenen fachdidaktischen Lehrstühlen an Hochschulen. In diesen Debatten ist auch schon bewusst, dass „rechte [d. h. hier richtige, nicht politisch rechts stehende, H.-E.T.] politische Erziehung", so der Deutsche Ausschuss 1955, „(nur) gelingt ..., wenn die Einrichtungen der Erziehung und Bildung selbst freie Gemeinschaftsordnungen sind",[82] man also nicht der Illusion anhängt, die Bildung der Nation sei allein curricular zu sichern oder nur in der Schule; schon wegen des Alters der Schüler sei das wenig aussichtsreich. „Die eigentliche politische Erziehung",[83] so wieder der Deutsche Ausschuss, sei ein Thema des gesamten Lebenslaufs, in Beruf und Arbeit, peer-groups und in der

---

**78** Z. B. früh bei Karl Heinz Tjaden, „Politische Bildung als Affirmation und Kritik. Zur soziologischen Bestimmung ihres Begriffs," *Das Argument* 40 (1966): 361–385.

**79** Dafür steht die Arbeit des Deutschen Ausschusses für das Erziehungs- und Bildungswesen, vgl. sein „Gutachten zur Politischen Bildung und Erziehung" vom 2.1.1955, in *Empfehlungen und Gutachten des Deutschen Ausschusses für das Erziehungs- und Bildungswesen 1953–1965. Gesamtausgabe*, Hg. Hans Bohnenkamp, Walter Dirks und Doris Knab (Stuttgart: Klett, 1966): 827–838.

**80** Vgl. die Empfehlungen der Ständigen Konferenz der Kultusminister der Länder (KMK) seit 1960.

**81** Thomas Koinzer, *Auf der Suche nach der demokratischen Schule. Amerikafahrer, Kulturtransfer und Schulreform in der Bildungsreformära der Bundesrepublik Deutschland* (Bad Heilbrunn: Julius Klinkhardt Verlag, 2011).

**82** „Gutachten zur Politischen Bildung und Erziehung" vom 2.1.1955, S. 832.

**83** Ebd., 833.

Öffentlichkeit, mit der Pointierung: „Aber die politische Erziehung des Volkes im ganzen geschieht wesentlich durch die Politik selbst."[84]

Man kann nicht sagen, wie die Wirkung dieser neuen Anstrengungen ist, und vor allem nicht, ob die beobachtbare Wirkung – z. B. im politischen Urteilen und Verhalten – dann auch ursächlich und primär der Schule zuzurechnen ist oder nicht doch eher dem familiären Kontext oder den peer-groups oder außerschulischen Lernorten. Skepsis verbreiten schon in den 1960-er Jahren empirische Studien, heute ist die Bilanz auch nicht eindeutig, wenn nicht allein das Wissen über die Demokratie und ihre Formen und Institutionen, sondern das erwünschte demokratische Verhalten und Engagement selbst untersucht werden.[85] Ein fester Bodensatz von 20 % der Adressaten bleibt offenbar bei fremdenfeindlichen Überzeugungen und antidemokratischen Haltungen, Varianz in den Effekten gibt es national wie international,[86] politisch-soziales Engagement findet sich schulstufenabhängig, bei Gymnasiasten eher als in den anderen Schularten.[87]

Die einschlägig engagierten Fachdidaktiker reflektieren deshalb ihre Handlungsmöglichkeiten in einer kaum mehr überschaubaren Fülle von Programmen, Analysen und Kritiken immer neu, schon weil die Bildungspolitik die Erwartung formuliert, dass auch für den Unterricht der Politischen Bildung die Verständigung über Kerncurricula und die zu erwerbenden Kompetenzen einsetzt.[88] Aber die Fachdidaktiker werden nicht zuletzt auch durch die kontinuierlichen ideologischen Kontroversen über die eigene politische Orientierung dazu gezwungen;

---

**84** Ebd., 838.

**85** Eine Übersicht zur älteren Diskussion gibt Thomas Ellwein, „Politische Bildung," in *Handbuch pädagogischer Grundbegriffe*, Bd. 2, Hg. Joseph Speck und Gerhard Wehle (München: Kösel, 1970): 330 – 346, für die jüngere Debatte u. a. Bernhard Claußen, „Politische Erziehung," in *Handbuch Sozialarbeit Sozialpädagogik*, Hg. H.-U. Otto und H. Thiersch (Neuwied: Luchterhand, ²2001) 1383 – 1388 sowie Benno Hafeneger, „Politische Bildung," in *Handbuch Bildungsforschung*, Hg. R. Tippelt und B. Schmidt (Wiesbaden: VS Verlag ³2010): 861 – 879.

**86** Für die Befunde der empirischen Forschung vgl. Christine Schmid und Rainer Watermann, „Demokratische Bildung," in *Handbuch Sozialarbeit Sozialpädagogik*, Hg. Hans-Uwe Otto und Hans Thiersch (Neuwied: Luchterhand, ²2001): 881 – 897; für den internationalen Kontext die Studien der IEA (International Association for the Evaluation of Educational Achievement), u. a. Judith Torney-Purta u. a., *Citizenship and Education in Twenty-Eight Countries. Civic Knowledge und Engagement at Age Fourteen* (Amsterdam: IEA, 2001).

**87** Jüngst sind solche Befunde über die Varianz im sozialen Engagement noch einmal im nationalen Bildungsbericht 2010 zusammengestellt worden.

**88** Signifikant dafür, auch wegen der Bestandsaufnahme der Unterrichts- und Schulsituation in diesem Fach, jetzt Günther C. Behrman, Tilmann Grammes und Sibylle Reinhardt, „Politik: Kerncurriculum Sozialwissenschaften in der gymnasialen Oberstufe," in *Kerncurriculum Oberstufe II. Biologie, Chemie, Physik, Geschichte, Politik*, Hg. Heinz-Elmar Tenorth (Weinheim: Beltz, 2004) 322 – 406.

denn politische Bildung wird auch nicht nur um 1968, sondern bis heute einerseits als Medium einer radikalen Gesellschaftskritik verstanden[89] und andererseits als „Demokratiepädagogik",[90] die jenseits der scheinbar zwingenden, bei Theoretikern jedenfalls immer neu beliebten binären Codierung die differenten Optionen von Affirmation und Kritik selbst noch thematisch macht und den mündigen Bürger als kritisches und verantwortliches Subjekt seiner Welt sieht.

Wie das möglich ist, vielleicht sogar in und durch Schulen, dafür gibt es zwar keine Rezepte, aber doch Orientierungsmarken. Nicht allein curricular, das ist nicht mehr strittig, sondern nur, wenn auch die Organisation der Schule solche Absichten stützt,[91] schon weil man wissen kann, dass die Mechanismen der Struktur[92] der gegebenen Schule selbst für die Generalisierung von universalen Werthaltungen arbeiten. Das kann man auch durch die Erfindung neuer Fächer, wie des Ethik-Unterrichts, und neuer Lernwelten unterstützen, wie sie der amerikanische Sozialphilosoph und Kognitionspsychologe Lawrence Kohlberg,[93] in der Ausarbeitung von Stufen der kognitiv-moralischen Entwicklung erkennbar durch Kant inspiriert, mit der Erfindung von „Just Communities" als Lernwelten, theoretisch und praktisch breit rezipiert in der pädagogischen Diskussion,[94] vorschlägt. Bildungstheoretisch sind diese Einsichten und Vorschläge insofern

---

**89** Bernhard Claußen, „Konzepte für die Bedeutungslosigkeit der Politischen Bildung?" *Sozialwissenschaftliche Literatur Rundschau*, H. 45, 25 (2002) 2: 73–111 (mit einer umfangreichen Literaturdokumentation).

**90** Vor allem Wolfgang Edelstein und Peter Fauser, *Demokratie lernen und leben: Gutachten für ein Modellversuchsprogramm der BLK* (Bonn: BLK, 2001); Gerhard de Haan, Wolfgang Edelstein und Anne Eikel, *Qualitätsrahmen Demokratiepädagogik. H. 1: Grundlagen zur Demokratiepädagogik* (Weinheim/Basel: Beltz, 2007).

**91** Achim Leschinsky, Petra Gruner und Gerhard Kluchert, Hg., *Die Schule als moralische Anstalt: Erziehung in der Schule: Allgemeines und der „Fall DDR"* (Weinheim: Deutscher Studien-Verlag, 1999).

**92** Robert K. Dreeben, *Was wir in der Schule lernen* (Frankfurt am Main: Suhrkamp, 1968), bes. 62–66.

**93** Für die kognitions- und entwicklungspsychologischen Arbeiten vgl. Lawrence Kohlberg, *Zur kognitiven Entwicklung des Kindes. Drei Aufsätze* (Frankfurt am Main: Suhrkamp, 1974), für die Just-Community-Konzepte u. a. ders., „Der ‚Just-Community'-Ansatz der Moralerziehung in der Theorie und Praxis," In *Transformation und Entwicklung. Grundlagen der Moralerziehung*, Hg. Fritz Oser, Reinhart Fatke und Otfried Höffe (Frankfurt am Main: Suhrkamp, 1986): 21–55.

**94** Einen vorzüglichen Überblick geben Fritz Oser und Wolfgang Althof, *Moralische Selbstbestimmung. Modelle der Entwicklung und Erziehung im Wertebereich* (Stuttgart: Klett-Cotta, ²1994); für die Konstruktion von Just Communities und den Gesamtkontext von Werteerziehung Wolfgang Edelstein, Fritz Oser und Peter Schuster, Hg., *Moralische Erziehung in der Schule. Entwicklungspsychologie und pädagogische Praxis* (Weinheim/Basel: Beltz, 2001) sowie dies., Hg., *Lebensgestaltung – Ethik – Religionskunde. Zur Grundlegung eines neuen Schulfachs. Analysen und Empfehlungen* (Weinheim/Basel: Beltz, 2001).

relevant, als sie die Differenz von Bildung und Erziehung – „Erziehung ist eine Zumutung, Bildung ist ein Angebot"[95] – und die scheinbare Aporie von Subjekt- vs. Gesellschaftsorientierung, von Individualisierung und Vergesellschaftung durch die Konstruktion von Lernwelten aufheben, die von der Selbsttätigkeit des Subjekts ausgehen, nicht von der pädagogischen Aktion der Lehrpersonen, die also Bildung soziologisch denken, als Modus der Selbstvergesellschaftung, und nicht pädagogisch, etwa lehrererzeugt oder aus der Antinomie von Individuum und Gesellschaft.[96]

Im Rückblick auf die Ursprungssituation des Themas zeigt die jüngere Diskussion damit auch einige eindeutige Veränderungen, nicht nur in der Distanz gegenüber dem Nationbegriff. Heute regiert die Referenz auf Staat und Gesellschaft, aber im Begriff der „Zivilgesellschaft" wird an ganz unterschiedlichen Stellen[97] die alte Nationsthematik wiederentdeckt. Statt staatsfixierter Erziehung und der Konzentration auf die in Parteien und Institutionen und den politischen Machtprozess gegebene Politik als ausdifferenziertes soziales System wird das Thema erweitert, als „Werterziehung" generalisiert, in einen Ethikunterricht eingebettet und unter der Frage diskutiert, wie sich Schule als Ort verstehen lässt, moralisch evaluatives Denken und Handeln zu fördern. Die Funktion der Schule wird damit insgesamt neu gesehen, nicht nur curricular, sondern auch organisatorisch, denn sie wird als „moralische Anstalt" reinterpretiert. Die dabei ins Zentrum gestellte Funktion ist Integration, sie tritt gleichgewichtig neben Qualifikation und Statuszuweisung, zumindest programmatisch; denn in der aktuellen Politik dominiert die Frage der Statuszuweisung und der Gleichheit in den Zugangschancen zu Beruf und gesellschaftlichen Positionen. Willy Brandts Regierungserklärung von 1969 zeigt, seit wann und wie sich die Gewichte in dieser Frage verschieben.

„Bildung in der Demokratie" wäre aber, reduziert auf die Fragen von Aufstieg, Mobilität und die Durchsetzung des Gleichheitsprinzips im Zugang zu Lernmöglichkeiten und weiteren Partizipationschancen, thematisch eindeutig unterbe-

---

**95** Das findet sich als Motto bei Niklas Luhmann und Dieter Lenzen, Hg., *Bildung und Weiterbildung im Erziehungssystem. Lebenslauf und Humanontogenese als Medium und Form* (Frankfurt am Main: Suhrkamp, 1997).

**96** Vgl. Heinz-Elmar Tenorth, „Soziologie als Bildungstheorie," in *Intention und Funktion. Probleme der Vermittlung psychischer und sozialer Systeme*, Hg. Jens Aderhold und Olaf Kranz (Wiesbaden: VS Verlag für Sozialwissenschaften, 2007), 175 – 187.

**97** Zusammen mit staatskritischen Positionen und gegen Gleichheitsversprechen durch den Staat z. B. bei Ulrich Hemel, *Bildung: Aufgabe des Staates oder der Bürgergesellschaft?* (Berlin: Verlag der GDA, 2009), im Kontext der Religionsdidaktik z. B. bei Rolf Schieder, „Zivilgesellschaft und Religion," in *Religion in der Lebenswelt. Erscheinungsformen und Reflexionsperspektiven*, Hg. Birgit Weyel und Wilhelm Gräb (Göttingen: Vandenhoeck & Ruprecht, 2006): 172 – 191.

stimmt. „Bildung in der Demokratie"[98] umfasst nämlich ein weiteres Spektrum von Themen. Ohne die alte Engführung auf die institutionelle politische Dimension ist ihr Ausgangspunkt doch, dass Demokratie als „die Staatsform" interpretiert wird, „die prinzipiell auf die Bildung der Bürger angewiesen ist".[99] Damit greift das Bildungsthema auf die Konstitutionsprobleme von Staat und Gesellschaft überhaupt aus – und auf die alten Bildungsthemen im Blick auf die „Nation" zurück. Böckenfördes Problem, wie man etwas salopp sagen könnte, dass nämlich „der freiheitliche, säkularisierte Staat ... von Voraussetzungen (lebt), die er selbst nicht garantieren kann"[100], würde dann nicht primär über Religion, wie Böckenförde anfangs noch argumentierte, sondern über den Prozess und die Organisation von Sozialisation gelöst, durch Bildung und Schule. Derart käme der alte Bildungsbegriff erneut zu seinem Recht, dass sich die Nation in der Wechselwirkung von Mensch und Welt konstituiert. Durch die Erfahrungen mit dem Versuch belehrt, Schule zum ersten Medium dieses Lernens zu machen, wären wir aber zugleich ernüchtert; denn offenbar vollzieht sich die politische Bildung weniger schulisch, sondern mehr in ganz alltäglicher Form, im Alltag des Aufwachsens, wo Schule nur ein Lernort neben anderen ist, auch jenseits der Emphase, die Humboldt damit noch verbunden hat. Man kann die Lektion auch zuspitzen: Die Schule der Nation ist nicht zuerst die Schule, sondern die zivilgesellschaftliche Wirklichkeit der Nation selbst, wie sie in den Aktionen ihrer Mitglieder lebt.

# Bibliographie

Adler, Hans, Hg. *Nützt es dem Volke, betrogen zu werden? Die Preisfrage der Preußischen Akademie für 1780*. Zwei Teilbände. Stuttgart-Bad Cannstadt: Frommann-Holzboog, 2007.
Arndt, Hilke-Günther. „Monarchische Präventivbelehrung oder curriculare Reform? Zur Wirkung des Kaiser-Erlasses vom 1. Mai 1889 auf den Geschichtsunterricht." In *Bildung, Staat,*

---

**98** So hieß das Thema des 22. Kongresses der Deutschen Gesellschaft für Erziehungswissenschaft, 2010 in Mainz, vgl. Stefan Aufenanger u. a., Hg., *Bildung in der Demokratie. Beiträge zum 22. Kongress der Deutschen Gesellschaft für Erziehungswissenschaft* (Opladen/Farmington Hills: Budrich, 2010), sowie Luise Ludwig u. a., Hg., *„Bildung in der Demokratie II". Tendenzen – Diskurse – Praktiken* (Opladen/Farmington Hills: Budrich, 2011).
**99** Gerhard Velthaus, „Das Politische in der unpolitischen Bildungsidee," *Pädagogische Rundschau* 62 (2008): 684.
**100** Ernst Wolfgang Böckenförde, „Die Entstehung des Staates als Vorgang der Säkularisation" (1967), in *Der säkularisierte Staat. Sein Charakter, seine Rechtfertigung und seine Probleme im 21. Jahrhundert* (München: Carl-Friedrich-von-Siemens-Stiftung, 2007): 71.

*Gesellschaft im 19. Jahrhundert. Mobilisierung und Disziplinierung*, Bd. 1, hg. v. Karl-Ernst Jeismann, 256–275. Stuttgart: Franz Steiner Verlag, 1989.

Assmann, Aleida. *Arbeit am nationalen Gedächtnis. Eine kurze Geschichte der deutschen Bildungsidee.* Frankfurt am Main/New York: Campus, 1993.

Aufenanger, Stefan u. a., Hg. *Bildung in der Demokratie. Beiträge zum 22. Kongress der Deutschen Gesellschaft für Erziehungswissenschaft.* Opladen/Farmington Hills: Budrich, 2010.

Becker, Carl Heinrich. *Internationale Wissenschaft und nationale Bildung. Ausgewählte Schriften*, hg. v. Guido Müller. Köln/Weimar/Wien: Böhlau, 1997.

Becker, Hellmut und Gerhard Kluchert. *Die Bildung der Nation. Schule, Gesellschaft und Politik vom Kaiserreich zur Weimarer Republik.* Stuttgart: Klett-Cotta, 1993.

Behrman, Günther C., Tilmann Grammes und Sibylle Reinhardt. „Politik: Kerncurriculum Sozialwissenschaften in der gymnasialen Oberstufe." In *Kerncurriculum Oberstufe II. Biologie, Chemie, Physik, Geschichte, Politik*, hg. v. Heinz-Elmar Tenorth, 322–406. Weinheim: Beltz, 2004.

Blankertz, Herwig. „Demokratische Bildungsreform, kapitalistische Systemerhaltung, politische Erziehungswissenschaft – Versuch einer Analyse aus Anlaß des Kollegstufenmodells Nordrhein-Westfalen." *Vierteljahrsschrift für wissenschaftliche Pädagogik* 49 (1973): 314–334.

Böckenförde, Ernst Wolfgang. „Die Entstehung des Staates als Vorgang der Säkularisation" (1967). In *Der säkularisierte Staat. Sein Charakter, seine Rechtfertigung und seine Probleme im 21. Jahrhundert*, 43–72. München: Carl-Friedrich-von-Siemens-Stiftung, 2007.

Bohnenkamp, Hans, Walter Dirks und Doris Knab. *Empfehlungen und Gutachten des Deutschen Ausschusses für das Erziehungs- und Bildungswesen 1953–1965. Gesamtausgabe.* Stuttgart: Klett, 1966.

Böning, Holger, Hanno Schmitt und Reinhart Siegert. *Volksaufklärung. Eine praktische Reformbewegung des 18. und 19. Jahrhunderts.* Bremen: édition lumière, 2007.

Claußen, Bernhard. „Politische Erziehung." In *Handbuch Sozialarbeit Sozialpädagogik*, hg. v. Hans-Uwe Otto und Hans Thiersch, 1383–1388. Neuwied: Luchterhand, ²2001.

Claußen, Bernhard. „Konzepte für die Bedeutungslosigkeit der Politischen Bildung?" *Sozialwissenschaftliche Literatur Rundschau*, H. 45, 25 (2002) 2: 73–111.

Dahrendorf, Ralf. *Bildung ist Bürgerrecht: Plädoyer für eine aktive Bildungspolitik.* Hamburg: Nannen-Verlag, 1965.

[Deutscher Bundestag]. *Verhandlungen des Deutschen Bundestages*, 6. Wahlperiode, 5. Sitzung vom 28.10.1969, Stenographische Berichte 71 (1969): 20–34.

Dreeben, Robert K. *Was wir in der Schule lernen.* Frankfurt am Main: Suhrkamp, 1968.

Edelstein, Wolfgang und Peter Fauser. *Demokratie lernen und leben: Gutachten für ein Modellversuchsprogramm der BLK.* Bonn: BLK, 2001.

Edelstein, Wolfgang, Fritz Oser und Peter Schuster (Hg.). *Moralische Erziehung in der Schule. Entwicklungspsychologie und pädagogische Praxis.* Weinheim/Basel: Beltz, 2001.

Edelstein, Wolfgang, Fritz Oser und Peter Schuster u. a. (Hg.). *Lebensgestaltung – Ethik – Religionskunde. Zur Grundlegung eines neuen Schulfachs. Analysen und Empfehlungen.* Weinheim/Basel: Beltz, 2001.

Ellwein, Thomas. „Politische Bildung." In *Handbuch pädagogischer Grundbegriffe*, Bd. 2, hg. v. Joseph Speck und Gerhard Wehle, 330–346. München: Kösel, 1970.

Friedeburg, Ludwig von. *Bildungsreform in Deutschland: Geschichte und gesellschaftlicher Widerspruch*. Frankfurt am Main: Suhrkamp, 1992.

Girgensohn, Jürgen. *Kollegstufe NW*. Ratingen: Henn, 1972.

de Haan, Gerhard, Wolfgang Edelstein und Anne Eikel. *Qualitätsrahmen Demokratiepädagogik*. H. 1: *Grundlagen zur Demokratiepädagogik*. Weinheim/Basel: Beltz, 2007.

Hafeneger, Benno. „Politische Bildung." In *Handbuch Bildungsforschung*, hg. v. R. Tippelt und B. Schmidt, 861–879. Wiesbaden: VS Verlag für Sozialwissenschaften, ³2010.

Hemel, Ulrich. *Bildung: Aufgabe des Staates oder der Bürgergesellschaft?* Berlin: Verlag der GDA, 2009.

Herrmann, Ulrich und Jürgen Oelkers (Hg.). *Französische Revolution und Pädagogik der Moderne. Aufklärung, Revolution und Menschenbildung im Übergang vom Ancien Régime zur bürgerlichen Gesellschaft*. Weinheim/Basel: Beltz, 1990.

Hoffmann, Dietrich. *Politische Bildung 1890–1933. Ein Beitrag zur Geschichte der pädagogischen Theorie*. Hannover u. a.: Hermann Schroedel Verlag, 1970.

Horlacher, Rebekka. „,Bildung': Nationalisierung eines internationalen Konzepts." In *Methoden und Konzepte. Historiographische Probleme der Bildungsforschung*, hg. v. Rita Casale, Daniel Tröhler und Jürgen Oelkers, 199–213. Göttingen: Wallstein, 2006.

Humboldt, Wilhelm von. „Ideen zu einem Versuch, die Gränzen der Wirksamkeit des Staates zu bestimmen." (1792). In *Wilhelm von Humboldt. Werke in fünf Bänden*, Bd. 1, hg. v. Andreas Flitner und Klaus Giel, 56–233. Darmstadt: Wissenschaftliche Buchgesellschaft, 1960, Neuausgabe 2002.

Humboldt, Wilhelm von. „Theorie der Bildung des Menschen. Bruchstück." (.o.J./1793) In *Wilhelm von Humboldt. Werke in fünf Bänden*, Bd. 1, hg. v. Andreas Flitner und Klaus Giel, 234–240. Darmstadt: Wissenschaftliche Buchgesellschaft, 1960, Neuausgabe 2002.

Humboldt, Wilhelm von. „Über die Verschiedenheiten des menschlichen Sprachenbaus." In *Wilhelm von Humboldt. Werke in fünf Bänden*, Bd. 3, hg. v. Andreas Flitner und Klaus Giel, 144–367. Darmstadt: Wissenschaftliche Buchgesellschaft, 1963, Neuausgabe 2002.

Humboldt, Wilhelm von. „Ueber die Verschiedenheit des menschlichen Sprachbaues und ihren Einfluss auf die geistige Entwicklung des Menschengeschlechts" [1830–1835]. In *Wilhelm von Humboldt. Werke in fünf Bänden*, Bd. 3, hg. v. Andreas Flitner und Klaus Giel, 368–756. Darmstadt: Wissenschaftliche Buchgesellschaft, 1963, Neuausgabe 2002.

Humboldt, Wilhelm von. „Der Königsberger und der Litauische Schulplan." (1809) In *Wilhelm von Humboldt. Werke in fünf Bänden*, Bd. 4, hg. v. Andreas Flitner und Klaus Giel, 168–195. Darmstadt: Wissenschaftliche Buchgesellschaft, 1964, Neuausgabe 2002.

Humboldt, Wilhelm von. „Ueber die innere und äussere Organisation der höheren wissenschaftlichen Anstalten in Berlin" [1810]. In *Humboldt-Werke*, Bd. 4, hg. v. Andreas Flitner und Klaus Giel, 255–266. Darmstadt: Wissenschaftliche Buchgesellschaft, 1964, Neuausgabe 2002.

Jeismann, Karl-Ernst. *Das preußische Gymnasium in Staat und Gesellschaft*. Bd. 1, *Die Entstehung des Gymnasiums als Schule des Staates und der Gebildeten 1787–1817*; Bd. 2, *Höhere Bildung zwischen Reform und Reaktion 1817–1859*. Stuttgart: Klett-Cotta, 1996.

Kämper-van den Boogart, Michael. „Oberlehrer, Hochschulgermanisten und die Lehrerausbildung. Facetten einer nicht spannungsfreien Kooperation im Zeichen nationalpädagogischer Ideologien." *Zeitschrift für Germanistik* NF 20/2 (2010): 265–289.

Kohlberg, Lawrence. *Zur kognitiven Entwicklung des Kindes. Drei Aufsätze.* Frankfurt am Main: Suhrkamp, 1974.

Kohlberg, Lawrence. „Der ‚Just-Community'-Ansatz der Moralerziehung in der Theorie und Praxis." In *Transformation und Entwicklung. Grundlagen der Moralerziehung,* hg. v. Fritz Oser, Reinhart Fatke und Otfried Höffe, 21–55. Frankfurt am Main: Suhrkamp, 1986.

Koinzer, Thomas. *Auf der Suche nach der demokratischen Schule. Amerikafahrer, Kulturtransfer und Schulreform in der Bildungsreformära der Bundesrepublik Deutschland.* Bad Heilbrunn: Julius Klinkhardt Verlag, 2011.

König, Helmut. „Zur Geschichte der Nationalerziehung in Deutschland im letzten Drittel des 18. Jahrhunderts." In *Monumenta Paedagogica,* Bd. 1. Berlin [DDR]: Akademie-Verlag, 1960.

Krautkrämer, Ursula. *Staat und Erziehung. Begründung öffentlicher Erziehung bei Humboldt, Kant, Fichte, Hegel und Schleiermacher.* München: Johannes Berchmans Verlag, 1979.

Langewiesche, Dieter. „Staatsbildung und Nationsbildung in Deutschland – ein Sonderweg? Die deutsche Nation im europäischen Vergleich." (2001) In *Reich, Nation, Föderation. Deutschland und Europa,* hg. v. Dieter Langewiesche, 145–160. München: C.H. Beck, 2008.

Lenz, Max. *Geschichte der Königlichen Friedrich-Wilhelms-Universität zu Berlin.* Bd. 4. Halle an der Saale: Verlag der Buchhandlung des Waisenhauses, 1910.

Leschinsky, Achim, und Peter Martin Roeder. *Schule im historischen Prozess. Zum Wechselverhältnis von institutioneller Erziehung und gesellschaftlicher Entwicklung.* Stuttgart: Klett-Cotta, 1976.

Leschinsky, Achim, Petra Gruner und Gerhard Kluchert, Hg. *Die Schule als moralische Anstalt: Erziehung in der Schule. Allgemeines und der ‚Fall DDR'.* Weinheim: Deutscher Studien-Verlag, 1999.

Lohmann, Ingrid, und Christine Mayer. „Educating the Citizen: Two Case Studies on Inclusion and Exclusion in Prussia in the Early Nineteenth Century." *Paedagogica Historica* 43/1 (2007): 7–27.

Ludwig, Luise u. a., Hg. *„Bildung in der Demokratie II".* Tendenzen – Diskurse – Praktiken. Opladen/Farmington Hills: Budrich, 2011.

Luhmann, Niklas und Dieter Lenzen, Hg. *Bildung und Weiterbildung im Erziehungssystem. Lebenslauf und Humanontogenese als Medium und Form.* Frankfurt am Main: Suhrkamp, 1997.

Mann, Thomas. „Betrachtungen eines Unpolitischen" (1919). In *Politische Schriften und Reden,* Bd. 1, hg. v. Hans Bürgin. Frankfurt am Main: Fischer, 1960.

Michael, Berthold und Heinz-Hermann Schepp, Hg. *Politik und Schule von der Französischen Revolution bis zur Gegenwart,* Bd. 1. Frankfurt am Main: Fischer Athenäum, 1973.

Müller, Sebastian F. *Die höhere Schule Preußens in der Weimarer Republik.* Weinheim/Basel: Beltz, 1977.

Nelson, Leonard. „Vom Bildungswahn – Ein Wort an die proletarische Jugend" [1922]. Teildruck in *Allgemeine Bildung: Analysen zu ihrer Wirklichkeit, Versuche über ihre Zukunft,* hg. v. Heinz-Elmar Tenorth, 48–53. Weinheim/München: Juventa-Verlag, 1986.

Neugebauer, Wolfgang. *Absolutistischer Staat und Schulwirklichkeit in Brandenburg-Preußen.* Berlin/New York: Walter de Gruyter, 1985.

Neugebauer, Wolfgang und Bärbel Holtz. *Kulturstaat und Bürgergesellschaft. Preußen, Deutschland und Europa im 19. und frühen 20. Jahrhundert.* Berlin: Akademie-Verlag, 2010.

Nicolai, Friedrich. „Beschreibung der königlichen Residenzstädte Berlin und Potsdam, aller daselbst befindlichen Merkwürdigkeiten und der umliegenden Gegend. Dritte völlig umgearbeitete Auflage." In *Sämtliche Werke – Briefe – Dokumente. Kritische Ausgabe mit Kommentar*, Bd. 8, Teil 2, hg. v. Philip Marshall Mitchell, Hans-Gert Roloff und Erhard Weidl, bearbeitet von Ingeborg Spriewald, 650–703. Berlin u. a.: P. Lang, 1995.

Nietzsche, Friedrich. „Die Geburt der Tragödie, Unzeitgemäße Betrachtungen I–IV, Nachgelassene Schriften 1870–1873". In *Sämtliche Werke, Kritische Studienausgabe I*, hg. v. Giorgio Colli und Mazzino Montinari. München und New York: dtv, 1980, ²1988.

Oelkers, Jürgen, Hg. *Aufklärung und Moderne.* Weinheim: Beltz, 1992.

Oelkers, Jürgen. „Das Konzept der Bildung in Deutschland im 18. Jahrhundert." *Zeitschrift für Pädagogik* 38, Beiheft (1998): 45–70.

Oelkers, Jürgen. „Demokratisches Denken in der Pädagogik." *Zeitschrift für Pädagogik* 56 (2010): 3–21.

Oelkers, Jürgen, Fritz Osterwalder und Heinz Rhyn, Hg. *Bildung, Öffentlichkeit und Demokratie.* Weinheim/Basel: Beltz, 1998.

Oelkers, Jürgen und Daniel Tröhler, Hg. *Die Leidenschaft der Aufklärung.* Weinheim/Basel: Beltz, 1999.

Oser, Fritz und Wolfgang Althof. *Moralische Selbstbestimmung. Modelle der Entwicklung und Erziehung im Wertebereich.* Stuttgart: Klett-Cotta, ²1994.

Paulsen, Friedrich. „Bildung." In *Enzyklopädisches Handbuch der Pädagogik*, Bd. 1, hg. v. Wilhelm Rein, 658–670. Langensalza: Beyer & Mann, ²1906.

Picht, Georg. *Die deutsche Bildungskatastrophe. Analyse und Dokumentation.* Freiburg/Olten: Walter-Verlag, 1964.

Picht, Georg. „Vom Bildungsnotstand zum Notstand der Bildungspolitik." *Zeitschrift für Pädagogik* 19 (1973): 665–678.

Plessner, Helmuth. *Die verspätete Nation. Über die politische Verführbarkeit bürgerlichen Geistes.* Frankfurt am Main: Suhrkamp, 1974.

Pölitz, Karl Heinrich Ludwig. *Erziehungswissenschaft, aus dem Zwecke der Menschheit und des Staates praktisch dargestellt.* Teil 1. Leipzig: J. C. Hinrichs, 1806.

Prondczynsky, Andreas von. „Öffentlichkeit und Bildung in der pädagogischen Historiographie." In *Bildung, Öffentlichkeit und Demokratie*, hg. v. Jürgen Oelkers, Fritz Osterwalder und Heinz Rhyn, 71–86. Weinheim: Beltz, 1998.

Reichsministerium des Innern. *Die Reichsschulkonferenz. Ihre Vorgeschichte und Vorbereitung und ihre Verhandlungen. Amtlicher Bericht, erstattet vom Reichsministerium des Innern.* Leipzig 1921 (ND Glashütten 1972).

Reichsministerium des Innern. *Denkschrift: Staatsbürgerliche Bildung – Entwicklung und Stand seit Inkrafttreten der Reichsverfassung.* Leipzig: Quelle & Meyer, 1924.

Rochow, Friedrich Eberhard von. *Sämtliche pädagogische Schriften*, Bd. 1, hg. v. Fritz Jonas und Friedrich Wienecke. Berlin: Reimer, 1907.

Rochow, Friedrich Eberhard von. *Sämtliche pädagogische Schriften*, Bd. 4, hg. v. Fritz Jonas und Friedrich Wienecke. Berlin: Reimer, 1907.

Schieder, Rolf. „Zivilgesellschaft und Religion." In *Religion in der Lebenswelt. Erscheinungsformen und Reflexionsperspektiven*, hg. v. Birgit Weyel und Wilhelm Gräb, 172–191. Göttingen: Vandenhoeck & Ruprecht, 2006.

Schmid, Christine, und Rainer Watermann. „Demokratische Bildung." In *Handbuch Sozialarbeit Sozialpädagogik*, hg. v. H.-U. Otto und H. Thiersch, 881–897. Neuwied: Luchterhand, ²2001.

Schmitt, Hanno. „Der sanfte Modernisierer Friedrich Eberhard von Rochow. Eine Neuinterpretation." In *Vernunft fürs Volk. Friedrich Eberhard von Rochow im Aufbruch Preußens*, hg. v. Hanno Schmitt und Frank Tosch, 11–33. Berlin: Henschel, 2001.

Schmitt, Hanno. *Vernunft und Menschlichkeit. Studien zur philanthropischen Erziehungsbewegung.* Bad Heilbrunn: Julius Klinkhardt Verlag, 2007.

Schriewer, Jürgen. „‚Rückführung der Bildung zu sich selbst' – Zur Humboldt-Rezeption in neueren bildungstheoretischen Ansätzen." *Vierteljahrsschrift für wissenschaftliche Pädagogik* 51 (1975): 237–259.

Schweim, Lothar. *Schulreform in Preußen 1809–1819. Entwürfe und Gutachten.* Weinheim: Beltz, 1966.

Spranger, Eduard. *Wilhelm von Humboldt und die Reform des Bildungswesens.* Berlin: Walter de Gruyter, 1910.

Stephani, Heinrich. *Grundriß der Staatserziehungswissenschaft.* Weißenfels: Severin, 1797.

Stephani, Heinrich. *System der öffentlichen Erziehung.* Berlin: Frölich, 1805.

Stübig, Heinz. „Nationalerziehung: Zur politischen Dimension der Pädagogik Rochows." In *Vernunft fürs Volk. Friedrich Eberhard von Rochow im Aufbruch Preußens*, hg. v. Hanno Schmitt und Frank Tosch, 145–153. Berlin: Henschel, 2001.

Stübig, Heinz. *Nationalerziehung. Pädagogische Antworten auf die „deutsche Frage" im 19. Jahrhundert.* Schwalbach: Wochenschau Verlag, 2006.

Tenorth, Heinz-Elmar. „Bildung als Besitz – Erziehung als Indoktrination." In *Das deutsche Kaiserreich*, hg. v. Dieter Langewiesche, 159–165. Freiburg/Würzburg: Ploetz, 1984 (Ploetz Kaiserreich).

Tenorth, Heinz-Elmar. „Soziologie als Bildungstheorie." In *Intention und Funktion. Probleme der Vermittlung psychischer und sozialer Systeme*, hg. v. Jens Aderhold und Olaf Kranz, 175–187. Wiesbaden: VS Verlag für Sozialwissenschaften, 2007.

Tenorth, Heinz-Elmar. „Allgemeines Normativ von 1808. Niethammer als Schulreformer." In *Friedrich Immanuel Niethammer (1766–1848). Beiträge zur Biographie und Werkgeschichte*, hg. v. Gunther Wenz, 65–81. München: Bayerische Akademie der Wissenschaften, 2009.

Titze, Hartmut. *Die Politisierung der Erziehung. Untersuchungen über die soziale und politische Funktion der Erziehung von der Aufklärung bis zum Hochkapitalismus.* Frankfurt am Main: Fischer Athenäum, 1973.

Tjaden, Karl Heinz. „Politische Bildung als Affirmation und Kritik. Zur soziologischen Bestimmung ihres Begriffs." *Das Argument* 40 (1966): 361–385.

Torney-Purta u. a. *Citizenship and Education in Twenty-Eight Countries. Civic Knowledge und Engagement at Age Fourteen.* Amsterdam: IEA, 2001.

Velthaus, Gerhard. „Das Politische in der unpolitischen Bildungsidee." *Pädagogische Rundschau* 62 (2008): 669–686.

# Personen- und Ortsregister

von Michael Neidhart

# Sachregister

von Michael Neidhart

www.ingramcontent.com/pod-product-compliance
Lightning Source LLC
Chambersburg PA
CBHW030945150426
42814CB00023B/93